CONTAGEM REGRESSIVA ATÉ ZERO DAY

KIM ZETTER

CONTAGEM REGRESSIVA ATÉ ZERO DAY

STUXNET E O LANÇAMENTO DA PRIMEIRA ARMA DIGITAL DO MUNDO

Tradução:
Alan de Sá
Davidson Boccardo
Fabian Martins
Lucila Bento

BRASPORT

Tradução do livro "Countdown to Zero Day: Stuxnet and the launch of the world's first digital weapon" © 2014 Crown Publishers, marca da Crown Publishing Group, uma divisão da Penguin Random House LLC.

Editor: Sergio Martins de Oliveira
Diretora: Rosa Maria Oliveira de Queiroz
Gerente de Produção Editorial: Marina dos Anjos Martins de Oliveira
Revisão técnica: Bruno Salgado, Rafael Soares e Raphael Machado
Editoração Eletrônica: SBNigri Artes e Textos Ltda.
Capa:

K49c Zetter, Kim

Contagem regressiva até Zero Day: Stuxnet e o lançamento da primeira arma digital do mundo / Kim Zetter - Rio de Janeiro: Brasport, 2017.

Título original: Countdown to Zero Day: Stuxnet and the launch of the world's first digital weapon
ISBN: 978-85-7452-827-4

1. Ciência militar - inteligência 2. Computadores - segurança I. Título

CDD: 355.4

Ficha Catalográfica elaborada por bibliotecário – CRB7 6355

BRASPORT Livros e Multimídia Ltda.
Rua Pardal Mallet, 23 – Tijuca
20270-280 Rio de Janeiro-RJ
Tels. Fax: (21) 2568.1415/2568.1507
e-mails: **marketing@brasport.com.br**
vendas@brasport.com.br
editorial@brasport.com.br

site: **www.brasport.com.br**

Filial
Av. Paulista, 807 – conj. 915
01311-100 – São Paulo-SP

Para SC e meus pais – com amor e gratidão, embora gratidão seja insuficiente para reconhecer tudo o que fizeram.

Prefácio da Edição Brasileira

O chamado "espaço cibernético" engloba um conjunto de software, hardware e redes de comunicações muitas vezes invisível, mas que suporta grande parte das aplicações de que fazemos uso todos os dias. O espaço cibernético contém a internet e seus computadores, mas ele é muito mais do que a internet visível ao usuário típico. Ele inclui sistemas corporativos, comerciais, financeiros, governamentais, militares, industriais e um enorme conjunto de equipamentos e dispositivos que interagem com tais sistemas. Inclui, ainda, redes segregadas - tais como redes industriais dedicadas - mas que nem sempre podem ser consideradas completamente isoladas e inacessíveis.

A maioria das pessoas pensa no espaço cibernético como uma espécie de "mundo virtual", distante da nossa realidade. No entanto, é cada vez mais claro que falhas no espaço cibernético podem ter impactos concretos, comprometendo a operação de empresas e organizações, o bem-estar de cidadãos e até a estabilidade de nações. Grandes países - incluindo o Brasil - já perceberam a importância de tratar o espaço cibernético como um ambiente crítico e já tomam ações para protegê-lo adequadamente. Nesse sentido, uma das ações mais importantes para se consolidar como uma nação madura na área de segurança cibernética é promover a discussão dos problemas em torno da questão, favorecendo a produção e a disponibilização de material de qualidade em português.

A tradução para o português do livro "Countdown to Zero Day" é mais uma importante iniciativa da Clavis num projeto de longo prazo que busca disponibilizar em língua portuguesa os principais títulos da área de segurança cibernética.

Em 2015, a empresa promoveu a tradução do livro "Cyberwar", de Richard Clarke e Robert Knake, disponibilizando em língua portuguesa um livro que estuda aspectos técnicos, diplomáticos, jurídicos e estratégicos da guerra cibernética. Agora, com o lançamento de "Contagem Regressiva até Zero Day", o leitor brasileiro tem acesso aos detalhes de um caso concreto de uma ação de sabotagem promovida por um Estado nacional a partir de uma arma cibernética.

Este livro apresenta todos os detalhes do ataque baseado no *malware* Stuxnet, que causou impactos possivelmente irreversíveis ao programa nuclear iraniano. O livro é escrito em uma linguagem jornalística, o que permite uma leitura agradável e acessível a todos os públicos. Ao mesmo tempo, temos certeza de que profissionais das áreas de segurança da informação e de controle e automação serão surpreendidos pela complexidade do Stuxnet e pelas potencialidades de ataques cibernéticos a sistemas de controle industriais.

Esperamos que a disponibilização do livro "Contagem Regressiva até Zero Day" seja um importante fator para a divulgação da área de segurança cibernética e para a conscientização a respeito da importância das boas práticas de segurança em todos os campos e em todos os setores da sociedade.

Sobre a Clavis. A Clavis é uma empresa de soluções, consultoria e treinamentos em segurança cibernética. A Clavis é reconhecida pelo Governo Federal como uma Empresa Estratégica de Defesa. Recebeu investimento do Fundo Aeroespacial, contando com a sociedade de instituições como Embraer, BNDES, Finep e Desenvolve-SP. É uma empresa brasileira de Defesa e Segurança e entende a importância de se produzir no país conhecimento e massa crítica em segurança cibernética. Por isso, a Clavis é uma referência em Pesquisa, Desenvolvimento e Inovação na área, além de produzir conteúdo e oferecer treinamentos especializados. O próximo livro a ser traduzido pela Clavis neste "projeto" de disponibilização de conteúdo de qualidade de segurança da informação em português será "Foundations of Information Security based on ISO 27001 and ISO 27002", terceira edição, que tem foco nos aspectos mais elementares de segurança e que, portanto, poderá alcançar um público ainda mais amplo.

Sumário

Prólogo – O Caso das Centrífugas ... 1

Capítulo 1 – Alerta Antecipado ... 5

Capítulo 2 – 500 Kilobytes de Mistério ... 19

Capítulo 3 – Natanz ... 33

Capítulo 4 – Desconstruindo o Stuxnet ... 51

Capítulo 5 – Primavera para Ahmadinejad ... 69

Capítulo 6 – Em Busca de *Zero Days* ... 88

Capítulo 7 – Dias de Pagamento do *Zero Day* ... 98

Capítulo 8 – A Carga Útil ... 114

Capítulo 9 – Controles Industriais Fora de Controle ... 127

Capítulo 10 – Arma de Precisão ... 162

Capítulo 11 – Incubando uma Conspiração Digital ... 186

Capítulo 12 – Um Novo Campo de Batalha ... 201

Capítulo 13 – Ogivas Digitais ... 223

Capítulo 14 – O Filho do Stuxnet 244

Capítulo 15 – "Flame" 271

Capítulo 16 – Jogos Olímpicos 303

Capítulo 17 – O Mistério das Centrífugas 331

Capítulo 18 – Sucesso Qualificado 353

Capítulo 19 – Pandora Digital 364

Agradecimentos 399

Índice Remissivo 405

Prólogo
O Caso das Centrífugas

Era janeiro de 2010 quando oficiais da Agência Internacional de Energia Atômica (AIEA), órgão das Nações Unidas encarregado de monitorar o programa nuclear iraniano, começaram a notar algo incomum acontecendo na usina de enriquecimento de urânio de Natanz, região central do Irã.

Dentro de um grande salão, enterrado em um *bunker* mais de 15 metros abaixo da superfície do deserto, milhares de centrífugas de alumínio reluzentes estavam girando a uma velocidade supersônica, enriquecendo o gás hexafluoreto de urânio, como vinham fazendo durante quase dois anos. Mas, ao longo das últimas semanas, os trabalhadores da planta estavam removendo lotes de centrífugas e substituindo-os por novos. E eles estavam fazendo isso em um ritmo alarmante.

Em Natanz, cada centrífuga, conhecida como um IR-1, possui uma expectativa de vida de cerca de dez anos. Mas os dispositivos são frágeis e propensos a quebrar facilmente. Mesmo em condições normais, o Irã precisa substituir até 10% das centrífugas a cada ano, devido a defeitos de material, problemas de manutenção e acidentes de trabalho.

Em novembro de 2009, o Irã tinha aproximadamente 8.700 centrífugas instaladas em Natanz, então seria perfeitamente normal ver técnicos desativando cerca de oitocentas centrífugas ao longo do ano devido a alguma falha no dispositivo ou qualquer outra razão. Mas, após os oficiais da AIEA somarem o número de centrífugas desativadas durante o mês de dezembro de 2009 e início de janeiro, eles perceberam que o Irã estava substituindo as centrífugas em um ritmo incomum.

Os inspetores do Departamento de Salvaguardas da AIEA visitavam Natanz em média duas vezes por mês - às vezes com hora marcada, às vezes sem aviso prévio - para acompanhar as atividades de enriquecimento do Irã e seu progresso.[1] Todas as centrífugas inutilizadas pelos trabalhadores da usina - danificadas ou não - precisavam ser alinhadas em uma área de controle, dentro do grande salão de centrífugas, para que os inspetores da AIEA pudessem examiná-las na próxima visita. Os inspetores executavam um espectrômetro gama portátil em torno de cada centrífuga para garantir que nenhum material nuclear estava escapando delas e então aprovavam a remoção, reportando o número de centrífugas que foram desativadas de cada vez em relatórios enviados à sede da AIEA em Viena.

As câmeras de vigilância digital da AIEA, instaladas na porta de cada salão de centrífugas para monitorar a atividade de enriquecimento do Irã, capturaram os técnicos correndo com seus jalecos brancos e botas de plástico azul, levando para fora do salão os cilindros brilhantes, um a um, cada um com cerca de 1,80m de comprimento e cerca de 15 centímetros de diâmetro. Os trabalhadores, conforme acordo com a AIEA, precisavam embalar os delicados dispositivos em seus braços, envoltos em mangas de plástico ou caixas abertas, de modo que as câmeras pudessem registrar como cada item foi removido da sala.

As câmeras de vigilância, que não foram permitidas dentro das salas de centrífugas, armazenavam as imagens para posterior visualização. Cada vez que os inspetores visitavam Natanz, eles examinavam as imagens gravadas para garantir que o Irã não tinha removido centrífugas adicionais ou feito qualquer outra coisa proibida durante a sua ausência.[2] Mas, conforme as semanas se passavam e os inspetores enviavam os seus relatórios a Viena, os funcionários perceberam que o número de centrífugas removidas excedeu - e muito - o que era normal. [3]

---

[1] O número de visitas de inspeção a Natanz aumentou desde então. A partir de 2010, as inspeções aumentaram para uma vez por semana. Depois de um novo acordo com o Irã no final de 2013, os inspetores estão em Natanz todos os dias.

[2] Os inspetores da AIEA não estão autorizados a remover as imagens gravadas de Natanz e só podem visualizá-las no local, onde são armazenadas.

[3] Os inspetores visitam Natanz e outras instalações nucleares ao redor do mundo, de modo que as visitas não são sempre efetuadas pelos mesmos inspetores. É por isso que o grande número de centrífugas desativadas não foi notado até vários relatórios chegarem em Viena e terem sido agregados e analisados por analistas e oficiais de lá.

Oficialmente, a AIEA não disse quantas centrífugas o Irã substituiu durante esse período. Mas reportagens citando "diplomatas" europeus colocam o número entre novecentas e mil centrífugas. Um ex-oficial de alta patente da AIEA, no entanto, acha que o número real era muito maior. "Meu palpite é que duas mil foram danificadas", diz Olli Heinonen, que era vice-diretor da Divisão de Salvaguardas até sua renúncia, em outubro de 2010.

Seja qual for o número, ficou claro que algo estava errado com os dispositivos. Infelizmente, o Irã não era obrigado a dizer aos inspetores por que eles tinham substituído as centrífugas, e, oficialmente, os inspetores da AIEA não tinham o direito de perguntar. A agência era encarregada de monitorar o que acontecia com o urânio na usina de enriquecimento, e não de manter o controle dos equipamentos avariados.

O que os inspetores não sabiam era que a resposta para essa pergunta estava bem debaixo de seus narizes, enterrada nos *bits* e na memória dos computadores na sala de controle industrial de Natanz. Meses antes, em junho de 2009, alguém tinha tranquilamente desencadeado uma ogiva digital destrutiva nos computadores do Irã, silenciosamente encontrando seu caminho até os sistemas críticos em Natanz, tudo com um único objetivo em mente – sabotar o programa de enriquecimento de urânio do Irã e impedir que o presidente Mahmoud Ahmadinejad construísse uma bomba nuclear.

A resposta estava lá em Natanz, mas levaria quase um ano para ser obtida pelos inspetores, e mesmo assim ela só viria depois que mais de uma dúzia de especialistas em segurança de computador em todo o mundo passaram meses desconstruindo o que acabaria por se tornar conhecido como um dos vírus mais sofisticados já descoberto – um pedaço de software tão único que faria história como a primeira arma digital do mundo e o primeiro tiro que viria a anunciar a era da guerra digital.

Capítulo 1

Alerta Antecipado

Sergey Ulasen não é o tipo de pessoa que você esperaria encontrar no centro de um incidente internacional. O bielorrusso de 31 anos possui cabelos loiros e bem curtos, o corpo de um jovem magro, o rosto sincero e o comportamento afável de alguém que segue a vida atraindo poucos inimigos e ainda menos controvérsias. Um dos seus passatempos preferidos é passar o fim de semana na casa de campo de sua avó nos arredores de Minsk, onde ele alivia o estresse dos dias de semana, longe do alcance dos telefones celulares e da internet. Porém, em junho de 2010, Ulasen deparou com algo incomum que rapidamente o levou para o centro das atenções internacionais e para um mundo de novas tensões.[1]

Era uma tarde quente de quinta-feira, e Ulasen, que chefiava a divisão de antivírus de uma pequena empresa de segurança de computadores na Bielorrússia chamada VirusBlokAda, estava sentado com seu colega Oleg Kupreev em seu laboratório no centro de Minsk, em um edifício monótono da era soviética a um quarteirão do Rio Svisloch. Eles estavam examinando metodicamente arquivos suspeitos encontrados recentemente em uma máquina no Irã quando algo surpreendente chamou a atenção de Kupreev. Ele recostou em sua cadeira e chamou Ulasen para dar uma olhada. Ulasen examinou o código uma vez, depois novamente, para ter certeza de que estava vendo o que ele pensou ter visto. Um pequeno suspiro escapou de sua garganta. O código que eles estiveram inspecionando nos últimos dias, algo que eles consideravam até o momento ligeiramente

[1] Ulasen e sua equipe encontraram o *malware* na semana de 24 de junho de 2010.

interessante, porém ainda assim um vírus comum, se revelou naquele instante uma obra de um gênio silencioso e diabólico.

O código não só usava um *rootkit* habilidoso para se ocultar e ficar invisível aos antivírus, como estava usando um *exploit zero-day* inteligente para se propagar de máquina para máquina – um *exploit* que atacava uma função tão fundamental para o sistema operacional Windows que colocava milhões de computadores em risco de infecção.

Exploits são códigos de ataque que os *hackers* usam para instalar vírus e outras ferramentas maliciosas em máquinas. Eles tiram vantagem de vulnerabilidades de programas para navegação como o Internet Explorer ou aplicações como o Adobe PDF Reader para injetar um vírus ou cavalo de Troia em um sistema, como um assaltante usando um pé de cabra para arrombar uma janela e invadir uma casa. Se uma vítima visita uma página de internet maliciosa onde o *exploit* espreita ou clica em um anexo de um e-mail malicioso contendo um *exploit*, o *exploit* usa a falha de segurança do software para colocar um arquivo malicioso em seu sistema. Quando os fabricantes de software tomam conhecimento dessas vulnerabilidades em seus produtos, eles geralmente produzem "atualizações" para saná-las e manter os invasores do lado de fora, enquanto empresas de antivírus como a de Ulasen adicionam assinaturas aos seus *scanners* para detectar qualquer *exploit* que tente atacar as vulnerabilidades.

Exploits zero-day, entretanto, não são *exploits* comuns, mas a propriedade mais preciosa no mundo dos *hackers*, pois atacam brechas que ainda são desconhecidas pelos fabricantes de software e pelos fornecedores de antivírus – o que significa que ainda não há assinaturas de antivírus para detectar tal *exploit* e nem atualizações disponíveis para reparar as brechas que eles atacam.

Entretanto, *exploits zero-day* raramente são encontrados. É preciso tempo e habilidade para *hackers* descobrirem novas brechas e escreverem *exploits* funcionais para atacá-las, então a grande maioria simplesmente se aproveita de vulnerabilidades e *exploits* antigos para espalhar o seu *malware*, contando com o fato de que a maioria dos usuários de computador não atualiza sua máquina com frequência ou possui instalado um antivírus atualizado, isso sem falar que pode levar semanas ou meses para os fornecedores produzirem uma correção para uma brecha conhecida. Apesar de mais de 12 milhões de vírus e outros arquivos maliciosos serem capturados a cada ano, apenas cerca de uma dúzia de *zero days* são encontrados dentre eles. No entanto, aqui os atacantes utilizavam um *exploit zero-day* extremamente valioso, e um *rootkit* habilidoso, para um vírus que, até onde Ulasen e Kupreev podiam dizer, só havia sido encontrado em máquinas no Irã até então. Alguma coisa não fazia sentido.

OS ARQUIVOS MISTERIOSOS haviam chegado ao conhecimento de Ulasen e Kupreev uma semana antes, quando um revendedor do software de segurança da VirusBlokAda no Irã reportou um problema persistente com uma máquina de um cliente naquele país. O computador estava preso em um *loop* de reinicialização, parando de funcionar e reiniciando repetidamente enquanto desafiava os esforços dos técnicos para controlá-lo.[2] A equipe de suporte técnico da VirusBlokAda havia examinado o sistema remotamente de Minsk para procurar qualquer *malware* que pudesse não ter sido percebido por seu antivírus, porém não encontrou nada. Este foi o motivo pelo qual contataram Ulasen.

Ulasen foi contratado pela empresa de antivírus enquanto ainda estava na faculdade. Ele fora contratado para ser programador, mas a equipe da VirusBlokAda era tão pequena, e as habilidades de Ulasen eram tão aguçadas, que em três anos, aos 26, ele já se encontrava liderando a equipe que desenvolvia e mantinha o antivírus daquela empresa. De vez em quando ele também trabalhava com a equipe de pesquisa que dissecava ameaças maliciosas. Essa era a sua parte favorita do trabalho, embora fosse algo que ele raramente fazia. Então, quando a equipe de suporte técnico pediu sua opinião sobre o mistério do Irã, ele ficou feliz em ajudar.[3]

Ulasen presumiu que o problema devia ser má configuração de software ou alguma incompatibilidade entre uma aplicação instalada na máquina e o sistema operacional. Mas então ele constatou que não era apenas uma máquina no Irã que parara de funcionar, e sim múltiplas máquinas, incluindo aquelas que os administradores haviam limpado e restaurado com uma nova instalação do

---

[2] Ulasen nunca revelou o nome do revendedor, mas um link no *website* da VirusBlokAda para o seu distribuidor no Irã apontava para um site pertencente à Deep Golden Recovery Corporation, uma empresa de recuperação de dados no Irã.

[3] Informações sobre o encontro da VirusBlokAda com o *malware* vêm de entrevistas com Sergey Ulasen e Oleg Kupreev, bem como de um relato publicado pela Kaspersky Lab em 2011, após a empresa de antivírus russa ter contratado Ulasen e o retirado da VirusBlokAda. Essa entrevista, "O Homem que Encontrou Stuxnet - Sergey Ulasen em Destaque", foi publicada em 02 de novembro de 2011, em <eugene. kaspersky.com/2011/11/02/>.

sistema operacional. Assim, ele suspeitou que o culpado pudesse ser um *worm* à espreita na rede da vítima, reinfectando as máquinas cada vez que elas eram limpas. Ele também suspeitou que o *rootkit* estivesse escondendo o invasor do antivírus. Ulasen havia escrito ferramentas anti-*rootkit* para a sua empresa no passado, então ele estava confiante de que seria capaz de caçar este, caso ele estivesse lá.

Após obter permissão para se conectar a uma das máquinas no Irã e examiná-la remotamente, Ulasen e Kupreev se concentraram em seis arquivos suspeitos – dois módulos e outros quatro arquivos – que pensavam ser a fonte dos problemas.[4] Em seguida, com a ajuda de diversos colegas em seu laboratório, eles passaram vários dias examinando minuciosamente os arquivos, rogando pragas, enquanto lutavam para decifrar o que viria a ser um código surpreendentemente sofisticado. Como funcionários de uma pequena empresa que desenvolvia produtos de antivírus principalmente para clientes governamentais, eles não estavam acostumados a deparar com tais desafios complexos: eles passavam a maior parte de seus dias fornecendo suporte técnico de rotina a clientes, e não analisando ameaças mal-intencionadas. Mas eles avançaram assim mesmo e acabaram determinando que um dos módulos, um *driver*, era na verdade um *rootkit* "de nível do *kernel*", tal como Ulasen suspeitava.[5]

Rootkits ocorrem de forma bastante variada, mas os mais difíceis de detectar são os *rootkits* de nível do *kernel*, que se entocam de forma profunda no *kernel* da máquina para se estabelecerem no mesmo nível privilegiado em que os *scanners* dos antivírus trabalham. Se você pensar na estrutura de um computador como os círculos concêntricos do alvo de um arqueiro, o *kernel* é o centro do alvo, a parte do sistema operacional que faz tudo funcionar. A maioria dos *hackers* escreve *rootkits* que operam nas camadas mais externas da máquina – nível de usuário, onde rodam as aplicações – porque é mais fácil. Porém, antivírus detectam tais

---

[4] Um módulo é um componente autônomo. É muitas vezes intercambiável e pode ser utilizado em vários programas.

[5] *Drivers* são programas usados como interfaces entre um dispositivo e um computador para fazer o dispositivo funcionar em conjunto com a máquina. Por exemplo, um *driver* é necessário para permitir que um computador se comunique com uma impressora ou uma câmera digital que esteja conectada a ele – *drivers* diferentes estão disponíveis para diferentes sistemas operacionais, de modo que um mesmo dispositivo possa funcionar em qualquer computador. Neste caso, os *drivers* eram, na realidade, *rootkits* projetados para instalar e esconder arquivos maliciosos na máquina.

rootkits - então um *hacker* verdadeiramente habilidoso coloca seu *rootkit* no nível do *kernel* da máquina, onde este pode subverter o antivírus. Neste local, ele serve como uma espécie de braço direito para arquivos maliciosos, interferindo nas varreduras dos antivírus para permitir que o *malware* execute ações maliciosas sem dificuldade e sem ser detectado. *Rootkits* de nível do *kernel* não são incomuns, mas são necessários conhecimentos avançados e um toque de destreza para criar um que funcione bem. E este funcionava muito bem.[6]

Kupreev determinou que o *rootkit* havia sido projetado para esconder quatro arquivos .LNK maliciosos - os quatro arquivos suspeitos que eles haviam encontrado no sistema no Irã. O *malware* parecia utilizar um *exploit* composto por esses arquivos maliciosos para espalhar-se através de *pen drives* infectados, e o *rootkit* impedia que os arquivos .LNK fossem vistos nos *pen drives*. Foi aí que Kupreev chamou Ulasen para dar uma olhada.

Exploits que espalham *malwares* via *pen drives* não são tão comuns quanto aqueles espalhados através da internet por meio de *websites* e anexos de e-mails, mas também não são desconhecidos. Todos os *exploits* de USB que os dois pesquisadores já tinham visto anteriormente, no entanto, usavam a funcionalidade *Autorun* do sistema operacional Windows, a qual permitia que os programas maliciosos em um *pen drive* fossem executados tão logo o dispositivo fosse inserido em uma máquina. Mas este *exploit* era mais esperto.[7]

---

[6] O problema de reinicialização não ocorreu em outras máquinas descobertas posteriormente infectadas pelo *malware*. Assim, alguns pesquisadores suspeitam que o problema possa ter sido uma incompatibilidade entre um dos *drivers* do *malware* e o antivírus da VirusBlokAda. O *malware* utilizava o *driver* para se instalar, e os pesquisadores do Kaspersky Lab na Rússia suspeitavam que, quando o *driver* injetava o principal arquivo do *malware* na memória das máquinas do Irã, isso fazia com que algumas máquinas reiniciassem. Pesquisadores da Kaspersky Lab tentaram posteriormente reproduzir o problema, mas obtiveram resultados inconsistentes - algumas vezes a máquina parava de funcionar, outras vezes não. A ironia é que os atacantes haviam se esforçado muito para testar seu *malware* contra *scanners* de antivírus da Kaspersky, Symantec, McAfee e outros, justamente para ter certeza de que seu código não seria detectado por *scanners* ou por máquinas que parassem de funcionar. Porém, aparentemente eles não o haviam testado contra o *scanner* da VirusBlokAda. Dessa forma, se o *scanner* da VBA o problema, isso significa que a pequena empresa bielorrussa havia sido a desgraça deles em mais de um sentido.

[7] *Autorun* é uma funcionalidade de conveniência no Windows que permite que os programas em um *pen drive*, CD-ROM ou DVD sejam automaticamente iniciados quando os dispositivos são inseridos em um computador. De todo modo, este é um risco de segurança conhecido, pois qualquer programa malicioso no dispositivo também será iniciado automaticamente.

Os arquivos .LNK do Windows são responsáveis por gerar os ícones para os conteúdos de um *pen drive* ou outra mídia portátil quando estes são conectados a um PC. Insira um *pen drive* em um PC, e o Windows Explorer ou uma ferramenta similar fará automaticamente uma busca por arquivos .LNK no dispositivo, a fim de exibir o ícone de um arquivo de música, de um documento do Word ou de um programa armazenado no *pen drive.*[8] Mas, neste caso, os atacantes embutiram um *exploit* em um arquivo .LNK especialmente criado para que, assim que o Windows Explorer examinasse o arquivo, o *exploit* fosse acionado para entrar em ação e sorrateiramente depositar a carga maliciosa do USB na máquina, como uma aeronave militar de transporte soltando paraquedistas camuflados no território inimigo.

O *exploit* .LNK atacava uma funcionalidade tão fundamental do sistema Windows que Ulasen se perguntava por que ninguém havia pensado nisso antes. Isso era muito pior do que os *exploits* de *Autorun*, porque aqueles poderiam ser facilmente prevenidos ao desabilitar o recurso *Autorun* nas máquinas - um passo que muitos administradores de rede tomam como uma coisa natural devido ao conhecido risco de segurança da funcionalidade *Autorun*. Entretanto, não há uma maneira fácil de desabilitar a função .LNK sem causar outros problemas para os usuários.

Ulasen procurou em um registro de *exploits* por quaisquer outros que tivessem usado arquivos .LNK no passado, mas não encontrou nada. Foi quando ele suspeitou que estava olhando para um *zero-day*.

Ele pegou o *pen drive* infectado com os arquivos maliciosos e o conectou em uma máquina de teste rodando Windows 7, a mais nova versão do sistema operacional da Microsoft na época. A máquina estava com todas as últimas atualizações de segurança. Se o *exploit* .LNK já fosse conhecido pela Microsoft, as atualizações no sistema deveriam prevenir que este depositasse os arquivos maliciosos na máquina. Mas se o *exploit* .LNK fosse um *zero-day*, nada poderia pará-lo. Ele aguardou alguns minutos para examinar o computador e, com toda certeza, os arquivos maliciosos estavam lá.

---

[8] Se o *Autorun* estiver desabilitado por razões de segurança, então o código malicioso no *pen drive* não será capaz de iniciar automaticamente; ele será carregado apenas se usuários clicarem especificamente no arquivo para abri-lo.

Ele não podia acreditar naquilo. A VirusBlokAda, uma pequena empresa de segurança que poucos no mundo tinham ouvido falar, havia simplesmente descoberto o mais raro dos troféus para um caçador de vírus. Mas este não era apenas qualquer *exploit zero-day*; este funcionava em qualquer versão do sistema operacional Windows lançada desde o Windows 2000: os atacantes haviam agrupado quatro versões do seu *exploit* - em quatro arquivos .LNK diferentes - para ter certeza de que seu ataque funcionaria contra qualquer versão do Windows que pudesse encontrar.[9]

Ulasen tentou estimar o número de máquinas que estavam sob o risco de infecção. Mas então algo mais o preocupou. O *driver* malicioso e outro *driver* depositado como parte da carga maliciosa nas máquinas infectadas se instalaram sem problemas em sua máquina de teste, sem nenhuma notificação na tela. O Windows 7 tinha um recurso de segurança que deveria informar aos usuários se um *driver* não assinado, ou assinado com um certificado não confiável, estivesse sendo instalado. Mas esses dois *drivers* foram carregados sem nenhum problema. Alarmado, Ulasen percebeu que eles foram aparentemente assinados com um certificado digital legítimo, de uma empresa chamada RealTek Semiconductor.[10]

Certificados digitais são documentos de segurança confiáveis, como um passaporte digital, que os desenvolvedores de software usam para assinar seus programas a fim de autenticá-los como produtos legítimos de sua empresa. A Microsoft assina digitalmente seus programas e atualizações de software, assim como fazem as empresas de antivírus. Computadores assumem que um arquivo assinado com um certificado digital legítimo é confiável. Mas se os atacantes roubam um certificado da Microsoft e a "chave" criptográfica privada que a Microsoft usa com o certificado para assinar os seus arquivos, eles podem fazer com que um computador pense que o seu código malicioso é um código da Microsoft.

---

[9] O *exploit* funcionou em sete versões do Windows: Windows 2000, WinXP, Windows 2003, Vista, Windows Server 2008, Windows 7 e Windows Server 2008 R2.

[10] Com o Windows Vista e o Windows 7, um *driver* que não é assinado com um certificado digital confiável, reconhecido pela Microsoft, terá problemas durante a instalação em uma máquina. Em máquinas Windows 32-*bit* que tenham Vista ou Windows 7 instalados, um alerta será mostrado, informando que o arquivo não é assinado ou que não é assinado com um certificado confiável, forçando o usuário a tomar uma decisão sobre se deve autorizar a instalação. Em máquinas Windows 64-*bit* usando os mesmos sistemas operacionais, um arquivo não assinado com um certificado confiável simplesmente não será instalado. O *malware* que a VirusBlokAda encontrou somente funcionava em máquinas Windows 32-*bit*.

Atacantes já haviam usado certificados digitais para assinar arquivos maliciosos anteriormente. Mas tais certificados eram falsos, autoassinados e mascarados como legítimos, ou certificados reais obtidos por meios fraudulentos, tal como a criação de uma empresa de fachada para enganar a autoridade certificadora, que emitiria um certificado sob o nome da empresa de fachada.[11] Em ambos os cenários, os atacantes corriam o risco de as máquinas identificarem seu certificado como suspeito e rejeitar o seu arquivo. No caso em questão, os atacantes haviam usado um certificado válido da RealTek – um fabricante de hardware confiável em Taiwan – para fazer com que computadores pensassem que eram *drivers* legítimos da RealTek.

Esta era uma tática que Ulasen nunca havia visto antes, o que levantou uma série de questões sobre como os atacantes obtiveram aquilo. Uma possibilidade era eles terem "sequestrado" o computador de um desenvolvedor de software da RealTek e usado sua máquina e credenciais para assinar secretamente seu código malicioso.[12]

Mas ainda era possível que os atacantes tivessem simplesmente roubado a chave de assinatura e o certificado, ou *cert*. Por razões de segurança, empresas inteligentes armazenam seus *certs* e chaves em servidores desconectados ou em módulos de segurança de hardware que oferecem proteção extra. Mas nem todo mundo faz isso, e havia possíveis indícios de que o *cert* da RealTek tinha realmen-

[11] Autoridades certificadoras, ou CA (*Certificate Authorities*), distribuem os certificados de assinatura que as empresas usam para assinar seus códigos e *websites*. Os CAs devem verificar se a entidade que está requisitando um certificado tem autoridade para fazê-lo – para evitar que alguém que não seja a Microsoft obtenha um certificado de assinatura de código em nome da Microsoft, por exemplo – e para garantir que, se alguém solicitar um certificado de assinatura para uma empresa que alegue ser sua, tal empresa seja real e produza códigos reais. No entanto, algumas autoridades certificadoras não realizam as análises e investigações apropriadas e os certificados às vezes são emitidos para agentes mal-intencionados. Existem ainda empresas que, mediante uma taxa, utilizam sua chave e seu certificado para assinar código para os outros. *Hackers* já usaram essas empresas no passado para assinar seus *malwares*.

[12] Em setembro de 2012, foi exatamente isso que aconteceu com a Adobe. A gigante fabricante de software, que distribui os populares programas Adobe Reader e Flash Player, anunciou que atacantes haviam violado seu servidor de assinatura de código para assinar dois arquivos maliciosos com um certificado da Adobe. A Adobe armazenava suas chaves de assinatura privada em um dispositivo chamado de módulo de segurança de hardware, que deveria ter impedido que os atacantes acessassem as chaves para assinar seus arquivos maliciosos. Mas eles comprometeram um servidor de compilação – um servidor usado para o desenvolvimento de software – que tinha a capacidade de interagir com o sistema de assinatura de códigos e de assinar os seus arquivos.

te sido roubado. O *timestamp* dos certificados mostrou que ambos os *drivers* haviam sido assinados em 25 de janeiro de 2010. Embora um dos *drivers* tivesse sido compilado um ano antes, em 1º de janeiro de 2009, o outro foi compilado apenas seis minutos antes de ser assinado. A rápida assinatura sugere que os atacantes poderiam ter tido a chave da RealTek e o *cert* em sua posse.

As implicações eram perturbadoras. O uso de um certificado digital legítimo para autenticar arquivos maliciosos minava a credibilidade da arquitetura mundial de assinaturas para computadores e colocava em questão a legitimidade de qualquer arquivo assinado com certificados digitais dali em diante. Era só uma questão de tempo para que outros atacantes copiassem a tática e começassem também a roubar certificados.[13] Ulasen precisava espalhar a notícia.

Uma divulgação responsável ditava que pesquisadores que encontrassem vulnerabilidades em um software notificassem os fornecedores antes de revelarem ao público, a fim de dar tempo para que os fabricantes sanassem tais vulnerabilidades. Então Ulasen despachou e-mails tanto para a RealTek quanto para a Microsoft, notificando-as sobre o que a sua equipe havia encontrado.

Porém, após duas semanas se passarem sem nenhuma resposta de ambas as empresas, Ulasen e Kupreev decidiram que eles não poderiam ficar calados.[14] O resto da comunidade de segurança precisava saber sobre o *exploit* .LNK. Eles já haviam adicionado assinaturas aos antivírus da VirusBlokAda para detectar

---

[13] Ironicamente, em 12 de julho de 2010, o dia em que Ulasen foi a público com notícias sobre o *malware*, um pesquisador da empresa de segurança finlandesa F-Secure divulgou uma apresentação em uma conferência sobre certificados digitais onde afirmava que, então, ainda estava por ser descoberto um *malware* que utilizasse certificados roubados. Ele observou, no entanto, que isso iria inevitavelmente ocorrer, já que as novas versões do Windows tratavam com desconfiança *drivers* não assinados, levando os *hackers* a roubar certificados legítimos para assinar seus *malwares*. (Veja NIEMELA, Jarno. It's Signed, Therefore It's Clean, Right?, apresentado na conferência CARO em Helsinki, Finlândia; disponível em <https://pdfs.semanticscholar.org/5248/3574ae583f153ac43736fc25222d7bf831cc.pdf>.) De fato, pouco depois da descoberta da VirusBlokAda sobre o certificado da RealTek, outros *hackers* já estavam tentando usar a mesma tática. Em setembro de 2010, empresas de antivírus descobriram o Infostealer.Nimkey, um cavalo de Troia projetado especificamente para roubar certificados de chaves privadas de computadores. Nos dois anos seguintes, surgiram diversos programas maliciosos assinados com certificados aparentemente roubados de várias empresas confiáveis.

[14] Ulasen contatou a Microsoft por meio de um endereço de e-mail geral. Entretanto, a equipe de resposta de segurança da Microsoft recebe mais de cem mil e-mails por ano nessa caixa de correio geral, então era compreensível que um e-mail enviado por uma obscura empresa de antivírus na Bielorrússia tivesse se perdido na fila.

os arquivos maliciosos e estavam vendo infecções aparecerem em máquinas por todo o Oriente Médio e outras regiões. O *worm*/vírus estava a pleno vapor e se espalhando rapidamente. Eles tinham que ir a público com a notícia.[15]

Sendo assim, em 12 de julho, Ulasen postou um breve anúncio sobre o *zero-day* no *website* de sua empresa e em um fórum *on-line* de segurança em inglês, alertando que uma epidemia de infecções estava prestes a estourar.[16] Ele divulgou poucos detalhes sobre a vulnerabilidade explorada pelo *zero-day*, evitando dar a *hackers* imitadores informações que poderiam ajudá-los a explorá-la. Mas membros do fórum compreenderam rapidamente as implicações, notando que aquilo tinha potencial para ser "mortal para muitos".

Três dias mais tarde, o jornalista de tecnologia Brian Krebs pegou o anúncio e escreveu um *post* sobre ele, resumindo o pouco que era conhecido sobre a vulnerabilidade e sobre o *exploit* na época.[17] A notícia correu pela comunidade de segurança, fazendo com que todos se preparassem para uma onda de ataques que estariam por vir a partir de *worms* e ataques copiados usando o mesmo *exploit*.[18] Enquanto isso, o chefe de um instituto na Alemanha que pesquisava e testava produtos de antivírus intermediou a apresentação entre Ulasen e seus contatos na Microsoft, o que levou a empresa de software a começar a trabalhar em uma atualização.[19] Contudo, com a notícia da vulnerabilidade já vazada, a Microsoft decidiu divulgar aos clientes um alerta imediato sobre a falha crítica, juntamente com algumas dicas sobre como mitigar o risco de infecção nesse meio tempo. Na ausência de uma atualização que não seria lançada por mais duas semanas, isso estava longe de uma cura.[20]

---

[15] Pesquisadores descobririam mais tarde que este *malware* era uma combinação de *worm* e vírus. A parcela de *worm* permitia que ele se espalhasse de forma autônoma sem a ação do usuário, mas, uma vez que estivesse no sistema, outros componentes infectavam arquivos, como um vírus faria, e exigiam a ação do usuário para se espalhar.

[16] Ulasen publicou sua nota no *site* de sua empresa em <anti-virus.by/en/tempo.shtml> e no fórum *Wilders Security* em <wilderssecurity.com/showthread.php?p=1712146>.

[17] Krebs, um ex-repórter do Washington Post, mantém o blog KrebsonSecurity.com, que foca em segurança de computadores e crimes cibernéticos. Ele publicou seu *post* em 15 de julho de 2010, em <krebsonsecurity.com/2010/07/experts-warn-of-new-windows-shortcut-flaw>.

[18] Lenny Zeltser, "Preempting a Major Issue Due to the .LNK Vulnerability – Raising Infocon to Yellow", publicado em 19 de julho de 2010, em <isc.sans.edu/diary.html?storyid=9190>.

[19] Andreas Marx, chefe da AV-TEST.org na Alemanha, intermediou a apresentação aos seus contatos diretos na Microsoft.

[20] O alerta da Microsoft aparece em <technet.microsoft.com/en-us/security/advisory/2286198>.

A indústria de segurança de computadores também ressoou em ações para lidar com o *worm* que agora tinha um nome – "Stuxnet", um apelido criado a partir das letras no nome de um dos *drivers* (mrxnet.sys) e de outra parte do código malicioso. À medida que as empresas de segurança adicionavam assinaturas aos seus mecanismos para detectar o *worm* e seu *exploit*, milhares de arquivos maliciosos começaram a aparecer nas máquinas de clientes infectados.[21]

Quase imediatamente, outra surpresa surgiu. Em 17 de julho, uma empresa de antivírus na Eslováquia chamada ESET descobriu outro *driver* malicioso que parecia estar relacionado ao Stuxnet. Este também havia sido assinado com um certificado digital de uma empresa em Taiwan, embora não fosse da RealTek. Em vez disso, vinha de uma empresa chamada JMicron Technology, um fabricante de circuitos.

O *driver* foi descoberto sozinho em um computador, sem nenhum dos outros arquivos do Stuxnet, mas todos assumiram que ele devia estar relacionado ao Stuxnet, uma vez que compartilhava semelhanças com os outros *drivers* que a VirusBlokAda havia encontrado.[22] No entanto, havia algo notável a respeito da data de compilação deste *driver*. Quando os *hackers* passavam seu código-fonte por um compilador para traduzi-lo em um código binário que a máquina pudesse ler, o compilador muitas vezes colocava um *timestamp* no arquivo binário. Embora os atacantes pudessem manipular esse registro de tempo para enganar os pesquisadores, este parecia ser legítimo. Ele indicava que o *driver* havia sido compilado em 14 de julho, dois dias *após* a VirusBlokAda ter ido a público com a notícia do Stuxnet. Teriam os *hackers* do Stuxnet disparado o *driver* em um novo ataque, completamente alheios ao fato de que uma obscura empresa de antivírus na Bie-

---

[21] A maioria das empresas de antivírus possui sistemas automáticos de aviso que lhe notificam quando um arquivo malicioso é detectado na máquina de um cliente caso este tenha optado por tal funcionalidade. Na maioria dos casos, tudo que é enviado à empresa é um "hash" do arquivo – uma representação criptográfica do conteúdo do arquivo composta por uma sequência de letras e números produzidos ao passar o arquivo por um algoritmo – sem nenhuma indicação de quem é a vítima, com exceção do endereço IP do remetente. Mas, em outros casos, as empresas podem obter o próprio arquivo malicioso, completo, se a vítima decidir enviá-lo, ou a empresa de antivírus pode descobrir pelo IP quem é a vítima e solicitar uma cópia do arquivo.

[22] Pesquisadores especulavam que o *driver* podia ter sido usado com uma nova versão do Stuxnet que os atacantes liberaram após ajustar o código para evitar que assinaturas de antivírus o detectassem. Nenhuma versão posterior do Stuxnet foi descoberta, mas consulte o Capítulo 17, nota de rodapé 41, para maiores discussões sobre uma versão posterior do Stuxnet.

lorrússia havia destruído seu disfarce? Ou estariam eles cientes de que sua missão furtiva estava prestes a ser exposta e estavam correndo para colocar o Stuxnet em mais máquinas antes que ele pudesse ser bloqueado? Havia indícios de que os atacantes tinham pulado alguns passos enquanto assinavam o *driver* com o certificado da JMicron, o que sugeria que eles poderiam de fato estar com pressa para ter seu código de ataque mundo afora e espalhado nas máquinas.[23] Contudo, uma coisa estava clara: os atacantes necessitavam desse novo certificado para assinar seu *driver* pois o da RealTek tinha expirado um mês antes, em 12 de junho. Os certificados digitais têm uma vida útil limitada e, uma vez que o da RealTek havia expirado, os atacantes não podiam mais usá-lo para assinar novos arquivos. O certificado também foi revogado pelas autoridades certificadoras quando o Stuxnet foi exposto, o que significa que as máquinas Windows deveriam agora rejeitar ou sinalizar quaisquer arquivos que já tivessem sido assinados com ele. [24]

A descoberta do segundo certificado levou a mais especulações sobre como os *hackers* haviam obtido esses documentos de segurança. As sedes da RealTek e da JMicron estavam a dois quarteirões uma da outra, no *Hsinchu Science and Industrial Park*, na cidade de Hsinchu, Taiwan. Dada a proximidade geográfica, alguns especularam que os atacantes podiam ter invadido fisicamente os dois escritórios para roubar as chaves de assinatura digital e os certificados. Outros especularam que a República Popular da China estaria por trás do ataque do Stuxnet e teria invadido as duas empresas de Taiwan para obter suas chaves de assinatura digital e certificados.

Seja qual fosse o cenário, isso significava que os atacantes provavelmente possuíam outros certificados digitais em seu arsenal. E se eles haviam enfrentado todos esses problemas para ter certeza de que seu ataque funcionaria, isso provavelmente significava que eles tinham um objetivo importante e recursos conside-

---

[23] Consulte Costin G. Raiu e Alex Gostev, "A Tale of Stolen Certificates", publicado em SecureView, 2º trimestre de 2011, um boletim trimestral da Kaspersky Lab. Os erros aparecem no bloco de assinatura digital do certificado, onde a empresa provê informações sobre ela mesma. Neste caso, os atacantes digitaram incorretamente a URL para JMicron, de forma que retornava o erro "servidor não encontrado" se alguém tentasse visitar o *website*. Eles também falharam ao preencher diversos campos como o nome da empresa, propriedade de direitos autorais e outros dados. Em oito desses campos, as palavras "change me" ("me altere", em português) apareciam no lugar das informações.

[24] O certificado da RealTek esteve válido de 15 de março de 2007 até 12 de junho de 2010. O certificado da JMicron era válido até 26 de julho de 2012, mas, como foi revogado por autoridades certificadoras, os atacantes não poderiam mais usá-lo.

ráveis à disposição. Muitos na comunidade de segurança se sentiram apreensivos e perplexos. "Nós raramente vemos operações tão profissionais", afirmou *on-line* o pesquisador Pierre-Marc Bureau, da ESET.[25]

Conforme as empresas de antivírus examinavam os arquivos do Stuxnet que chegavam dos clientes, eles tiveram outra surpresa. Com base nas datas contidas em alguns dos arquivos, parecia que o Stuxnet tinha sido lançado publicamente pelo menos desde junho de 2009, o que significa que ele ficara escondido em máquinas durante pelo menos um ano antes da VirusBlokAda descobri-lo. Parecia também que os atacantes haviam desencadeado o ataque em três fases diferentes – em junho de 2009 e em março e abril de 2010 –, alterando levemente o código em cada uma dessas fases.

Entretanto, uma coisa permanecia sem resposta: a intenção do Stuxnet. Os pesquisadores não conseguiram encontrar nenhum sinal, em nenhum dos arquivos, de que ele roubasse senhas de contas bancárias ou outras credenciais da forma que muitos outros *malwares* faziam. Tampouco eles conseguiram encontrar no código sinais de qualquer outro motivo óbvio. Até que um pesquisador na Alemanha encontrou uma possível pista do real intuito do Stuxnet.

"Olá, pessoal", escreveu Frank Boldewin para o mesmo fórum *on-line* onde Ulasen havia publicado primeiramente seu aviso sobre o Stuxnet. "Alguém investigou mais a fundo o *malware*?". Boldewin desempacotou a primeira camada que cobria um dos arquivos do Stuxnet e encontrou referências inusitadas a um software feito pela empresa alemã Siemens. Os atacantes pareciam procurar por computadores que tinham um dos dois programas proprietários da Siemens instalados – o Siemens SIMATIC Step 7 ou o SIMATIC WinCC. Ambos são parte de um sistema de controle industrial, ou *Industrial Control System* (ICS), projetado para trabalhar com controladores lógicos programáveis, ou *Programmable Logic Controllers* (PLCs) – pequenos computadores, geralmente do tamanho de uma torradeira, que são usados em fábricas ao redor do mundo para controlar coisas como os braços de um robô ou esteiras de transporte em linhas de montagem.

Boldewin nunca havia visto um *malware* que visasse um sistema de controle industrial antes. Não havia um ganho financeiro óbvio ao invadir equipamentos de fábrica como PLCs, pelo menos não tão rápido quanto acessar contas bancá-

[25] Pierre-Marc Bureau, "Win32/Stuxnet Signed Binaries", publicado em 09 de agosto de 2010, em <blog.eset.com/2010/07/19/win32stuxnet-signed-binaries>.

rias e sistemas de cartão de crédito. Isso só podia significar uma coisa para ele. "Parece que este *malware* foi desenvolvido para espionagem", ele escreveu.[26] Os atacantes deviam estar tentando roubar um projeto de uma fábrica de um concorrente ou projetos de produtos.

Essa foi uma avaliação com a qual muitos na comunidade de tecnologia ficaram bastante felizes em concordar. O Stuxnet parecia visar somente sistemas com o software da Siemens instalado, o que significava que qualquer computador que não utilizasse tais programas estava presumidamente seguro, e seus proprietários podiam relaxar. Os sistemas no Irã que reiniciaram sucessivamente não tinham o software da Siemens instalado, descobriu Ulasen, e, além da falha que os sistemas experimentaram, parecia que o Stuxnet não havia lhes causado dano permanente.

Assim, dentro de aproximadamente uma semana após o breve encontro do *worm* com a fama, parecia que o Stuxnet caminhava de forma permanente para obscuridade. A Microsoft ainda estava trabalhando em uma atualização para corrigir a vulnerabilidade de segurança que o *exploit* .LNK violou, mas, no que diz respeito às empresas de segurança, o Stuxnet não gerava mais nenhum interesse, já que elas adicionaram assinaturas em seus *scanners* para a detecção dos arquivos maliciosos do *worm*.

A história da primeira arma digital do mundo poderia muito bem ter terminado aqui, se não fosse pelo fato de alguns pesquisadores de segurança não terem se dado por satisfeitos.

---

[26] Boldewin publicou sua nota em <wilderssecurity.com/showthread.php?p=1712146>.

Capítulo 2

500 Kilobytes de Mistério

Nos seis anos em que Liam O'Murchu esteve analisando vírus e *worms*, ele nunca havia visto nada como o código para o qual ele estava olhando agora. O código usava técnicas que iam muito além de qualquer coisa que ele havia visto outros *malwares* fazerem. Isso não era, de modo algum, o que ele esperava encontrar quando se sentou em frente ao seu computador no escritório da Symantec, no sul da Califórnia, e acessou os arquivos do Stuxnet enviados durante a noite por seus colegas na Europa.

Era sexta-feira, 16 de julho, um dia depois que a notícia do Stuxnet abalou a comunidade técnica, e O'Murchu estava no meio daquilo que ele pensava ser uma rotineira e superficial revisão de código. O irlandês de 33 anos era gerente de operações do Time de Resposta de Segurança do escritório da Symantec em Culver City e era seu trabalho revisar novos *malwares* que surgiam para determinar se eles mereciam um estudo mais minucioso.

Os analistas no escritório da empresa em Dublin, Irlanda, obtiveram os arquivos do Stuxnet no final da tarde, mas só ficaram poucas horas com o código antes de entregá-lo para a equipe de O'Murchu, na Califórnia, que estava prestes a despertar. O time de análise de ameaças da Symantec está espalhado por múltiplos continentes. Se, a qualquer momento, surgir uma ameaça importante, alguém em algum lugar estará acordado para atuar nela. Então, à medida que o sol se põe em um dos escritórios e nasce em outro, os trabalhadores em um fuso horário passam suas anotações para os demais, que estão no fuso seguinte.

Nem todos os *malwares* são tratados dessa forma. Dentre os mais de 1 milhão de arquivos maliciosos que a Symantec e outras empresas de segurança encontram a cada mês, a maioria é cópia de ferramentas conhecidas onde os *hackers* fazem alterações nas assinaturas para tentar enganar a varredura dos antivírus. Essas ameaças comuns são enfileiradas e analisadas por algoritmos que examinam o código em busca de assinaturas ou comportamento que caracterizem algum *malware* conhecido. Códigos saem da fila para os pesquisadores analisarem manualmente somente se os algoritmos encontrarem algo que eles não consigam entender. *Malware* que contenha, ou que se suspeite conter, um *exploit zero-day* sempre é examinado manualmente, única razão para o código do Stuxnet ter chegado à mesa de O'Murchu.

O'Murchu é um entusiasmado *snowboarder*, com um sotaque expressivo e um cabelo castanho com um topete na frente como a borda de um *half pipe*[1] pequeno. Fruto de uma transferência recente para os Estados Unidos, ele estava no escritório da Symantec na Califórnia há dois anos, mas trabalhava para a companhia desde 2004. Ele liderava um time de analistas e especialistas em engenharia reversa de *malware* altamente competentes que estavam envolvidos em uma batalha constante contra a investida das ameaças digitais, cada uma frequentemente mais avançada que a anterior. Nenhuma delas, no entanto, o preparou para o que ele encontraria no Stuxnet.

O'Murchu achava que o exame do código seria mera rotina, somente para confirmar o *exploit zero-day* que Ulasen e Kupreev já haviam encontrado. Ele então passou o código para um engenheiro júnior, pensando que seria uma boa oportunidade para treiná-lo em *zero-days*, e apenas examinou o código ele próprio para respaldar seu colega e ter certeza de que ele não deixou passar nada. Porém, assim que ele abriu os arquivos, ficou imediatamente claro que havia algo estranho com aquele código.

O arquivo principal do Stuxnet era incrivelmente grande – 500 KB, em oposição aos 10-15 KB dos *malwares* previamente analisados. Mesmo o Conficker, o monstruoso *worm* que infectou mais de seis milhões de máquinas nos dois anos anteriores, tinha apenas 35 KB. Qualquer *malware* maior que isso geralmente continha algum arquivo de imagem que consumia muito espaço, responsável

---

[1] Nota dos tradutores: *half pipe* é uma pista em forma de U usada na prática de esportes radicais.

pelo tamanho total – tal como uma página falsa de banco no navegador das máquinas infectadas para roubar as credenciais bancárias das vítimas. Mas não havia arquivo de imagem no Stuxnet, nem nenhum objeto estranho. E, à medida que ele começou a separar os arquivos, percebeu que o código era muito mais complexo do que ele ou qualquer outra pessoa havia suposto anteriormente.

Quando você já viu tantos *malwares* quanto O'Murchu, você consegue analisar um vírus ou cavalo de troia e saber imediatamente o que ele faz – este é um capturador de teclas que registra o que a vítima digita; aquele rouba credenciais de acesso a contas bancárias. É também fácil de ver se um pedaço de código foi escrito de forma descuidada ou desenvolvido cuidadosamente. O Stuxnet era obviamente do último tipo. Ele parecia ser uma densa e bem orquestrada coleção de dados e comandos que continham uma enorme quantidade de funcionalidades. O que essas coisas faziam ainda era um mistério, despertando o interesse imediato de O'Murchu.

O PRIMEIRO ENCONTRO DE O'MURCHU com *malwares* aconteceu em 1996, quando ele estava estudando Ciência da Computação na Universidade de Dublin e um colega liberou um vírus caseiro que infectou todas as máquinas no laboratório de computação da escola. Em meados de março, o vírus tomou o controle dos terminais e bloqueou o acesso de todos. Os usuários só poderiam se conectar depois de responder a uma série de dez questões que piscavam nas telas. A maioria estava irritada com a interrupção, mas O'Murchu só queria colocar as suas mãos em uma cópia do vírus para desmontá-lo. Era parte de seu DNA desconstruir as coisas. Tendo crescido na parte rural da pequena cidade de Athy, no condado de Kildare, ele era o tipo de criança que estava mais interessada em desmontar brinquedos do que brincar com eles.

O'Murchu não planejou se tornar um domador de vírus. Ele começou sua carreira universitária obedientemente tendo aulas de física e química para a formação em Ciências que pretendia perseguir, mas, em seguida, acabou se matriculando em um curso de Ciências da Computação e ficou obcecado. Ele rapidamente abandonou o laboratório químico e seguiu para o laboratório de informática. *Hacking* era um problema crescente na universidade, mas O'Murchu nunca considerou Segurança de Computadores uma carreira possível até que começaram a invadir os servidores pertencentes ao clube de computação da escola, e uma equipe de estudantes foi encarregada de atualizar os servidores para expulsá-los. O'Murchu ficou fascinado pelo jogo de gato-e-rato que acontecia, observando os intrusos passarem a perna repetidamente nos defensores para retomarem o controle.

Essa experiência de quebrar barreiras digitais veio a calhar quando ele e um grupo de amigos viajaram para os Estados Unidos depois da faculdade e brevemente conseguiram emprego testando quiosques de internet para uma *start-up* em San Diego. Eles foram contratados para avaliar se seria possível burlar o sistema de cobrança do quiosque para roubar acesso à internet. Mas, em vez de usuários normais de computador, a empresa havia inadvertidamente contratado uma equipe de *hackers* habilidosos. Após uma meia dúzia de quiosques ter sido instalada no galpão onde os sistemas estavam sendo montados, O'Murchu e seus amigos foram avisados para ir até lá. Eles deveriam apenas testar o sistema por duas semanas antes da companhia liberar os quiosques para os clientes, mas O'Murchu e seus amigos continuavam encontrando novas formas de passar pelo sistema de cobrança. Depois que se passaram dois meses e eles ainda continuavam encontrando falhas, a empresa cancelou os testes e simplesmente liberou os quiosques para o mercado.

O'Murchu passou os dois anos seguintes viajando o mundo e praticando *snowboarding* com um vago desejo de entrar na área de segurança, mas sem nenhum plano para fazê-lo. Então, em 2002, ele conseguiu um emprego na empresa de *anti-spam* Brightmail, em Dublin. Ele só aceitou o trabalho para ganhar dinheiro para sustentar a sua viagem, mas, quando a Symantec comprou a empresa em 2004, ele viu isso como uma chance de mudar para a área de segurança. Durante um passeio no escritório da Symantec em Dublin, concedido aos empregados da Brightmail, O'Murchu mal podia conter sua impaciência enquanto os vários departamentos eram apresentados. Tudo o que ele queria ver era a equipe de pesquisa de vírus para a qual ele esperava entrar. Mas quando ele finalmente conheceu Eric Chien, o americano que gerenciava a equipe, o seu sonho de ser contratado desmoronou. O'Murchu pensou que a Symantec tinha centenas de analistas instalados ao redor do mundo e que, portanto, seria fácil conseguir uma colocação. Mas Chien disse-lhe que apenas meia dúzia de pessoas trabalhava na equipe, e todos eles estavam ali há anos. "Ninguém vai embora", disse Chien. "Todo mundo adora o trabalho".

O'Murchu não se intimidou. Ele estudou as ferramentas que os analistas utilizavam para decifrar códigos maliciosos e para gerar assinaturas, e quando uma explosão de *spyware* e *adware* estourou alguns meses mais tarde, a Symantec precisou expandir sua equipe e ele estava preparado. Ele trabalhou os quatro anos seguintes no escritório da Symantec em Dublin – onde a empresa ainda mantém o seu maior grupo de pesquisa – antes de ser transferido para Culver City em 2008.

Ao longo dos anos, O'Murchu e a equipe da Symantec haviam trabalhado em um número alto de ameaças sofisticadas e complexas. Mas nenhuma foi tão fascinante ou tão desafiadora quanto o Stuxnet viria a ser.

QUANDO O'MURCHU EXAMINOU o arquivo principal do Stuxnet, ele imediatamente encontrou várias camadas de encriptação mascarando suas muitas partes e seu núcleo interno. Felizmente, a primeira camada era um "empacotador" simples que foi facilmente quebrado.

"Empactadores" são ferramentas digitais que comprimem e alteram o código para tornar um pouco mais difícil tanto a detecção das assinaturas pelos antivírus como para os examinadores forenses determinarem o que o código faz. Um *malware* empacotado torna-se, superficialmente, um pouco diferente a cada vez que é empacotado, de tal forma que o mesmo código, sendo passado através de um empacotador mil vezes, produzirá mil versões diferentes do código, embora, além das camadas do empacotador, todas elas tenham o mesmo núcleo. Os antivírus podem dizer quando um arquivo malicioso foi submetido a um empacotador conhecido e podem, então, descompactá-lo em tempo-de-execução para reconhecer assinaturas escondidas. Para impedir isso, atacantes inteligentes projetam empacotadores personalizados que não são facilmente reconhecidos ou removidos. Mas os criadores do Stuxnet não se preocuparam em fazer isso. Eles usaram um empacotador de prateleira chamado UPX –acrônimo para *Ultimate Packer for eXecutables* – que foi facilmente identificado e eliminado. Considerando a natureza sofisticada do restante da ameaça – o *exploit zero-day* e os certificados digitais roubados –, tal escolha parecia um tanto quanto estranha por parte dos criadores do Stuxnet. Então O'Murchu assumiu que a principal razão para usar o empacotador deve ter sido simplesmente para compactar os arquivos e reduzir o tamanho do Stuxnet. Uma vez descompactado e descomprimido, o módulo principal expandiu para 1,18 MB.

Com o empacotador agora removido, O'Murchu foi capaz de identificar facilmente as *strings* da Siemens vistas por Frank Boldewin. Mas, mais importante, ele também avistou um bloco criptografado de código, que viria a ser o bloco principal do Stuxnet - um grande arquivo .DLL (acrônimo para *Dynamic Link Library*, biblioteca de vínculo dinâmico) que continha cerca de três dezenas de outras DLLs e componentes, todos embrulhados juntos em camadas de criptografia, como bonecas russas. Ele também encontrou um grande arquivo de configuração contendo um menu com mais de quatrocentas configurações que os atacantes poderiam ajustar para mudar qualquer coisa, desde a URL para os servidores de comando e controle que o Stuxnet contataria, até o número de máquinas que o Stuxnet deveria infectar através de *pen drives* antes do *exploit* de USB encerrar suas atividades.[2] Curiosamente, O'Murchu também encontrou uma data determinando o fim da contaminação - 24 de junho de 2012. Cada vez que o Stuxnet encontrava uma nova máquina, ele verificava o calendário do computador para ver se a data tinha passado. Se tivesse, o Stuxnet pararia e não iria infectá-lo. Qualquer código já instalado em outras máquinas continuaria a trabalhar, mas o Stuxnet não infectaria quaisquer novas máquinas. A data de parada tinha sido definida para três anos após o Stuxnet infectar suas primeiras máquinas no Irã e era presumivelmente a data em que os atacantes esperavam atingir seu objetivo.[3]

O que mais se destacou para O'Murchu, no entanto, foi a maneira complexa com que o Stuxnet ocultava seus arquivos nas máquinas infectadas e sequestrava funções normais para executar suas ações maliciosas. Demorou quase um dia para O'Murchu analisar os pormenores. Quando ele finalmente terminou, ficou espantado.

Normalmente, o código para executar tarefas comuns em uma máquina Windows, tais como abertura e leitura de um arquivo ou salvar o seu conteúdo no disco, é armazenado em DLLs no sistema operacional. Quando o sistema operacional ou outro aplicativo precisa realizar uma dessas tarefas, eles chamam o código relevante da DLL - como se pegássemos emprestado um livro em uma

---

[2] O *exploit* .LNK nos *pen drives* foi configurado para espalhar o Stuxnet para apenas três novas máquinas antes de encerrar suas atividades e remover os arquivos do *pen drive*.

[3] Evidências forenses encontradas dentro das versões do Stuxnet que a Symantec examinou indicavam que a primeira infecção no Irã ocorreu em 23 de junho de 2009.

biblioteca – e o executam na memória da máquina. *Hackers* convencionais tentariam esconder o código para suas atividades maliciosas na DLL do Windows também, mas os antivírus podem detectar um código que não deveria estar em uma biblioteca, então, em vez disso, o Stuxnet colocou o seu código malicioso na memória da máquina, onde os programas antivírus eram menos propensos a detectá-lo. Isso por si só não era nada demais, uma vez que vários *hackers* espertos armazenam seu código malicioso na memória. Mas a *forma* como o Stuxnet armazenou seu código foi incrível.

Geralmente, o código malicioso que se esconde na memória ainda terá que pedir ao sistema para carregar código adicional a partir de arquivos que ele armazena no disco do computador. Mas os antivírus serão capazes de identificar esse comportamento também, então o Stuxnet foi além. Ele manteve todo o código de que necessitava para operar dentro de si, armazenado como arquivos virtuais com nomes especialmente elaborados. Normalmente isso não iria funcionar porque, quando o Stuxnet tentasse chamar esse código, o sistema operacional não reconheceria os nomes ou iria procurar os arquivos com nomes estranhos no disco e não seria capaz de encontrá-los. Entretanto, o Stuxnet "interceptou" ou reprogramou parte da API do Windows – a interface entre o sistema operacional e os programas que rodam sobre ele – de modo que, a qualquer momento em que esses nomes estranhos fossem chamados, o sistema operacional simplesmente iria até o Stuxnet, na memória, para obter o código. Se um antivírus suspeitasse dos arquivos na memória e tentasse examiná-los, o Stuxnet estava preparado para isso também. Como o Stuxnet controlava as partes da API do Windows que são responsáveis por mostrar os atributos dos arquivos, ele simplesmente enganava o varredor, fazendo-o pensar que os arquivos estavam vazios, essencialmente como se declarasse: "não há nada aqui, siga em frente".[4]

Mas ainda não havia acabado. Os *malwares* tradicionais executam seu código de forma direta apenas chamando o seu código e o executando. Só que isso era fácil demais para o Stuxnet. O Stuxnet foi construído como uma máquina

[4] Nicolas Falliere, Liam O'Murchu e Eric Chien, "W32.Stuxnet Dossier" (relatório, fevereiro de 2011), 13-15, disponível em <symantec.com/content/en/us/enterprise/media/security_response/whitepapers/w32_stuxnet_dossier.pdf>. O extenso dossiê da Symantec descreve em detalhes as especificações técnicas do Stuxnet e o que cada função do código foi projetada para fazer.

de Rube Goldberg[5], que, no lugar de chamar e executar seu código diretamente, plantava seu código dentro de outro bloco de código que já estivesse em execução em um processo na máquina e, em seguida, pegava o código que estava em execução naquele processo e o colocava dentro de um bloco de código em execução em *outro* processo para escondê-lo ainda mais.

O'Murchu ficou impressionado com a quantidade de trabalho que os atacantes tinham investido no artefato. Até mesmo as ameaças mais complexas que ele viu nos últimos anos não haviam ido tão longe. O criador médio de *malwares* fazia apenas o mínimo necessário para conseguir que seu ataque funcionasse e evitasse a detecção; havia pouco ganho em investir tanto tempo em códigos que tinham apenas a intenção de fazer uma rápida quebra ou captura de senhas ou de outros dados. Até mesmo as avançadas ferramentas de espionagem que pareciam vir da China não perdiam tempo com os tipos de truques que ele estava vendo no Stuxnet. Alertas vermelhos pipocavam por todo o código e O'Murchu só tinha examinado os primeiros 5 KB da ameaça de 1 MB.

Ficou claro que este não era um ataque comum, e que precisava ser examinado mais de perto. Mas o tamanho e a complexidade do código mostravam que seria necessário um time para fazer engenharia reversa e decifrá-lo. A questão que passava pela mente de O'Murchu era: eles deveriam se preocupar com isso? Ninguém culparia a Symantec se os pesquisadores dispensassem o código. Afinal, a principal tarefa de qualquer empresa de antivírus é deter as infecções antes que elas comecem ou livrar sistemas infectados de *malwares*. O que um código malicioso fez aos computadores uma vez que esteve neles era secundário.

Contudo, apesar de seu trabalho inicial ter parado no ponto de detecção, qualquer cliente infectado com o Stuxnet desejaria saber o que o *malware* havia feito em seus sistemas, mesmo que a Symantec tivesse detectado e removido seus arquivos maliciosos. Teria ele roubado credenciais ou documentos importantes? Teria alterado ou deletado dados cruciais? O'Murchu sentiu que era seu dever descobrir.

---

[5] Nota dos tradutores: Rube Goldberg é uma máquina que executa uma tarefa simples de maneira extremamente complicada, geralmente utilizando uma reação em cadeia. Essa expressão foi criada em referência ao cartunista americano e inventor Rube Goldberg, autor de diversos dispositivos com essa base de funcionamento. Veja um vídeo em <https://pt.wikipedia.org/wiki/M%C3%A1quina_de_Rube_Goldberg> (acesso em: 09 nov. 2016).

Mas esta não era a única razão pela qual ele queria continuar a explorar o código. A verdade era que o Stuxnet o atraía porque aquele quebra-cabeça lhe dera uma enorme carga de adrenalina – um vírus demasiadamente complexo para ser uma mera ferramenta de espionagem e demasiadamente sofisticada para ser um trabalho de simples cibercriminosos. Ele tinha que descobrir.

CONFORME O FIM do primeiro dia se aproximava, O'Murchu digitou suas anotações descrevendo o que ele tinha descoberto até agora e as enviou para a equipe da Symantec em Tóquio, lamentando que ele não pudesse ter mais tempo para trabalhar com o código.

A equipe de Tóquio trabalhou parte daquele fim de semana, mapeando os componentes do Stuxnet e fazendo uma análise de alto nível do código, para que todos soubessem com o que estavam lidando. De volta à Califórnia, onde O'Murchu vivia com sua namorada britânica perto da praia em Marina Del Rey, ele tentou tirar o código de sua mente, mas não conseguiu. Lembranças sobre a forma complexa com que ele subvertia um sistema invadiam sua mente até ele começar a questionar se estava certo sobre o que tinha visto. Para silenciar suas dúvidas, ele retornou ao escritório para olhar o código novamente até que estivesse convencido de que estava correto.

Quando a manhã de segunda-feira chegou, ele estava impaciente para chegar ao escritório, se reunir com seu colega Eric Chien e relatar o que havia encontrado. Como O'Murchu, Chien havia sido transferido do escritório da Symantec de Dublin para Culver City e era o diretor técnico do time de resposta a incidentes de segurança da empresa. Chien decidiu que eles deveriam chamar Nicolas Falliere, um jovem engenheiro de software sênior e analista no escritório da Symantec em Paris, que era um mago na desconstrução de códigos difíceis. Os três elaboraram um plano para atacar o projeto.

O Stuxnet era tão grande, com tantas partes diferentes, mas o lugar óbvio para começar eram os servidores de comando e controle. Assim, enquanto Falliere se familiarizava com as partes do Stuxnet que O'Murchu já havia visto, Chien e O'Murchu se concentraram nos servidores.

Cada vez que o Stuxnet infectava um sistema ele "ligava para casa", para um dos dois domínios de internet disfarçados de sites de fãs de futebol: mypremierfutbol.com e todaysfutbol.com. Os nomes de domínio, registrados por alguém que usou nomes falsos e cartões de crédito fraudulentos, apontavam para servidores na Dinamarca e na Malásia, que serviam como estações de comando e controle para o ataque. Cada vez que o Stuxnet infectava uma máquina, ele contatava os servidores para anunciar a sua conquista e comunicar dados obtidos sobre a vítima mais recente. A comunicação era criptografada para impedir que alguém a lesse casualmente, mas a criptografia que os atacantes utilizavam era surpreendentemente fraca e facilmente quebrável. Uma vez que Chien e O'Murchu a quebraram, eles foram capazes de ver que o Stuxnet reportava os nomes de computador e de domínio da máquina para os atacantes, bem como o endereço IP interno, a versão do Windows em execução e se tinha ou não o software-alvo da Siemens instalado.[6]

Presumivelmente, cada pedaço de dado ajudava os atacantes a determinar se o Stuxnet estava se aproximando de seu alvo. Isso era importante porque o ataque era feito essencialmente às cegas. Uma vez lançado, um *worm* com autopropagação como o Stuxnet cria vida própria, e os atacantes não teriam controle real sobre onde seu código malicioso estaria viajando. Os dados enviados de volta aos

---

[6] Um nome de domínio de uma máquina e seu endereço IP externo – o endereço de uma máquina que é exposto à internet – podem revelar o nome da organização ou da empresa que detém a máquina infectada, com base em quem é dono do bloco de endereços IP ao qual o endereço da máquina está vinculado. Isso poderia ajudar os atacantes a determinar o quão rápido e amplamente a rede Stuxnet teria se expandido. Os atacantes também poderiam saber o quanto o Stuxnet saiu da rota, conforme ele começasse a aparecer em regiões geográficas distantes de seu alvo. Endereços IP internos, por outro lado, são endereços que as empresas atribuem internamente a máquinas para mapeá-las e rotear o tráfego entre elas. Esses endereços IP podem ser úteis se os atacantes possuírem um mapa da rede interna da empresa ou da organização infectada, talvez roubados do computador de um administrador do sistema, indicando o endereço IP interno atribuído a cada máquina na rede. Se este fosse o caso, os atacantes podiam ter rastreado o caminho do Stuxnet à medida que ele se propagava pela rede, máquina a máquina, reportando de volta para os servidores de comando e controle cada vez que encontravam um conectado à internet. No caso do nome do computador, ele pode ter ajudado os atacantes a identificar qual funcionário ou setor interno dentro de uma organização tinha a posse das máquinas que foram infectadas. Uma máquina, por exemplo, foi nomeada GORJI-259E4B69A, outra chamava-se PEYMAN-PC. Mas muitos dos sistemas infectados compartilhavam o mesmo nome genérico: "ADMIN-PC", "USER-PC", ou "home laptop", o que tornava difícil distinguir quem era quem entre eles.

servidores teriam ajudado a rastrear o seu caminho até certo ponto, enquanto o Stuxnet percorria redes inteiras em busca de presas.

Mas de todas as informações que o Stuxnet relatou aos seus mestres, os dados da Siemens foram os mais importantes, pois, como os pesquisadores logo descobririam, se o Stuxnet percebesse estar em um sistema que *não* tivesse o software da Siemens instalado, ele simplesmente se desligava. Ele ainda buscaria outras máquinas para infectar, mas não lançaria sua carga maliciosa em nenhuma máquina que não tivesse o software da Siemens instalado. Qualquer sistema sem o software era apenas um meio para o Stuxnet alcançar seu fim.[7]

O'Murchu contatou o provedor de serviços de DNS (*Domain Name System*, ou sistema de nomes de domínios) para os dois domínios de comando e controle e pediu para parar o tráfego destinado aos atacantes e desviá-lo para um "sorvedouro" - um computador dedicado a receber tráfego hostil - controlado pela Symantec. Os provedores de DNS são os guardas de trânsito da internet, que garantem que os e-mails e navegadores alcancem seus destinos, de modo que a qualquer momento que alguém digite "nytimes.com" em seu navegador ou clique em um link para um *site*, ele chegue ao endereço IP correto.[8] Ao desviar o tráfego para o seu sorvedouro, os pesquisadores podiam agora coletar em tempo real os dados que o Stuxnet, como um bom soldado, deveria reportar aos atacantes. Já na terça-feira de manhã, 20 de julho, uma inundação de tráfego chegou ao sorvedouro.

Conforme cada máquina infectada fazia contato, O'Murchu e Chien mapeavam os domínios e países de origem e examinavam os dados que o Stuxnet

---

[7] Alex Gostev, especialista-chefe de *malware* da Kaspersky Lab na Rússia, descobriu que o Stuxnet enviava aos servidores de comando um arquivo - nomeado Oem6c.pnf - que identificava não apenas qual programa da Siemens estava instalado no computador (o software de programação Step 7 da Siemens ou o programa WinCC, que os operadores usavam para monitorar as condições de seus PLCs), como também incluía uma lista com qualquer arquivo de projeto do Step 7 presente na máquina e o caminho que mostrava onde, no computador, o arquivo foi localizado. Os arquivos de projeto do Step 7 contêm os comandos de programação para PLCs. Gostev suspeitava que sempre que os atacantes encontravam arquivos de projeto em uma máquina eles enviavam uma ferramenta separada para o computador para roubar os arquivos e examiná-los, em busca de dados de configuração, para determinar se o Stuxnet tinha encontrado os sistemas que eles estavam procurando.

[8] Os provedores de DNS já haviam interrompido o tráfego para os dois domínios, que não estava indo para lugar algum quando a Symantec os contatou. Eles apontaram o tráfego para o endereço IP 127.0.0.1, que é comumente utilizado para retornar o tráfego para a máquina do remetente.

enviava em busca de características comuns, incluindo o número de vítimas que possuíam o software da Siemens. Ao final da semana, mais de 38.000 máquinas infectadas de dezenas de países haviam contatado o sorvedouro e, a uma taxa de 9.000 novas infecções por dia, esse número crescia vertiginosamente. Eles acabariam por rastrear mais de 100.000 infecções em mais de 100 países.[9] O Stuxnet ainda estava se espalhando, apesar das assinaturas distribuídas por empresas de antivírus com o objetivo de pará-lo, o que indicava que muitas vítimas não possuíam o software antivírus mais recente instalado. Entre as máquinas infectadas enviando dados para o sorvedouro estava um acionamento ocasional de alguma empresa de antivírus - um sinal de que os investigadores em algumas empresas concorrentes estavam rodando o Stuxnet em suas máquinas de teste.

À medida que O'Murchu e Chien mapeavam a localização geográfica de cada infecção, um padrão incomum começou a surgir. Das 38.000 máquinas rastreadas inicialmente, mais de 22.000 estavam no Irã. A Indonésia estava em um distante segundo lugar, com cerca de 6.700 máquinas, seguida pela Índia, com 3.700 infecções. Os Estados Unidos tinham menos de 400 infecções, e os números de outros países eram ainda menores. Apenas um pequeno número de máquinas de todos os infectados tinha o software Siemens instalado, e a maioria delas estava no Irã - 217, em contraste a um mero conjunto de 16 máquinas nos Estados Unidos.[10]

Os números da infecção destoavam dos padrões anteriores de epidemias mundiais, pois o Irã nunca esteve no topo das estatísticas. Mesmo em surtos que começaram no Oriente Médio ou na Ásia Central, o Irã nunca apareceu nas faixas altas dos relatórios. Parecia claro que eles estavam diante de um ataque direcionado especialmente à república islâmica. Mas se os atacantes estavam interessados principalmente em máquinas Siemens instaladas no Irã, então o Stuxnet tinha se espalhado muito além de seu alvo. E por que estava se alastrando mais na Índia e na Indonésia do que nos Estados Unidos e na Europa? O que as três nações

---

[9] 100.000 é o número de infecções que a Symantec monitorou durante os primeiros seis meses após o Stuxnet ter sido descoberto. Mas o total, com base nos números que outras empresas de antivírus compilaram conforme adicionavam mecanismos de detecção a suas ferramentas, terminou por subir para mais de 300.000, de acordo com a Kaspersky Lab.

[10] Em uma audiência do Senado dos EUA em novembro de 2010, Dean Turner, diretor da rede de inteligência global da Symantec, testemunhou que o número de infecções únicas nos Estados Unidos tinha até então atingido 1.600. Destas, 50 máquinas tinham o software WinCC da Siemens instalado nelas.

têm em comum para que as infecções se concentrassem lá? Dados o tempo e o dinheiro que obviamente tinham sido aplicados na produção do código, eles sabiam que não estavam lidando com alguém que estava por aí querendo roubar receitas farmacêuticas ou segredos de produção de uma fábrica de automóveis, como Boldewin havia especulado. Os atacantes só poderiam estar focados em roubar informações de inteligência sobre sistemas críticos, talvez com importância política e estratégica para a região. O software da Siemens que o Stuxnet procurava não era apenas utilizado em plantas industriais, mas também em sistemas críticos de infraestrutura. Chien fez uma rápida pesquisa no Google sobre Irã e Índia, para ver o que os dois países tinham em comum, e encontrou recentes reportagens sobre um gasoduto de gás natural que estava em construção ligando as duas nações. O chamado "Gasoduto da Paz" abrangeria um duto de 2.700 quilômetros, desde o campo de gás situado na região persa do sul do país, percorreria Paquistão e chegaria até a Índia, um plano ao qual os Estados Unidos se opuseram fortemente. O projeto passou por uma série de altos e baixos ao longo dos anos devido à mudança de ventos geopolíticos e questões de financiamento, e a Índia o abandonou em 2009 sob pressão dos Estados Unidos. Mas em maio de 2010, apenas dois meses antes de o Stuxnet ter sido descoberto, a Índia retornou ao projeto. Também naquele mês, o Irã começava a concepção e construção da porção final do gasoduto a ser construído dentro de suas fronteiras.

Mas havia também outra coisa dominando as manchetes sobre o Irã – a rápida expansão de seu programa nuclear. O Irã estava prestes a inaugurar um reator nuclear em Bushehr, no sul do país, o que tem sido uma fonte de grande tensão com Israel e com o Ocidente há alguns anos. Ainda mais controverso que o reator era uma usina de enriquecimento de urânio em um lugar chamado Natanz, construída para abastecer o reator com combustível nuclear. A ONU votou sanções contra o Irã devido à usina, e havia ainda discussões sobre um possível ataque aéreo contra a usina.

Um quadro geopolítico perturbador começava a surgir. A natureza sofisticada do código malicioso, além dos certificados roubados e a posição do Irã no centro das atenções, fez parecer que o Stuxnet poderia ser o produto de uma missão governamental secreta – embora uma que tinha claramente saído de controle. Dado que algo no Irã parecia ser o alvo, a lista de prováveis suspeitos era pequena – Israel, China, Rússia ou Estados Unidos.

Chien fez uma pausa para considerar as implicações. Se o Stuxnet *fosse* o produto de uma missão de espionagem de um governo, especificamente uma missão de espionagem dos EUA, isso tornava seu sorvedouro bastante audacioso. Ao interceptar os dados que os atacantes estavam esperando receber das máquinas infectadas no Irã, eles possivelmente teriam caído no meio de um incidente internacional e também poderiam ter ajudado a sabotar uma operação secreta. As potenciais ramificações eram assustadoras.

Mas Chien não podia se debruçar sobre isso agora. O trabalho da Symantec não era ajudar a proteger as operações governamentais secretas, não importa qual fosse o país por trás delas. Seu trabalho era proteger as máquinas dos clientes. Não importava quem lançou o código ou qual era seu alvo; se estivesse afetando os clientes da Symantec, o código malicioso precisava ser parado.

Embora as máquinas no Irã, onde a Symantec não tinha clientes, pareciam ser o alvo primário do *malware*, o Stuxnet infectou milhares de computadores em outros países também e ainda estava à solta, se espalhando. E os pesquisadores ainda não sabiam para que sua carga maliciosa tinha sido projetada ou se ele continha quaisquer erros que poderiam afetar máquinas não alvo.

Eles também não podiam excluir a possibilidade de que o Irã fosse na verdade a fonte do ataque, em vez de seu alvo. Talvez engenheiros iranianos tivessem escrito o Stuxnet tendo como alvo máquinas nos Estados Unidos e tivessem perdido o controle dele no laboratório, o que poderia ajudar a explicar as infecções no Irã. Se agora ele se espalhasse para sistemas críticos nos Estados Unidos – uma usina elétrica ou o sistema de controle de uma barragem ou ferrovia – o que aconteceria?

Chien e O'Murchu decidiram que precisavam insistir.

Quaisquer que fossem as implicações políticas de sua decisão, estas teriam que esperar para serem consideradas em um outro dia.

Capítulo 3

Natanz

Enquanto Chien e O'Murchu contemplavam seus novos papéis na política internacional, no Irã, a milhares de quilômetros de distância, os técnicos em Natanz ainda estavam lutando com os problemas em suas centrífugas. Embora cerca de mil dispositivos tivessem sido substituídos meses antes, as cascatas só estavam operando com 45%-66% de capacidade, sendo alimentadas por muito menos gás urânio do que elas eram capazes de enriquecer. Não ficou claro para os inspetores da AIEA se isso ocorria devido aos problemas naturais que surgem com a criação de uma nova usina até sua maturidade – Natanz começou a enriquecer urânio em 2007, mas os técnicos ainda instalavam novas cascatas e aparavam as arestas – ou se algo sinistro estava em jogo. A última opção não teria sido uma surpresa. Natanz era foco de intensa investigação internacional, e não era segredo que muitos fariam qualquer coisa para desligá-la. Na verdade, eles estavam tentando fazer isso há quase uma década.

A ANTIGA CIDADE de Natanz está localizada a cerca de 320 quilômetros ao sul de Teerã, onde fica o santuário Sufi sheik Abd Al-Samad Esfahani, que data do século XIII, um modelo da antiga arquitetura persa com tijolos elegantes de terracota e telhas de cobalto padronizadas. Embora esteja localizada na borda do deserto Dasht-e Kavir, às sombras das montanhas Karkas, a elevada cidade-jardim tem um revigorante clima de montanha e está repleta de nascentes naturais. Ela é conhecida por seus pomares férteis em geral e, em particular, por suas suculentas peras. Mas em 14 de agosto de 2002 tornou-se conhecida por outra razão.

Esse é o dia em que o Conselho Nacional de Resistência do Irã (*National Council of Resistance of Iran* – NCRI), uma aliança de grupos iranianos de oposição em exílio, convocou uma conferência de imprensa no Hotel Willard InterContinental em Washington, DC, a duas quadras da Casa Branca, para anunciar que o Irã estava construindo uma instalação nuclear ilícita perto de Natanz.

Cerca de duas dezenas de jornalistas e representantes de ONGs, especialistas e observadores do Irã lotaram o segundo andar do hotel para ouvir o que o grupo tinha a dizer. Entre eles estava uma mulher loura de 29 anos chamada Corey Hinderstein, que trabalhava para o Instituto para Ciência e Segurança Internacional (*Institute for Science and International Security* – ISIS), um grupo de não proliferação nuclear sem fins lucrativos que acompanhava as atividades nucleares no Irã e em outros lugares.

Assim que os convidados se assentaram e um cinegrafista da C-SPAN tomou posição na parte de trás da sala, Alireza Jafarzadeh, porta-voz do grupo, não demorou a chegar ao seu ponto. "Embora na superfície, a principal atividade nuclear [do Irã] gira em torno da usina nuclear de Bushehr...", disse ele no microfone. "Na realidade, muitos programas nucleares secretos estão em atividade, sem qualquer conhecimento da Agência Internacional de Energia Atômica... hoje, eu vou revelar a vocês dois locais ultrassecretos do regime iraniano que eles conseguiram manter em segredo até hoje".[1]

Hinderstein e outros começaram a prestar atenção.

O reator nuclear do Irã em Bushehr, uma cidade costeira antiga com vista para o Golfo Pérsico, estava em construção há cerca de trinta anos. Trata-se de um dos três locais que o Irã tinha identificado como instalações nucleares sob seu acordo de garantias com a AIEA, a agência da ONU que monitora as atividades nucleares ao redor do mundo para se certificar de que países como o Irã não utilizam instalações nucleares civis para acobertar a produção secreta de armas nucleares.

[1] O discurso de Alireza Jafarzadeh está disponível na biblioteca do C-SPAN em <c-spanvideo.org/program/172005-1>. Uma transcrição não oficial de seus comentários também está disponível em <iranwatch.org/privateviews/NCRI/perspex-ncri-topsecretprojects-081402.htm>.

Por anos, o Irã vem insistindo que o seu programa em Bushehr, o qual se esperava estar operacional em 2005, era de natureza inteiramente pacífica[2]. Mas existiam rumores de instalações nucleares secretas no Irã, incluindo uma usina de enriquecimento de urânio escondida que poderia estar sendo usada para criar material para armas nucleares. Em 2001, os Estados Unidos e fontes governamentais de outros países haviam dito a colegas de Hinderstein no ISIS que existiam instalações nucleares secretas no Irã, mas não forneceram detalhes que pudessem ajudá-los em uma investigação. Agora, parecia que o grupo de dissidentes de Jafarzadeh poderia finalmente oferecer a prova que o ISIS e outros procuravam.

Jafarzadeh, com um bigode espesso e escuro cobrindo o lábio superior, revelou os nomes das duas instalações nucleares, ambas distantes e ao norte de Bushehr. Uma delas era uma fábrica de produção de água deuterada que estava sendo construída nas margens do rio Qara-Chai, perto de Arak. "Qualquer um que tenha qualquer tipo de planos nucleares para armas nucleares definitivamente gostaria de ter um projeto de água deuterada", disse ele.[3]

A outra era uma usina de fabricação de combustível nuclear que estava em construção perto de uma estrada velha que ligava a cidade de Natanz à cidade de Kashan. Foi uma operação conjunta da Organização Iraniana de Energia Atômica (AEOI) e seu Conselho Supremo de Segurança Nacional. Para ocultar o verdadeiro propósito da usina, no entanto, empresas de fachada foram estabelecidas para adquirir secretamente materiais e tecnologia para isso. Uma delas foi uma empresa chamada Kala Electric (também conhecida como Kalaye Electric Company), que mais tarde estaria ligada ao Stuxnet como uma das empresas possivelmente infectadas pela arma digital.[4]

---

[2] Embora os especialistas em não proliferação nuclear não estivessem muito preocupados com o uso de plutônio no reator de água leve em Bushehr, já que o material não era ideal para criação de armas nucleares, havia outras preocupações relacionadas ao reator. O subsecretário de Defesa Marshall Billingslea disse ao senado, em 29 de julho de 2002, que havia a preocupação de que Bushehr fosse "um pretexto para a criação de uma infraestrutura projetada para ajudar Teerã a adquirir armas atômicas" – o que significa que os materiais adquiridos para Bushehr poderiam ser usados em atividades nucleares secretas.

[3] Água pesada é água com uma quantidade elevada de isótopo de hidrogênio de deutério. Tem aplicações como refrigeração, moderação em usinas de energia e em reatores de pesquisa para a produção de isótopos medicinais. Entretanto, o combustível irradiado dessas plantas contém plutônio e outros materiais que, quando reprocessados, podem ser usados para produção de armas nucleares. Os reatores de água pesada são uma fonte melhor de plutônio do que os reatores de água leve, como Bushehr.

[4] Para mais informações, veja o Capítulo 6.

A construção do complexo de Natanz, que Jafarzadeh disse que cobriu 100.000 m^2 de terra e já custava 300 milhões de dólares até então, começou em 2000 e foi prevista para ser concluída em três meses, quando, então, os trabalhadores começariam a instalar os equipamentos. A história de fachada para a usina é que era um projeto de erradicação do deserto. Entretanto, se isso fosse verdade, então seria um projeto extremamente importante, porque um ex-primeiro-ministro do Irã visitou o local no início do mês como representante do Conselho Supremo de Segurança Nacional, e o chefe da AEOI visitou mensalmente a vizinha Kashan apenas para vigiar o projeto. Inclusive, os trabalhadores da fábrica não estavam autorizados a conversar sobre o projeto com os oficiais locais. Recentemente houve até um desentendimento entre a AEOI e o Gabinete do Governador de Kashan porque a AEOI não queria discutir informações sobre o local com o gabinete, disse Jafarzadeh. E quando o vice-governador geral da província tentou visitar o local da construção em Natanz, ele teve o pedido rejeitado.

Enquanto Jafarzadeh descrevia detalhes sobre o local e apontava para pôsteres na parte da frente da sala, que mostravam a rede de empresas de fachada e indivíduos que estavam comandando o projeto, Hinderstein rabiscava em seu caderno. Com a localização geral das instalações citadas, bem como os nomes e endereços das empresas de fachada revelados, o ISIS recebia a primeira evidência sólida sobre o programa nuclear ilícito do Irã e que poderia ser verificada de forma independente.

O momento das revelações não foi esquecido por Hinderstein. O Irã era signatário do Tratado de Não Proliferação de Armas Nucleares e, sob seu acordo de garantias com a AIEA, estava obrigado a divulgar a existência de qualquer nova instalação nuclear 180 dias antes da introdução de material nuclear no local de modo que os inspetores pudessem começar a monitoração. Se faltavam de fato noventa dias para que a usina de Natanz fosse concluída, o grupo de Jafarzadeh expôs essas informações a tempo de os inspetores da AIEA exigirem o acesso antes que a instalação nuclear fosse inaugurada.

Tudo isso levantou questões óbvias sobre como o NCRI obteve em suas mãos uma inteligência ultrassecreta que aparentemente havia se esquivado das melhores agências de espionagem do mundo por anos. Jafarzadeh insistiu que seu grupo obteve a informação através de pessoas de dentro do Irã que estavam diretamente associadas com o programa, bem como através de uma extensa pesquisa e investigação realizada por seu grupo. Mas o mais provável é que tenha vindo da inteligência dos Estados Unidos ou de Israel.[5] Israel tinha um histórico de vazamento de informações para agências, com o objetivo de influenciar a opinião pública sem manchar seu serviço de inteligência com sua própria agenda política. Israel era, naturalmente, o país que mais tinha a temer um Irã com armas nucleares, mas sempre teve problemas de integridade óbvios no que tange às atividades nucleares de outros países, uma vez que mantivera por muito tempo o seu próprio programa secreto de armas nucleares, que nunca reconheceu publicamente.[6] Por esse e outros motivos, conduzia suas maquinações políticas por trás das cenas, fornecendo inteligência a governos ocidentais, AIEA e grupos como o de Jafarzadeh.

Se a informação de fato veio dos Estados Unidos ou de Israel, o grupo de Jafarzadeh foi uma escolha estranha para o vazamento. O NCRI era o braço político do Mujahedin-e Khalq, ou MEK, um grupo de oposição iraniano conhecido por sua posição anti-israelense e anti-EUA. O grupo foi acusado do assassinato de seis americanos no Irã na década de 1970, bem como de colocar bombas no Irã, em 1981, que mataram mais de setenta pessoas, incluindo o presidente e primeiro-ministro iranianos. O grupo estava na lista de organizações terroristas do Departamento de Estado dos EUA desde 1997, mas tentava reabilitar sua imagem para sair da lista desde então. Ao ajudar a expor as instalações nucleares secretas no Irã, sem dúvidas mereceria o apoio no Congresso para atingir esse objetivo.[7]

---

[5] Jafarzadeh disse que o NCRI recebeu as informações poucos dias antes da coletiva de imprensa, e que essas informações vieram de membros da resistência dentro do Irã. "Essas pessoas estão diretamente associadas ou envolvidas com isso, [e] tiveram acesso a informações sobre esse tipo de atividade", disse ele aos repórteres presentes. "Certamente são pessoas que têm acesso a essas informações de dentro do regime". Perguntado se seu grupo tinha compartilhado informações com autoridades americanas, Jafarzadeh analisou cuidadosamente suas palavras: "os dados foram di...", começou a dizer, "estiveram disponíveis para as autoridades competentes neste país. Eu ainda não estou ciente da sua reação ainda". Dois anos depois, o diretor da CIA, George Tenet, disse sobre essas e outras revelações do NCRI: "quero lhes assegurar que as recentes admissões iranianas sobre seus programas nucleares validam nossas avaliações de inteligência. É totalmente errado dizer que ficamos 'surpresos' com relatos da oposição iraniana no ano passado". Ele falou isso na Universidade de Georgetown, em 5 de fevereiro de 2004. Uma transcrição de sua palestra está disponível em <https://www.cia.gov/news-information/speeches-testimony/2004/tenet_georgetownspeech_02052004.html>.

[6] Israel passou a ser uma potência nuclear secretamente em 1967.

[7] A campanha de *lobby* da NCRI funcionou. Com o auxílio e o suporte de vários deputados norte-americanos, bem como ex-líderes do FBI e da CIA, o grupo foi retirado da lista de terroristas em 2012. Os apoiadores consideravam o grupo um aliado fiel dos Estados Unidos e citavam o seu papel na exposição do programa nuclear secreto iraniano como uma das razões para removê-los da lista.

O NCRI já tinha feito afirmações provocantes sobre o programa nuclear do Irã no passado, mas algumas delas se provaram falsas. Havia dúvidas sobre a precisão dessa nova informação também. Jafarzadeh tinha identificado a instalação de Natanz como uma usina de fabricação de combustível, mas isso não fazia sentido para Hinderstein e seus colegas no ISIS. O Irã já planejava construir uma usina de fabricação de combustível não tão longe de Natanz; portanto, não parecia lógico construir outra tão próxima. De qualquer forma, no momento eles estavam dispostos a aceitar as revelações como verdade. Para ajudar a verificá-las, no entanto, Hinderstein decidiu procurar imagens de satélite para ver se conseguia detectar evidências de construção que correspondessem à descrição de Jafarzadeh.

Hinderstein estava no ISIS há seis anos - ela veio para o trabalho logo ao sair da faculdade - e ao longo do tempo tornou-se a principal perita em imagens de satélite, uma ferramenta emergente que só recentemente se tornara disponível para grupos como o dela. Durante décadas, imagens de satélite, em particular imagens de alta resolução, foram de domínio exclusivo de governos e agências de inteligência. O único caso em que outra pessoa veria as fotos do espaço era se uma agência governamental ou instituto de pesquisa decidisse liberá-las, o que raramente ocorria. Imagens só se tornaram disponíveis para o público comprar nos meados dos anos 1990, mas estas não eram muito precisas. Somente vários anos depois as imagens na resolução de 1,6 metro estariam disponíveis - nessa resolução era realmente possível ver detalhes claramente.

O ISIS foi uma das primeiras organizações não governamentais que investiram em caros programas para analisar as imagens, reconhecendo no início o importante papel que poderia desempenhar no ramo de não proliferação. A primeira experiência de Hinderstein em análise de imagens de satélite foi em 1998, depois que o Paquistão conduziu seis testes nucleares subterrâneos em resposta às detonações subterrâneas atômicas realizadas pela Índia. Trabalhando com um especialista em imagens de satélite, ela aprendeu a identificar objetos pixelados nas imagens e interpretar sombras e gradações, a fim de decifrar profundidade nas imagens bidimensionais.

Cerca de dois meses após a coletiva de imprensa, armada com os detalhes dados por Jafarzadeh e uma extensa pesquisa adicional, Hinderstein entrou na sua conta no Digital Globe, um dos dois provedores comerciais de imagens de satélite nos Estados Unidos, para vasculhar o banco de dados de imagens disponíveis.[8] Hoje os satélites fotografam quase todas as partes da Terra, com a maioria das fotos disponíveis para qualquer pessoa via Google Earth. Mas em 2002 a única maneira de encontrar esse tipo de imagem era no arquivo da Digital Globe, isso se alguém já tivesse solicitado à empresa a coleta de fotografias do local, ou se a Digital Globe tivesse capturado imagens de um local por iniciativa própria, como Niagara Falls ou o Grand Canyon – imagens que a empresa sabia que venderiam bem. Encomendar uma imagem que não estava no banco de dados custava cerca de US$ 10.000, mas, uma vez que já existia uma imagem, ela ficava disponível para que outros pudessem comprá-la a um terço do preço.

A interface da Digital Globe que Hinderstein usava parecia com o Google Maps, com pequenas caixas cinzas que apareciam na tela nos pontos em que as imagens de satélite estivessem disponíveis. Quando o usuário clicava na caixa cinza era disponibilizada apenas uma imagem para navegação – uma imagem tosca de 16 metros de resolução, o que significava que cada pixel mostrava 16 metros de solo. Para ver mais detalhes, você tinha que comprar a versão de 1,6 metro.

Hinderstein não conseguiu acreditar na sua sorte quando encontrou imagens de Arak e Natanz disponíveis no banco de dados de imagens. Jafarzadeh não havia fornecido coordenadas exatas para qualquer um dos dois locais, então Hinderstein teve que primeiro localizar Arak no mapa do Digital Globe para, em seguida, mover-se lentamente para fora da cidade, procurando em círculos concêntricos até uma caixa cinza aparecer. Quando ela clicou na imagem, ficou claro que esta era uma instalação de produção de água pesada, como Jafarzadeh descreveu. O ISIS já havia identificado uma instalação do tipo no Paquistão alguns anos antes, e o local perto de Arak era muito semelhante.

Quando procurou a região de Natanz, contudo, ela encontrou dois locais possíveis no meio do deserto onde as imagens estavam disponíveis. Em cada um dos locais, três caixas cinzas apareceram empilhadas umas em cima das outras, indicando que várias imagens estavam disponíveis para ambos os locais. Era como se alguém tivesse deixado uma seta gigante apontando para eles. As datas indicavam que as imagens haviam sido capturadas entre 16 e 26 de setembro, semanas após a coletiva de imprensa de Jafarzadeh. Ficou claro que alguém estava procurando as mesmas informações que ela. Hinderstein suspeitava que era

[8] A outra empresa era a GeoEye.

a AIEA. A AIEA havia criado um laboratório de análise de imagens via satélite no ano anterior, e faria sentido se a agência encomendasse imagens depois das revelações de Jafarzadeh.[9]

Hinderstein clicou nas caixas cinzas em um dos locais e rapidamente o eliminou como instalação nuclear. Não estava nem perto dos 100 mil metros quadrados que Jafarzadeh descrevia e parecia mais uma usina de tratamento de água ou de esgoto do que qualquer coisa relacionada a combustível nuclear. O outro local, entretanto, era mais suspeito. Era muito maior do que o primeiro e mostrava sinais óbvios de escavações maciças e contínuas. Apesar da imagem borrada de 16 metros, Hinderstein conseguia distinguir o que parecia ser um conjunto de prédios e grandes montes de terra batida dentro de duas camadas de cercas de segurança. Ela também observou uma única estrada que levava ao local, sugerindo que a área possuía acesso restrito.

Depois que ela comprou e carregou a imagem de 1,6 metro em sua ferramenta de visualização, ela pôde ver numerosos tubos colocados no chão, bem como grandes pilhas de cascalho para misturar concreto. Havia também uma rotatória parcialmente pavimentada. Mas enquanto estudava a imagem mais de perto, notou algo estranho. Jafarzadeh disse que o local era uma instalação de produção de combustível, mas produção de combustível era um processo muito industrial e tendia a envolver instalações acima do solo com grandes chaminés. No entanto, não havia chaminés no local de Natanz, e, além disso, havia três grandes edifícios sendo construídos no subsolo, com um túnel conectando-os. Os edifícios estavam em fase final de construção. Ela também conseguia ver o que parecia ser uma série de círculos ao redor do local, sugerindo a localização futura de armas antiaéreas.

As imagens foram capturadas a tempo de pegar trabalhadores iranianos ainda no processo de cobrir os telhados dos prédios subterrâneos com várias camadas alternadas de terra e cimento. Algumas semanas mais tarde, esses prédios estariam completamente escondidos, sem qualquer sinal óbvio de sua existência. Alguém havia planejado cuidadosamente a descoberta de Natanz no momento certo para capturar as provas.

---

[9] Uma fonte da AIEA me confirmou que a agência encomendou as imagens.

Dois dos edifícios subterrâneos eram cada um do tamanho de meia dúzia de campos de futebol e foram fortemente reforçados com paredes de concreto com cerca de dois metros de espessura. Os iranianos estavam obviamente fortificando-os contra um possível ataque aéreo. O túnel que descia até os edifícios também foi construído em forma de U no lugar de uma linha reta – uma tática comum para evitar que os mísseis enviados para a entrada de um túnel tivessem acesso direto a um alvo na outra extremidade.

Hinderstein mostrou as imagens para seu chefe, David Albright, físico e ex-inspetor de armas no Iraque, fundador do ISIS. Agora os dois estavam certos de que não se tratava de uma fábrica de combustível. O Irã não teria razão para construir tal fábrica no subsolo, pois haveria pouco interesse em bombardeá-la. A única conclusão lógica – uma que explicaria a construção subterrânea e os planos para armas antiaéreas – era que esta era a usina de enriquecimento de urânio que eles tanto procuravam.

ERA UM DIA calmo em Viena quando notícias da coletiva de imprensa de Jafarzadeh chamaram a atenção de Olli Heinonen, na sede da AIEA com vista para o Rio Danúbio. Durante o mês de agosto, a maior parte da Europa estava de férias, e Viena não era exceção. O chefe de Heinonen, Dr. Mohamed ElBaradei, diretor-geral da AIEA, estava de férias no Egito, e muitos outros funcionários da organização também estavam fora da cidade. Assim, Heinonen, um finlandês de cinquenta e poucos anos, com óculos de armação de metal e cabelo marrom avermelhado, estava sozinho em seu escritório quando leu a notícia. Heinonen era chefe da Divisão B do Departamento de Salvaguardas da AIEA e apenas três meses antes tinha sido alocado para o portfólio da AIEA no Irã, depois de ter sido o inspetor-chefe da agência na Coreia do Norte e em outras partes da Ásia por vários anos. Era um retorno a um território familiar, pois ele já tinha gerenciado o portfólio da AIEA no Irã entre 1992 e 1995. Um tapete persa que marcava o período ainda decorava o piso de seu escritório.

Inspetor nuclear veterano, Heinonen veio para a AIEA em 1983 após trabalhar em um centro de pesquisa nuclear na Finlândia. Com PhD em radioquímica pela Universidade de Helsinki, ele possuía um nível de especialização maior do que as primeiras gerações de inspetores da AIEA, que costumavam ter pouco treinamento científico. Ele também era conhecido por sua firme determinação, deixando claro para as nações inspecionadas sua pouca paciência para desonestidade.

Ao receber as notícias de Jafarzadeh, ele ficou impressionado com o nível de detalhes revelados. Heinonen esperava por informações desse tipo já havia um tempo. Como seus colegas do ISIS, ele imediatamente suspeitou que a instalação de Natanz não era uma fábrica de combustível, e sim uma usina de enriquecimento de urânio. Dois anos antes, fontes governamentais haviam dito à AIEA que o Irã tentou secretamente comprar peças da Europa na década de 1980 para fabricar centrífugas para enriquecimento de urânio.[10] Com base nisso, Heinonen suspeitava que o Irã tivesse uma usina de centrífugas ilícita escondida em algum lugar dentro de suas fronteiras, mas ele nunca soube a sua localização, e a AIEA não podia confrontar os iranianos sem expor a fonte da informação. A AIEA também vinha sendo cautelosa sobre agir com base em informações recebidas de fontes governamentais, desde que uma agência de inteligência havia dito à AIEA, em 1992, que o Irã estava secretamente comprando equipamentos nucleares proibidos, mas não forneceu detalhes. Quando a AIEA confrontou o Irã sobre as aquisições, as autoridades negaram as acusações e convidaram os inspetores para visitar suas instalações nucleares e ver por si mesmos. Os inspetores não encontraram nada para sustentar as acusações e acabaram deixando o Irã constrangidos.[11]

As revelações desta vez, no entanto, eram diferentes. Elas foram divulgadas publicamente, então Heinonen não precisava esconder a fonte da informação, e incluíam detalhes precisos e específicos, nomeando instalações reais e locais. Isso significava que a AIEA poderia verificar de forma independente sua existência e exigir que o Irã abrisse os locais para inspeção.[12]

Heinonen pegou o telefone e ligou para seu chefe no Egito, que concordou sobre enviar imediatamente uma carta a Ali Akhbar Salehi, o embaixador iraniano na AIEA, exigindo uma explicação sobre o que o Irã estava fazendo em Natanz.

---

[10] ALBRIGHT, David. **Peddling Peril:** how the secret nuclear trade arms America's enemies. New York: Free Press, 2010, p. 187.

[11] Entrevista da autora com Heinonen em junho de 2011.

[12] Há diferentes relatos sobre o que a AIEA sabia. De acordo com Mark Hibbs, ex-jornalista especializado em questões nucleares que agora é analista estratégico, cerca de dois meses antes da coletiva de imprensa do NCRI os Estados Unidos forneceram para a AIEA coordenadas de locais suspeitos no Irã rastreados pelo menos desde o início de 2002 (HIBBS, Mark. US Briefed Suppliers Group in October on Suspected Iranian Enrichment Plant. **NuclearFuel**, Dec. 23, 2001). No entanto, David Albright, do ISIS, diz que, apesar de fontes norte-americanas terem fornecido à AIEA as coordenadas para os locais, eles não disseram que o local em Natanz era uma usina de enriquecimento de urânio. Mohamed ElBaradei, em seu livro "The Age of Deception", reconhece que em meados de 2002 a AIEA recebeu informações sobre a instalação de Natanz, mas não diz se a AIEA sabia que era uma usina de enriquecimento de urânio.

Salehi ficou indignado com o tom acusatório da carta, dizendo que a AIEA não devia questionar o Irã acerca de alegações não verificadas, especialmente com base em informações vindas de um conhecido grupo terrorista. Gholam Reza Aghazadeh, vice-presidente do Irã e chefe da Organização de Energia Atômica do Irã, disse à AIEA que o Irã não estava escondendo Natanz – o país apenas planejava divulgar sua existência à AIEA em uma data posterior.[13] Se a AIEA fosse paciente, logo tudo seria revelado, disse ele. Por enquanto, ele apenas diria que o Irã planejava construir várias usinas nucleares nos próximos vinte anos e precisava de combustível nuclear para operá-las. Ele não disse se Natanz era uma usina de enriquecimento de urânio sendo construída para ajudar a produzir esse combustível, mas essa parecia ser a conclusão.

A AIEA pressionou o Irã a abrir imediatamente Natanz aos seus inspetores. Depois de algumas idas e vindas, as autoridades iranianas concordaram relutantemente com uma data em outubro. Porém, assim que a AIEA começava a se preparar para a viagem, o Irã cancelou a visita, dizendo que não seria possível na data combinada. Uma segunda visita foi agendada para dezembro, mas também foi cancelada. Heinonen suspeitava que o Irã estava tentando ganhar tempo para retirar provas incriminatórias de Natanz.

Quando o fundador do ISIS, David Albright, soube que o Irã estava protelando, ele decidiu divulgar as imagens de satélite na mídia para pressionar o Irã a abrir Natanz aos inspetores. Uma coisa era o Irã rejeitar as alegações feitas por um grupo da oposição com uma agenda política; outra era responder a imagens nítidas de locais secretos sendo transmitidas para todo o mundo pela CNN. Assim, em 12 de dezembro, a CNN fez uma matéria com as imagens de satélite fornecidas pelo ISIS dizendo que o Irã estaria construindo uma instalação secreta de enriquecimento de urânio em Natanz que poderia ser usada para produzir material para armas nucleares. O embaixador do Irã nas Nações Unidas negou que o Irã tivesse um programa de armas nucleares e disse à CNN que "qualquer fotografia de satélite de qualquer instalação que você possa ter" era para um programa pacífico de energia nuclear, não para um programa de armas.[14]

---

[13] Funcionários iranianos diriam mais tarde que a única razão pela qual haviam escondido suas atividades em Natanz era porque o Ocidente tentou frustrar seus esforços de construir um programa nuclear civil.

[14] Uma transcrição da notícia da CNN está disponível em <http://transcripts.cnn.com/TRANSCRIPTS/0212/13/lol.07.html>.

As imagens tiveram o efeito desejado, contudo, já que, após a veiculação da reportagem da CNN, funcionários iranianos se comprometeram com uma data de inspeção em fevereiro.

EMBORA AS INSTALAÇÕES de Natanz fossem novas, as atividades nucleares do Irã remetiam para mais de quarenta anos antes, com raízes no regime do antigo Xá Mohammad Reza Pahlavi, durante um tempo em que os Estados Unidos e outras nações ocidentais apoiavam plenamente as aspirações nucleares do Irã.

O Irã lançou seu programa nuclear público e aprovado em 1957, mais de uma década depois que os Estados Unidos detonaram as primeiras bombas atômicas sobre o Japão. Foi durante uma época em que outras nações clamavam para se juntar ao clube nuclear exclusivo que os Estados Unidos haviam fundado. Em um esforço para reorientar as ambições nucleares dessas nações, o governo Eisenhower promoveu o que chamou de "Atoms for Peace", programa através do qual países receberiam ajuda para desenvolver tecnologia nuclear, contanto que a usassem apenas para fins pacíficos. Como parte do programa, o Irã assinou um acordo com os Estados Unidos para receber ajuda para construir um reator de pesquisa nuclear de água clara na Universidade de Teerã. Os Estados Unidos também concordaram em fornecer urânio enriquecido para alimentá-lo.[15]

Apesar dos esforços dos EUA para limitar o desenvolvimento de armas nucleares, outras quatro nações entraram no clube nuclear de elite depois da guerra – União Soviética, Grã-Bretanha, França e China. Para frear a fúria da proliferação, o Tratado sobre a Não-Proliferação de Armas Nucleares foi desenvolvido nos anos 60 para impedir que mais países seguissem o exemplo e para trabalhar na redução das armas que as nações nucleares já possuíam.[16]

---

[15] DIGITAL NATIONAL SECURITY ARCHIVE. **US Supplied Nuclear Material to Iran.** Jan. 29, 1980, disponível em <nsarchive.chadwyck.com> (cadastro necessário). Veja também: BEDNARZ, Dieter; FOLLATH, Erich. The Threat Next Door: a visit to Ahmadinejad's nuclear laboratory. **Spiegel Online**, June 24, 2011, disponível em <spiegel.de/international/world/the-threat-next-door-a-visit-to-ahmadinejad-s-nuclear-laboratory-a-770272.html>.

[16] CAHN, Anne Hessing. Determinants of the Nuclear Option: the case of Iran. *In*: MARWAY, Onkar; SHULZ, Ann. (eds.) **Nuclear Proliferation in the Near-Nuclear Countries**. Cambridge: Ballinger Publishing Co., 1975, p. 186.

De acordo com o tratado, que dividia o mundo em detentores e não detentores de armas nucleares, as nações não armadas receberiam ajuda para desenvolver programas nucleares civis, desde que concordassem em não fabricar armas nucleares e aceitassem as inspeções regulares da AIEA para assegurar que materiais e equipamentos destinados aos programas civis não fossem desviados para o desenvolvimento de armas nucleares. O problema com esse arranjo, no entanto, era que muitos dos componentes e instalações para os programas nucleares civis eram de dupla utilização e poderiam também ser usados para um programa de armas nucleares, dificultando a fiscalização das operações em um país. Como disse uma vez Hannes Alfvén, sueco laureado com um Nobel de física: "os átomos para a paz e os átomos para a guerra são gêmeos siameses".

O Irã foi um dos primeiros países a assinar o tratado em 1968 e em 1974 estabeleceu sua própria Organização de Energia Atômica e desenvolveu um grande esquema para construir vinte reatores nucleares com o apoio da Alemanha, dos Estados Unidos e da França, todos ganhando com a venda de equipamentos para o regime do Xá. Os dois primeiros reatores seriam construídos em Bushehr. Em 1975, engenheiros alemães da filial da Siemens, Kraftwerk Union, iniciaram o projeto de construção de US$ 4,3 bilhões, que estava previsto para ser concluído em 1981.[17]

Na época já havia a preocupação de que, no final das contas, o Irã quisesse desenvolver armas nucleares. O próprio Xá deu a entender que seus objetivos nucleares não eram apenas de natureza pacífica, afirmando em uma entrevista que o Irã obteria armas nucleares "sem dúvida... mais cedo do que se pensaria" se as condições no Oriente Médio tornassem isso necessário.[18] Mas os líderes dos EUA não estavam preocupados, pois consideravam o Xá um amigo e não pareciam vislumbrar um dia em que ele ou o seu regime não estivesse no poder.[19]

---

[17] VAEZ, Ali. Waiting for Bushehr. **Foreign Policy**, Sep. 11, 2011.

[18] COOLEY, John K. More Fingers on Nuclear Trigger?, **Christian Science Monitor**, June 25, 1974. Mais tarde oficiais iranianos negaram que ele fez tal declaração.

[19] Na realidade, o Irã discutiu planos com Israel para adaptar mísseis superfície-superfície para serem instalados em ogivas nucleares. Ver MICHAUD, Paul. Iran Opted for N-bomb Under Shah: Ex-Official. **Dawn**, Sep. 23, 2003. Também, de acordo com Akbar Etemad, chefe da Organização de Energia Atômica do Irã sob o comando do Xá, ele tinha sido encarregado de criar uma equipe especial para acompanhar as últimas pesquisas nucleares, de modo que o Irã estivesse pronto para construir uma bomba caso fosse necessário. Essa informação foi revelada por ele durante uma entrevista para o "Le Figaro" em 2003, de acordo com SCIOLINO, Elaine. The World's Nuclear Ambitions Aren't New for Iran. **New York Times**, June 22, 2003.

No entanto, esse dia chegou rapidamente, quando a Revolução Islâmica irrompeu em 1979, exatamente no momento em que um dos reatores de Bushehr estava quase terminado. Os revolucionários que derrubaram o Xá e tomaram o poder com o aiatolá Ruhollah Khomeini consideravam os reatores gigantes erguidos em Bushehr um símbolo da aliança do Xá com o Ocidente. Os Estados Unidos, alarmados com a situação política instável, retiraram o apoio ao projeto e o governo alemão finalmente forçou a Kraftwerk Union a sair do seu contrato com Bushehr.[20]

A guerra subsequente entre Irã e Iraque não foi gentil com os reatores abandonados. Ao longo da guerra de oito anos, que decorreu entre 1980 e 1988, o Iraque bombardeou as duas torres mais de meia dúzia de vezes, deixando-as em ruínas.[21] Durante a guerra, o comandante da Guarda Revolucionária do Irã insistiu com o aiatolá Khomeini que lançasse uma bomba nuclear do programa para afastar o Iraque e seus aliados ocidentais. Mas Khomeini recusou, acreditando que as armas nucleares eram um anátema para o Islã e uma violação de seus princípios morais básicos. Ele aparentemente mudou de ideia depois que Saddam Hussein lançou armas químicas contra soldados e civis iranianos, matando cerca de 25 mil pessoas e ferindo mais de 100 mil. Incensada pela reação passiva da ONU, e alarmada com rumores de que o Iraque estava buscando construir suas próprias armas nucleares, Khomeini decidiu relançar o programa nuclear iraniano, o que incluiu o desenvolvimento de um programa de enriquecimento de urânio.[22]

Para lançar o programa, o Irã procurou a ajuda de um metalúrgico paquistanês chamado Abdul Qadeer Khan. Khan tinha sido fundamental no auxílio ao Paquistão na construção de seu programa de armas nucleares em meados da década de 1970, usando a tecnologia de centrífuga que havia roubado da Europa. Khan trabalhou para uma empresa holandesa que conduzia pesquisa e desenvolvimento de centrífugas para a Urenco, um consórcio formado pela Alemanha, Grã-Bretanha e Holanda para desenvolver centrífugas para usinas nucleares na

---

[20] GEDDES, John. German Concern Ends a Contract. **New York Times**, Aug. 3, 1979. Ver também PERERA, Judith. Nuclear Plants Take Root in the Desert. **New Scientist**, Aug. 23 1979.

[21] Vaez, "Waiting for Bushehr".

[22] INSTITUTE FOR SCIENCE AND INTERNATIONAL SECURITY. Excerpts from Internal IAEA Document on Alleged Iranian Nuclear Weaponization, Oct. 02, 2009. O relatório do ISIS é baseado em um documento interno da AIEA intitulado "Possible Military Dimensions of Iran's Nuclear Program", disponível em <isisnucleariran.org/assets/pdf/IAEA_info_3October2009.pdf>.

Europa. Como parte de seu trabalho, Khan tinha acesso a projetos sensíveis de centrífuga que ele copiou e levou para o Paquistão. Ele também fugiu com listas de fornecedores, muitos dos quais estavam dispostos a vender secretamente peças e materiais ao Paquistão para fazer as centrífugas de seu programa.

As centrífugas são cilindros metálicos com rotores internos que podem girar a velocidades superiores a 100.000 rotações por minuto e são usadas para enriquecer o gás hexafluoreto de urânio, produzido a partir de minério de urânio encontrado na terra e na água do mar. O gás hexafluoreto é conduzido por "cascatas" de centrífugas - grupos de centrífugas conectados por tubos e válvulas. À medida que os rotores dentro dessas centrífugas giram, a força centrífuga separa os isótopos U-235 ligeiramente mais leves - os isótopos físseis necessários para a energia atômica - dos isótopos U-238 mais pesados, num processo comparado à extração de ouro.[23] O gás contendo os isótopos mais pesados é empurrado para a parede externa, enquanto o gás contendo isótopos mais leves se reúne mais próximo ao centro. As bobinas envoltas em torno da centrífuga, que são preenchidas com água aquecida, criam uma temperatura variável que mantém o gás em movimento vertical, em um padrão oval ao longo da parede da centrífuga, a fim de separar ainda mais os isótopos. As pás desviam o gás que contém a concentração de isótopos mais leves para outras centrífugas, num estágio "mais elevado" da cascata, onde ocorre uma separação adicional, enquanto o gás mais pesado, o urânio empobrecido, é desviado para um segundo conjunto de centrífugas, num estágio inferior da cascata, para posterior separação. Quando os isótopos U-235 adicionais são separados desse gás, eles são devolvidos para os estágios mais altos para serem recombinados com os outros isótopos U-235, enquanto o gás esgotado é enviado para os "resíduos" - isto é, para a extremidade da cascata, onde é descartado. Esse processo é repetido até que seja atingida a concentração desejada de isótopos U-235.[24]

Em 1987, depois que o Irã reativou seu programa nuclear, autoridades entraram em contato com um engenheiro alemão do mercado negro, que era um fornecedor-chave de equipamentos para o programa nuclear ilícito do Paquistão. Ele ajudou a organizar uma reunião secreta em Dubai entre funcionários irania-

---

[23] O isótopo U-235 possui três nêutrons a menos do que o U-238, o que o torna mais leve.

[24] FERGUSON, Charles D. **Nuclear Energy:** what everyone needs to know. New York: Oxford University Press, 2011.

nos e outros membros da rede de abastecimento de Khan. Por US$ 10 milhões, os iranianos foram embora com duas grandes malas e duas pastas cheias de tudo o que precisavam para dar início a um programa de enriquecimento de urânio – projetos técnicos para fazer centrífugas, um par de protótipos de centrífugas desmontadas e um desenho para o layout de uma pequena usina de enriquecimento contendo seis cascatas.[25] Aparentemente, como um bônus, os comerciantes incluíram um documento de 15 páginas descrevendo como transformar o urânio enriquecido em urânio metálico e lançá-lo em "hemisférios", o componente central das bombas nucleares.[26] Khan disse mais tarde à televisão paquistanesa que ajudou o Irã a desenvolver seu programa nuclear porque pensava que, se o Paquistão e o Irã se tornassem potências nucleares, "neutralizariam o poder de Israel" na região.[27]

As centrífugas desmontadas que os iranianos receberam se baseavam em um dos projetos que Khan roubou da Urenco. No Paquistão, a centrífuga era conhecida como P-1, mas no Irã ficou conhecida como IR-1. Inicialmente, o Irã não tinha dinheiro para fazer muito com os projetos, mas em 1988, depois que a guerra Irã-Iraque terminou e seus recursos foram liberados, o país começou a investir no programa de enriquecimento, comprando alumínio de alta resistência e outros materiais para construir suas próprias centrífugas, além de importar secretamente quase duas toneladas de urânio natural – incluindo o gás hexafluoreto de urânio – da China.[28]

Mais tarde, Khan deu secretamente ao Irã componentes para quinhentas centrífugas P-1, bem como instruções para a criação de um programa de garantia

---

[25] FRANTZ, Dennis; COLLINS, Catherine. **The Nuclear Jihadist:** the true story of the man who sold the world's most dangerous secrets. New York: Free Press, 2007, p. 156. Os itens foram listados em um documento manuscrito que a AIEA obteve e que foi descrito no Conselho de Governadores da AIEA, "Director General, Implementation of the NPT Safeguards Agreement in the Islamic Republic of Iran, GOV/2005/67" (relatório, 02 set. 2005), p. 5.

[26] Em novembro de 2007, de acordo com o Conselho de Governadores da AIEA, o Irã deu à AIEA uma cópia do documento de 15 páginas, "Implementation of the NPT Safeguards Agreement and relevant provisions of Security Council resolutions 1737 (2006) and 1747 (2007) in the Islamic Republic of Iran" (report, Feb. 22, 2008), 4 p. O Irã afirmou não ter solicitado o documento, mas o recebeu mesmo assim.

[27] FOLLATH, Erich; STARK, Holger. The Birth of a Bomb: A History of Iran's Nuclear Ambitions. **Der Spiegel**, June 17, 2010.

[28] IAEA BOARD OF GOVERNORS. Implementation of the NPT Safeguards Agreement in the Islamic Republic of Iran (relatório, 10 nov. 2003), p. 5.

de qualidade para fazer e testar as centrífugas. Este último item era muito necessário, pois o Irã estava tendo problemas com as centrífugas que criou a partir dos protótipos do Paquistão. Às vezes, saíam do controle e caíam; outras vezes elas simplesmente não funcionavam.[29] Em 1994, o Irã conseguiu botar em operação apenas uma centrífuga com sucesso "quase a toda velocidade".[30]

Como resultado, os iranianos acusaram Khan de lhes vender uma lista de bens. Então, em 1996, ele entregou desenhos da centrífuga P-2 do Paquistão, uma centrífuga mais avançada baseada em outro desenho roubado da Urenco.[31] A P-2 era muito mais eficiente que a IR-1 e poderia enriquecer cerca de duas vezes e meia a quantidade de urânio na mesma quantidade de tempo. Ela também usava um rotor feito de aço maraging – um material mais resiliente do que os rotores de alumínio propensos à ruptura no IR-1.

Enquanto o Irã estava ocupado desenvolvendo seu programa secreto de enriquecimento de urânio, seu programa nuclear público continuou em paralelo. Em 1995, o país assinou um contrato de US$ 800 milhões com a Rússia para retomar a construção de um reator em Bushehr. Os dois países também discutiram a construção de uma usina de enriquecimento de urânio para produzir combustível para o reator, mas o governo Clinton interveio e convenceu a Rússia a abandoná-lo. Então, o Irã simplesmente construiu uma usina secreta de enriquecimento por conta própria.[32]

Por volta dessa época, a Europa começou a apertar os controles de exportação de equipamentos e componentes de dupla utilização. No entanto, os controles não dissuadiram o Irã; eles simplesmente forçaram seu programa secreto a ficar

---

[29] Em 1992, o ex-chefe da Organização de Energia Atômica do Irã, Masud Naraghi, deixou o Irã e forneceu à CIA algumas informações sobre o programa iraniano. Naraghi ajudara nas negociações de um acordo entre o Irã e A. Q. Khan em 1987, no qual o Irã obteve as primeiras centrífugas para seu programa de enriquecimento. Ele disse à CIA, por exemplo, que os pesquisadores iranianos estavam tendo problemas com as centrífugas IR-1 que tentavam construir a partir do projeto de Khan. Ver FRANTZ; COLLINS. **Nuclear Jihadist**, p. 202. Ver também ALBRIGHT. **Peddling Peril**, p. 76-81.

[30] **Nuclear Jihadist**, p. 213.

[31] IAEA BOARD OF GOVERNORS. Director General, Implementation of the NPT Safeguards Agreement (relatório, 02 set. 2005), p. 5.

[32] Acredita-se que os projetos de uma usina separada de conversão de urânio em Esfahan – para converter minério de urânio moído em gás – possam ter vindo da China. Em 1997, o governo Clinton anunciou que interrompera um acordo que a China havia feito para vender ao Irã uma instalação de conversão, mas o Irã ainda obteve dos chineses plantas para a usina. Ver POMFRET, John. U.S. May Certify China on Curbing Nuclear Exports. **Washington Post**, Sep. 18, 1997.

mais subterrâneo. Para evitar que as instalações de pesquisa e produção fossem descobertas, as autoridades começaram a espalhar o trabalho por vários locais ao redor do país, alguns deles em terrenos militares protegidos, outros escondidos em modestos escritórios e armazéns. Como parte desse esforço, moveu suas operações de fabricação de centrífugas para fora do Centro de Pesquisa Nuclear de Teerã, onde haviam sido lançadas, e para fábricas que pertenciam à Kalaye Electric Company, uma antiga fábrica de relógios em uma parte industrial de Teerã que a Organização de Energia Atômica tinha comprado. Era a mesma empresa que Jafarzadeh mencionaria mais tarde em sua coletiva de imprensa em 2002.

Por volta de 1999, o Irã realizou seus primeiros testes bem-sucedidos de enriquecimento na usina de Kalaye, usando pequenas cascatas de centrífugas e parte do gás hexafluoreto de urânio comprado da China.[33] Foi um grande avanço, provando de uma vez por todas a viabilidade de um programa que levou uma década para se desenvolver. Nesse ponto, a toda velocidade, funcionários da Organização de Energia Atômica do Irã ordenavam que os trabalhadores começassem a produção em grande escala de dez mil centrífugas para uma grande usina de enriquecimento que planejavam construir em Natanz. Ao mesmo tempo, começaram a intensificar os esforços para a aquisição de peças e materiais na Europa e em outros lugares.[34] Em 2000, os trabalhadores deram início ao complexo de Natanz e o Irã estava a caminho de se tornar uma nação nuclear.

---

[33] O Irã divulgou os detalhes de sua história nuclear de forma fragmentada ao longo de vários anos e eles foram retransmitidos nos relatórios da AIEA conforme a agência os recebia, começando em 2004. Os detalhes do Irã, no entanto, nem sempre divergiam das informações que a AIEA e os repórteres recebiam de outras fontes.

[34] ALBRIGHT, **Peddling Peril**, p. 185.

Capítulo 4

Desconstruindo o Stuxnet

Nos primeiros dias após a notícia da existência do Stuxnet, quase uma dúzia de pesquisadores da Symantec em três continentes estavam envolvidos na análise inicial do código feita pela empresa. Mas rapidamente este número se reduziu a apenas três - Chien, O'Murchu e Falliere -, à medida que outros analistas passavam a focar em novas ameaças que chegavam. Agora, aproximadamente uma semana após o Stuxnet ter sido exposto, os três analistas ainda estavam desmontando a porção "míssil" do ataque e ainda não tinham começado a examinar a sua carga útil.

Assim como as armas convencionais, a maioria das armas digitais possui duas partes - o míssil, ou sistema de entrega, responsável por espalhar a carga maliciosa principal e instalá-la nas máquinas, e a carga útil em si, que realiza o verdadeiro ataque, tal como roubar dados ou fazer outras coisas com as máquinas infectadas. Neste caso, a carga útil era o código malicioso que tinha como alvo o software da Siemens e os PLCs.

Com tanto trabalho a ser feito ainda com o Stuxnet, Chien tinha a tarefa de convencer seus gerentes de que ele e sua equipe deveriam continuar a investigar o código, mesmo que ele já estivesse virando notícia ultrapassada. Toda quarta-feira ele fazia uma chamada de videoconferência com os gerentes de ameaça da empresa, ao redor do mundo, para rever todas as principais infecções investigadas no momento e falar sobre estratégia. Na primeira quarta-feira após o Stuxnet ser exposto, o ataque intrigante estava no topo da sua lista de tarefas.

Os escritórios da Symantec na cidade de Culver City ocupam um edifício grande e arejado em um câmpus de negócios de 3,64 hectares, dotado de palmeiras e arbustos do deserto. A moderna estrutura de cinco andares contrastava com o apertado escritório da era comunista da VirusBlokAda, com um espaçoso saguão de pé-direito alto e grandes pisos com azulejos de cimento que soam como vidro oco quando os visitantes caminham sobre ele, devido aos túneis que abrigam os sistemas de energia e ventilação do prédio. O complexo de escritórios da Symantec é certificado como *LEED-gold* por sua arquitetura em harmonia com o meio ambiente, com teto refletor solar para repelir o implacável sol do sul da Califórnia e uma fachada de vidro projetada para dar uma vista a todos os seus ocupantes, ou, pelo menos, o que parece ser uma vista naquele bairro sem inspiração com apenas shoppings e vias expressas perto do aeroporto de Los Angeles.

A sala de videoconferência era um espaço pequeno e sem janelas, em uma área esquecida do terceiro andar do prédio, que era acessada por meio de um caminho tortuoso a partir do laboratório de *malware*. Dentro da sala, três grandes telas de vídeo, montadas ao nível dos olhos em uma parede em frente a uma fileira de mesas, faziam parecer como se o visitante virtual estivesse sentado diretamente à frente de Chien.

Chien fez um resumo das descobertas recentes de O'Murchu para seus gerentes – o tamanho anormal do código, o seu método sofisticado para carregar e esconder seus arquivos e a misteriosa carga que parecia visar somente PLCs Siemens. Ele também revelou o bizarro padrão geográfico dos dados de infecção que fluíam pelo seu sorvedouro. As possíveis implicações políticas do ataque, entretanto, permaneciam não mencionadas.

"Nós queremos colocar o Nico nisso em tempo integral", Chien disse então aos seus gerentes, referindo-se a Falliere na França. "E eu penso que Liam e eu deveríamos continuar trabalhando nisso também". Contudo, havia um problema. Ele não tinha ideia de quanto tempo eles levariam para concluir a análise do código.

Tipicamente, as equipes de pesquisa da empresa analisavam cerca de vinte arquivos maliciosos por dia, então dedicar três analistas de ponta a uma única ameaça, indefinidamente, não fazia nenhum sentido para o negócio. Eles fizeram isso apenas uma vez antes, com o *worm* Conficker em 2008. Mas o Conficker era um *worm* polimórfico que infectou milhões de máquinas ao redor do mundo e deixou um monte de perguntas ainda não respondidas pelo caminho, incluindo, em primeiro lugar, por que o *worm* havia sido criado.[1] O Stuxnet, em contrapartida, infectou apenas uma fração dos números do Conficker e tinha um foco direcionado para um subgrupo ainda menor – os PLCs Siemens. Ainda assim, algo sobre o código misterioso clamava por uma investigação mais profunda, e os gerentes de Chien concordaram que não deveriam abandoná-lo ainda. "Mantenha-nos informados sobre o que você encontrar", disseram, sem terem noção de que suas reuniões semanais seriam dominadas por conversas sobre o Stuxnet pelos próximos meses.

Chien e seus colegas aproveitaram a oportunidade para mergulhar no código, tomando isso como uma obsessão pessoal. Assim que começaram a operação, perceberam que estavam entrando em um território desconhecido, com pouca ajuda para guiá-los.

A SYMANTEC É UMA grande corporação internacional, mas Chien e O'Murchu trabalhavam em um pequeno escritório satélite, isolados e com pouca intervenção. Eles trabalhavam no Laboratório de Inteligência de Ameaças da Symantec em Culver City, o equivalente cibernético de um laboratório de biode-

---

[1] Apesar do fato de o Conficker ter se espalhado tão rapidamente e com tanto sucesso, ele nunca fez realmente nada à maioria das máquinas que infectou, deixando um grande mistério sobre os motivos de ter sido criado e disseminado. Alguns pensavam que os atacantes estavam tentando criar uma gigante *botnet* de máquinas infectadas para distribuir *spam* ou conduzir ataques de negação de serviço (*denial-of-service*, DoS) contra websites – uma variante mais recente do Conficker foi usada para levar alguns usuários a baixar um antivírus nocivo. Outros temiam que ele pudesse instalar uma "bomba lógica" nos sistemas infectados, que faria com que os seus dados se autodestruíssem em uma data futura. Mas quando nenhum desses cenários se materializou alguns pensaram que o Conficker pode ter sido disseminado como um teste para ver como os governos e as indústrias de segurança responderiam. O código de ataque mudava ao longo do tempo e usava métodos sofisticados para se manter muitos passos à frente dos pesquisadores, a fim de prevenir que eles erradicassem completamente o *worm*, levando alguns a acreditar que os atacantes estavam testando defesas. Após o Stuxnet ser descoberto, John Bumgarner, diretor de tecnologia da U.S. Cyber Consequences Unit, uma empresa de consultoria com clientes essencialmente governamentais, alegou que o Conficker e o Stuxnet foram criados pelos mesmos atacantes, e que o Conficker foi usado como uma "cortina de fumaça" e um "arrombador de portas" para levar o Stuxnet às máquinas no Irã. Como prova, ele citou a cronologia dos dois ataques e o fato de que o Stuxnet também usava uma das vulnerabilidades que o Conficker havia usado para se espalhar. Porém, Symantec e outros pesquisadores que examinaram o Stuxnet e o Conficker dizem não ter encontrado nada que suportasse a alegação de Bumgarner. Além disso, a primeira versão do Conficker evitou infectar qualquer máquina na Ucrânia, sugerindo que este pode ter sido o seu país de origem.

fesa, onde pesquisadores podiam soltar o código malicioso em uma rede "vermelha" - um sistema seguro segregado da rede corporativa da Symantec - para observar seu comportamento hostil em um ambiente controlado. Para chegar ao laboratório no térreo, os funcionários passavam por diversas portas de segurança, cada uma com regras progressivamente mais restritivas. A última porta mantinha todos do lado de fora, exceto um pequeno número de funcionários, e isolava fisicamente a rede vermelha dos computadores conectados à internet. Mídias portáteis eram proibidas neste local - nenhum DVD, CD-ROM ou *pen drive* eram permitidos - para evitar que funcionários inconscientemente os conectassem em uma máquina infectada e inadvertidamente os levassem para fora com um exemplar malicioso gravado.

O termo "laboratório de inteligência de ameaças" remete a uma oficina esterilizada com cientistas de jaleco branco debruçados sobre microscópios e placas de Petri. Mas o laboratório da Symantec era apenas um escritório despretensioso preenchido na maior parte por cubículos vazios e um pequeno número de funcionários que olhavam fixamente para seus monitores durante todo o dia, a maioria em silêncio, fazendo um trabalho metódico e, aparentemente, entediante. Não havia quadros nas paredes, nenhuma arma de brinquedo ou outros jogos tolos que os trabalhadores por vezes jogam para descontrair, nenhuma planta, nem falsa, para dar ao espaço uma sensação acolhedora. A única vegetação aparecia graças a uma parede de janelas com vista para um grande gramado coberto de árvores – do tipo que os parques empresariais produzem para simular a natureza para trabalhadores confinados.

O cubículo de O'Murchu era isento de qualquer toque pessoal, exceto uma solitária foto panorâmica do Grand Canyon, banhado em tons de rosa e violeta do pôr-do-sol, que celebrava uma viagem que ele fez com seu pai no ano anterior. Ele tinha dois computadores de pesquisa em sua mesa que estavam conectados à rede vermelha e um terceiro, para ler e-mails e navegar na web, que consistia apenas de periféricos - um teclado, um monitor e um mouse - conectados por cabos a um disco rígido segregado, do lado de fora do laboratório, em um armário de servidor, seguramente em quarentena, sem contato com a rede hostil.

O cubículo de Chien, que dividia uma parede com o de O'Murchu, era apenas um pouco mais personalizado, com uma variedade ímpar de cartões postais de arte e bandeiras de pirata próximas a uma placa esmaltada onde se lia *chien lunatique* –

um trocadilho com seu nome. Traduzido livremente do francês, significa "cuidado com o cão", mas Chien preferia a tradução mais literal, "cachorro louco".

Chien tinha 39 anos, mas parecia ser uma década mais novo. Alto, magro e com óculos de armação de metal, ele tinha um amplo e envolvente sorriso com covinhas que afundavam profundamente em suas bochechas sempre que ele ria quando falava rápido e animado sobre o tópico que estava discutindo. Chien desfrutava de uma longa e bem-sucedida carreira em segurança, mas em uma área altamente competitiva, onde os profissionais frequentemente ostentavam suas habilidades e experiências para se destacar entre os concorrentes. Ele era o oposto, modesto e discreto, preferindo focar na análise forense em vez de ser o centro das atenções.

Dos três, ele era o que trabalhava há mais tempo na Symantec. Foi o seu primeiro emprego após sair da faculdade, que conseguiu completamente por acaso. No início dos anos 1990 na UCLA, ele estudava uma mistura de genética, biologia molecular e engenharia elétrica e, como O'Murchu, estava a caminho de uma carreira científica. Porém, após se graduar em 1996, ele seguiu com alguns amigos para a Symantec com a intenção de permanecer por apenas dois anos para ganhar dinheiro para a pós-graduação. Só que ele nunca mais saiu.

Segurança cibernética ainda era um campo que estava nascendo e era fácil obter emprego sem treinamento ou experiência. Chien não sabia nada sobre vírus naquela época, mas tinha aprendido sozinho assembly x86, a linguagem de programação em que a maioria dos *malwares* é escrita, e isso foi suficiente. Os melhores analistas não eram, de todo modo, engenheiros de computação treinados. Engenheiros construíam coisas, mas os combatentes de vírus as desmontavam. Mesmo com a segurança de computadores estabelecida como uma profissão construída sobre cursos de formação e certificações, Chien dava preferência a candidatos sem experiência, mas que tinham uma curiosidade insaciável e uma persistente necessidade de resolver quebra-cabeças e dissecar coisas. Era fácil ensinar a alguém como codificar assinaturas de vírus, mas você não podia ensinar curiosidade ou introduzir em alguém a paixão por querer saber como as coisas funcionavam. Os melhores pesquisadores tinham um traço obsessivo que fazia com que eles seguissem insistentemente um pedaço de código até que ele entregasse seus segredos.

Quando Chien se juntou à Symantec, os pesquisadores de antivírus tinham muito tempo livre em suas mãos. Os vírus ainda eram raros e tendiam a se espalhar lentamente através de disquetes e pela *sneaker net*[2] – ou seja, transportados manualmente de computador para computador. Clientes que pensavam estar infectados com um vírus podiam enviar o arquivo suspeito em um disquete para a Symantec, onde este permaneceria em uma bandeja sobre a mesa por uma semana ou mais antes de serem investigados por Chien ou algum dos seus colegas. Na maioria das vezes, os arquivos eram benignos. Mas, ocasionalmente, eles encontravam um exemplar malicioso. Quando isso ocorria, eles rapidamente escreviam algumas assinaturas para detectá-lo, depois as gravavam em outro disquete e enviavam de volta ao cliente junto com instruções para atualizar seu antivírus.

Não demorou muito, porém, para o *malware* evoluir e o cenário mudar. O lançamento do Microsoft Windows 98 e do Office, junto com a internet em expansão e a proliferação do e-mail, gerou uma rápida disseminação de vírus e *worms* de rede que se propagavam para milhões de máquinas em questão de minutos. O vírus Melissa, em 1999, foi um dos mais notórios[3]. Lançado por um programador de 31 anos de Nova Jersey chamado David Smith, o vírus vinha embutido em um documento do Word que Smith postou no grupo de discussões

---

[2] Nota dos tradutores: em português, "rede de tênis".

[3] O Melissa, entretanto, não foi o primeiro ataque a se proliferar. Essa honra é reservada ao *worm* Morris, um programa que se autopropagava, criado por um estudante de ciência da computação de 23 anos chamado Robert Morris Jr., filho de um especialista em segurança de computadores da NSA. Apesar de muitos dos métodos do Stuxnet serem inteiramente modernos e únicos, ele tinha suas raízes no *worm* Morris e compartilhava com ele algumas de suas características. Morris disseminou seu vírus em 1988 na ARPAnet, uma rede de comunicações construída pela Agência de Projetos de Pesquisa Avançados do Departamento de Defesa no final da década de 1960, que foi a percursora da internet. Como o Stuxnet, o *worm* fazia uma série de coisas para se esconder, tal como colocar seus arquivos na memória e apagar partes de si uma vez que não fossem mais necessárias, para reduzir suas marcas na máquina. Mas, assim como o Stuxnet, o *worm* Morris possuía algumas falhas que fizeram com que se espalhasse incontrolavelmente para 60.000 máquinas e fosse descoberto. Sempre que o *worm* encontrasse uma máquina que já havia sido infectada, ele deveria interromper a infecção e seguir em frente. Como Morris estava preocupado com a possibilidade de os administradores matarem seu *worm* programando as máquinas para avisá-lo que estavam infectadas quando na realidade não estavam, ele fez com que o *worm* infectasse de qualquer maneira cada sétima máquina que encontrasse. Entretanto, ele se esqueceu de levar em conta a interconectividade da ARPAnet, e o *worm* foi repetidamente executado nas mesmas máquinas, reinfectando algumas delas centenas de vezes até elas entrarem em colapso por conta das múltiplas versões do *worm* executadas simultaneamente. Máquinas na Universidade da Pensilvânia, por exemplo, foram atacadas 210 vezes em 12 horas. Desligar ou reiniciar o computador matava o *worm*, mas só temporariamente. Estando as máquinas conectadas à rede, elas seriam reinfectadas por outras máquinas.

alt.sex.usenet. Smith conhecia bem seu público-alvo – ele os seduziu a abrir o arquivo alegando que este continha nomes de usuários e senhas para acesso a sites pornográficos. Uma vez aberto, o Melissa explorava uma vulnerabilidade em uma função de macro do Microsoft Word e se enviava por e-mail para os primeiros cinquenta contatos da lista de endereços do Outlook da vítima. Em três dias, o primeiro vírus de distribuição em massa tinha se espalhado para mais de 100.000 máquinas, um recorde espetacular naquela época, mas já ultrapassado pelos padrões atuais. Além de se espalhar via Outlook, ele enfiava uma citação nerd nos documentos da máquina infectada: *twenty-two, plus triple-word-score, plus fifty points for using all my letters. Game's over. I'm outta here*[4]. O Melissa era relativamente benigno, mas abriu caminho para outros vírus e *worms* velozes que dominariam as manchetes por anos[5].

Com a expansão do cenário das ameaças, a Symantec percebeu que precisava deter mais rapidamente as infecções, antes que começassem a se espalhar. Quando a empresa entrou no negócio de antivírus, um bom tempo de resposta para contornar uma ameaça – da descoberta até a entrega das assinaturas – era de até uma semana. Mas a Symantec visava reduzir esse prazo para menos de um dia. Para conseguir isso, a empresa precisava de analistas em vários fusos horários para detectar os vírus na sua primeira aparição e entregar suas assinaturas aos clientes norte-americanos antes que eles acordassem ou começassem a clicar em anexos de e-mails maliciosos.

A essa altura Chien já havia ultrapassado seu plano de dois anos com a Symantec. Ele tinha guardado dinheiro suficiente para a pós-graduação e planejava se mudar para o Colorado para praticar *snowboard* e ciclismo antes de se candidatar a programas científicos. Mas a Symantec propôs uma oferta sedutora – um cargo na Holanda, como alternativa. A empresa possuía suporte técnico e um escritório de vendas em Amsterdã, mas também queria uma equipe de

---

[4] Nota dos tradutores: trata-se de uma referência à fala de Bart Simpson no episódio 2 da primeira temporada de "Os Simpsons". Na versão brasileira: "vinte e dois pontos, mais tríplice valor, mais cinquenta pontos por usar todas as minhas letras. Fim de jogo. Eu vou tirar meu time". (disponível em <http://mais.uol.com.br/view/vtzludptk2f8/os-simpsons--1-temporada-episodio-2-completo-e-dublado-04020C9B3262D0B94326?types=A&>)

[5] *Worms* autorreplicáveis – sendo o Conficker e o Stuxnet exceções – são mais raros do que eram, tendo em grande parte dado lugar aos ataques de *phishing*, onde o *malware* é entregue via anexos de e-mail ou links para websites maliciosos incorporados ao e-mail.

analistas de *malware*. Chien não podia dizer não. Ele desembarcou na Holanda dias antes do *worm* Love Letter prejudicar a internet em maio de 2000. O *worm* começou como um maldoso projeto de aula de um estudante universitário nas Filipinas, mas depois se espalhou rapidamente para milhões de máquinas ao redor do mundo. Este era um teste perfeito para a nova equipe de resposta rápida da Symantec na Europa, mesmo que esta equipe fosse composta de apenas um homem. Em menos de vinte minutos (um recorde), Chien analisou o código e produziu assinaturas para detectá-lo (infelizmente, a conquista foi toda em vão, uma vez que o Love Letter sugava tanta banda da internet que os clientes não conseguiam acessar os servidores da Symantec para baixar as assinaturas). Assim que a crise passou, Chien contratou mais quatro pesquisadores para completar sua equipe em Amsterdã, e eles já estavam todos a postos quando a próxima grande ameaça – o *worm* Code Red – apareceu no ano seguinte.

Ele se mudou para Tóquio por um breve período para abrir outro escritório de pesquisa. Depois, em 2004, a Symantec mudou sua sede europeia de Amsterdã para Dublin, e Chien foi junto. Logo depois, ele aumentou a equipe de pesquisa com mais de 12 novas contratações, incluindo O'Murchu. Em 2008 ele retornou aos Estados Unidos junto com sua nova esposa, uma francesa que trabalhava no escritório da Symantec na Holanda. O'Murchu se juntou a ele novamente, dessa vez na Califórnia.

Agora na cidade de Culver, os dois e Falliere enfrentavam a difícil tarefa de desconstruir o Stuxnet.

O PRIMEIRO OBSTÁCULO que os pesquisadores encontraram ocorreu quando eles tentavam decifrar todo o código do Stuxnet. Como O'Murchu já havia descoberto, o núcleo do Stuxnet era um grande arquivo .DLL depositado nas máquinas. Ele veio empacotado junto com dúzias de .DLLs menores e outros componentes, todos embrulhados juntos em camadas de criptografia que precisavam ser quebradas e removidas antes que eles pudessem decifrar o código. Felizmente, as chaves para descriptografá-las estavam no próprio código; toda vez que o Stuxnet aterrissava em uma máquina Windows, ele usava as chaves para descriptografar e extrair cada .DLL e cada componente conforme necessário, dependendo das condições encontradas na máquina. Pelo menos era assim que devia funcionar. Algumas das chaves não estavam sendo ativadas na sua máquina de teste – as últimas chaves necessárias para desbloquear a carga útil.

O'Murchu vasculhou o código tentando encontrar o motivo e descobriu referências a marcas específicas de PLCs Siemens. O Stuxnet não estava apenas caçando sistemas com os softwares Siemens Step 7 ou WinCC instalados; eles também tinham que estar usando uma linha específica de PLCs Siemens – os controladores lógicos programáveis S7-315 e S7-417 daquela empresa. Só essa combinação de software e hardware acionava as chaves do Stuxnet para desbloquear e liberar a carga útil.

O único problema: Chien e O'Murchu não possuíam nem o software da Siemens nem tampouco os PLCs. Sem estes, eles teriam que usar um depurador para vasculhar o código a fim de encontrar as chaves e desbloquear manualmente a carga útil.

O depurador, essencial para engenharia reversa, permitia que eles caminhassem passo a passo pelo código – como uma câmera, quadro a quadro – para isolar cada função e documentar a sua atividade. Com isso, podiam separar cada seção do código que continha comandos para descriptografar o *malware* a fim de encontrar as chaves. Porém, localizar as chaves era apenas metade da brincadeira. Depois que eles tivessem todas as chaves, eles teriam que descobrir o algoritmo de criptografia de cada chave. Foram necessários vários dias vasculhando, mas quando eles obtiveram todas as partes desbloqueadas, puderam finalmente ver todos os passos que o Stuxnet dava durante o seu estágio inicial de infecção[6].

Uma das primeiras coisas que o Stuxnet fazia era determinar se o computador era uma máquina Windows de 32 *bits* ou 64 *bits*; o Stuxnet só funcionava com máquinas Windows de 32 *bits*. Ele também determinava se a máquina já estava infectada com o Stuxnet. Se já estivesse, o Stuxnet se certificava de que o *malware* residente estava atualizado e simplesmente trocava quaisquer arquivos antigos por mais recentes. Porém, se o Stuxnet se encontrasse em uma nova máquina, ele começava uma elaborada dança de infecção, rodando rapidamente uma série de passos para levantar um panorama da máquina e determinar a melhor maneira de proceder.

---

[6] Assim que os combatentes de vírus extraem as chaves e as combinam com os algoritmos, eles também escrevem um programa decifrador, de forma que possam rapidamente decifrar outros blocos do código que usem o mesmo algoritmo. Por exemplo, quando eles recebem novas versões do Stuxnet, ou mesmo outros pedaços de *malware* que possam ter sido escritos pelos mesmos autores e utilizem os mesmos algoritmos, eles não têm que repetir esse tedioso processo de depurar todo o código para encontrar as chaves; eles podem simplesmente executar seu decifrador.

Durante esse processo, um de seus *rootkits* rapidamente se posicionava na máquina com o objetivo de cegar o sistema em relação aos arquivos do Stuxnet existentes no *pen drive*. Ele fazia isso no sistema para que os nomes dos arquivos não pudessem ser vistos por um antivírus – o equivalente a escondê-los em uma área de difícil identificação. Se o antivírus tentasse ler o conteúdo do *pen drive*, o *rootkit* interceptava os comandos e entregava de volta uma lista modificada que não incluía os arquivos do Stuxnet. Mas alguns antivírus não podiam ser contornados dessa forma. O Stuxnet sabia quais antivírus eram problemáticos e modificava adequadamente seus métodos se encontrasse um desses em uma máquina. Se o Stuxnet constatasse que não poderia contornar completamente um antivírus, ele interrompia a infecção e se desligava.

Se o Stuxnet decidisse prosseguir, o segundo *driver* era então ativado. Este *driver* tinha duas tarefas – a primeira era infectar qualquer *pen drive* que fosse inserido na máquina, o que ele faria por apenas 21 dias após o Stuxnet infectar a máquina.[7] A segunda, e mais importante, tarefa era descriptografar e carregar o grande arquivo .DLL, e seus vários componentes, na memória da máquina utilizando as técnicas que O'Murchu havia documentado. Primeiramente ele desempacotava e descompactava o .DLL para liberar os .DLLs menores, depois ele os carregava na memória. Como os arquivos estavam em execução na memória, toda vez que a máquina reinicializava os arquivos eram apagados, então o *driver* também tinha que recarregá-los na memória após cada reinicialização.

Com o .DLL grande e seus conteúdos todos desempacotados e carregados na memória, o Stuxnet procurava por novas máquinas para infectar e ligava para casa, para os servidores de comando-e-controle, para relatar a sua nova conquista – mas, a menos que ele encontrasse os softwares Siemens Step 7 ou WinCC instalados na máquina, o Stuxnet adormecia tão logo os passos fossem concluídos.

Então agora os pesquisadores da Symantec sabiam como o Stuxnet se propagava e carregava seus arquivos, mas eles ainda não sabiam o motivo de ele ter sido criado ou o que tinha sido projetado para fazer. As respostas para essas perguntas ainda estavam escondidas dentro de sua carga útil.

---

[7] Em algumas versões do Stuxnet, os atacantes tinham aumentado o período de tempo para noventa dias.

Enquanto O'Murchu refletia sobre o que eles haviam descoberto até então na carga útil do código, ele não conseguia deixar de admirar o habilidoso trabalho manual que os atacantes tinham empregado em seu ataque – as formas inteligentes pelas quais eles solucionavam os problemas que esperavam encontrar e os numerosos cenários que tiveram que testar antes de soltar o seu código. Nem todos os recursos do Stuxnet eram impressionantes por si só, mas, como um todo, o ataque representava uma ameaça formidável.

Além das maneiras complexas através das quais o Stuxnet carregava seus arquivos e enganava os softwares de segurança, ele usava uma extensa lista de verificação para garantir que todas as condições na máquina eram ideais antes de deflagrar a sua carga útil. Ele também acompanhava atentamente todos os recursos que utilizava na máquina e fazia questão de liberar cada um deles assim que não fosse mais necessário, para reduzir o processamento que o Stuxnet consumia na máquina – se o Stuxnet consumisse muitos recursos, ele correria o risco de tornar a máquina lenta e ser descoberto. Ele também sobrescrevia muitos arquivos temporários que criava na máquina tão logo eles não fossem mais necessários. Todos os softwares criam arquivos temporários, mas muitos não se preocupam em apagá-los, uma vez que eles acabam sendo sobrescritos pelos arquivos temporários criados por outras aplicações. Os atacantes não queriam que os arquivos do Stuxnet permanecessem por muito tempo no sistema, pois isso aumentava o risco de serem vistos.

Apesar de todo o esforço extra que os atacantes depositaram em seu código, havia diversas partes que pareciam estranhamente mal projetadas. O'Murchu não era o único a achar isso. Assim que os pesquisadores da Symantec publicaram suas descobertas sobre o Stuxnet, ao longo de várias semanas, membros da comunidade de segurança começaram a comentar *on-line* sobre as muitas falhas do código, insistindo que os autores não eram nem de perto o grupo de elite de hackers que os relatórios originais os faziam parecer. Suas proezas técnicas eram inconsistentes, diziam alguns, e eles haviam cometido uma série de erros que permitiram aos investigadores ver mais facilmente o que eles estavam tentando fazer.

O Stuxnet, por exemplo, poderia ter sido muito mais difícil de decifrar se os atacantes tivessem utilizado uma ofuscação melhor para frustrar as ferramentas forenses dos pesquisadores – tal como técnicas de criptografia mais sofisticadas que poderiam prevenir que qualquer um, exceto a máquina alvo, desbloqueasse a carga útil, ou mesmo identificasse que o Stuxnet tinha como alvos o software Siemens Step 7 e os PLCs. O Stuxnet usava uma criptografia fraca e um protocolo padrão para se comunicar com os seus servidores de comando-e-controle em vez de utilizar um algoritmo customizado, que podia ter tornado mais difícil para os pesquisadores monitorarem o tráfego do *malware*.

Em uma postagem de blog, os comentários do criptógrafo Nate Lawson discorriam com desdém sobre como os autores do Stuxnet "deviam estar constrangidos com a sua abordagem amadora ao esconder a carga útil" e seu uso de métodos antiquados, que hackers criminosos já haviam ultrapassado há muito tempo. "Eu realmente espero que ele não tenha sido escrito pelos EUA", escreveu, "pois eu gostaria de pensar que nossos desenvolvedores de armas cibernéticas de elite ao menos sabem o que adolescentes búlgaros fizeram no início dos anos 1990"[8]. A mistura de táticas de alto nível e técnicas de iniciantes fizeram com que o Stuxnet parecesse um "Frankenstein em retalhos" de métodos conhecidos, diziam alguns, em vez de um projeto sofisticado de uma agência de inteligência de elite.[9]

Entretanto, O'Murchu tinha uma opinião diferente acerca das inconsistências do Stuxnet. Ele acreditava que os atacantes usaram deliberadamente uma criptografia fraca e um protocolo padrão para se comunicar com os servidores porque eles queriam que os dados que trafegavam entre a máquina infectada e os servidores parecessem uma comunicação normal, sem atrair atenção especial. Como a comunicação com os servidores era mínima – o *malware* transmitia apenas informações limitadas sobre a máquina infectada –, os atacantes não precisavam de uma criptografia mais avançada para escondê-la. Quanto a proteger melhor a carga útil, podem ter havido limitações que os impediram de usar técnicas mais sofisticadas, como criptografá-la com uma chave que derivasse de extensos e precisos dados de configuração das máquinas alvejadas, de forma que apenas essas máquinas pudessem desbloqueá-la.[10] As máquinas atingidas, por exemplo,

[8] LAWSON, Nate. **Stuxnet Is Embarrassing, Not Amazing.** Jan. 17, 2011, disponível em <rdist.root.org/2011/01/17/stuxnet-is-embarrassing-not-amazing/#comment-6451>.

[9] FARWELL, James P.; ROHOZINSKI, Rafal. Stuxnet and the Future of Cyber War. **Survival 53**, n. 1, 2011, p. 25.

[10] Um método para fazer isso, como Nate Lawson aponta em sua postagem de blog, consiste em pegar dados detalhados de configuração da máquina visada e usá-los para obter um *hash* criptográfico que desbloqueie a carga útil. A chave é inútil a menos que o *malware* encontre uma máquina com a configuração exata ou alguém capaz de desvendar a chave por força bruta, reproduzindo todas as combinações de dados de configuração conhecidos até obter a combinação correta. Mas a última opção pode ser

podiam não ter exatamente a mesma configuração, tornando difícil o uso de uma mesma chave de criptografia para a carga útil, ou pode ter havido a preocupação de que a configuração das máquinas poderia mudar, tornando tal chave inútil e impedindo o acionamento da carga útil.

As falhas do Stuxnet também podem ter sido consequência de restrições de tempo – talvez algo tenha feito com que os atacantes lançassem seu código com pressa, resultando em trabalhos de última hora, o que parecia desleixo ou amadorismo para os críticos.

Mas havia outra explicação possível para o conjunto de retalhos de técnicas usadas na ameaça – o Stuxnet foi provavelmente criado por diferentes equipes de programadores com diferentes habilidades e talentos. A natureza modular do *malware* significava que o desenvolvimento poderia ter sido feito por diferentes equipes que trabalhavam em várias partes simultaneamente ou em instantes diferentes. O'Murchu estimava que foram necessárias pelo menos três equipes para codificar todo o Stuxnet – uma equipe experiente, de elite, altamente qualificada, que trabalhou na carga útil que tinha como alvos o software da Siemens e os PLCs; uma equipe de segundo escalão responsável pelos mecanismos de difusão e instalação que também desbloqueavam a carga útil; e uma terceira equipe, a menos qualificada do grupo, que configurou os servidores de comando-e-controle e tratou da criptografia e do protocolo para a comunicação do Stuxnet. Era possível que a divisão de responsabilidades fosse tão bem definida e as equipes tão compartimentadas que elas não tivessem necessidade de interação.

Apesar de cada um dos times possuir diferentes níveis de habilidade e experiência, eles eram uniformes ao menos em uma coisa – nenhum deles havia deixado alguma pista para trás, no código, que pudesse ser facilmente usada para rastreá-los. Ou assim parecia.

---

prevenida ao se produzir o *hash* a partir de uma extensa seleção de dados de configuração, tornando-a inviável. O Stuxnet realizava uma versão pobre da técnica descrita por Lawson. Ele usava dados das configurações básicas do hardware que buscava para ativar a chave e desbloquear sua carga útil, mas a própria chave não era derivada dos dados de configuração e era independente destes. Então uma vez que os pesquisadores localizaram a chave, eles podiam simplesmente desbloquear a carga útil com a chave sem necessitar saber a configuração real. Pesquisadores do Kaspersky Lab, contudo, encontraram mais tarde um pedaço de *malware* que usava uma técnica mais sofisticada para bloquear sua carga útil. Aquela carga, por consequência, nunca foi decifrada. Veja o Capítulo 15.

A ATRIBUIÇÃO É UM problema permanente quando se trata de investigações forenses de ataques de hackers. Ataques de computador podem ser lançados de qualquer parte do mundo e encaminhados por meio de múltiplas máquinas sequestradas ou servidores *proxy*, para ocultar as evidências sobre sua origem. A menos que o hacker seja desleixado ao esconder seus rastros, muitas vezes não é possível desmascarar o criminoso somente com evidências digitais.

Entretanto, algumas vezes os desenvolvedores de *malware* soltam pequenas pistas no seu código, intencionais ou não, que podem contar uma história sobre quem eles são e de onde eles vêm, ou até mesmo identificá-los completamente. Anomalias peculiares, ou pegadas deixadas para trás em vírus ou cavalos de Troia aparentemente sem relação, muitas vezes ajudam os investigadores forenses a correlacionar as famílias de *malware* a um autor comum, da mesma forma que o *modus operandi* de um assassino em série o liga a uma leva de crimes.

O código do Stuxnet era mais estéril do que os *malwares* que Chien e O'Murchu normalmente viam. Mas duas coisas sobre ele se destacavam.

Chien vasculhava as anotações que eles tinham feito do momento inicial de infeção do Stuxnet, quando algo interessante chamou sua atenção – um marcador de infecção que prevenia o Stuxnet de se instalar em determinadas máquinas. Cada vez que o Stuxnet encontrava uma nova vítima em potencial, antes que ele começasse o processo de descriptografar e desempacotar seus arquivos, ele checava no registro do Windows da máquina uma "sequência mágica" – 0x19790509. Se encontrasse a sequência, o Stuxnet se retirava da máquina e não a infectava.

Chien já tinha visto "rastros de vacinação" como este antes. Hackers costumavam colocá-los nas chaves de registro de seus próprios computadores para que, após soltar um código de ataque em um ambiente de teste ou no mundo aberto, eles não voltassem e infectassem suas próprias máquinas ou qualquer outro computador que eles quisessem proteger. Os rastros de vacinação podiam ser qualquer coisa que os hackers escolhessem. Geralmente, eram apenas sequências aleatórias de números. Mas este parecia ser uma data – 09 de maio de 1979 – com o ano escrito primeiro, seguido do mês e do dia, um formato de datas comum para programação em Unix. Outras sequências de números que apareciam no Stuxnet, e que os pesquisadores sabiam que certamente eram datas, estavam escritas no mesmo formato.

Chien fez uma rápida pesquisa no Google pela data em questão e ficou apenas um pouco surpreso quando um dos resultados revelou uma ligação entre Israel e o Irã. A data de 1979 era o dia em que um proeminente empresário judeu iraniano foi executado por um pelotão de fuzilamento em Teerã pouco depois de o novo governo tomar o poder após a Revolução Islâmica. Elghanian era um rico filantropo e um respeitado líder da comunidade judaica iraniana até ele ser acusado de espionar para Israel e ser morto. Sua morte marcou um momento decisivo nas relações entre a comunidade judaica e o estado iraniano. Por aproximadamente quarenta anos, enquanto Mohammad Reza Shah Pahlavi esteve no poder, os judeus iranianos desfrutaram de uma relação bastante amigável com seus vizinhos muçulmanos, assim como fez a nação islâmica com o estado de Israel. Mas a execução de Elghanian, apenas três meses após a revolução derrubar o Xá, foi um momento de "Noite dos Cristais" para muitos judeus persas, deixando claro que a vida sob o novo regime seria muito diferente. O evento provocou um êxodo em massa de judeus, que saíram do Irã e foram para Israel, o que ajudou a alimentar a hostilidade entre as duas nações, que persiste até hoje.

Seria a data de maio no Stuxnet uma mensagem do tipo "Batalha do Álamo" de Israel para o Irã – algo como os recados que os soldados norte-americanos rabiscavam nas bombas jogadas sobre o território inimigo? Ou seria um esforço por parte de não israelenses para envolver o estado judeu no ataque, a fim de tirar os investigadores da sua trilha? Ou seria simplesmente o caso de Chien estar com uma imaginação ativa e vendo símbolos onde não existiam? Tudo que Chien podia fazer era supor.

Em seguida, a equipe da Symantec encontrou outra pequena informação que também tinha uma possível conexão com Israel, ainda que fossem necessários saltos mais acrobáticos para fazer tal ligação. Esta informação envolvia as palavras "myrtus" e "guava", que apareciam em atalhos de arquivos que os atacantes deixaram em um dos arquivos de *driver*. Os atalhos mostram a pasta e as subpastas onde o arquivo ou documento está armazenado no computador. O atalho para um documento chamado "my résumé", armazenado na pasta Documentos da unidade C: do computador, seria algo como – c:\documentos\myresume.doc. Às vezes, quando os programadores passam um código-fonte por um compilador – uma ferramenta que traduz uma linguagem de programação legível pelo homem em um código binário lido pela máquina – o atalho indicando onde o programador tinha armazenado o código em seu computador é colocado no arquivo binário compilado. A maioria dos programadores de *malware* configura seus compiladores para eliminar os atalhos, mas os atacantes do Stuxnet não fizeram isso, seja por acidente ou não. O atalho aparecia como b:\myrtus\src\objfre_w2k_x86\i386\guava.pdb no arquivo de *driver*, indicando que o *driver* era parte de um projeto que os programadores chamaram de "guava", o qual havia sido gravado em seu computador em um diretório chamado "myrtus". Myrtus é o gênero de uma família de plantas que inclui diversas espécies de goiaba ("guava"). Seria o programador um botânico fanático, perguntou Chien? Ou será que isso significava alguma outra coisa?

Chien procurou mais a fundo por informações sobre "myrtus" e encontrou uma conexão tocante a outro evento importante na história judaica, quando a rainha Esther ajudou a salvar os judeus da Pérsia antiga do massacre no século IV A.C. De acordo com a história, Esther era uma mulher judia que foi casada com o rei persa Ahasherus. Entretanto, o rei não sabia que ela era judia. Quando ela soube de um plano para matar todos os judeus do império Persa com aprovação do rei que estava sendo tramado por Haman, primeiro-ministro do rei, ela foi até o rei e expôs sua identidade, implorando a ele que salvasse ela e seu povo. O rei então executou Haman e permitiu que os judeus de seu império lutassem contra todos os inimigos que Haman havia reunido para massacrá-los, resultando em uma vitória para os judeus e na morte de 75.000 inimigos. O feriado de Purim, celebrado anualmente pelas comunidades judaicas ao redor do mundo, comemora essa libertação dos judeus persas da morte iminente.

Aparentemente, a história parecia não ter relevância alguma para o Stuxnet, exceto pelo fato de Chien ter encontrado uma possível ligação com o nome hebraico de Esther. Antes de mudar seu nome e se tornar a rainha da Pérsia, Esther era conhecida pelo nome Hadassah. Hadassah em hebraico significa *myrtle*, ou *myrtus.*

Os paralelos entre a Pérsia antiga e a moderna não foram difíceis de traçar, à luz dos atuais acontecimentos. Em 2005, o noticiário afirmava que o presidente iraniano Mahmoud Ahmadinejad clamava para que Israel fosse varrido do mapa. Embora notícias subsequentes afirmassem que suas palavras tinham sido mal interpretadas, não era segredo que Ahmadinejad desejava que o moderno estado judaico desaparecesse, assim como Haman desejou que seus contemporâneos judeus desaparecessem séculos antes.[11] E, em 13 de fevereiro de 2010, por volta da mesma época em que os criadores do Stuxnet estavam preparando uma nova versão de seu ataque para lançar contra máquinas no Irã, Rav Ovadia Yosef, um influente ex-rabino-chefe de Israel e uma grande força política, traçou uma linha direta entre a Pérsia antiga e o moderno Irã em um sermão que ele deu antes do Purim. Ahmadinejad, disse ele, era o "Haman da nossa geração".

"Hoje nós temos um novo Haman na Pérsia, que está nos ameaçando com armas nucleares", disse Yosef. Entretanto, assim como Haman e seus homens de confiança, Ahmadinejad e seus apoiadores teriam seus arcos destruídos e suas espadas viradas contra eles para que "atingissem seus próprios corações"[12].

Nenhuma destas, entretanto, era uma evidência de que "myrtus" no *driver* do Stuxnet seria uma referência ao Livro de Esther. Especialmente quando lido de outra maneira, tal como alguns sugeriam, myrtus poderia ter sido facilmente interpretado como "my RTUs" - ou "my remote terminal units". RTUs, como os PLCs, são componentes de controle industrial usados para operar e monitorar equipamentos e processos. Dado que o Stuxnet mirava PLCs Siemens, parecia bem possível que este fosse seu verdadeiro significado.[13] Mas quem poderia dizer ao certo?

---

[11] O professor da Universidade de Michigan, Juan Cole, e outros assinalaram que a língua persa não tinha tal expressão idiomática "varrer do mapa", e o que Ahmadinejad realmente disse foi que ele esperava que as forças de ocupação judaicas/sionistas de Jerusalém entrassem em colapso e fossem apagadas das páginas da história.

[12] ISRAEL NATIONAL NEWS. **Rabbi Yosef**: Ahmadinejad a New Haman, Feb. 14, 2010.

[13] John Bumgarner, diretor de tecnologia do US Cyber Consequences Unit, sustentou essa interpretação e também afirmou que "guava" no atalho do arquivo de *driver* provavelmente se referia a um citômetro de fluxo feito por uma empresa da Califórnia chamada Guava Technologies. Citômetros de fluxo são dispositivos utilizados para contar e examinar partículas microscópicas e são usados, dentre outras coisas, para medir isótopos de urânio. Bumgarner acreditava que eles podiam ter sido usados em Natanz para ajudar os cientistas a medir os níveis de enriquecimento do gás hexafluoreto de urânio à medida que os isótopos U-238 eram separados dos isótopos U-235, que são necessários para reatores nucleares e bombas. Guava Technologies produz um citômetro de fluxo chamado Guava EasyCyte Plus que pode ser integrado com PLCs para fornecer aos operadores dados em tempo real sobre os níveis de isótopos no urânio. Citômetros de fluxo são produtos controlados e teriam de ser registrados sob o "Trade Sanctions Reform and Export Enhancement Act" de 2000 antes de serem vendidos ao Irã. Veja em: BUMGARNER, John. **A Virus of Biblical Distortions**, Dec. 06, 2013, disponível em <darkreading.com/attacks-breaches/a-virus-of-biblical-distortions/d/d-id/1141007?>.

Os pesquisadores da Symantec eram cautelosos em não traçar nenhuma conclusão sobre os dados. Em vez disso, em uma postagem de blog escrita por Chien e um colega, eles simplesmente disseram: "que comecem as especulações"[14].

[14] FITZGERALD, Patrick; CHIEN, Eric. The Hackers Behind Stuxnet. **Symantec**, July 21, 2010, disponível em <symantec.com/connect/blogs/hackers-behind-stuxnet>.

Capítulo 5

Primavera para Ahmadinejad

Uma caravana de sedãs Mercedes pretos blindados acelerou para fora de Teerã, rumo ao sul, em direção a Natanz, a 144 quilômetros por hora. Sentados separadamente em três dos carros estavam Olli Heinonen; seu chefe e diretor da AIEA Mohamed ElBaradei; e um terceiro colega da agência. Era uma manhã fresca de inverno no final de fevereiro de 2003, seis meses depois que o grupo de Alireza Jafarzadeh expôs a fábrica secreta em Natanz, e os inspetores finalmente dariam sua primeira olhada no local. Com ElBaradei estava um homem elegante e professoral, com cabelos brancos e uma barba grisalha bem aparada: Gholam Reza Aghazadeh, que era vice-presidente do Irã e presidente da Organização de Energia Atômica do país.

Duas semanas antes, o presidente iraniano Sayyid Mohammad Khatami tinha finalmente reconhecido que o Irã estava construindo uma usina de enriquecimento de urânio em Natanz, confirmando o que o ISIS e os outros suspeitavam o tempo todo sobre a instalação. O Irã estava, de fato, desenvolvendo instalações para cada fase do ciclo de produção de combustível, disse o presidente em um discurso, e Natanz era apenas um deles. Mas ele insistiu que as aspirações nucleares do Irã eram puramente pacíficas.[1] Se você tivesse a fé, a lógica e todas as vantagens que uma grande nação como o Irã possuía, você não precisaria de armas de destruição em massa, ele disse. O que ele não disse, no entanto, foi por que, se

[1] Khatami falou em Teerã em 09 de fevereiro de 2003, durante um encontro entre o Ministério da Ciência, Pesquisa e Tecnologia e chanceleres de universidades. Parte do discurso está em <iranwatch.org/library/government/iran/iran-irnakhatami-right-all-nations-nuclear-energy-2-9-03>.

o Irã não tinha nada a esconder, estava enterrando a fábrica de Natanz profundamente no subterrâneo. Se nada ilícito estava acontecendo, por que protegê-la sob camadas de cimento e terra? E por que enriquecer urânio, afinal de contas, se o combustível para os reatores nucleares do Irã poderia ser comprado de outros países, como a maioria das nações com reatores nucleares faziam e como o Irã já havia feito em um contrato com a Rússia? Essas e outras questões permaneciam nas mentes dos oficiais da AIEA enquanto se dirigiam para fora de Natanz.

A AIEA havia percorrido um longo caminho desde a sua inauguração, em 1957, quando foi criada para promover o desenvolvimento pacífico da tecnologia nuclear. Seu papel de "cão de guarda nuclear" - garantir que os países não aplicassem essa tecnologia secretamente no desenvolvimento de armas - era para ser secundário. Mas, nas cinco décadas desde a criação da agência, esta última atividade acabou se tornando progressivamente a mais crítica, à medida que as crises nucleares surgiam uma após a outra. Infelizmente, a capacidade da agência para cumprir esse papel era frequentemente frustrada pela sua autoridade limitada para investigar ou punir os países que violavam os seus acordos de salvaguarda.

Como a agência não possuía um braço de inteligência para investigar atividades suspeitas por conta própria, ela tinha que contar com a inteligência dos 35 estados-membros de seu conselho, como os Estados Unidos - o que a tornou suscetível à manipulação por parte destes países -, ou com quaisquer informações que os inspetores conseguissem recolher em suas visitas a instalações nucleares. Entretanto, dado que os inspetores, em sua maior parte, só visitavam locais que estavam na lista declarada de instalações nucleares de um país, isso deixou os países livres para conduzir atividades ilícitas em locais não declarados. Mesmo quando munida de evidências de que uma nação estava violando seu acordo de salvaguardas, a AIEA pouco podia fazer para garantir a conformidade com ele. Tudo o que podia fazer era apontar a nação infratora ao Conselho de Segurança da ONU, que poderia então votar se deveriam ser aplicadas sanções.[2]

Essas deficiências se tornaram flagrantemente aparentes em 1991 após o fim da primeira Guerra do Golfo, quando os inspetores adentraram o Iraque pós-guerra para classificar os escombros e descobriram que Saddam Hussein tinha

---

[2] Os 35 países-membros do Conselho da AIEA podem votar para que seja aberto um inquérito ou apontar um país ao Conselho de Segurança da ONU para que sejam aplicadas sanções.

construído um programa avançado de armas nucleares debaixo de seus narizes. Antes da guerra, a AIEA havia atestado que a cooperação de Saddam Hussein com a agência era "exemplar".[3] Então, os inspetores ficaram chocados ao descobrir depois da guerra que haviam sido completamente enganados. De acordo com algumas estimativas, o Iraque estava apenas a um ano de ter material de fissão suficiente para produzir uma bomba nuclear e dois a três anos distante de ter um arsenal nuclear de grande escala.[4] Ainda mais chocante foi a descoberta de que a atividade ilícita era realizada em salas e edifícios ao lado de instalações declaradas que os inspetores examinaram, mas que, sob as regras, eles não poderiam inspecionar espontaneamente.[5]

Enfurecida pela desonestidade do Iraque, a AIEA desenvolveu o então chamado Protocolo Adicional para aumentar o acordo de salvaguardas que os países assinavam. Isso ampliou o leque de atividades que deveriam ser informadas à AIEA e também permitiu uma margem de manobra à agência para fazer perguntas mais exploratórias, solicitar o acesso aos registros de compra de equipamentos e materiais e inspecionar mais facilmente locais onde suspeitava-se que atividades ilícitas teriam ocorrido. Havia apenas um detalhe. O protocolo aplicava-se somente aos países que o ratificaram – e, em 2003, quando os inspetores visitaram Natanz, o Irã não era um deles. Como resultado, os inspetores tinham limitações acerca dos tipos de exigências que podiam fazer junto ao Irã.[6]

A VIAGEM DE TRÊS HORAS de Teerã a Natanz levou os inspetores ao seu destino no meio da manhã naquele dia de fevereiro. Ao longo do caminho, à esquerda, eles passaram pelo lago Hoz-e-Soltan, um lago de sal que evaporava no verão e que tinha água salobra até a altura dos joelhos no inverno, e à sua direita

[3] Antes da guerra, o vice-diretor da AIEA encarregado de conformidade disse a Leonard Weiss, diretor de pessoal do Comitê do Senado sobre Assuntos Governamentais, que a cooperação do Iraque com a AIEA não só era exemplar, como a AIEA não tinha qualquer indicação de que o Iraque estivesse fazendo qualquer coisa desagradável. Veja WEISS, Leonard. Tighten Up on Nuclear Cheaters, **Bulletin of Atomic Scientists**, May 1991, vol. 47, n. 4, p. 11.

[4] ALBRIGHT, David; HIBBS, Mark. Iraq's Nuclear Hide and Seek. **Bulletin of Atomic Scientists**, Sep. 1991, vol. 47, n. 7, p. 27.

[5] FRANTZ, Douglas; COLLINS, Catherine. **The Nuclear Jihadist:** the true story of the man who sold the world's most dangerous secrets. New York: Free Press, 2007, p. 188.

[6] Em 2004, o Irã concordou em assinar o Protocolo Adicional, mas não em ratificá-lo. Mais tarde, em 2006, depois de a AIEA indicar o Irã ao Conselho de Segurança da ONU pelo descumprimento do acordo de salvaguardas, o Irã retaliou, anunciando que deixaria de aderir ao Protocolo.

pela cidade de Qom, um centro de aprendizagem xiita e uma das cidades mais sagradas do Islã.

Uma vez que passaram por Qom, uma paisagem infinita de areia e estrada os recebeu pelos próximos 96 quilômetros até chegarem à cidade de Kashan. Outros 20 quilômetros depois, em um deserto composto por vários tons de marrom e bege, emergiu no horizonte um conjunto de edifícios, como se estivessem suspensos sobre o chão do deserto.

Quando chegaram a Natanz, Heinonen ficou surpreso ao ver que a construção no amplo complexo estava bem mais adiantada do que ele esperava. Além dos salões subterrâneos, um labirinto de edifícios acima do solo já havia sido erguido, incluindo um conjunto de cinco estruturas pré-fabricadas com revestimento de alumínio que se espalhavam uma a partir da outra como vigas de uma cruz desmontada. Uma grande subestação elétrica também tinha sido erguida para alimentar os edifícios e as centrífugas. Um dos cinco edifícios acabou por ser uma usina-piloto de enriquecimento de combustível, um centro de pesquisa onde os técnicos poderiam testar novos modelos de centrífuga e de cascatas antes de instalá-los nas salas de produção subterrâneas. Uma vez instaladas nos salões, esperava-se que as centrífugas funcionassem por anos a fio, de modo que a usina-piloto era crucial para verificar de antemão se a tecnologia e o processo de enriquecimento funcionavam.

Embora os corredores subterrâneos ainda estivessem longe de estarem operacionais, os técnicos já tinham cerca de 160 centrífugas girando na usina-piloto, e componentes para centenas de outras centrífugas estavam à espera para serem montados lá.[7] A usina-piloto foi programada para entrar em operação em junho, dentro de quatro meses, mas o Irã esperava ter 1.000 centrífugas instaladas até o final do ano, com o primeiro lote de urânio com baixo nível de enriquecimento produzido no prazo de seis meses após isso.

À medida que Aghazadeh os guiava pela fábrica, ele tinha o cuidado de reforçar que nenhum hexafluoreto de urânio havia sido introduzido em Natanz ainda, e que também nenhum teste de enriquecimento usando gás havia sido conduzido. Testes, ele disse, só foram realizados por meio de simulações de computadores. Era um detalhe importante a ser apresentado, uma vez que enriquecer

[7] ALBRIGHT, David. **Peddling Peril:** how the secret nuclear trade arms America's enemies. New York: Free Press, 2010, p. 192.

urânio sem notificar a AIEA teria violado o acordo de salvaguardas iraniano. Mas Heinonen não estava comprando a história. A ideia de que o Irã gastou US$ 300 milhões para construir uma usina de enriquecimento de urânio sem antes testar as cascatas com gás real para certificar-se de que o processo de enriquecimento funcionava forçava os limites da imaginação.

Da usina-piloto, os inspetores em seguida foram levados a uma sala de exposições onde os iranianos cuidadosamente organizaram, como em um projeto de ciências de alta tecnologia, todos os componentes individuais de uma centrífuga IR-1, bem como um par delas totalmente montadas. Aghazadeh disse aos inspetores que o Irã produziu as IR-1s a partir de um projeto que eles mesmos desenvolveram. Mas quando Heinonen deu uma olhada mais de perto, ele notou que elas lembravam o projeto de uma Urenco de primeira geração que o consórcio havia feito na Europa anos antes. Ele não sabia ainda que o Irã havia de fato comprado um projeto roubado de A. Q. Khan, mas já suspeitava das histórias que Aghazadeh vinha desenrolando.

Depois que eles terminaram de examinar a sala de exposições, os inspetores foram guiados pelo túnel em forma de U que Corey Hinderstein tinha visto em imagens de satélite, para lhes serem mostrados os dois salões cavernosos enterrados a 23 metros no subsolo. O Irã não pretendia começar a encher as salas com centrífugas até 2005, mas, com 32 mil metros quadrados cada um, esperava-se que elas fossem capazes de armazenar cerca de 47 mil centrífugas quando preenchidas.[8] Por enquanto, no entanto, elas eram conchas vazias.

Durante a visita, as interações entre os inspetores e os oficiais iranianos foram cordiais. Mas as coisas ficaram tensas quando a caravana retornou a Teerã na parte da tarde e Heinonen pediu a seus anfitriões que mostrassem seu depósito secreto de urânio. Aghazadeh foi pego de surpresa pela pergunta e alegou ignorância. Heinonen, no entanto, viera armado com inteligência de fontes

[8] ALBRIGHT, David; HINDERSTEIN, Corey. The Iranian Gas Centrifuge Uranium Enrichment Plant at Natanz: Drawing from Commercial Satellite Images. **ISIS**, Mar. 14, 2003, disponível em <isis-online.org/publications/iran/natanz03_02.html>. (Nota dos tradutores: no caso de eventual indisponibilidade, a página pode ser encontrada também em <web.archive.org/web/20151023101318/http://isis-online.org/publications/iran/natanz03_02.html>. Recomenda-se ao leitor que utilize <web.archive.org> sempre que precisar buscar alguma página que já tenha sido removida). Veja também IAEA BOARD OF GOVERNORS. Implementation of the NPT Safeguards Agreement in the Islamic Republic of Iran (relatório, 06 de junho de 2003), p. 6.

governamentais ocidentais indicando que o Irã havia importado secretamente, em 1991, urânio da China, incluindo hexafluoreto de urânio.[9] Ele sacou uma carta de oficiais chineses confirmando a transação. Quando os iranianos posteriormente produziram o urânio, dizendo que haviam esquecido que o possuíam, Heinonen e seus colegas notaram que os contêineres estavam mais leves do que o esperado e que uma parte do hexafluoreto de urânio gasoso parecia faltar. Os iranianos disseram que devia ter evaporado através vazamentos nos contêineres, mas Heinonen suspeitava que havia sido usado secretamente para testar as centrífugas.

Foi quando Heinonen insistiu também em ver a fábrica de relógios Kalaye Electric. Em sua conferência de imprensa, em agosto, o NCRI tinha identificado Kala Electric, uma grafia ligeiramente diferente, como uma das empresas de fachada que o Irã vinha usando para seu programa nuclear secreto. O NCRI não tinha dito qual papel a empresa desempenhava no programa, mas, pouco antes dos inspetores da AIEA chegarem no Irã para visitar Natanz, o NCRI convenientemente anunciou que as instalações de Kalaye foram utilizadas para pesquisa e desenvolvimento das centrífugas. Isso, mais o urânio não revelado, deu a Heinonen a munição de que ele precisava para insistir em uma visita de última hora à fábrica.

Os iranianos relutantemente mostraram-lhes o escritório da Kalaye, uma estrutura praticamente vazia, mas insistiram que eles não conseguiam encontrar as chaves para abrir a fábrica. Os inspetores deixariam o Irã no dia seguinte, então eles extraíram uma promessa para verem a fábrica em sua próxima visita. Infelizmente, no época em que retornaram ao Irã, mais de um mês depois, os iranianos já tinham tido tempo de sobra para fazer uma limpeza. Os inspetores notaram sinais óbvios de paredes recém-pintadas em um dos prédios da fábrica, bem como portas substituídas e ladrilhos recentemente instalados. Suspeitando que os iranianos escondiam alguma coisa, os inspetores pediram para coletar amostras ambientais do prédio para buscar por traços de urânio.[10]

Amostragem ambiental era algo que a AIEA acrescentou ao seu repertório após seu fracasso em detectar o programa nuclear ilícito do Iraque. Inspetores utilizavam quadrados especiais de algodão e cotonetes para coletar poeira das

---

[9] O urânio em questão incluía hexafluoreto de urânio, tetrafluoreto de urânio e óxido de urânio.

[10] Satélites dos EUA capturaram imagens de caminhões visitando o local, sugerindo que o Irã teria eliminado evidências antes da chegada dos inspetores. Veja FRANTZ; COLLINS. **Nuclear Jihadist**, p. 293.

paredes e superfícies que poderiam ser testadas para detectar partículas de urânio do tamanho de um picograma, determinar o tipo de urânio que estava presente e até mesmo avaliar se ele havia sido enriquecido e em que nível.[11] Entretanto, os iranianos se recusaram a deixá-los coletar quaisquer amostras.

Meses mais tarde, quando eles foram autorizados a recolher amostras na fábrica, bem como na usina-piloto de enriquecimento de urânio em Natanz, foram descobertas partículas de urânio, de baixo e alto enriquecimento, que não estavam na lista de materiais declarados do Irã.[12] Confrontadas com evidências da fraude, as autoridades finalmente admitiram que enriqueceram gás de urânio em Kalaye, uma violação do acordo de salvaguarda do Irã com a AIEA. Porém, disseram que o gás foi enriquecido apenas para testar as centrífugas e que o enriquecimento foi somente em 1,2%. No entanto, isso não combinava com as partículas que a AIEA havia coletado, que variavam de 36% a 70% de enriquecimento.[13]

O urânio no seu estado natural contém menos do que 1% de U-235, o isótopo necessário para reatores e bombas. A maioria dos reatores nucleares precisa de urânio enriquecido a apenas 3% a 5%. Urânio altamente enriquecido está a 20% ou mais. Embora 20% de enriquecimento seja útil para dispositivos nucleares rudimentares, e para alguns tipos de reatores nucleares, urânio em nível bélico está enriquecido a 90% ou mais.

As autoridades iranianas insistiram que as partículas de urânio altamente enriquecido deviam ter vindo como resíduo dentro das centrífugas de segunda mão que o Irã havia comprado – admitindo assim que o projeto da centrífuga não era mesmo deles, ao contrário do que haviam dito, e que alguma outra nação os estava ajudando a construir seu programa. De repente, a preocupação com o programa nuclear cresceu.

As amostras ambientais não eram prova de que o Irã trabalhava em um programa secreto de armas nucleares, mas eram indícios de que os inspetores teriam muito trabalho à frente para tentar descobrir o escopo do programa nuclear do

---

[11] AIEA. Tools for Nuclear Inspection. Panfleto de duas páginas publicado pela Divisão de Informação Pública da agência, que descreve o processo de amostragem ambiental. Disponível em <iaea.org/sites/default/files/inspectors.pdf>.

[12] IAEA BOARD OF GOVERNORS. Implementation of the NPT Safeguards Agreement in the Islamic Republic of Iran (relatório, 10 de novembro de 2003), p. 6-7.

[13] SQUASSONI, Sharon. Iran's Nuclear Program: Recent Developments (relatório do CRS – *Congressional Research Service* – para o Congresso, em 23 de novembro de 2005), p. 3.

Irã. Elas também indicavam que nada que autoridades iranianas dissessem era confiável. Foi o início de uma longa e exaustiva dança que ocuparia a AIEA pelo resto da década, à medida que os inspetores tentavam juntar as peças do histórico das ambições nucleares do Irã e avaliar a sua capacitação para armas nucleares.

Quando a AIEA estava dando os primeiros passos nessa dança, o NCRI anunciou em maio de 2003 que dispunha de evidências de mais instalações nucleares secretas no Irã, incluindo uma em um vilarejo chamado Lashkar Ab'ad. O Irã admitiu que teve uma usina-piloto lá para a realização de experiências de enriquecimento por laser – outro método de enriquecer urânio.[14] E dois meses mais tarde o NCRI anunciou a existência de mais duas instalações nucleares, incluindo uma em um distrito de armazéns nos arredores de Teerã, que foi cercado por sucatas de automóveis para disfarçar. O NCRI disse que era uma usina de enriquecimento piloto secreta, que o Irã estabeleceu após a visita que a AIEA fizera a Natanz em fevereiro, para que os técnicos pudessem conduzir experimentos de enriquecimento em segredo, longe dos olhos curiosos dos inspetores.[15]

Com tantas revelações públicas em sequência, ficou claro que alguém estava tentando manter aceso o fogo sob as autoridades iranianas. Mas as revelações também mantiveram os inspetores da AIEA ocupados, uma vez que agora eles tinham que adicionar mais instalações à sua lista de locais para monitorar. Além de Bushehr e duas instalações de reatores que já estavam na lista, a AIEA acrescentou as fábricas de enriquecimento piloto e a comercial de Natanz, o reator que estava sendo planejado para Arak e a fábrica de conversão de urânio em Esfahan, a cerca de 160 quilômetros ao sudoeste de Natanz, onde o Irã planejava converter urânio em gás para ser enriquecido em Natanz.

ENQUANTO ERAM LEVANTADAS questões sobre seu programa nuclear, o Irã desafiadoramente seguia em frente com seus planos de enriquecimento de urânio. Em junho, trabalhadores em Natanz começaram a alimentar o primeiro lote de gás de hexafluoreto de urânio em dez centrífugas na usina-piloto, o que desencadeou mais alarmes. Ministros das Relações Externas do EU3 – França,

---

[14] O ISIS mantém uma página abrangente que detalha a atividade de enriquecimento a laser conduzida pelo Irã. Está disponível em <isisnucleariran.org/sites/by-type/category/laser-enrichment>.

[15] A informação vem da transcrição de um anúncio feito pelo porta-voz da NCRI, Alireza Jafarzadeh. **Iran-Nuclear:** Iranian Regime's New Nuclear Sites, disponível em <ncr-iran.org/en/news/nuclear/568-iran-nuclear-iranian-regimes-new-nuclear-sites>.

Alemanha e Reino Unido – intimaram o Irã a suspender suas atividades de enriquecimento até que a AIEA pudesse aprender mais sobre seu programa nuclear. Uma rodada de negociações seguiu até o Irã concordar, em outubro, em suspender temporariamente suas atividades de enriquecimento. Também concordou em produzir um histórico detalhado de seu programa nuclear para remover "quaisquer ambiguidades e dúvidas sobre o seu caráter exclusivamente pacífico"[16]. O Irã ficou preso até certo ponto a este último acordo, mas quando as autoridades entregaram o seu histórico detalhado à AIEA reconhecendo que o programa de centrífugas estava em desenvolvimento intermitente por 18 anos, eles deixaram de fora vários detalhes.[17] A AIEA só sabia disso porque, enquanto tentava extrair informações das autoridades iranianas, ela também começava a descobrir mais sobre o programa nuclear secreto por meio da CIA.

Alguns anos antes, a CIA se infiltrou na rede de abastecimento nuclear de A. Q. Khan, conseguindo a fidelidade de alguns de seus fornecedores-chave da Europa e transformando-os em informantes. Por meio deles a CIA descobriu que Khan tinha vendido ao Irã os projetos para a centrífuga P-1 do Paquistão – os projetos roubados da Urenco – e tinha também vendido protótipos da centrífuga mais avançada, a P-2, para a Líbia. Se Khan vendeu o projeto P-2 para a Líbia, pensou Heinonen, ele deve ter vendido para o Irã também. O Irã mencionou a centrífuga avançada em seu histórico detalhado, mas se o país de fato possuísse as centrífugas, então era possível que o programa de enriquecimento de urânio do Irã estivesse muito mais adiantado do que Heinonen suspeitava. A AIEA pressionou o Irã a confessar que estava produzindo centrífugas P-2, e as autoridades admitiram que tinham de fato recebido um projeto para a centrífuga P-2 em 1996. Os trabalhadores tentaram desenvolver as centrífugas a partir do projeto por volta de 2002, disseram as autoridades, mas abandonaram o projeto pouco depois, após encontrarem problemas para fazer os rotores da centrífuga. As autoridades iranianas insistiram junto à AIEA que eles não estavam tentando esconder o seu trabalho nas P-2s, mas que simplesmente tinham planejado divulgá-lo posteriormente.

---

[16] Reza Aghazadeh, vice-presidente do Irã, em uma carta para a AIEA em 21 de outubro de 2003, como citado no documento do Comitê da AIEA, "Implementation of the NPT Safeguards Agreement in the Islamic Republic of Iran" (relatório, 10 de novembro de 2003), p. 4.

[17] Ibid., p. 8.

As coisas pioraram nos poucos meses que se seguiram, após surgirem questões sobre uma outra instalação secreta no Irã, esta agora em um prédio no Centro de Pesquisas Físicas em Teerã.[18] Quando os inspetores tiveram acesso ao local para examiná-lo, o edifício havia sido demolido e os escombros e o solo superior tinham sido transportados para longe, frustrando esforços para coletar amostras ambientais para testes.[19] Em abril, o Irã anunciou planos de começar testes em Esfahan para converter minério de urânio moído, ou "bolo amarelo" (*yellowcake*), em hexafluoreto de urânio gasoso. O EU3 considerou isso uma violação do acordo de suspensão temporária com que o Irã havia se comprometido, dado que a conversão do minério em gás era uma atividade precursora do procedimento de enriquecimento, mas decidiu não insistir no assunto, temendo que o Irã pudesse cancelar completamente o já delicado acordo de suspensão.

Então, em maio, a AIEA foi subitamente presenteada com um grande lote de documentos, de proveniência misteriosa, que intensificou ainda mais as preocupações sobre o programa nuclear iraniano.

Tudo começou quando Heinonen recebeu um telefonema de uma mulher com um sotaque americano que disse se chamar Jackie. Ele suspeitava que ela era da CIA, mas não perguntou. Ela sabia detalhes sobre sua investigação a respeito do programa nuclear iraniano e disse que possuía informações que seriam de seu interesse. Heinonen desconfiou que pudesse estar sendo manipulado pela CIA, mas concordou em conhecê-la em um Starbucks.[20]

Quando chegou ao café, uma jovem asiática o esperava para conversarem. Ela lhe disse que poderia marcar um encontro dele com dois dos informantes da

---

[18] O NCRI havia denunciado o local em 2003, mas disse na época que ele estava sendo usado para um programa de armas biológicas. Informações obtidas pela AIEA, pelo ISIS e outros em 2004, no entanto, sugeriam que ele estava sendo utilizado para atividades nucleares, o que levou a AIEA a solicitar uma inspeção.

[19] O Irã alegou que o local foi demolido no começo de dezembro de 2003 devido a uma disputa de terras entre o Ministério da Defesa e a cidade de Teerã. O local foi demolido para devolver o terreno à cidade. Veja ISIS. **The Physics Research Center and Iran's Parallel Military Nuclear Program**, Feb. 23, 2012, disponível em <isis-online.org/uploads/isis-reports/documents/PHRC_report_23February2012.pdf>.

[20] Informações a respeito do encontro e sobre os documentos vieram de uma entrevista da autora com Heinonen, em dezembro de 2011. Veja também COLLINS, Catherine; FRANTZ, Douglas. **Fallout:** the true story of the CIA's secret war on nuclear trafficking. New York: Free Press, 2011, p. 112; e FOLLATH, Erich; STARK, Holger. The Birth of a Bomb: A History of Iran's Nuclear Ambitions. **Der Spiegel**, June 17, 2010.

CIA que estiveram dentro da rede de fornecedores nucleares de Khan e que poderiam informá-lo sobre as negociações de Khan com o Irã. Ela também disse que possuía uma coleção secreta de documentos sobre o programa nuclear do Irã que ela desejava lhe mostrar. Os documentos vieram de um negociante de Teerã que havia trabalhado para o governo nas indústrias de aço e concreto – atividades que o levaram a Natanz e Esfahan e o colocaram em contato com as pessoas por trás do programa nuclear do Irã. De alguma forma, ele ganhou acesso a um conjunto enorme de documentos altamente sensíveis a respeito do programa nuclear e os vinha passando para a agência de inteligência da Alemanha, a BND. "Dolphin", como a BND o apelidou, planejava utilizar os documentos como ingresso de entrada para um asilo no Ocidente, para ele e sua família. Mas antes que ele pudesse executar seu plano, agentes da inteligência iraniana o prenderam. No entanto, sua esposa e filhos conseguiram fugir através da fronteira para a Turquia, levando os documentos com eles.

Quando Heinonen leu os documentos, não pôde acreditar no que via. O arquivo Dolphin expunha de maneira muito concisa uma série de projetos que supostamente compunham o programa secreto de armas nucleares do Irã. Eles incluíam ambiciosos planos do país para fazer seu próprio combustível nuclear por mineração de urânio bruto de uma mina no sul do Irã para, em seguida, processá-lo e produzir o urânio concentrado (ou "yellowcake") e, finalmente, converter o *yellowcake* em tetrafluoreto de urânio e gás hexafluoreto de urânio. O tetrafluoreto de urânio pode ser utilizado para produzir urânio metálico, que pode ser usado para aplicações pacíficas, mas também para bombas.[21]

Nada disso isoladamente era evidência de um programa de armas nucleares. Mas os documentos mais alarmantes do arquivo Dolphin eram aqueles que descreviam testes de precisão para detonar materiais altamente explosivos. Havia também desenhos e instruções para a construção de um veículo de reentrada para a frota iraniana de mísseis Shahab-3 que continham um objeto pesado, de forma arredondada, semelhante a uma ogiva nuclear, bem como um vídeo de três minutos que mostrava uma explosão simulada de uma ogiva a seiscentos metros

---

[21] Armas nucleares são criadas por meio da modelagem de urânio metálico em dois hemisférios e embutindo-os em um dispositivo equipado com detonadores. Os detonadores são preparados para explodir uniforme e simultaneamente, de modo a fazer com que as duas esferas se esmaguem violentamente, uma contra a outra, e produzam uma reação em cadeia.

de altura, editado com a trilha sonora brega de Vangelis para o filme "Carruagens de Fogo".[22] A detonação em tão grande altitude não fazia sentido para liberar um produto químico ou arma biológica, Heinonen pensou, de modo que a ogiva devia estar sendo projetada para uma arma nuclear.[23]

Seriam os documentos autênticos? Heinonen não podia ter certeza, mas eles corroboravam outras informações que a AIEA vinha recebendo dos estados-membros a respeito das atividades do Irã. Se ele estivesse correto em sua interpretação dos documentos, então eles eram a mais condenável prova até então de que o Irã, de fato, trabalhava em um programa de armas nucleares.

A AIEA mais tarde confrontou as autoridades iranianas a respeito dos documentos e exigiu uma explicação, mas as autoridades disseram que os documentos descreviam testes de explosivos que podiam ser tão aplicáveis para ogivas convencionais como nucleares e negaram a existência do projeto de tetrafluoreto. Eles acusaram a AIEA de fabricar os documentos para obter aprovação às sanções contra o Irã e para construir um caso para justificar um ataque aéreo dos EUA e de Israel contra Natanz.[24]

Justamente quando parecia que a tensão acerca de seu programa nuclear não podia ficar pior, o Irã concordou novamente, no final de 2004, em suspender os seus planos de conversão de urânio em Esfahan, bem como todas as suas outras atividades de enriquecimento, e se comprometeu a negociações formais sobre seu programa nuclear. No entanto, o acordo de suspensão não durou muito tempo. Em junho de 2005, Mahmoud Ahmadinejad, o prefeito de Teerã, foi eleito presidente do Irã, e o apoio do governo para a suspensão e as negociações começou a ruir. O programa nuclear do Irã estava se tornando uma questão de orgulho

---

[22] O Irã desenvolveu o míssil, que tinha alcance de cerca de 1.450 quilômetros, em 1998 e conduziu testes em maio de 2002. O Irã também estava desenvolvendo um míssil com alcance de cerca de 2.000 quilômetros.

[23] Follath e Stark, "The Birth of a Bomb".

[24] ElBaradei se opôs à liberação pública dos documentos, já que a AIEA não pôde verificar a sua autenticidade, e as lembranças de que os Estados Unidos utilizaram documentos desacreditados para apoiar a invasão ao Iraque ainda estavam frescas em sua mente. A AIEA, no entanto, pressionou o Irã repetidamente nos anos subsequentes a respeito dos programas descritos nos documentos, mas em alguns casos nenhuma resposta foi fornecida e em outros vieram incompletas. Algumas das informações nos documentos encontraram posteriormente caminho até o ISIS. Veja ALBRIGHT, David; SHIRE, Jacqueline; BRANNAN, Paul. **May 26, 2008 IAEA Safeguards Report on Iran:** Centrifuge Operation Improving and Cooperation Lacking on Weaponization Issues. May 29, 2008, disponível em <isis-online.org/uploads/isis-reports/documents/ISIS_Iran_IAEA_Report_29May2008.pdf>.

nacional, e os conservadores no governo começavam a ver a suspensão e as negociações como uma capitulação fraca frente ao Ocidente. Não importava o que eles fizessem para apaziguar o Ocidente, nada seria suficiente, segundo eles, porque o objetivo real de Israel e dos Estados Unidos era derrubar o regime iraniano.

À medida que a guerra no Iraque se arrastava e os Estados Unidos perdiam a superioridade, os líderes iranianos tornavam-se mais ousados em suas provocações. Em agosto de 2005, apenas dois meses após a eleição de Ahmadinejad, as discussões internacionais sobre o programa chegaram a um impasse, e o Irã anunciou que estava revogando o acordo de suspensão.[25] O Irã não perdeu tempo ao remover os selos que a AIEA havia colocado nos equipamentos da fábrica de Esfahan durante a suspensão e prosseguiu com seus planos para converter o óxido de urânio em gás hexafluoreto de urânio. As condições iam de mal a pior em dezembro, quando Ahmadinejad incendiou a discussão ao declarar publicamente que o Holocausto era um mito.[26]

As coisas estavam ficando fora de controle. Os vizinhos do Irã no Oriente Médio estavam tão assustados com a crescente tensão entre o Irã e Israel que o Ministro da Saúde do Kuwait decidiu instalar 15 sistemas de detecção de radiação em todo o país e em locais de fronteira para garantir um alerta precoce de qualquer atividade nuclear na região.[27] Esforços para medir quão perto o Irã estava de ser capaz de construir uma bomba, no entanto, foram ineficazes. Ninguém tinha uma visão clara do seu programa secreto. Mas o Irã realmente não precisava produzir uma arma nuclear para ser uma ameaça. Tudo o que tinha a fazer era dominar o processo de enriquecimento e produzir quantidade suficiente de urânio pouco enriquecido para fabricar uma bomba, se assim desejasse. Uma vez alcançado esse ponto de ruptura, o Irã poderia ficar naquele limiar indefinidamente – mantendo durante todo o tempo a verdade de que não possuía armas nucleares – até o dia em que decidisse converter urânio enriquecido em material

---

[25] Mohamed ElBaradei forneceu uma boa descrição dos bastidores das negociações em seu livro de memórias e explica por que o Irã se sentiu enganado por eles e compelido a rejeitá-las. **The Age of Deception:** nuclear diplomacy in treacherous times. New York: Metropolitan Books, 2011, p. 141-147.

[26] VICK, Karl. Iran's President Calls Holocaust 'Myth' in Latest Assault on Jews. **Washington Post**, Dec. 15, 2005.

[27] "06Kuwait71, Kuwait's Country Wide Radiation Monitoring System", telegrama enviado da embaixada dos Estados Unidos no Kuwait para o Departamento de Estado em Washington, DC, janeiro de 2006. Publicado pelo Wikileaks em <wikileaks.org/plusd/cables/06KUWAIT71.html>.

bélico e construir uma bomba. As estimativas sobre quanto tempo o Irã levaria para alcançar esse nível variavam. A estimativa da Inteligência Nacional dos Estados Unidos (*National Intelligence Estimate*) de 2005 concluiu que o Irã estaria a algo entre seis a dez anos de ter material suficiente para produzir uma bomba. Mas Israel estava menos otimista. Oficiais de lá estimavam menos de cinco anos.[28]

O enriquecimento de urânio é um dos processos mais difíceis de se dominar na fabricação de armas nucleares. É um empreendimento delicado, na melhor das circunstâncias, permeado por tentativas e erros, e o Irã possuía pouca experiência. Adicione a isso as dificuldades envolvidas na fabricação de centrífugas viáveis, e era fácil ver por que o programa iraniano levou tanto tempo para chegar ao ponto em que estava. Na verdade, parecia que os técnicos de Natanz ainda tinham problemas com suas centrífugas, como Ariel Levite, vice-diretor geral da Comissão de Energia Atômica de Israel, disse aos Estados Unidos no início de 2006. Mais tarde seria revelado que alguns dos problemas ocorreram por conta de sabotagem dos componentes que o Irã havia adquirido da Turquia.[29]

Independentemente dos obstáculos, no início de 2006 o Irã retomou o enriquecimento na usina-piloto em Natanz. A medida forçou as autoridades israelenses a revisar suas estimativas anteriores, dizendo agora que o Irã estava a apenas entre dois a quatro anos da capacidade de produzir armas nucleares.[30] Eles alertaram os Estados Unidos que não deveria ser permitido ao Irã dominar seu processo de enriquecimento ou seria "o princípio do fim". Com isso ocorrendo, o Irã seria capaz de enriquecer urânio em instalações secretas em qualquer lugar do país.[31] Fábricas de centrifugação, ao contrário de outras partes do ciclo do

---

[28] A avaliação vinha de Ariel (Eli) Levite, vice-diretor geral da Comissão de Energia Atômica de Israel, em um telegrama enviado pela embaixada em Tel Aviv, em setembro de 2005, publicado no WikiLeaks em <wikileaks.org/cable/2005/09/05TELAVIV5705.html>.

[29] "06TelAviv293, Iran: Congressman Ackerman's January 5 Meeting at", telegrama da embaixada dos Estados Unidos em Tel Aviv, janeiro de 2006. Publicado pelo WikiLeaks em <wikileaks.org/cable/2006/01/06TELAVIV293.html>. Veja o Capítulo 11 deste livro para uma explicação dos problemas.

[30] Confidencialmente, Israel e Rússia disseram aos Estados Unidos que ambos acreditavam que o Irã poderia na verdade vencer suas dificuldades para o enriquecimento dentro de seis meses. Veja o documento "06Cairo601, Iran; Centrifuge Briefing to Egyptian MFA", telegrama do Departamento de Estado dos Estados Unidos, fevereiro de 2006, publicado pelo WikiLeaks em <wikileaks.org/cable/2006/02/06CAIRO601.html>.

[31] Documento "06TelAviv688, Iran-IAEA: Israeli Atomic Energy Commission", telegrama do Departamento de Estado dos Estados Unidos, fevereiro de 2006, publicado pelo WikiLeaks em <wikileaks.org/cable/2006/02/06TELAVIV688.html>.

combustível, não exigiam instalações especiais para operar. Assim, uma vez que os técnicos resolvessem todas as dificuldades com o processo, eles poderiam esconder as cascatas de centrífugas em qualquer lugar que quisessem - até mesmo em edifícios de escritórios adaptados. "Sabemos que o Irã está movimentando elementos de seu programa agora mesmo", Gideon Frank, diretor-geral da Comissão de Energia Atômica de Israel, alertou as autoridades norte-americanas no início de 2006.[32] Fábricas capazes de produzir peças para centrífugas já estavam "em todo lugar", disse ele, e outras partes do programa nuclear eram alojadas dentro de instalações militares pesadamente fortificadas, onde os inspetores da AIEA não seriam capazes de examiná-las, e em instalações subterrâneas, onde ataques aéreos provavelmente não seriam eficazes.

Então, em maio, as autoridades iranianas anunciaram que técnicos na usina-piloto de enriquecimento de urânio em Natanz haviam conseguido enriquecer seu primeiro lote de urânio a 3,5%, usando uma cascata completa de 164 centrífugas. Isso foi seguido por outro anúncio de que os técnicos finalmente começariam a instalar as primeiras das três mil centrífugas em um dos grandes salões subterrâneos. Parecia que o Irã tinha finalmente vencido as suas dificuldades e que nada exceto um ataque aéreo poderia pará-los agora.

A AIEA, temendo que sua habilidade de monitorar o programa nuclear do Irã estivesse rapidamente em declínio, declarou que o Irã estava em descumprimento com seu acordo de salvaguardas, após anos de pressão por parte dos Estados Unidos. O Conselho de Segurança da ONU adotou uma resolução, em julho de 2006, exigindo que o Irã suspendesse seu enriquecimento até o final de agosto ou que então enfrentasse sanções. Ahmadinejad recusou. "Aqueles que pensam que podem usar a linguagem das ameaças e da força contra o Irã estão enganados", disse ele. "Se eles não perceberem isso agora, um dia aprenderão da maneira mais difícil"[33].

As agências de inteligência ocidentais repentinamente notaram um aumento nos esforços iranianos para adquirir secretamente componentes para centrífugas, na Europa e em outros lugares, usando uma rede de empresas de fachada

---

[32] Ibid.

[33] Iran Defiant on Nuclear Deadline. **BBC News**, Aug. 1, 2006, disponível em <news.bbc.co.uk/2/hi/5236010.stm>.

nacionais e estrangeiras.[34] Eles estavam tentando "comprar como loucos", lembra David Albright, do ISIS. Procuravam por válvulas, tubulações e equipamentos de vácuo, bem como por componentes que poderiam ser utilizados para o desenvolvimento de mísseis.[35]

Começaram a surgir rumores sobre planos para um ataque aéreo, mas, privadamente, a Secretária de Estado, Condoleezza Rice, disse a ElBaradei, da AIEA, que ela não achava que chegaria a isso. O Irã, disse ela, certamente "se curvaria". Mas o Irã não estava se curvando.

No final de 2006, sem nenhuma escolha além de seguir com sua ameaça, o Conselho de Segurança da ONU aprovou uma resolução aplicando sanções contra o Irã, proibindo o fornecimento de materiais e tecnologia que pudessem ser utilizados para o desenvolvimento nuclear. Meses depois, votou em mais sanções para congelar os bens de indivíduos e organizações por supostamente estarem envolvidos com o programa nuclear.[36] Ainda assim, o Irã permaneceu implacável.

Em fevereiro de 2007, autoridades iranianas anunciaram à AIEA que os técnicos em Natanz já começavam a instalar as primeiras centrífugas em uma das salas subterrâneas. Levou mais de uma década para o Irã chegar a esse ponto, mas tinha por fim superado todos os obstáculos – tecnológicos e humanos – que estiveram em seu caminho. Sem nada para detê-los, os técnicos instalaram duas cascatas em uma das salas subterrâneas ao fim do mês, e outras duas estavam nas fases finais de instalação. Eles também transferiram nove toneladas de gás de hexafluoreto de urânio para o salão para começar o enriquecimento.[37]

---

[34] Documento "07Berlin1450, Treasury Under Secretary Levey Discusses Next", telegrama da embaixada dos Estados Unidos em Berlim, julho de 2007, publicado pelo WikiLeaks em <wikileaks.org/cable/2007/07/07BERLIN1450.html>. O telegrama menciona que pelo menos trinta empresas de fachada iranianas foram estabelecidas para os contratos. Também obtido por entrevista com David Albright em janeiro de 2012.

[35] ALBRIGHT, David. **Peddling Peril**, p. 200-1.

[36] O Conselho de Segurança aplicou sanções econômicas contra o Irã em dezembro de 2006 e em março de 2007 votou unanimemente pelo congelamento de ativos financeiros de 28 iranianos envolvidos com programas nucleares e militares.

[37] Justamente quando as questões com o Irã estavam em seu ponto mais tenso, a Coreia do Norte testou um dispositivo nuclear. A deterioração da situação nuclear em várias frentes fez com que o *Bulletin Of Atomic Scientists*, em 17 de janeiro de 2007, movesse o ponteiro de seu famoso "Relógio do Juízo Final" dois minutos mais próximo da meia-noite. Em vez de sete minutos para o dia do juízo final, agora eram cinco. (Nota dos tradutores: o leitor é convidado a visitar <thebulletin.org> e selecionar a opção "Doomsday clock". Na época da tradução, ao final de 2016, ele apontava três minutos para a meia-noite.)

Até junho de 2007, 1.400 centrífugas foram instaladas em Natanz e enriqueciam urânio. Todas as centrífugas eram IR-1s, mas os técnicos já começavam a produzir centrífugas IR-2, a centrífuga mais avançada baseada no projeto P-2 do Paquistão. O Irã havia reavivado a produção das IR-2s após a falha inicial em produzir rotores para as centrífugas.[38] O Irã estava também desenvolvendo as ainda mais avançadas centrífugas IR-4.[39]

A tensão entre os Estados Unidos e Israel se inflamou. Israel acusou os Estados Unidos de não se mover em relação ao programa do Irã e de colocar demasiada confiança nas sanções e nos esforços diplomáticos. O primeiro-ministro israelense Ehud Olmert alertou em um discurso público que, se o programa do Irã não fosse interrompido, Israel agiria por conta própria. "Qualquer um que nos ameace, que ameace a nossa existência, deve saber que temos a determinação e a capacidade de nos defender", disse ele. "Temos o direito à plena liberdade de ação para agir em defesa dos nossos interesses vitais. Não hesitaremos em usá-lo".[40]

Mas em dezembro de 2007 algo aconteceu para dar uma sacudida não somente nos esforços diplomáticos dos Estados Unidos, como também nos planos de ataque de Israel. A Estimativa da Inteligência Nacional (NIE, de *National Intelligence Estimate*) saiu com uma surpreendente conclusão sobre o programa nuclear iraniano. Ela afirmava com "alta confiabilidade" que o Irã possuía um programa de armas nucleares, mas que o suspendera por volta do outono de 2003, após a invasão liderada pelos EUA ao Iraque. Isso sugeria que o Irã estaria "menos determinado a desenvolver armas nucleares" do que se acreditava anteriormente. As NIEs, coordenadas pelo Gabinete do Diretor de Inteligência Nacional, baseiam-se em informações obtidas pela rede de inteligência dos EUA e de outros países. Mas esta parecia contradizer o que o Almirante Mike McConnell, diretor nacional de inteligência, havia dito a um comitê do Senado apenas alguns meses antes. "Nós avaliamos que Teerã busca desenvolver armas nucleares e que tem mostrado maior interesse em abandonar as negociações em vez de buscar

---

[38] Devido aos controles de exportação e outras dificuldades para produzir os rotores a partir de aço maraging, da forma como o projeto da centrífuga exigia, o Irã abandonou a produção das IR-2s em 2002. Mas os cientistas iranianos modificaram o projeto para usar um rotor de fibra de carbono no lugar do original, e em algum momento após 2004 a produção foi reiniciada.

[39] COLLINS; FRANTZ. **Fallout**, p. 259.

[40] "Prime Minister Ehud Olmert's Address at the 2007 Herzliya Conference", Jan. 24, 2007. Uma tradução para o inglês está disponível em <pmo.gov.il/English/MediaCenter/Speeches/Pages/speechher240107.aspx>.

uma solução diplomática aceitável", disse ele ao Comitê de Serviços Armados do Senado em fevereiro.[41]

Embora o relatório NIE tenha também apontado que o Irã poderia reverter a decisão de interromper seu programa de armas em um dado momento, e uma versão confidencial dele discutisse evidências que não foram abordadas na versão pública - de que o Irã ainda teria mais que uma dúzia de instalações nucleares secretas fazendo enriquecimento ilícito e desenvolvendo armas -, o relatório ameaçou enfraquecer o caso para as sanções contra o Irã e para uma ação militar.[42] O Secretário de Defesa dos Estados Unidos, Robert Gates, que se opôs a um ataque aéreo, questionou a conclusão do relatório. Durante uma audiência no Congresso para discutir o assunto, ele advertiu que o Irã estaria envolvido em aquisições suspeitas que sugeriam que seus planos nucleares seriam muito mais organizados e direcionados do que a NIE sugeriu. Gates não era o único que não concordava com a conclusão da NIE. Reservadamente, autoridades alemãs disseram aos Estados Unidos que a sua própria inteligência indicara que o Irã ainda possuía um programa de armas, e autoridades de Israel também afirmaram que tinham informações indicando que, embora o Irã tivesse suspendido seu programa de armas em 2003, o reviveu em 2005.[43]

---

[41] McConnell Fears Iran Nukes by 2015. **Washington Times**, Feb. 27, 2007.

[42] O New York Times escreveu: "raramente, se é que ocorreu alguma vez, um relatório de inteligência alterou tão completa, tão repentina e tão surpreendentemente o debate sobre política externa". O jornal apontou que o relatório "certamente enfraqueceria o apoio a sanções mais fortes contra o Irã ( ) e levantaria questões, novamente, sobre a integridade das combalidas agências de inteligência americanas". MYERS, Steven Lee. An Assessment Jars a Foreign Policy Debate About Iran. **New York Times**, Dec. 4, 2007.

[43] O vice-conselheiro de segurança nacional da Alemanha Rolf Nikel disse às autoridades dos Estados Unidos, no início de 2008, que o relatório da NIE complicou os esforços para convencer a população e as companhias alemãs de que as sanções contra o Irã eram merecidas. Telegrama do Departamento de Estado dos Estados Unidos, de fevereiro de 2008, publicado pelo WikiLeaks em <wikileaks.org/cable/2008/02/08BERLIN180.html>. Sobre os comentários de Israel, de acordo com o telegrama do Departamento de Estado dos Estados Unidos publicado pelo WikiLeaks em maio de 2009, o chefe das forças de defesa de Israel (IDF) Major General Amos Yadlin fez os comentários para o Congressita Robert Wexler. A NIE teve outras repercussões. Um comerciante alemão-iraniano chamado Mohsen Vanaki foi a julgamento na Alemanha por contrabando de equipamento de uso misto para o Irã. Ele foi acusado em junho de 2008 sob a lei de Controle de Armas de Guerra e de Comércio Exterior. Mas ele afirmou, em sua defesa, que não poderia fornecer equipamento para o programa de armas nucleares do Irã porque o NIE disse que o Irã não possuía tal programa. Todas as acusações contra ele foram retiradas, em grande parte por causa do relatório NIE de 2007. No entanto, a promotoria apelou e em 2009 a liberação das acusações foi anulada e ele foi posteriormente condenado, em grande parte por conta da inteligência da BND sobre aquisições suspeitas feitas por entidades associadas a militares do Irã.

Ao final de 2007, o Irã possuía três mil centrífugas instaladas em Natanz e planejava dobrar esse número no próximo ano. Especialistas estimavam que três mil centrífugas P-1 já poderiam produzir urânio de baixo enriquecimento para uma bomba em menos de um ano, se o Irã decidisse enriquecê-lo ainda mais.[44]

Parecia não haver nada que alguém pudesse fazer para deter o programa de enriquecimento sem o risco de uma guerra.

Ou havia?

Enquanto as tensões sobre o programa de enriquecimento se aproximavam de um ponto de ruptura, um plano alternativo estava sendo secretamente colocado em andamento. Enquanto técnicos iranianos se congratulavam pelos progressos feitos em Natanz e faziam preparativos para expandir a operação, uma arma digital era silenciosamente liberada nos computadores da usina com uma missão clara embutida em seu código. Com centenas de centrífugas girando rapidamente em sua mira, a arma de precisão, furtiva e decisivamente, se encaminhava para seu alvo.

---

[44] INTERNATIONAL INSTITUTE FOR STRATEGIC STUDIES. **Iran's Strategic Weapons Programmes:** a net assessment. London: Routledge, 2005, p. 33.

Capítulo 6

Em Busca de *Zero Days*

Era uma sexta-feira à noite no final de agosto, e Liam O'Murchu estava comemorando seu trigésimo terceiro aniversário em um lounge em uma cobertura em Venice, na Califórnia. Ele alugou uma parte do bar em forma de U no topo do hotel Erwin com vista para o Oceano Pacífico e consumia cerveja e coquetéis com sua namorada, irmã e cunhado que vieram da Irlanda, e uma dúzia de bons amigos. Como estavam no sul da Califórnia, uma equipe de TV de um *reality show* estava filmando um casal sentado próximo, com movimentos desajeitados de um encontro "privado".

O grupo de O'Murchu já estava no bar há três horas quando Eric Chien apareceu por volta das nove da noite. Sua cabeça não estava para festa, contudo. Ele estava ansioso para mostrar ao seu amigo e colega um e-mail que havia aparecido em uma lista de segurança mais cedo naquele dia. Mas ele estava relutante em falar, até porque sabia que, quando O'Murchu visse, ele não seria capaz de esquecê-lo. "Eu vou te mostrar uma coisa", Chien disse. "Mas não vamos falar sobre isso o resto da noite, ok?". O'Murchu concordou.

Chien pegou seu BlackBerry e mostrou o e-mail – uma nota de um pesquisador de outra empresa de antivírus insinuando que poderia haver *exploits zero-day* adicionais escondidos no Stuxnet. O'Murchu olhou para Chien. Eles estavam trabalhando no Stuxnet por semanas fazendo a engenharia reversa de seus componentes e tinham visto algumas pistas que sugeriam a existência de outro *zero-day*, mas eles não tiveram tempo para se aprofundar nisso. As pistas eram da porção míssil, responsável por espalhar o Stuxnet, mas eles tinham focado na carga, parte do código que afetava o software Siemens e os PLCs.

O e-mail foi vago em detalhes, e não ficou claro a partir da mensagem se o outro pesquisador tinha realmente encontrado mais *zero days* no Stuxnet ou simplesmente tinha visto as mesmas pistas. De qualquer forma, o espírito competitivo de O'Murchu acendeu. "É isso aí", ele disse a Chien. "Eu não vou beber mais esta noite". Na manhã seguinte, um sábado, O'Murchu estava de volta ao escritório vasculhando o Stuxnet.

O escritório estava deserto, por isso O'Murchu trabalhava sem distrações. A equipe da Symantec já havia mapeado a maior parte da porção míssil do Stuxnet antes de passar para a carga, de modo que agora era apenas uma questão de vasculhar o código cuidadosamente atrás de sinais de um *exploit*. Isso não era tão simples quanto parecia. *Exploits zero-day* não eram o tipo de coisa que você encontra apenas abrindo um arquivo mal-intencionado e olhando para o código. Você tem que acompanhar cada referência no código feita para o sistema operacional ou outros aplicativos de software na máquina para detectar eventuais formas suspeitas de interação. Ele forçava um pedido para fazer algo que não deveria? Pulava barreiras de segurança ou ignorava privilégios de sistema? A porção míssil, usando engenharia reversa, consistia em milhares de linhas de código, cada uma das quais tendo que ser examinadas em busca de qualquer comportamento suspeito.

A estrutura do Stuxnet não era linear, ou seja, rastrear o que ele estava fazendo era duplamente difícil. Os comandos se alternavam, e O'Murchu tinha que seguir seus movimentos a cada passo.

Após cerca de uma hora, no entanto, ele tinha certeza que havia encontrado um segundo *exploit*. Ele explorou o arquivo em busca de qualquer sinal de que a vulnerabilidade que ele atacava já tinha sido explorada antes, mas não o encontrou. Em seguida, ele testou o *exploit* em uma máquina com o software mais recente do Windows instalado, para ter certeza de que ele não estava cometendo um erro. Definitivamente, o Stuxnet utilizava uma vulnerabilidade *zero-day* em um arquivo de teclado do Windows para obter privilégios na máquina.

As vulnerabilidades *zero-day* eram mercadorias valiosas e usar duas delas de uma só vez em um único ataque, e arriscar que elas fossem descobertas, parecia um estranho desperdício de recursos, O'Murchu pensou. Mas ele não parou para refletir sobre isso. Ele simplesmente documentou suas descobertas e voltou sua atenção para o código.

Horas mais tarde, ele pensou ter encontrado ainda outro *exploit* – sinais de que o Stuxnet utilizava uma vulnerabilidade na função do *spooler* de impressão do Windows para se espalhar entre máquinas que compartilhavam uma impressora. Mais uma vez, ele a testou em uma máquina e procurou o arquivo para qualquer evidência de que ela havia sido explorada antes, mas não encontrou nenhuma. A sensação que fazia seu cabelo ficar em pé semanas atrás estava começando a voltar. Ele documentou suas descobertas e se voltou para o código para continuar à procura de mais.

No meio da tarde, quando Chien entrou no escritório para vê-lo, O'Murchu estava com olheiras e precisava de uma pausa. Ele entregou suas descobertas para Chien, que continuou trabalhando no código até de noite. Eles trabalharam nisso um pouco mais no domingo e até o final do fim de semana eles descobriram surpreendentes três *zero days*. Estes, mais o *exploit* .LNK já detectado, totalizavam quatro *exploits zero-day* em um único ataque[1].

Isso era uma loucura, eles pensaram. Um *zero day* era o suficiente. Dois era um exagero. Mas quatro? Quem fez isso? E por quê? Você só estava desperdiçando valiosos *zero days*. Um *exploit zero-day* poderia ser vendido por US$ 50.000 ou mais no mercado negro, até mesmo o dobro desse montante no fechado mercado cinza que vende *exploits zero-day* a exércitos cibernéticos governamentais e espiões. Ou os atacantes possuíam um suprimento ilimitado de *zero days* à sua disposição e não se importavam em utilizar um punhado ou mais, ou eles realmente estavam desesperados e tinham uma boa razão para carregar seu código malicioso com poder suficiente para ter certeza de que atingiu o seu alvo. Chien e O'Murchu suspeitavam que ambas as possibilidades poderiam ser verdade.

Chien contatou a Microsoft para relatar os novos *exploits zero-day* que encontraram, mas descobriu que a Kaspersky Lab na Rússia já os tinha superado. Logo após a notícia de que o Stuxnet fora decifrado, a Kaspersky montou uma equipe de dez analistas para examinar a porção míssil do código e em poucos dias tinham encontrado um segundo *exploit zero-day*, seguido pelo terceiro e pelo quarto uma semana depois. Na época, eles relataram as vulnerabilidades à Microsoft, que agora estava trabalhando em *patches* para corrigi-las. Contudo, conforme as regras, não podiam divulgar ao público até que a Microsoft corrigisse os buracos do software[2].

---

[1] O quarto *exploit* que descobriram atacava uma vulnerabilidade no planejador de tarefas do Windows. Esta vulnerabilidade e os *exploits* de teclado do Windows foram usados para o Stuxnet obter privilégios maiores. Se a conta de usuário em uma máquina tivesse privilégios limitados que impedissem o Stuxnet de se instalar ou executar outras funções, os dois *exploits* escalavam estes para privilégios de nível de sistema ou "administrativos" que davam permissão ao Stuxnet para fazer o que ele queria sem exibir quaisquer avisos ou solicitação de aprovação de um administrador real.

[2] A Microsoft e a Kaspersky Lab começaram a publicar informações sobre as outras três vulnerabilidades de *zero-day* em meados de setembro.

Os quatro *exploits zero-day* no Stuxnet eram notáveis, mas este não foi o fim da história. Durante a maratona de Chien e O'Murchu no fim de semana com o código, eles também descobriram quatro maneiras adicionais de propagação do Stuxnet, sem o uso de vulnerabilidades *zero-day*, totalizando oito diferentes métodos de propagação. O código de ataque possuía um canivete suíço virtual de ferramentas para abrir caminho em um sistema e se propagar.

A mais importante delas envolvia infectar os arquivos de projeto do Step 7 que os programadores usavam para programar PLCs e sequestrar um nome de usuário (winccconnect) e senha (2WSXcder) que a Siemens embutiu no código do seu programa Step 7[3]. O sistema usava nome e senha para ter acesso automático a um banco de dados de *back-end*, onde ocorria a injeção de código. O banco de dados é um sistema compartilhado que todos os programadores que trabalham em um projeto Step 7 podem usar. O Stuxnet, então, infectaria a máquina de qualquer programador que acessasse o banco de dados. Ambos os métodos de infecção aumentavam a probabilidade de que o Stuxnet pudesse chegar a um PLC da próxima vez que o programador ligasse o seu laptop ou usasse um *pen drive*. Os atacantes usaram uma vulnerabilidade em um recurso obscuro do sistema Step 7 para infectar os arquivos de projeto, indicando que seu profundo conhecimento do sistema era algo que poucos possuíam – mais um sinal da grande habilidade dedicada ao ataque[4].

Além desses mecanismos de propagação, o Stuxnet tinha um componente P2P (*peer-to-peer*) que lhe permitia atualizar versões antigas de si mesmo quando novas atualizações fossem liberadas. Isso permitia atualizar o Stuxnet remotamente em computadores que não estavam conectados diretamente à internet, porém estavam

---

[3] Uma senha codificada é aquela que o fabricante do software incorpora em seu código para que o sistema possa fazer certas coisas automaticamente, sem que o usuário precise inserir uma senha. Muitas vezes essas senhas não podem ser alteradas sem criar problemas para o sistema. Entretanto, as senhas codificadas são um risco à segurança, pois todos os sistemas acabam tendo a mesma senha, e alguém pode descobri-la simplesmente efetuando a leitura do código.

[4] Chien e O'Murchu aprenderam sobre a natureza obscura da vulnerabilidade no sistema Step 7 depois de consultarem especialistas em sistemas de controle como Eric Byres, da Tofino Security, que conhecia profundamente o software Siemens. A vulnerabilidade estava associada ao fato de que os arquivos foram projetados para que os programadores pudessem adicionar mais do que dados simples em arquivos de projeto da Siemens. Na verdade, não se tratava de uma vulnerabilidade em si, mas uma característica, uma vez que a Siemens intencionalmente incluiu isso no design de seus arquivos. No entanto, o Stuxnet explorou essa característica para inserir seu .DLL nos arquivos. Isso por si só não era suficiente para que o Stuxnet infectasse um sistema quando um arquivo de projeto fosse aberto. Para isso, ele também teve que modificar partes críticas do arquivo de projeto, incluindo dados de configuração, para certificar-se de que o .DLL seria carregado em todas as máquinas que abrissem o arquivo.

conectados a outras máquinas em uma rede local. Para espalhar uma atualização, o Stuxnet instalava um servidor de compartilhamento de arquivos e um cliente em cada máquina infectada, e as máquinas que estavam na mesma rede local poderiam, então, comparar suas versões; se uma máquina tivesse uma versão mais recente, atualizava as outras. Para atualizar todas as máquinas em uma rede local, os atacantes teriam só que apresentar uma atualização para uma delas, e as outras iriam recebê-la.

Ficou claro que todos os métodos utilizados para propagação do Stuxnet eram implacavelmente voltados para espalhar o código malicioso. No entanto, ao contrário dos *malwares* que usam e-mail ou sites maliciosos para se espalharem em milhares de máquinas, nenhum dos *exploits* do Stuxnet envolvia a internet[5]. Em vez disso, eles contavam com alguém carregando a infecção de uma máquina para outra através de um *pen drive* ou, uma vez em uma máquina, por meio da rede local. Com base nisso, parecia que os atacantes tinham como alvo sistemas que eles conheciam, que não estavam ligados à internet, e, dado o número sem precedentes de *exploits zero-day* que eles usaram para fazer isso, eles deviam estar mirando em um alvo de alta segurança, de valor alto.

Mas essa forma indireta de atingir o objetivo era um método confuso e impreciso de ataque. Era como infectar uma das esposas de Osama bin Laden com um vírus mortal na esperança de que ela o transmitisse para o ex-líder da Al-Qaeda. O vírus acabaria infectando outras pessoas ao longo do caminho, aumentando, assim, a probabilidade de exposição do plano. E, no final, isso foi exatamente o que ocorreu com o Stuxnet. Espalhou-se por tantas máquinas que era apenas uma questão de tempo para que algo desse errado e ele fosse pego.

---

[5] O sétimo método usado pelo Stuxnet para se espalhar era através de compartilhamentos de rede – infectando recursos e arquivos que eram compartilhados por vários computadores em uma rede local. O oitavo método envolvia um ataque que visava uma vulnerabilidade do Windows de dois anos que a Microsoft já havia corrigido. Era a mesma vulnerabilidade que o Conficker havia usado anteriormente, em novembro de 2008. A Microsoft corrigiu essa vulnerabilidade em outubro de 2008, depois que hackers na China a usaram para espalhar um cavalo de Troia. A Microsoft emitiu uma atualização fora do previsto – o que era raro na empresa, mas que foi realizada por se tratar de um problema sério de segurança – depois de perceber que o problema poderia ser facilmente usado para espalhar um *worm*. Infelizmente, os criadores do Conficker perceberam isso também e não perderam tempo, usando-o para espalhar seu *worm* no mês seguinte. Mesmo que a Microsoft tivesse lançado uma atualização antes daquele momento, a equipe da Conficker apostou no fato de que muitos usuários de computadores não mantêm seus sistemas atualizados, e acabaram ganharam a aposta. Estima-se que um terço das máquinas Windows permaneceu sem correção e, até abril de 2009, o Conficker havia infectado milhões delas. Quando o Stuxnet foi liberado dois meses mais tarde, desenvolvedores fizeram a mesma aposta, mas o Stuxnet só usou essa façanha para se espalhar sob certas condições; não era o principal método adotado para a sua propagação.

À medida que Chien avaliava a longa lista de métodos e *exploits* utilizados, ele percebia que a coleção estava longe de ser arbitrária. Cada um realizava uma tarefa diferente e superava obstáculos diferentes para que os atacantes atingissem o seu objetivo. Era como se alguém tivesse elaborado uma lista de compras de *exploits* necessários para o ataque - algo para conseguir privilégios, algo para se espalhar dentro da rede da vítima, algo para levar a carga útil até um PLC - e, em seguida, tivesse dado a alguém a tarefa de comprá-los ou construí-los. Era outra indicação de como planejamento e organização foram colocados nesse ataque.

De todos os métodos e *exploits* utilizados, no entanto, o mais crucial para o ataque foi o *exploit* .LNK e a infecção dos arquivos de projeto do Step 7, porque estes eram os que estavam mais propensos a levar o Stuxnet ao seu alvo final - os PLCs Siemens. Os programadores PLC frequentemente criavam seus comandos em estações de trabalho conectadas à internet, mas que não estavam ligadas à rede de produção ou aos PLCs em uma fábrica. Para transferir comandos a um PLC, alguém os transferia através de um laptop conectado diretamente a um PLC por meio de um cabo ou os levava em um *pen drive* a uma máquina de programação, chamada de Campo PG - um laptop Windows usado no controle de configurações industriais. O Campo PG não está ligado à internet, mas está ligado à rede de produção e aos PLCs. Infectando os arquivos de projeto do Step 7 e colocando no Stuxnet o poder de romper barreiras em um USB clandestino, os atacantes transformaram cada engenheiro em um potencial transportador de sua arma.

Uma vez que Chien e O'Murchu documentaram todos os *exploits* e vulnerabilidades usados para propagação pelo Stuxnet, eles perceberam que havia algo a mais. Alguns deles até já eram conhecidos. Embora a VirusBlokAda acreditasse que a vulnerabilidade .LNK nunca havia sido explorada antes, a Microsoft descobriu que um outro ataque tinha usado um *exploit* .LNK em novembro de 2008. Hackers criminosos o usaram para instalar uma variante do cavalo de Troia Zlob nas máquinas das vítimas[6]. Embora vários antivírus tivessem bloqueado o cavalo

[6] Zlob gerava janelas *pop-up* em máquinas infectadas que pareciam alertas legítimos da Microsoft, avisando os usuários que suas máquinas estavam infectadas e pedindo que clicassem em um link para fazer o *download* de um programa antivírus. O programa que era baixado, no entanto, era um *backdoor* malicioso que permitia ao invasor fazer várias coisas nas máquinas infectadas. O *exploit* .LNK era um ataque engenhoso, mas não foi muito útil para a gangue Zlob e outros cibercriminosos, cujo objetivo era infectar tantas máquinas quanto possível em um curto espaço de tempo. O *exploit* .LNK espalhava o *malware* lentamente, uma vez que era dependente da movimentação de *pen drives* que eram conduzidos pelos usuários de máquina a máquina. Para a gangue Zlob era melhor usar um *exploit* que pudesse infectar milhares de máquinas através da internet.

de Troia na época em que foi utilizado, eles falharam em detectar o *exploit zero--day* que veio com ele, deixando a vulnerabilidade aberta ao ataque pelo Stuxnet. O *exploit* do *spooler* de impressão também já havia feito uma aparição anterior – em uma revista de segurança polonesa em abril de 2009. A revista publicou um artigo sobre a vulnerabilidade, juntamente com o código-fonte e um *exploit* para atacá-lo[7]. Notícias dessa vulnerabilidade nunca chegaram ao conhecimento da Microsoft, portanto, a vulnerabilidade também se manteve sem correção. A senha embutida no código da Siemens também havia sido exposta antes, quando alguém a publicou em um fórum de usuários Siemens em abril de 2008[8].

Chien e O'Murchu se perguntavam se alguma equipe havia pesquisado fóruns hackers e sites de segurança para coleta de informações sobre vulnerabilidades e *exploits* a serem utilizados pelos atacantes do Stuxnet ou se eles simplesmente tinham comprado os *exploits* prontos.

Estranhamente, de todas as façanhas do Stuxnet, apenas o *exploit* do *spooler* de impressão apareceu na primeira versão do ataque, iniciada em 2009. O restante apareceu pela primeira vez no ataque de março de 2010, aquele que se espalhou totalmente fora de controle[9]. A versão 2009 do Stuxnet se espalhou através de *pen drives*, mas ele usava um truque que aproveitava o recurso *Autorun* do Windows para fazer isso[10]. Como observado anteriormente, o recurso *Autorun* poderia ser desabilitado para evitar códigos maliciosos. Então, quando a próxima versão do

---

[7] KOHLER, Carsten. Print Your Shell. **Hakin9**, Apr. 1, 2009.

[8] A senha foi publicada em abril de 2008, por alguém chamado "Cyber", depois que outro usuário reclamou que seu sistema Siemens tinha parado de funcionar após alterar a senha padrão codificada. Ele não conseguia lembrar a senha original para restaurá-lo, então "Cyber" a informou para ajudá-lo. As senhas foram subsequentemente excluídas do fórum Siemens depois que alguém puniu Cyber por publicá-las *on-line*. Mas as mesmas senhas também foram postadas em um fórum da Siemens em russo por alguém chamado "Cyber" e ainda estavam lá quando o Stuxnet foi descoberto, embora a página em questão agora já tenha sido movida ou excluída. O fórum em inglês onde a senha foi postada está disponível em <automation.siemens.com/forum/guests/PostShow.aspx?PostID=16127&16127&Language=en&PageIndex=3>.

[9] Em todas as três versões do Stuxnet – junho de 2009 e março e abril de 2010 – a única parte do ataque que mudou foi a porção míssil do código com os mecanismos de propagação; a carga útil que tinha como alvo os PLCs permaneceu a mesma.

[10] O truque de usar o *Autorun* não conta como uma vulnerabilidade *zero-day*, uma vez que é uma característica do sistema Windows que os invasores simplesmente descobriram ser vantajosa para espalhar seus *malwares*. Ver início do Capítulo 1, notas de rodapé 7 e 8, para uma discussão mais extensa sobre o *Autorun*.

Stuxnet foi lançada em março de 2010, os atacantes trocaram o código para o recurso *Autorun* e o substituíram com o *exploit zero-day* .LNK.

Os autores também acrescentaram uma outra característica importante para as versões 2010 do Stuxnet – o certificado RealTek, usado para assinar os *drivers*[11].

Ao olhar para as modificações feitas pelos atacantes de 2009 a 2010, Chien e O'Murchu verificaram que o ataque tinha sido deliberadamente alterado para se tornar mais agressivo ao longo do tempo, começando de modo conservador em 2009, em seguida ampliando-se em 2010 com a adição de mais mecanismos de propagação – talvez em uma tentativa desesperada de chegar ao seu destino mais rapidamente ou de alcançar máquinas diferentes das atingidas em seu primeiro ataque. O *exploit* .LNK utilizado em 2010, por exemplo, era um mecanismo muito mais eficiente do que o *Autorun* que eles tinham usado em 2009[12]. Mas enquanto isso aumentava a chance do Stuxnet atingir o seu objetivo, também aumentava o risco de que ele iria se espalhar para outras máquinas. De fato, com esse e outros *exploits* adicionados à versão de março de 2010, o código malicioso se propagou para mais de 100.000 máquinas dentro e fora do Irã[13]. Nenhuma dessas infecções colaterais ajudaram os atacantes a alcançar seu objetivo; elas só aumentaram a sua

---

[11] Os atacantes tiveram que adicionar o certificado à versão de 2010 do Stuxnet porque, no final de 2009, a Microsoft lançou uma nova versão do seu sistema operacional, o Windows 7, que, como mencionado anteriormente no Capítulo 1, incluía um novo recurso de segurança que impedia o uso de *drivers*, a menos que tivessem sido assinados digitalmente com um certificado válido.

[12] Como mencionado anteriormente, muitas empresas desativam o *Autorun* porque é um risco de segurança. O recurso .LNK não pode ser desativado da mesma maneira, e, como a vulnerabilidade afetava todas as versões do Windows desde o Windows 2000, mais máquinas se tornaram vulneráveis a ele.

[13] Há uma ressalva sobre a extensa disseminação da versão de 2010 em comparação com a versão de 2009. Chien e O'Murchu examinaram 3.280 cópias do Stuxnet coletadas em máquinas infectadas por várias empresas antivírus. A versão de junho de 2009 do Stuxnet representava apenas 2% desses; o resto se tratava das versões de março e abril de 2010. Presume-se que o número limitado de amostras de 2009 encontradas seja devido ao fato de que esta versão se espalhou menos e infectou menos máquinas fora do Irã, mas também pode ser que essa versão tenha sido substituída pela versão de março de 2010, quando foi lançada. Essa teoria é reforçada pelo fato de que toda vez que o Stuxnet encontrava uma máquina, ele olhava primeiro se já havia uma versão mais antiga na máquina e, se houvesse, a substituía pela nova versão. Isso poderia ter resultado em menos amostras de 2009 residentes nos computadores infectados quando os pesquisadores fizeram a busca. Outra possibilidade, entretanto, para o número limitado de cópias da versão de 2009 está associada às maneiras limitadas utilizadas por essa versão para se espalhar.

chance de serem pegos[14]. Eles deviam estar cientes do risco que estavam tomando ao superdimensionar o poder de propagação do Stuxnet. Mas, aparentemente, foi um risco que eles estavam dispostos a assumir.

Foi fácil, na verdade, para os pesquisadores rastrearem os caminhos exatos que o Stuxnet tomou durante sua propagação. Escondido dentro de cada cópia do Stuxnet, os pesquisadores descobriram uma pista que os ajudou a traçar a trajetória que o código malicioso tinha percorrido na tentativa de alcançar o seu objetivo – um pequeno arquivo de *log* contendo dados sobre cada máquina infectada. Conforme o *worm* ia abrindo seu caminho através de máquinas em busca de seu destino, ele registrava o endereço IP e o nome de domínio de cada uma de suas vítimas, bem como um *timestamp* (carimbo de tempo) de quando a infecção ocorreu com base no relógio interno da máquina. Ele armazenava os dados, de cerca de 100 *bytes* de tamanho, no arquivo de *log*, que crescia com o avanço do *worm* de máquina a máquina. Assim, cada cópia do Stuxnet coletada das máquinas infectadas continha uma história de cada computador que ele tinha infectado até aquele ponto, deixando um rastro digital e possibilitando que Chien e O'Murchu rastreassem as vítimas iniciais. O registro foi projetado para ajudar os **atacantes** a rastrearem o caminho percorrido pelo Stuxnet, mas eles provavelmente não imaginavam que outra pessoa poderia usá-lo para o mesmo fim[15].

Chien e O'Murchu examinaram 3.280 cópias do Stuxnet coletadas de máquinas infectadas por várias empresas de antivírus, e, com base nos dados dos arquivos de *log*, parecia que os atacantes tinham lançado sua ofensiva contra um grupo de cinco empresas no Irã, provavelmente escolhidas pela sua capacidade de fornecer uma porta de entrada para que o Stuxnet atingisse o seu objetivo. Cada

[14] O fato de o Stuxnet ter se espalhado por meio de *pen drives* e redes locais em vez da internet deveria ter feito com que não se espalhasse tão amplamente, mas não foi o que aconteceu. Isso provavelmente ocorreu porque algumas das empresas infectadas no Irã tinham escritórios-satélite fora do Irã ou contratados que tinham clientes em outros países, fazendo com que a infecção se espalhasse cada vez que eles ligavam um laptop infectado na rede de outro cliente ou quando usava um *pen drive* infectado em vários locais. Depois que o Stuxnet foi descoberto, os pesquisadores da Symantec examinaram seu arquivo para ver se havia cópias do Stuxnet que pudessem ter sido detectadas antes que o VirusBlokAda o descobrisse, em junho de 2010. A Symantec encontrou uma cópia da versão de março de 2010 do Stuxnet na máquina de um cliente na Austrália. Esse exemplar tinha sido sinalizado pelo seu sistema de relatórios no mês em que a versão do Stuxnet foi lançada. Isso mostrou até que ponto o *malware* viajou em um curto espaço de tempo e como era inevitável que ele fosse eventualmente pego.

[15] Os atacantes poderiam recuperar remotamente o *log* de um sistema infectado que entrasse em contato com seus servidores de comando.

empresa foi atingida por uma ou mais versões do código malicioso lançado em junho de 2009 e em março e abril de 2010. A Symantec contabilizou 12.000 infecções nessas cinco empresas. A partir dessas vítimas iniciais, o Stuxnet se espalhou para mais de 100.000 máquinas em mais de 100 países.

A Symantec nunca identificou publicamente as empresas, devido à sua política de não dar nome às vítimas, e só se referia a elas como Domínio A, B, C, D e E em documentos públicos. Mas os nomes das vítimas estão nos arquivos de *log* que podem ser vistos por outros. Eram estas: Foolad Technique, Behpajooh, Kala, Neda Industrial Group e uma empresa identificada como CGJ, podendo ser Control Gostar Jahed. Acredita-se que Kala referia-se a Kala Electric, ou Kalaye Electric, que o grupo de oposição iraniano, NCRI, havia mencionado na coletiva de imprensa de 2002 como uma empresa de fachada para o programa de enriquecimento de urânio do Irã.

Embora o ataque tenha atingido algumas das empresas várias vezes, nem sempre as mesmas máquinas eram atingidas toda vez, o que sugere que os atacantes podem ter ido à procura de máquinas mais bem posicionadas cada vez que o ataque era desencadeado ou atrás daquelas que ofereciam diferentes rotas para as metas, aumentando assim a probabilidade de sucesso. Apenas uma das empresas, Behpajooh, foi atingida em todos os três ataques, sugerindo que poderia fornecer a melhor rota para as máquinas visadas. Esta empresa também foi, no entanto, a vítima que causou o maior dano colateral. Foi o único alvo atingido no ataque de março de 2010, aquele que ficou fora de controle. Das 12.000 infecções que ocorreram com essas cinco empresas, 69% poderiam ser atribuídas a esta única vítima.

Capítulo 7

Dias de Pagamento do *Zero Day*

Os *exploits zero-day* do Stuxnet levantaram uma série de questões preocupantes sobre o crescente papel dos governos na secreta venda e no uso de tais *exploits* – questões que ainda deveriam ser consideradas pelo Congresso ou resolvidas em debate público, apesar da evidência de a prática estar criando perigosas vulnerabilidades para empresas, infraestruturas críticas, bem como para usuários de computadores pessoais.

Apesar de o mercado de vulnerabilidades do tipo *zero-day* e *exploits* já existir há mais de uma década, até há pouco tempo ele era bem pequeno e escondido no submundo fechado de hackers e criminosos. Nos últimos anos, entretanto, ele passou a ser comercial e explodiu quando o número de compradores e vendedores inflou, juntamente com os preços, e o comércio uma vez obscuro tornou-se legitimado com a entrada em campo de dólares do governo, criando um bazar não regulamentado de armas cibernéticas.

Um dos primeiros indícios da comercialização livre de *zero days* apareceu em dezembro de 2005, quando um vendedor chamado "fearwall" postou uma vulnerabilidade do tipo *zero-day* para venda no eBay e provocou temores de que legítimos pesquisadores de segurança e caçadores de *bugs* poderiam em breve seguir o caminho dos mercenários e vender suas habilidades e mercadorias para quem pagasse mais, em vez de entregar informações sobre brechas dos softwares aos fornecedores para serem corrigidas. Antes de colocar seu *zero day* do Windows Excel em leilão, "fearwall" revelou informações sobre a vulnerabilidade para a Microsoft, como era esperado de um pesquisador "responsável", mas a gigante do software não estava comprometida em corrigi-la, e a Microsoft não possuía um programa de recompensas na época que pagasse aos pesquisadores pelos *bugs* que eles revelassem. Então "fearwall" decidiu oferecer seu *bug* ao mercado aberto a fim de constranger a gigante do software e forçá-la a corrigir a falha mais rápido. O leilão alcançou apenas US$ 60,00 antes de o eBay removê-lo. Mas a venda abortada foi um prenúncio do que estava por vir.

Hoje os mercados de vulnerabilidades e *exploits zero-day* são inúmeros – desde o mercado branco dos programas de recompensa de *bugs* oferecidos pelos próprios fabricantes de software e pelos donos de websites, até os prósperos e ocultos mercados negros operados por hackers criminosos, passando pelo mercado cinza clandestino que alimenta a inesgotável demanda das agências de inteligência e de aplicação da lei ao redor do mundo.

Os programas de recompensa do mercado branco agora oferecidos pela Google, Microsoft e outras empresas pagam por informações sobre as falhas de segurança de seus softwares e tornaram as empresas mais ágeis na correção. Empresas de segurança terceirizadas, como a HP TippingPoint, também pagam pelos *zero days*, os quais elas usam para testar a segurança das redes de clientes e protegê-las contra ataques. A TippingPoint revela as vulnerabilidades de forma reservada aos fabricantes de software de forma que elas possam ser corrigidas, mas as correções podem levar semanas ou meses para serem produzidas, e durante esse tempo a TippingPoint obtém vantagem sobre seus concorrentes por ser capaz de proteger seus clientes de ataques que eles ainda não conhecem.

O próspero e oculto mercado negro que atende a bandidos e espiões corporativos vende não só vulnerabilidades e *exploits zero-day*, mas também as cargas principais para armar os *exploits* – cavalos de Troia, *kits* de espionagem e outras ferramentas maliciosas projetadas para furtar dados bancários e segredos de empresas ou para reunir exércitos de computadores zumbis em uma *botnet*. As vulnerabilidades vendidas nesse mercado chegam ao conhecimento do público e dos fornecedores apenas após os ataques serem descobertos, algo que pode levar anos para ocorrer, tal como evidenciado pelo tempo que levou para os pesquisadores descobrirem o *exploit* .LNK usado pelo Stuxnet e, anteriormente, pelo cavalo de Troia Zlob.

Mas as criminosas e clandestinas vendas – problemáticas como são – estão sendo rapidamente ofuscadas pelo mais novo mercado de vulnerabilidades e *exploits zero-day*, o qual os críticos preveem que em breve terá um efeito mais sério na segurança do que o mercado criminoso. Este é o próspero mercado cinza dos comerciantes de armas digitais - cujos clientes governamentais causaram a elevação dos preços de *zero days* e afastaram os vendedores dos programas de recompensa dos fornecedores, onde as falhas são corrigidas, aproximando-os de pessoas que só querem explorar essas vulnerabilidades.

O mercado é "cinza" apenas porque os compradores e vendedores são presumidamente boas pessoas, agindo no interesse da segurança pública e do país. Mas a ferramenta de segurança nacional de uns pode ser a ferramenta da opressão de outros, e não há garantia de que o governo que compra *zero days* não faça mau uso deles para espionar oponentes políticos e ativistas ou os passem para outros governos que o façam. Mesmo se uma agência governamental estiver usando um *zero day* para um propósito legítimo de segurança nacional, as vulnerabilidades vendidas no mercado cinza não são divulgadas aos fabricantes para correção, o que deixa todos aqueles que as desconhecem - incluindo outras agências governamentais e proprietários de infraestruturas críticas no país do próprio comprador - abertos a um ataque, caso oponentes estrangeiros ou hackers independentes descubram as mesmas falhas de segurança e as explorem.

A venda de *exploits* é legal e em grande parte não regulamentada. Ainda que os controles de exportação que administram a venda de softwares convencionais nos Estados Unidos possam também proibir a venda de *exploits* para países como Irã e Coreia do Norte, os *exploits* não vêm com avisos de direitos autorais identificando seus autores ou país de origem; assim, qualquer um que venda para esses mercados provavelmente não será pego.

O preço dos *zero days* varia muito, dependendo da raridade da vulnerabilidade - sistemas mais difíceis de quebrar produzem menos brechas - bem como do tempo e da dificuldade para encontrar uma brecha e desenvolver um *exploit* para ela, da onipresença do software explorado e da exclusividade da venda. Um *exploit* vendido exclusivamente para um cliente é naturalmente mais caro do que um vendido para muitos. *Exploits* que necessitam de mais de uma única vulnerabilidade para prover ao atacante um acesso do nível *root* a uma máquina também custam mais, assim como aqueles que evadem antivírus e outras proteções de segurança em um sistema sem produzir nenhum efeito colateral, tal como o travamento do navegador ou da máquina, ou que avise de alguma outra forma ao proprietário do computador que algo está errado.

Um *exploit zero-day* para o Adobe Reader pode variar de US$ 5.000,00 a US$ 30.000,00, enquanto um *exploit* para o Mac OS pode custar US$ 50.000,00. Entretanto, um *exploit* para Flash ou Windows pode saltar para US$ 100.000,00, ou mais, por causa da onipresença desses programas no mercado. Um *exploit* para o iOS da Apple também pode chegar a US$ 100.000,00, pois o iPhone é mais difícil de ser violado do que outros telefones móveis concorrentes. *Exploits* de navegadores que ataquem o Firefox, o Internet Explorer e o Chrome podem ser vendidos por qualquer valor a partir de US$ 60.000,00 até mais de US$ 200.000,00, dependendo de suas habilidades em contornar as proteções de segurança que os fabricantes tenham colocado no software.[1]

Qualquer que seja o preço no mercado cinza, no entanto, ele supera de longe, na maioria dos casos, o que um vendedor pode obter de um programa de recompensas do mercado branco. A Mozilla Foundation paga apenas US$ 3.000,00 por *bug* encontrado em seu navegador Firefox e em seu cliente de e-mails Thunderbird, por exemplo, enquanto a Microsoft, que vem sendo criticada há anos por não ter nenhum programa de recompensa por *bugs*, começou oferecendo apenas US$ 11.000,00 em 2013 por *bugs* encontrados na versão de pré-lançamento do seu novo navegador Internet Explorer 11. A empresa, no entanto, agora também oferece US$ 100.000,00 por vulnerabilidades que possam ajudar um atacante a contornar as proteções de segurança de seus softwares, mais um adicional de US$ 50.000,00 por uma solução para corrigi-las. O Google normalmente paga apenas US$ 500,00–US$ 20.000,00 por *bug* encontrado em seu navegador Chrome e em seus produtos web, tais como o Gmail e o YouTube, embora pague US$ 60.000,00 por alguns tipos de falhas encontradas no Chrome durante um concurso anual que patrocina. Entretanto, enquanto alguns fabricantes se esforçam para competir com o mercado negro, eles ainda não são páreos, na maioria dos casos, para o preço que alguns governos pagam no mercado cinza. E a Apple e a Adobe ainda

[1] Ver GREENBERG, Andy. Shopping for Zero-Days: A Price List for Hackers' Secret Software Exploits. **Forbes**, Mar. 23, 2012. As vulnerabilidades do tipo *zero-day* tornaram-se mais difíceis de encontrar nos últimos anos, visto que os fabricantes de alguns dos softwares mais visados adicionaram recursos para torná-los mais seguros. Google e outras empresas criaram em seus navegadores as chamadas *sandboxes*, por exemplo, que erguem uma barreira de proteção para conter o código malicioso e prevenir que ele se espalhe do navegador para o sistema operacional ou outras aplicações na máquina. Como resultado, *exploits* que permitem que um atacante escape de uma *sandbox* são valiosos.

não oferecem nenhum tipo de programa de recompensa que pague por *bugs* em softwares usados por milhões de pessoas.

O mercado cinza dos *zero days* existe há mais ou menos uma década, mas só recentemente ele emergiu na sua forma atual, robusta. Por muitos anos ele operava de forma *ad-hoc*, com vendas ocorrendo apenas discretamente e em particular entre empresas de segurança e pesquisadores e seus contatos no governo. Se alguém quisesse vender um *exploit*, mas não tivesse nenhum contato no governo, era difícil encontrar um comprador.

Começando em 2006, por exemplo, uma empresa de segurança vendeu diversos *exploits zero-day* a um contato em uma grande empresa de defesa dos EUA, de acordo com um ex-funcionário. Os *exploits zero-day*, que visavam falhas de segurança no Safari, Firefox e Internet Explorer, foram vendidos por aproximadamente US$ 100.000,00 cada. A empresa recebeu US$ 50.000,00 de entrada por cada venda que fez e US$ 10.000,00 por mês, após isso, até que o valor total fosse pago – os pagamentos foram parcelados para desencorajá-la de revender os *exploits* a outros compradores ou divulgá-los para os fabricantes.

Uma das primeiras pessoas a admitir abertamente vender *exploits* ao governo é o pesquisador de segurança Charlie Miller, um ex-hacker da NSA que foi recrutado pela agência de espionagem em 2000 após obter o título de PhD em matemática pela Universidade de Notre Dame. Miller trabalhou para a agência de inteligência por aproximadamente cinco anos, inicialmente decifrando códigos em nome da instituição antes de redirecionar suas habilidades para atacar computadores – fazendo varreduras de reconhecimento para mapear redes estrangeiras e conduzir "exploração de redes de computadores contra alvos estrangeiros", de acordo com o seu currículo público da NSA. A exploração de redes de computadores, ou CNE (*Computer Network Exploitations*), na linguagem dos espiões, significa atacar sistemas e redes para extrair dados e informações. Após deixar a NSA, Miller ganhou proeminência na comunidade de segurança por caçar *bugs* do tipo *zero-day* e criar *exploits*, nem todos vendidos ao governo. Ele foi o primeiro, com um colega, a quebrar a segurança do iPhone após sua estreia em 2007 e é tetracampeão do Pwn2Own, um concurso anual de hackers patrocinado pela HP TippingPoint, que paga aos competidores pelos *bugs* do tipo *zero-day* encontrados em alvos específicos de software.

Mas, em 2006, Miller estava trabalhando para uma pequena empresa de segurança, fazendo um pouco de caça a *bugs* paralelamente, quando vendeu um *exploit zero-day* a um contratante do governo por US$ 50.000,00. Ele vendeu o *exploit* a uma pessoa que ele conhecia dos seus dias de NSA, mas ele não tinha ideia para onde aquilo foi após a venda ou como foi usado. Os contratos que ele assinou para este e outros *exploits* que vendeu nunca estipularam o que o comprador poderia fazer com eles. "Eu não sei se ele fez algo de bom ou ruim com isso; eu só sei que ele trabalhava para o governo dos EUA", afirma Miller. "Eles estão comprando a propriedade intelectual, sabe? Eles podem fazer o que quiserem com isso".

Miller causou um alvoroço em 2007 quando publicou um artigo sobre o mercado de *zero days* e admitiu publicamente que vendeu *exploits* ao governo.[2] Ele escreveu o artigo para que as pessoas soubessem que a prática existia e para ajudar outros pesquisadores a navegar pelas armadilhas do comércio que ele havia experimentado. Na época, vender *exploits* era o segredinho sujo da indústria de segurança. Pesquisadores eventualmente discutiam a prática entre si, mas ninguém estava disposto a falar sobre isso abertamente. Miller logo entendeu o porquê. Colegas da comunidade de segurança o acusaram de colocar usuários em risco, e alguns pediram a revogação da sua certificação CISSP (*Certified Information Systems Security Professional*) por violar o código de ética da indústria. "Eu falei sobre isso... eu apanhei por isso. E eu não falo mais sobre isso", disse Miller[3].

Para ele, não fazia sentido entregar *bugs* de graça aos fabricantes - existiam na época apenas alguns programas de recompensa de fornecedores, e eles pagavam pouco por *bugs* e *exploits*. Ainda era uma época em que os fabricantes estavam menos propensos a agradecer aos pesquisadores por descobrir uma falha do que ameaçá-los com uma ação judicial ou processo criminal por penetrar em seu sistema ou software para descobri-la.

Miller abandonou o mercado de *zero days* anos atrás - ele agora trabalha na equipe de segurança do Twitter -, mas continua não vendo nada de errado em vender *zero days* para o governo e fica indignado quando as pessoas falam sobre a ética disso. "Ninguém fica bravo quando as empresas vendem ao governo armas

---

[2] MILLER, Charlie. The Legitimate Vulnerability Market: Inside the Secretive World of 0-Day Exploit Sales. **Independent Security Evaluators**, May 6, 2007, disponível em <weis2007.econinfosec.org/papers/29.pdf>.

[3] Entrevista da autora com Charlie Miller, em setembro de 2011.

e tanques", ele diz, ressaltando que, enquanto os pesquisadores dos EUA estão vendendo *zero days* para seu governo, hackers chineses e russos estão fazendo a mesma coisa para seus governos. Ele afirma que é melhor os EUA pagarem um preço alto pelos *exploits* do que permitir que eles caiam nas mãos de inimigos.

"Eu não acho que seja estremecedor que os pesquisadores possam vender *exploits* para o governo", Miller me contou, "mas eu penso que as pessoas deveriam... estar cientes de que isso acontece. Não vejo problemas em o governo fazer isto abertamente... eu não sei por que eles simplesmente não estabelecem um programa público [e dizem] 'encontre um *zero-day*, nós iremos comprá-lo'"[4].

Mas, nos anos subsequentes aos tempos de Miller na caça por *exploits*, a demanda do mercado cinza por *zero days* cresceu rapidamente, como evidenciado pelo fato de os *exploits*, que antes podiam levar meses para ser vendidos, agora o são em dias ou semanas. Um crescente ecossistema surgiu para atender à demanda – povoado por pequenas empresas, cujo principal negócio é a caça a *bugs*, bem como por grandes empreiteiras de defesa e agências de recrutamento que agora empregam equipes de hackers profissionais dedicados à tarefa de criar *exploits* para governos. Há também mais atravessadores dispostos a mediar vendas de *exploits* para vendedores independentes.

Um desses atravessadores é um pesquisador de segurança sul-africano baseado na Tailândia, conhecido na comunidade de segurança por seu apelido hacker "The Grugq". A corretora de The Grugq explora vendas entre seus amigos hackers e contatos do governo, embolsando uma comissão de 15% por transação. Ele só lançou seu negócio em 2011, mas em 2012 as vendas foram tão boas que ele disse a um repórter que esperava fazer US$ 1 milhão em comissões. Uma foto publicada dele, tirada em um bar de Bangkok, mostrava uma sacola de dinheiro aos seus pés, evidenciando o pagamento de um de seus vendedores, embora mais tarde ele tenha dito que a foto era apenas uma brincadeira.[5]

A maior parte dos *exploits* que ele vendeu foi para compradores governamentais nos EUA e Europa, disse à Forbes, pois eles estavam dispostos a pagar mais do que outros. Um *exploit* para Apple iOS que ele vendeu a um contratante do governo dos EUA saiu por US$ 250.000,00, embora mais tarde ele tenha concluído que havia pedido muito pouco, pois o comprador ficou demasiadamente

[4] Ibid.

[5] GREENBERG. Shopping for Zero-Days: A Price List for Hackers' Secret Software Exploits.

feliz com a venda. Ele atribuiu seu sucesso ao profissionalismo que aplicava ao comercializar os *exploits* e ao suporte que ele dava aos seus clientes. "Você está basicamente vendendo software comercial, como qualquer outra coisa", disse ele à Forbes. "Ele deve ser preciso e vir com documentação".

Entretanto, o comércio realmente grande de *exploits* atualmente não é feito por atravessadores e vendedores individuais como Miller e The Grugq, mas por firmas de segurança e empresas de defesa que transformaram o desenvolvimento e a venda de *exploits* para o governo em uma parte do novo complexo industrial militar.

Apesar de os governos ainda produzirem seus próprios *exploits* – a NSA emprega equipes para isso –, eles também terceirizam para outras empresas, pois a demanda por *exploits* cresceu, assim como o custo para produzi-los: dois ou três anos atrás, uma única vulnerabilidade era suficiente para obter acesso em nível de *root* a uma máquina. Mas hoje podem ser necessárias múltiplas destas para contornar as proteções de segurança e alcançar os mesmos resultados.

A maioria das empresas envolvidas no comércio é reservada sobre os seus trabalhos na área, não só porque é um assunto confidencial, mas porque elas não querem ser alvo de ativistas que se opõem ao trabalho ou de adversários que possam atacá-las para roubar seus *exploits*. Como *zero days* podem ser usados tanto para defender um sistema quanto para atacá-lo, muitas das empresas escondem suas atividades ofensivas atrás de um disfarce de trabalho defensivo. Empresas dos EUA como Endgame Systems, Harris, Raytheon, Northrop Grumman, SAIC, Booz Allen Hamilton e Lockheed Martin estiveram todas no jogo de *exploits*, em graus variados. Na Europa há as empresas *boutique* ReVuln, em Malta, que cria *exploits* para sistemas de controle industrial, e VUPEN, na França, que vende para agências de inteligência e de aplicação da lei. A Hacking Team na Itália e a Gamma Group no Reino Unido vendem para agências de inteligência e de aplicação da lei ferramentas de vigilância que usam *exploits zero-day* para serem instaladas.

A atividade com *zero-day* da Endgame Systems, uma empresa sediada em Atlanta, no estado da Georgia, era um segredo mal guardado dentro da comunidade de segurança há anos, mas não era amplamente conhecida fora da comunidade até 2011, quando o grupo de hackers chamado *Anonymous* invadiu os servidores pertencentes a outra empresa chamada HBGary Federal e copiou milhares de seus e-mails, incluindo correspondências com executivos da Endgame.

Os e-mails discutiam o trabalho da Endgame com *exploits*, bem como seus esforços "para manter-se bastante discretos", por conselho de seus clientes governamentais. Os e-mails, que incluíam apresentações em PowerPoint para potenciais clientes da Endgame, descreviam como missão da empresa aumentar a "capacidade das Operações de Informação das organizações militares e de inteligência dos EUA". O chefe do conselho diretor da Endgame é também o diretor executivo da In-Q-Tel, a empresa de capital de risco da CIA.

Publicamente, a Endgame oferecia serviços para proteger clientes contra vírus e *botnets*, enquanto vendia de forma reservada vulnerabilidades e pacotes de *exploits* contendo informações que poderiam "levar a uma inteligência possível de ser acionada para esforços de CNA". CNA, ou *Computer Network Attacks* (ataques a redes de computadores), é um termo militar para ataques que manipulam ou destroem dados ou sistemas, ou retardam ou interrompem a sua execução. A empresa foi lançada em 2008 e suas perspectivas de negócios eram tão otimistas que dois anos depois ela levantou US$ 30 milhões em capital de risco, seguido por US$ 23 milhões em uma rodada subsequente. Em 2011, o CEO da Endgame, Christopher Rouland, declarou a um jornal local de Atlanta que a receita da empresa estava "mais que dobrando a cada ano".[6]

Os e-mails roubados descreviam três pacotes diferentes oferecidos pela Endgame, chamados Maui, Cayman e Corsica. Por US$ 2,5 milhões ao ano, o pacote Maui fornecia aos clientes 25 *exploits zero-day*. O pacote Cayman, que custava US$ 1,5 milhão, fornecia informações sobre milhões de máquinas vulneráveis ao redor do mundo já infectadas com *worms* do tipo *botnet*, como o Conficker e outros *malwares*. Um exemplo de mapa nos e-mails mostrava a localização de computadores vulneráveis na Federação Russa e uma lista de sistemas infectados em escritórios governamentais importantes e infraestruturas críticas, incluindo o endereço IP de cada máquina e o sistema operacional que usavam. A lista mostrava 249 máquinas infectadas no Banco Central da Federação Russa e diversas máquinas no Ministério das Finanças, no *National Reserve Bank*, na usina nuclear de Novovoronezh e na refinaria de petróleo de Achinsk. A Endgame coletou em parte os dados através da criação de sorvedouros para se comunicar com as máquinas infectadas com o Conficker – quando o código malicioso

---

[6] LAYMAN, Tonya. Rouland's Tech Security Firm Growing Fast. **Atlanta Business Chronicle**, June 11, 2011.

contatava o sorvedouro, a Endgame coletava informações sobre a máquina. Um mapa similar da Venezuela mostrava a localização de servidores web naquele país e o software que rodava neles. Servidores web, se violados e mal configurados, podem frequentemente prover aos atacantes acesso a sistemas *back-end* e a bancos de dados. Os sistemas listados incluíam servidores da *Corporación Andina de Fomento* - um banco de desenvolvimento que proporcionava financiamentos a 18 países membros na América Latina, no Caribe e na Europa - bem como do escritório central do orçamento da Venezuela, do Gabinete da Presidência, do Ministério da Defesa e do Ministério de Relações Exteriores. Depois de ser atacada, a Endgame começou dizendo aos repórteres em 2012 que estava saindo do negócio de *exploits* e no início de 2014 fez um anúncio formal nesse sentido.

Enquanto a Endgame fazia esforços para ocultar o seu negócio de *exploits*, uma empresa que categoricamente faz alarde sobre o seu papel no comércio de *zero days* é a VUPEN Security, sediada em Montpellier, França. A VUPEN se intitula como uma empresa *boutique* de segurança, criando e vendendo *exploits* a agências de inteligência e de aplicação da lei para operações ofensivas de segurança cibernética e para missões legais de interceptação. Originalmente lançada em 2008 para proteger clientes governamentais de ataques *zero-day*, a empresa começou a criar *exploits* para operações ofensivas dois anos mais tarde. Em 2011, ela obteve US$ 1,2 milhão de receita, dos quais aproximadamente 90% vinham de vendas fora da França. Em 2013, ela anunciou que estava abrindo um escritório nos EUA.

O fundador e CEO da VUPEN, Chaouki Bekrar, é um tipo corajoso e atrevido que gosta de irritar críticos no Twitter que pensam que o fornecimento de *exploits* para governos é antiético. Frequentemente, ele também desafia seus concorrentes secretos a serem transparentes com relação aos seus próprios negócios de *zero days*. "Nós somos a única empresa no mundo que diz claramente que está fazendo esse tipo de coisa", ele diz. "Existem algumas empresas nos EUA ou na Europa, por exemplo, fazendo isso, mas elas o fazem de forma secreta. Entretanto, nós escolhemos fazer isso abertamente, só porque queremos ser muito transparentes".[7]

Enquanto a Endgame e outras empresas se esforçam para manter a discrição, Bekrar e seus pesquisadores viajam regularmente pelo circuito das conferências

---

[7] Esta e todas as citações de Bekrar neste capítulo são de uma entrevista com a autora em março de 2012, a não ser nos casos citados de forma diferente.

de segurança, participando de concursos como Pwn2Own, para incrementar o perfil da empresa. Em 2012, na CanSecWest (uma conferência anual de segurança de computadores no Canadá), onde é realizada a competição Pwn2Own, Bekrar e um time com quatro de seus pesquisadores conquistaram o primeiro lugar vestindo cascos pretos de moletom com capuz e com o nome da empresa nas costas.

Mas a transparência da VUPEN acaba por aqui. Bekrar não discute seu passado nem responde outras perguntas pessoais, desviando a atenção para sua empresa. "Sou apenas um ator. Quero falar sobre o filme", diz ele. Mas, quando se trata da empresa, ele é igualmente reservado – ele não diz quantos empregados tem, apenas que a empresa é pequena, nem revela seus sobrenomes.

Os pesquisadores da VUPEN dedicam todo o seu tempo a encontrar vulnerabilidades do tipo *zero-day* e desenvolver *exploits* – tanto para vulnerabilidades já conhecidas quanto para *zero days*. Bekrar não diz quantos *exploits* ele já vendeu desde quando iniciaram essa parte do negócio, mas diz que eles descobrem centenas de *zero days* por ano. "Temos *zero days* para tudo", diz ele. "Nós temos quase tudo para todos os sistemas operacionais, para todos os navegadores, para todas as aplicações, se quiser".

O quanto da ostentação de Bekrar é verdade e o quanto é marketing estratégico não está claro, mas, seja qual for o caso, sua tática parece estar funcionando. Em 2012, vários meses após seu time vencer o concurso Pwn2Own, a NSA contratou uma assinatura de um ano para o serviço de análise binária e *exploits*, ou *Binary Analysis and Exploits* (BAE), da VUPEN. O contrato, liberado sob uma solicitação de documentos públicos, estava fortemente censurado com diversas tarjas pretas e não revelava o preço pago pela assinatura. Mas uma empresa de consultoria de negócios, que nomeou VUPEN como a empresa empreendedora do ano em 2011, indicou que a assinatura gira em torno de US$ 100.000,00 ao ano. De acordo com o website da VUPEN, o serviço de BAE fornece "relatórios altamente técnicos para as vulnerabilidades mais críticas e significativas, a fim de entender as suas causas, as técnicas para explorá-las, mitigação e detecção de ataques, tanto com base em *exploits* quanto com base na vulnerabilidade".[8]

---

[8] De um comunicado à imprensa entitulado "VUPEN Gets Entrepreneurial Company of the Year Award in the Vulnerability Research Market", June 1, 2006.

A VUPEN também oferece um programa de proteção contra ameaças que provê uma pesquisa detalhada em vulnerabilidades exclusivas descobertas por seus pesquisadores a fim de permitir aos clientes "reduzir sua exposição a ataques do tipo *zero-day*", de acordo com um folheto da empresa que vazou para o WikiLeaks.[9] Ambos os programas são descritos como se fossem feitos para ajudar os clientes a se proteger defensivamente de ataques do tipo *zero-day* – *exploits zero-day* podem ser usados para testar um sistema em relação a sua vulnerabilidade a um ataque –, mas a informação fornecida neles também pode ser usada para atacar ofensivamente outros sistemas com falhas não corrigidas. O pacote de proteção contra ameaças da empresa ainda fornece aos clientes *exploits* prontos para atacar as vulnerabilidades reveladas. E a VUPEN possui um terceiro serviço para as agências de inteligência e de aplicação da lei, que é claramente projetado apenas para atacar, de forma encoberta, máquinas a fim de obter acesso remoto a elas. "As agências de aplicação da lei necessitam da mais avançada pesquisa sobre intrusão em TI e das ferramentas mais confiáveis de ataque para secretamente e de forma remota obter acesso aos sistemas computacionais", Bekrar descreve em seu folheto. "Usar vulnerabilidades de software não conhecidas e *exploits* que contornem os antivírus e as modernas proteções dos sistemas operacionais (...) podem ajudar os investigadores a alcançar essa tarefa com êxito".

O programa de intrusão é restrito à polícia e às agências de inteligência da OTAN (Organização do Tratado do Atlântico Norte), ANZUS (sigla em inglês para o tratado celebrado entre Austrália, Nova Zelândia e EUA formando uma aliança militar no Pacífico Sul) e ANSEA (Associação de Nações do Sudeste Asiático), bem como aos países parceiros dessas associações – o que Bekrar descreve como "um número limitado de países".

"Isso é muito delicado, queremos manter o número de clientes pequeno", ele diz. Mas a OTAN possui 28 países membros, incluindo Romênia e Turquia, e outros quarenta são considerados seus parceiros, incluindo Israel, Bielorrússia, Paquistão e Rússia. Entretanto, Bekrar insiste que a VUPEN não vende a todos eles só por estarem nessas listas.

A empresa vende *exploits* que atacam todos os principais produtos da Microsoft, Apple, Adobe e outros, bem como *exploits* e sistemas de servidores feitos por corporações como a Oracle. Mas os *exploits* de navegadores são os itens

---

[9] O folheto está disponível em <wikileaks.org/spyfiles/files/0/279_VUPEN-THREAD-EXPLOITS.pdf>.

mais cobiçados, e Bekrar afirma que eles possuem *exploits* para todas as marcas. A empresa vende somente *exploits* e o que Bekrar chama de cargas intermediárias, que permitem ao cliente penetrar em uma rede. É tarefa do cliente armar os *exploits* com a carga final.

Depois que o Stuxnet foi descoberto, a VUPEN também voltou suas atenções para sistemas de controle industrial, quando clientes começaram a perguntar a respeito de *exploits* para tais sistemas. Os *exploits* do Stuxnet, os quais ele disse que sua equipe analisou após o ataque ser exposto, eram admiráveis. "As vulnerabilidades em si eram bem legais, e o *exploit* para tirar vantagem delas eram mais legais ainda", ele diz. "Elas não eram muito fáceis de explorar...". Mas desenvolver seriamente ataques contra sistemas de controle industrial requer acesso a hardwares especiais e instalações para teste, e Bekrar afirma que "não temos essas coisas e não queremos ter essas coisas".

Os assinantes do seu serviço de *exploits* têm acesso a um portal, onde eles podem fazer compras em um catálogo de *zero days* existentes, ou fazer encomendas especiais de *exploits* para um sistema operacional ou uma aplicação específica. Os *exploits* são orçados em quatro níveis, de acordo com o folheto. Os assinantes compram um determinado número de créditos, que podem ser aplicados à compra de *exploits* no valor de 1, 2, 3 ou 4 créditos. Cada *exploit* vem com uma descrição do software que tem como alvo e uma indicação de quão confiável é o *exploit*. Os clientes também podem obter alertas em tempo real, a qualquer instante que uma nova vulnerabilidade for descoberta e um *exploit* estiver disponível. A VUPEN monitora os anúncios da Microsoft e de outros fabricantes para ver quando a vulnerabilidade atacada por um de seus *exploits* é descoberta ou corrigida e alerta aos clientes que a falha e o *exploit* foram descobertos – algumas vezes com um anúncio via Twitter.

Bekrar afirma que sua empresa não oferece exclusividade nos *exploits*, mas vende o mesmo *exploit* a múltiplos compradores. Quanto mais um *exploit* for usado, entretanto, maior é a probabilidade de ele ser pego, o que o tornaria menos atraente para uma agência como a NSA, onde a discrição e o sigilo são prioridades. Bekrar insiste que a VUPEN trabalha com apenas um número limitado de governos e diz que os clientes não usam os *exploits* "em operações de massa", então há "quase nenhuma chance" de eles serem amplamente implantados.

Bekrar, como Miller, tem pouca simpatia por pessoas que criticam a venda de *exploits* e disse no passado que os fabricantes de software criaram esse mercado governamental de *exploits* ao inicialmente se recusarem a pagar aos pesquisadores pelas vulnerabilidades que eles descobriam, em seguida se recusando a pagar altos preços, restando a eles poucas escolhas a não ser se voltar para outros compradores dispostos a compensá-los pelo seu trabalho. Ele também insiste, contudo, que não está no comércio de *exploits* pelo dinheiro. "Nós não somos homens de negócios, não nos importamos com as vendas. Nós nos preocupamos principalmente com a segurança, com a ética", disse ele.

No concurso Pwn2Own, quando o Google ofereceu pagar US$ 60.000,00 por um *exploit* e informações sobre a vulnerabilidade que a equipe VUPEN utilizou contra o navegador Chrome do Google, Bekrar se recusou a entregar a informação[10]. Ele brincou que poderia considerar se o Google oferecesse US$ 1 milhão. Entretanto, mais tarde, em particular, ele disse que, mesmo por US$ 1 milhão, ele não entregaria o *exploit*, preferindo mantê-lo para seus clientes. Perguntado se os clientes da VUPEN tinham aquela quantia para pagar por um *exploit*, ele riu e disse: "não, não, não, não. Nunca... eles não possuem esse dinheiro".

Mas ele insistiu que as suas razões para fornecer aos governos iam mais fundo que o dinheiro: "nós trabalhamos principalmente com governos que estão enfrentando problemas de segurança nacional (...) nós os ajudamos a proteger suas democracias e a proteger vidas (...). Isso é como qualquer método de vigilância. O governo precisa saber se algo de ruim está sendo preparado e saber o que as pessoas estão fazendo, para proteger a segurança nacional. Portanto, há muitas maneiras de usar os *exploits* para a segurança nacional e para salvar vidas".

Mas os críticos argumentam que empresas como a VUPEN não têm como saber onde seus *exploits* acabarão ou como serão utilizados, como, por exem-

[10] A VUPEN já tinha ganhado US$ 60.000,00 da HP TippingPoint pelo concurso, mas o Google estava oferecendo US$ 60.000,00 adicionais para obter informações sobre a falha a fim de repará-la. O concurso Pwn2Own geralmente exige que os concorrentes entreguem o *exploit* e as informações sobre a falha para que ela possa ser corrigida, mas não no caso de *exploits* que contornam a segurança da *sandbox* de um navegador, que era o que a VUPEN disse que o *exploit* fazia. Um funcionário do Google acusou a VUPEN de exibicionismo à custa dos usuários. "Nós estamos tentando obter informações de alguém para que possamos corrigir o problema... [Sem aquela informação] não se trata mais de proteger os usuários, é exibição. Isso é bom para inflar os egos, mas, fora isso, não torna a web mais segura", me disse um funcionário do Google.

plo, para a espionagem doméstica de cidadãos inocentes. Bekrar reconhece que o contrato com clientes da VUPEN não proíbe explicitamente um comprador governamental de utilizar os *exploits* da VUPEN para espionar seus cidadãos. "Mas nós dizemos que os *exploits* devem ser usados de forma ética", diz ele.

Bekrar diz que eles não podem escrever de forma mais específica no contrato, pois os acordos legais precisam ser genéricos para cobrir todos os possíveis casos de uso antiético. "Isso está claro para nós", disse ele. "Você deve utilizar os *exploits* respeitando a ética, respeitando as normas internacionais e as leis nacionais e você não pode usar os *exploits* em operações de massa". Mas a ética, é claro, está na mente de cada um, e Bekrar reconhece que ele não tem meios de controlar como os clientes interpretam as injunções éticas. "Minha única maneira, do meu lado, de controlar isso, é controlar para qual país eu vendo. E nós só vendemos para países democráticos".

Christopher Soghoian, da *American Civil Liberties Union*, é um dos maiores críticos da VUPEN. Ele chama vendedores de *exploits* como a VUPEN de "mercadores da morte modernos" e "caubóis", que caçam dólares do governo para fornecer ferramentas e munições que fazem a vigilância opressiva e a guerra cibernética possíveis – colocando todos em risco no processo[11]. Ele reconhece que os governos vão produzir e usar seus próprios *zero days* mesmo que vendidos ou não por empresas como a VUPEN, mas afirma que os vendedores do livre mercado são uma "bomba-relógio", pois não há controle sobre suas vendas.

"Assim que um desses *zero days* convertidos em arma e vendidos para governos for obtido por um 'cara mau' e usado para atacar infraestruturas críticas dos EUA, a merda vai bater no ventilador", disse Soghoian a uma plateia de profissionais da computação em uma conferência em 2011. "Não é uma questão de 'se', mas de 'quando'. (...) E se um policial mal remunerado e corrupto vender uma cópia de um desses *exploits* ao crime organizado ou aos terroristas? E se o grupo *Anonymous* invadir a rede de uma agência de aplicação da lei e roubar um desses *exploits*?"[12].

Em 2013, os primeiros passos foram dados para tentar regulamentar a venda de *zero days* e outras armas cibernéticas. A *Wassenaar Arrangement* – uma

---

[11] NARAINE, Ryan. 0-Day Exploit Middlemen Are Cowboys, Ticking Bomb. **ZDNet.com**, Feb. 16, 2012, disponível em <zdnet.com/article/0-day-exploit-middlemen-are-cowboys-ticking-bomb/10294>.
[12] Ibid.

organização para controle de armas composta por 41 países, incluindo os EUA, o Reino Unido, a Rússia e a Alemanha - anunciou que iria pela primeira vez classificar produtos de hardware e software que pudessem ser usados para invasão e vigilância e que "pudessem ser prejudiciais para a segurança e a estabilidade internacional e regional" como produtos de uso dual. A designação de uso dual é utilizada para restringir materiais e tecnologias (tal como o aço maraging usado em centrífugas) que possam ser usados para fins militares, bem como para fins pacíficos. Embora as declarações da organização não sejam juridicamente vinculativas, os estados membros devem implementar requisitos para licenças de exportação em seus países e cooperar uns com os outros no controle das vendas de produtos de uso dual[13]. A Alemanha, membro da Wassenaar, já possui uma lei que efetivamente proíbe a venda de *exploits*, bem como a prática de dá-los de graça, coisa que os pesquisadores de segurança fazem regularmente entre si para testar sistemas e melhorar a segurança. Os legisladores dos EUA com o Comitê de Serviços Armados do Senado apresentaram uma legislação em 2013 que convoca o presidente a estabelecer uma política "para controlar a proliferação de armas cibernéticas por meio de controles unilaterais e cooperativos de exportação, atividades de aplicação da lei, meios financeiros, ações diplomáticas e qualquer outro meio que o presidente considere apropriado". Mas não está claro exatamente como tais controles deveriam funcionar, uma vez que os *zero days* e outras armas digitais são muito mais difíceis de monitorar que as armas convencionais, e tais controles, que requerem licenças de exportação para vendas estrangeiras de *exploits* e a filtragem de compradores, podem aumentar o custo para vendedores legítimos, mas nem todos os vendedores estão interessados na legitimidade.

Além disso, esses tipos de controle são destinados a manter os *exploits* apenas fora das mãos de criminosos e malfeitores, como os terroristas. Eles não são em nada destinados a coibir o uso do governo para os propósitos de aplicação da lei ou segurança nacional. O próspero mercado cinza de *zero days* deixa claro que as agências de aplicação da lei e de espionagem estão ansiosas para colocar as mãos em *exploits* como os que o Stuxnet usou - e estão dispostos a pagar generosamente pelo privilégio. A demanda frenética por *zero days* só é provável que cresça e, com ela, o número de programas patrocinados pelos estados que os utilizam.

---

[13] The Wassenaar Arrangement on Export Controls for Conventional Arms and Dual-Use Goods and Technologies. Declaração Pública, Seção Plenária, 2013.

Capítulo 8

A Carga Útil

Nico Falliere estava debruçado sobre sua mesa no oitavo dos quarenta andares do Tour Egée, um edifício triangular de concreto e vidro no distrito empresarial de La Défense, em Paris. Lá fora, uma floresta sombria de torres de escritórios subia em frente a sua janela, obscurecendo a sua visão dos pombos e turistas de verão que caminhavam calmamente em direção aos degraus do Grande Arco de La Defénse. Mas Falliere não estava interessado na vista. Ele estava focado intensamente em fazer a sua primeira incursão na complexa carga útil do Stuxnet.

Era início de agosto de 2010, apenas duas semanas após o começo da análise do Stuxnet pelo time da Symantec, antes de Chien e O'Murchu descobrirem o número sem precedentes de *zero days* escondidos no *worm*. Durante essas duas primeiras semanas, Falliere vinha trabalhando com O'Murchu para analisar o enorme .DLL de Windows do código malicioso, mas ele sabia que os verdadeiros segredos do Stuxnet estavam em sua carga útil, e ele estava ansioso para chegar até eles.

Ele tinha acabado de voltar do almoço com amigos quando começou a vasculhar os arquivos da carga útil, separando cada um e tentando entender seu formato e sua estrutura. Ele percebeu que um deles era um arquivo .DLL com um nome familiar. Os pesquisadores da Symantec tinham, a esta altura, obtido cópias do software da Siemens Step 7, então Falliere abriu os arquivos do programa Step 7 instalado em seu sistema de teste. Não demorou muito tempo para encontrar o que estava procurando – um .DLL do Siemens Step 7 que tinha o mesmo nome que o arquivo Stuxnet. Hmm, ele pensou, *isso é interessante.*

Ele rapidamente determinou que sempre que o Stuxnet se percebia instalado em um computador onde havia o Step 7 ou o WinCC instalados, ele descompactava seu arquivo .DLL, com o nome correspondente, do interior de sua maior .DLL do Windows e o descriptografava.

Falliere usou a chave embarcada no código malicioso para descriptografar o .DLL e descobriu que ele continha as mesmas funcionalidades que o .DLL legítimo do Step 7. Mas também continha algum código suspeito que incluía comandos de "escrita" e "leitura". Falliere tinha analisado códigos maliciosos o suficiente em sua carreira para saber exatamente o que ele estava olhando - o .DLL do Stuxnet para o Step 7 agia como um *rootkit*, silenciosamente à espreita no sistema, esperando para roubar ou grampear funções a qualquer momento em que o sistema tentasse ler ou escrever blocos de código de ou para os PLCs-alvo. De forma semelhante ao *rootkit* da porção "míssil" do Stuxnet, este estava grampeando a função de leitura para esconder algo que o Stuxnet estava fazendo com os PLCs. Foi a primeira vez, até onde ele sabia, que alguém havia criado um *rootkit* para um sistema de controle industrial. Era um outro primeiro na lista crescente de "primeiros lugares" do Stuxnet.

Falliere não sabia se o .DLL falso do Stuxnet estava grampeando a função de leitura simplesmente para monitorar os PLCs passivamente e coletar informações sobre suas operações, ou se ele possuía objetivos mais sinistros em mente. Mas o fato de que ele também estava interceptando a função "escrever" sugeria que era provavelmente o último caso, e estava tentando interromper o funcionamento dos PLCs ou alterar a sua operação de alguma forma. Ele olhou para o relógio e notou que era algo em torno de cinco horas da manhã na Califórnia - muito cedo para ligar para Chien - e então ele decidiu continuar investigando.

Ele prosseguiu por mais algumas horas, e quando ele tinha todas as peças do quebra-cabeças de que precisava - era exatamente o que ele suspeitava. O Stuxnet de fato interceptava comandos que passavam pelo .DLL da Siemens para os PLCs e os substituía por seus próprios comandos. Ele não podia dizer com certeza o que era ordenado ao PLC - ele não conseguiu encontrar os blocos de código que o Stuxnet injetava no PLC - mas ele tinha certeza de que não era coisa boa. A aquela altura já eram nove horas da manhã na Califórnia e então ele pegou o telefone e ligou para Chien.

Normalmente os dois se falavam uma vez por semana para uma atualização rápida a respeito do trabalho que Falliere estava fazendo; as chamadas eram eficientes e objetivas e não duravam mais do que alguns minutos. Mas dessa vez Falliere repassou em detalhes tudo que ele havia encontrado. Chien escutava atentamente, espantado com o que ouvia. O ataque ficava cada vez mais complexo. Cada canto do Stuxnet que olhavam, encontravam uma nova surpresa.

Chien concordou que Falliere deveria deixar tudo de lado e concentrar-se na busca pelos blocos de código que o Stuxnet injetava no PLC. Eles também decidiram que Falliere deveria fazer um breve anúncio no blog deles a respeito do *rootkit* para o PLC. O restante da informação eles iriam manter em sigilo, por enquanto, até que Falliere pudesse determinar a natureza do que o Stuxnet estava injetando no PLC.

Naquela noite no metrô, saindo do trabalho a caminho de casa, Falliere sentia uma carga de adrenalina. Durante quatro anos ele vinha desmontando vírus e *worms* e tinha visto tantos programas maliciosos durante esse tempo que era difícil se animar novamente com eles. Mas este era diferente. Um ataque a um PLC era sem precedentes e tinha o potencial de inaugurar uma espécie inteiramente nova de ataques maliciosos.

Apesar de sua excitação, ele sabia que a estrada à frente estaria cheia de obstáculos. O .DLL da Siemens que o Stuxnet substituía era enorme, e a estrutura do software Step 7 e dos PLCs que ele controlava era em grande parte não documentada. Falliere e Chien estavam completamente no escuro sobre como o sistema funcionava, e os desafios técnicos de decifrar a carga útil seriam formidáveis. Além do mais, não havia sequer garantia de que eles conseguiriam decifrá-lo. Havia tantas coisas que Falliere não sabia nesse momento. Mas uma coisa que ele sabia com certeza era que o caminho seria longo e exaustivo.

FALLIERE TINHA ENTÃO 28 anos, com um visual gaulês sombrio de alguém que parecia mais estar saindo de uma balada de música *trance* de uma boate qualquer no subsolo de Paris do que alguém que estaria, durante uma viagem de metrô, debruçado sobre pilhas de códigos de computador impressos. Na verdade, ele era bastante tímido e reservado, e examinar minuciosamente o denso código de computador era de fato muito mais atraente para ele do que curtir noites suadas em um clube vibrante.

Falliere era um mestre em engenharia reversa, especializado em mergulhar profundamente em código malicioso. Engenharia reversa é como uma arte obscura que envolve pegar a linguagem binária de zeros-e-uns que um computador pode ler e traduzi-la de volta para a linguagem de programação que os seres humanos podem ler. Exige um bocado de foco intenso e habilidade, particularmente com um código tão complexo como o do Stuxnet. Mas Falliere não se importava. Quanto mais complicado o código, mais gratificante era quando ele finalmente o decifrava.

Ele primeiramente aperfeiçoou suas habilidades na França, ainda adolescente, quebrando arquivos do tipo "crackme" – jogos de codificação que os programadores escreviam uns para os outros para testar suas habilidades de engenharia reversa. Os programadores escreviam pequenos programas envoltos por um escudo criptográfico, e os especialistas em engenharia reversa deveriam abri-los e passar por outras proteções para descobrir a mensagem secreta escondida em seu interior, e, em seguida, enviá-lo de volta para o autor para provar que eles haviam encontrado a solução. Vírus e *worms* eram de certa forma apenas um outro tipo de arquivo "crackme", embora alguns fossem mais sofisticados que outros. A única diferença agora era que Falliere era pago para quebrá-los.

Falliere nasceu e cresceu perto de Toulouse, no sul da França, lar da Airbus, a corporação aeroespacial, e de um centro de tecnologia de satélites. Em uma região dominada por engenheiros, especialistas em aeronáutica e de outros tipos, parecia natural que Falliere fosse atraído por tecnologia. Porém, suas primeiras influências na verdade iam em direção à mecânica. Seu pai era um mecânico de automóvel que trabalhava em sua própria garagem. O envolvimento de Falliere com os computadores no colegial, no entanto, o levou a uma direção diferente – para estudar ciência da computação no Instituto Nacional de Ciências Aplicadas na França. A propagação do prolífico *worm* Code Red em 2001, que atingiu mais de setecentas mil máquinas, o deixou interessado em segurança de computadores. Enquanto ainda estava na faculdade, ele escreveu vários artigos de segurança para uma pequena revista técnica francesa, bem como um artigo para o SecurityFocus, um site de segurança de propriedade da Symantec[1]. No final de 2005, enquanto cursava o mestrado em ciência da computação, foi-lhe dito que ele precisava de um estágio de seis meses para se formar. Então ele buscou seus

[1] A Symantec adquiriu a SecurityFocus em 2002.

contatos na SecurityFocus, que o indicaram a Chien. O momento não poderia ter sido mais fortuito. A Symantec ainda estava no meio de um período de intensa contratação em Dublin e Chien estava desesperado para encontrar "engenheiros reversos" experientes. Ele disse a Falliere que em vez de um estágio de seis meses na Symantec ele poderia oferecer-lhe um emprego em tempo integral. "Quanto dinheiro você quer ganhar?", ele perguntou a Falliere.

Falliere disse: "eu não preciso de dinheiro nenhum, apenas de um estágio".

Chien respondeu: "você está louco? Eu vou lhe enviar uma oferta por e-mail. Apenas aceite-a".

Algumas semanas mais tarde Falliere estava instalado em Dublin. Ele se ajustou a sua nova vida com bastante rapidez, mas depois de dois anos de constantes voos de volta à França para ver sua namorada, ele pediu uma transferência para Paris, onde a Symantec possuía um escritório de vendas e marketing. Ele acabou por ser a única pessoa técnica no escritório, o que o fazia se sentir isolado às vezes, mas também o ajudava a se concentrar no trabalho.

Sua mesa, em um escritório compartilhado com dois colegas, era uma bagunça organizada de documentos técnicos e livros espalhados em torno de uma máquina de testes que ele usava para executar códigos maliciosos e um laptop contendo o software de depuração de código que ele usava para fazer suas análises. Um quebra-cabeças de Rubik cilíndrico era o único item pessoal sobre a mesa, que ele manipulava como se faz com aquelas bolinhas antiestresse sempre que ele dava de cara com um trecho pesado de código que resistia à decifragem.

Embora Falliere fosse um gênio em engenharia reversa, ele estava realmente fazendo muito pouco disso quando o Stuxnet apareceu. Com o tempo, ele se tornou "o cara" da Symantec quando se tratava de ferramentas, combinando programas e ferramentas para deixar a análise de códigos maliciosos mais eficiente para outros analistas. O trabalho foi se apoderando dele com o tempo. Ele começou aprimorando para si mesmo ferramentas forenses que ele considerava desajeitadas e ineficientes, e então começou a fazer o mesmo para os colegas, até mesmo criando novas ferramentas a pedido deles. No final das contas, ele estava gastando mais tempo trabalhando em ferramentas do que decifrando código. Ele só caía sobre algum código ocasional em resposta a algum pedido especial de Chien, que foi o caso do Stuxnet.

FALLIERE COMEÇOU SUA análise da carga útil estudando o software Step 7 da Siemens. O Step 7 que o Stuxnet atacava era uma aplicação proprietária da Siemens para a programação de sua linha de PLCs S7. Ele rodava no sistema operacional Windows e permitia que os programadores escrevessem e compilassem comandos, ou blocos de código, para os PLCs da empresa. O sistema não estava completo sem o programa Simatic WinCC, uma ferramenta de visualização utilizada para monitorar os PLCs e os processos que eles controlavam. Os PLCs, conectados às estações de monitoramento por meio da rede de produção de uma instalação industrial, estavam em constante comunicação com as máquinas, enviando relatórios de status e atualizações frequentes para entregar aos operadores uma visão em tempo real de qualquer equipamento e das operações que os PLCs controlavam. O .DLL da Siemens era central para ambos os programas, Step 7 e WinCC, servindo como intermediário para criar comandos para os PLCs ou para receber relatórios de status a partir deles. É aí que entra o .DLL subversivo do Stuxnet. Ele fazia tudo que o .DLL real era projetado para fazer, e mais.

Para entender como o .DLL sósia trabalhava, Falliere precisava primeiro entender como o sistema Step 7 e o .DLL legítimo funcionavam. Ele fez pesquisas *on-line* para consultar especialistas e até pensou em contatar a Siemens para pedir ajuda, mas ele não sabia para quem ligar. O .DLL do Step 7 era apenas um de uma galáxia de .DLLs que o software da Siemens usava, e para localizar dois ou três programadores que o conhecessem bem o suficiente para ser de alguma ajuda levaria tanto tempo quanto ele gastaria para descobrir por conta própria. E, no final, havia uma certa quantidade de orgulho em decifrá-lo sozinho.

Para reverter os arquivos .DLL – o original e o sósia – Falliere os abriu em um desmontador, uma ferramenta projetada para traduzir o código binário em linguagem assembly, passo anterior ao código binário. O desmontador lhe permitia adicionar anotações e comentários no código ou reorganizar seções para torná-lo mais fácil de ler. Conforme avançava, ele ia trabalhando em pequenos pedaços de código de cada vez, rotulando cada um com uma descrição da função que desempenhava.

Assim como pesquisadores normalmente fazem quando examinam códigos maliciosos complexos como este, Falliere combinava análise estática (ver o código na tela em um desmontador/depurador) com análise dinâmica (observá-lo em ação em um sistema de teste, utilizando o depurador para parar e iniciar a ação para que ela coincidisse com partes específicas do código que refletissem o que estava acontecendo na máquina de teste). O processo poderia ser dolorosamente lento na melhor das circunstâncias, dado que requeria que ele ficasse saltando de uma máquina para outra, mas foi ainda mais difícil com o Stuxnet devido à sua dimensão e complexidade.

Foram duas semanas para documentar cada ação do .DLL antes que Falliere finalmente confirmasse o que ele suspeitava o tempo todo, que o Stuxnet sequestrava o .DLL da Siemens e colocava o sósia em seu lugar para invadir o sistema. Ele fazia isso alterando o nome do .DLL da Siemens de s7otbxdx.DLL para s7otbxsx.DLL e instalando o .DLL sósia com o nome do original em seu lugar, essencialmente roubando a sua identidade. Assim, quando o sistema chamava o .DLL da Siemens para executar qualquer ação, o DLL malicioso respondia em seu lugar.

Uma vez que o .DLL malicioso estava instalado, o que ele fazia era notável.

Sempre que um engenheiro tentava enviar comandos a um PLC, o Stuxnet fazia com que o seu próprio código de comando malicioso fosse enviado e executado em seu lugar. Mas ele não substituía apenas os comandos originais com uma simples troca. O Stuxnet aumentava o tamanho do bloco de código e inseria o seu código malicioso na extremidade inicial de endereçamento. Em seguida, para garantir que os seus comandos mal-intencionados seriam ativados no lugar dos legítimos, o Stuxnet também grampeava um bloco central de código no PLC que era responsável por ler e executar comandos. Muito conhecimento e muita habilidade eram necessários para injetar perfeitamente o código dessa forma sem "travar" os PLCs (isto é, tornando-os obsoletos ou não funcionais), mas os atacantes o fizeram muito bem.

A segunda parte do ataque era ainda mais engenhosa. Antes que os comandos mal-intencionados do Stuxnet entrassem em ação, o código malicioso já estava pacientemente instalado no PLC por cerca de duas semanas, ou talvez mais, registrando operações legítimas à medida que o controlador enviava relatórios de status de volta para as estações de monitoramento. Aí, quando os comandos mal-intencionados do Stuxnet entravam em ação, o código malicioso replicava os dados capturados de volta para os operadores, com o intuito de esconder quaisquer coisas erradas nas máquinas – da mesma forma que ladrões, em filmes de assalto de Hollywood, grampeiam as câmeras de vigilância e colocam em seu lugar um vídeo em repetição constante. Enquanto o Stuxnet sabotava o PLC, também desativava alarmes digitais automatizados para evitar que os sistemas de segurança entrassem em ação e interrompessem qualquer processo que o PLC estivesse controlando se percebessem que o equipamento estava entrando em uma zona de perigo. O Stuxnet fazia isso alterando blocos de código conhecidos como OB35 que faziam parte do sistema de segurança do PLC. Estes eram usados para monitorar operações críticas, tais como a velocidade de uma turbina que o PLC estivesse controlando. Os blocos eram gerados a cada 100 milissegundos pelo PLC para que os sistemas de segurança pudessem atuar rapidamente se uma turbina começasse a girar fora de controle ou se qualquer outra coisa desse errado, permitindo ao sistema ou a um operador acessar uma chave de segurança e iniciar um desligamento. Mas com Stuxnet modificando os dados em que o sistema de segurança se apoiava, o sistema ficava cego para as condições perigosas e nunca teria a chance de agir[2].

No entanto, o ataque não parava por aí. Se os programadores notassem algo de errado com uma turbina ou com outro equipamento controlado pelo PLC e

---

[2] Havia pouquíssima coisa irrelevante ou supérflua no Stuxnet. Mas na parte do código responsável por interceptar os blocos OB35, os atacantes colocaram um "marcador mágico" (um valor colocado no código que indica uma condição ou aciona uma ação) que parecia um pouco uma piada - 0xDEADF007. O marcador era a representação hexadecimal de um número. Quando Stuxnet verificava a situação do sistema que ele estava sabotando para determinar quando ele deveria começar a desabilitar o sistema de segurança, um marcador mágico era produzido para indicar quando as condições eram adequadas para atuar. Os atacantes poderiam ter escolhido qualquer número aleatório - 1234 -, mas escolheram um que, quando escrito em hexadecimal, produzia uma palavra e números - DEADF007. Não era incomum programadores utilizarem valores extravagantes em seu código para soletrar palavras em hexadecimal. Por exemplo, os primeiros quatro *bytes* de arquivos de classe Java são traduzidos para "0xCAFEBABE" em hexadecimal. 0xDEADBEEF é outro valor hexadecimal que, no dialeto hacker, faz referência a uma falha de software. Então Chien se perguntava se 0xDEADF007 no Stuxnet poderia realmente significar "tolo morto" (nota dos tradutores: *fool*, em inglês, significa "tolo" e *dead* significa "morto") - uma forma depreciativa de indicar quando o sistema de segurança não está mais funcional - ou "pé morto" (NT: foot significa "pé". O dígito 7 pode ser usado como L ou T, dependendo do que se escreve). "Pé morto" é uma expressão usada por pilotos de avião para se referir a uma falha no motor. "Pé morto, motor morto" é uma máxima utilizada para treinar a mente dos pilotos para perceberem rapidamente, em uma situação estressante, que quando um pedal está "morto" significa que o motor não está funcional - essencialmente, o piloto não tem controle do motor. Da mesma forma, "DEADF007" no Stuxnet marcava o ponto em que os operadores no Irã perderam o controle de seus PLCs enquanto o Stuxnet os sabotava, impedindo tanto o sistema de segurança de iniciar o desligamento automático quanto os operadores de entrarem em cena e fazerem um desligamento manual de emergência. Isso fez Chien imaginar se um ou mais autores do Stuxnet seriam pilotos.

tentassem visualizar os blocos de comando no PLC para ver se havia alguma falha de programação, o Stuxnet intervinha e os impedia de ver o código nocivo. Ele fazia isso interceptando quaisquer pedidos para ler os blocos de código no PLC e em lugar dos blocos reais fornecia versões sanitizadas, sem os comandos maliciosos. Se um engenheiro de reparos tentasse reprogramar o dispositivo, substituindo os antigos blocos de código no PLC, o Stuxnet intervinha e também infectava o novo código com os seus comandos maliciosos. Um programador poderia reprogramar o PLC uma centena de vezes, e o Stuxnet iria, toda vez, trocar o código limpo por seus comandos modificados.

Falliere estava chocado com a complexidade do ataque – e com suas implicações. De repente ficou evidente que o Stuxnet não estava tentando extrair dados do PLC para espionar suas operações, como todo mundo acreditava originalmente. O fato de que ele estava injetando comandos no PLC e tentando esconder que fazia isso, enquanto ao mesmo tempo desativava alarmes, era evidência de que ele havia sido projetado não para espionagem, mas para sabotagem.

Mas também não era um simples ataque de negação de serviço. Os atacantes não estavam tentando sabotar o PLC para desligá-lo – o PLC permanecia totalmente funcional durante o ataque –; eles estavam tentando destruir fisicamente qualquer que fosse o processo ou dispositivo na outra extremidade do PLC. Era a primeira vez que Falliere via código digital sendo usado não para alterar ou roubar dados, mas para alterar fisicamente ou destruir algo na outra ponta.

Era uma trama que parecia ter saído de um sucesso de bilheterias de Hollywood. Um *blockbuster* de Bruce Willis, para ser exata. Três anos antes, "Duro de Matar 4.0" imaginou um cenário tão destrutivo quanto esse, embora com a dose típica de caos violento e liberdade criativa de Hollywood. No filme, um grupo de terroristas cibernéticos, liderado por um ex-funcionário descontente do governo, lançava ataques cibernéticos coordenados para paralisar o mercado de ações, as redes de transporte e as redes de energia, tudo para distrair as autoridades de seu objetivo real – retirar milhões de dólares dos cofres do governo. O caos se instala, juntamente com as explosões obrigatórias.

Mas cenários de Hollywood como este eram há bastante tempo considerados pura fantasia pelos profissionais de segurança de computadores. Um hacker poderia desligar um ou dois sistemas críticos, mas explodir alguma coisa? Parecia improvável. Mesmo a maioria das explosões em "Duro de Matar 4.0" se deviam mais a ataques físicos do que cibernéticos. No entanto, aqui estava uma evidência no Stuxnet de que esse cenário poderia ser plausível. Era bem além de qualquer coisa que Falliere tinha visto antes ou que esperava encontrar nesse código.

Com todo o seu tamanho e sucesso, a Symantec era, no final das contas, apenas uma empresa de nerds no negócio de proteger os clientes. Por 15 anos, os adversários com quem eles tinham lutado eram hackers zombeteiros e criminosos cibernéticos ou, mais recentemente, espiões de países em busca de segredos corporativos e governamentais. Todos eles eram oponentes formidáveis, nos mais variados graus, mas nenhum buscava causar destruição física. Ao longo dos anos, os códigos maliciosos passaram por uma evolução gradual. Nos dias iniciais, as motivações dos criadores de *malware* permaneciam praticamente as mesmas. Embora alguns programas fossem mais perturbadores que outros, o objetivo principal de criadores de vírus na década de 1990 era alcançar a glória e a fama, e a carga útil típica incluía mensagens públicas para os amigos negligentes do hacker. As coisas mudaram à medida que o *e-commerce* pegou e a atividade de *hacking* evoluiu para organizações criminosas. O objetivo não era mais ganhar atenção, mas permanecer furtivo em um sistema o maior tempo possível para roubar números de cartão de crédito e credenciais de contas bancárias. Mais recentemente, a atividade *hacking* evoluiu para um jogo de espionagem sofisticado, onde espiões dos países adentravam as redes e lá permaneciam por meses ou anos, enquanto silenciosamente desviavam segredos nacionais e outros dados confidenciais.

Mas o Stuxnet foi muito além de qualquer um desses. Não era uma evolução no *malware*, mas uma revolução. Tudo que Falliere e seus colegas examinaram antes, até mesmo as maiores ameaças que miravam em processadoras de cartão de crédito e em segredos do Departamento de Defesa, pareciam menores quando comparados a ele. O Stuxnet criou um campo de batalha totalmente novo, onde as apostas eram muito maiores do que qualquer coisa com que eles já tinham lidado antes.

Há muito tempo havia uma história por aí que sugeria que algo como isso poderia ter ocorrido antes, mas nunca foi comprovada. De acordo com a história, em 1982, a CIA arquitetou um plano para instalar uma bomba lógica no software que controlava um gasoduto russo, a fim de sabotá-lo. Quando o código foi disparado, ele fez com que as válvulas do gasoduto tivessem um mau funcionamento. O resultado foi uma bola de fogo de uma explosão tão grande e feroz que foi detectada pelos olhos dos satélites em órbita[3].

De volta a Culver City, Chien perguntava-se se havia ocorrido explosões inexplicáveis no Irã que pudessem ser atribuídas ao Stuxnet. Quando ele procurou as notícias, ficou surpreso ao encontrar várias delas ocorridas nas últimas semanas[4]. Próximo ao fim de julho, um gasoduto que transportava gás natural do Irã para a Turquia explodiu nas cercanias da cidade turca de Dogubayazit, a vários quilômetros da fronteira iraniana. A explosão, que estilhaçou janelas de edifícios próximos, deixou um enorme incêndio que levou horas para ser apagado[5].

Outra explosão ocorrera fora da cidade iraniana de Tabriz, onde um gasoduto com cerca de 2.500 quilômetros de comprimento levava gás do Irã para Ankara. Uma terceira explosão ainda destruiu uma central petroquímica estatal em Kharg Island, no Golfo Pérsico, e matou quatro pessoas[6]. Semanas depois, uma quarta explosão de gás ocorreu na central petroquímica Pardis em Asalouyeh, matando cinco pessoas e ferindo três[7]. Isso aconteceu uma semana depois que o presidente iraniano, Mahmoud Ahmadinejad, visitou o local.

As explosões não eram todas inexplicáveis. Rebeldes curdos reivindicaram a responsabilidade por aquelas de Dogubayazit e Tabriz, e a agência de notícias iraniana, IRNA, atribuiu o incêndio em Kharg Island ao acúmulo de alta pressão em uma caldeira central.[8] A explosão em Pardis foi atribuída a um vazamento de gás etano que acendeu depois que os trabalhadores começaram a soldagem de um encanamento. Mas e se uma ou mais das explosões tivesse na verdade sido causada pelo Stuxnet? Chien se perguntava.

---

[3] Para saber mais sobre a história da suposta sabotagem do gasoduto, veja o final do Capítulo 11.

[4] COUGHLIN, Con. Who's Blowing up Iran's Gas Pipelines?. **The Telegraph**, Aug. 18, 2010.

[5] AGENCE FRANCE-PRESSE. Suspected Kurd Rebels Blow up Iran-Turkey Gas Pipeline. **Ekurd Daily**, July 21, 2010, disponível em <http://ekurd.net/mismas/articles/misc2010/7/turkey2802.htm>.

[6] Petrochemical Factory Blast Kills 4 in Iran. **The Gainesville Sun**, July 25, 2010, disponível em <gainesville.com/article/20100725/news/100729673>.

[7] Explosion in Petrochemical Complex in Asalouyeh Kills 5. **Tabnak News Agency**, Aug. 4, 2010.

[8] WATSO, Ivan; COMERT, Yesim. Kurdish Rebel Group Claims Responsibility for Gas Pipeline Blast. **CNNWorld**, July 21, 2010. disponível em <edition.cnn.com/2010/WORLD/meast/07/21/turkey.pipeline.blast/>.

Isso era muito mais do que qualquer um na equipe previa quando começaram a desconstrução do Stuxnet semanas antes. Se o Stuxnet estava de fato fazendo o que Chien e seus colegas achavam que estava, então esse era o primeiro caso documentado de guerra cibernética.

Chien, O'Murchu e Falliere se juntaram em uma conferência telefônica para discutir suas opções. Eles ainda não sabiam exatamente o que o Stuxnet estava fazendo ao PLC, ou mesmo a identidade de seu alvo, mas eles sabiam que deveriam revelar o que foi descoberto até agora sobre a carga útil. Então, em 17 de agosto de 2010, eles vieram a público com a notícia de que o Stuxnet não era uma ferramenta de espionagem, como todo mundo havia acreditado, mas uma arma digital concebida para sabotagem. "Anteriormente, nós informamos que o Stuxnet poderia roubar código (...) e também se esconder usando um *rootkit* clássico do Windows", Falliere escreveu em seu típico tom discreto, "mas, infelizmente, ele também pode fazer muito mais".[9]

Para ilustrar a capacidade destrutiva do Stuxnet, eles citaram o ataque de 1982 no gasoduto da Sibéria. Suas palavras foram cuidadosamente analisadas pela equipe de relações públicas da empresa, mas não havia como negar a natureza chocante do que aquilo significava. Assim que a divulgação veio a público, eles esperaram por uma resposta da comunidade. Mas em vez da reação dramática que eles pensavam que viria, tudo o que receberam em retribuição foi, nas palavras de Chien, "silêncio de grilos".

Chien estava confuso com a falta de reação. Afinal de contas, eles estavam falando de um código digital capaz de explodir coisas. Eles assumiram que, uma vez que publicassem suas descobertas, pelo menos outros pesquisadores iriam publicar suas próprias investigações sobre o Stuxnet. Era assim que a pesquisa sobre um *malware* funcionava – sempre que um novo código de ataque era descoberto, equipes de pesquisadores em diferentes empresas concorrentes trabalhavam para decifrar o código simultaneamente, cada um correndo para ser o primeiro a publicar seus resultados. Assim que uma equipe publicava, os outros

---

[9] FALLIERE, Nicolas. Stuxnet Introduces the First Known Rootkit for Industrial Control Systems. **Symantec blog**, Aug. 6, 2010, disponível em <https://www.symantec.com/connect/blogs/stuxnet-introduces-first-known-rootkit-scada-devices>. Note que a data no artigo do blog é de 06 de agosto, mas esta é a data em que o artigo foi publicado pela primeira vez com notícias sobre o *rootkit* para PLC. Eles o atualizaram quando adicionaram informações de que o Stuxnet tinha intenção de sabotagem.

focavam em entregar rapidamente as suas próprias conclusões. Se vários grupos chegassem aos mesmos resultados, o trabalho duplicado servia como um processo informal de revisão por pares, validando todas as conclusões. O silêncio que decorreu após a divulgação sobre o Stuxnet era, portanto, incomum e desconcertante – Chien começou a se perguntar se eles eram a única equipe a analisar a carga útil ou se alguém mais tinha sequer se importado com ela.

Por um breve momento, ele questionou sua decisão de dedicar tanto tempo ao código. Será que outras pessoas viram algo que os fez rejeitá-lo por ser insignificante, algo que Chien e sua equipe tinham deixado passar completamente? Mas, em seguida, ele revisou tudo o que tinham descoberto nas últimas semanas. Não havia nenhuma possibilidadde de que eles pudessem estar errados sobre o código, ele concluiu – seja sobre a importância do Stuxnet ou suas intenções agressivas.

Sobre continuar com a investigação, não havia dúvida nenhuma de que eles tinham que prosseguir. Mais que qualquer outra coisa, o trabalho no código parecia ser mais urgente que antes. Eles haviam acabado de anunciar ao mundo que o Stuxnet era uma arma digital concebida para destruição física. E eles ainda não tinham identificado o alvo do código malicioso. Tendo feito uma declaração pública sobre os objetivos destrutivos do código, eles temiam que os atacantes pudessem de repente se sentir pressionados a acelerar a missão e destruir seu alvo. Isto é, se eles já não tivessem feito isso.

E, aparentemente, eles não eram os únicos preocupados com a possibilidade de as coisas explodirem. Cinco dias após terem publicado seu anúncio, o fluxo de tráfego que ainda entrava em seu sorvedouro, oriundo das máquinas infectadas pelo Stuxnet no Irã, de repente apagou. Parecia que alguém na República Islâmica havia tomado ciência das notícias. Para evitar que os atacantes ou qualquer outra pessoa pudesse acessar remotamente as máquinas infectadas e provocar algum dano, alguém no Irã tinha finalmente ficado esperto e dado a ordem para cortar todas as conexões de saída das máquinas daquele país para os dois domínios de comando-e-controle do Stuxnet.

Capítulo 9

Controles Industriais Fora de Controle

A oitenta quilômetros de distância de Idaho Falls, em Idaho, numa vasta pradaria do deserto de propriedade do Departamento de Energia do Laboratório Nacional de Idaho, um punhado de engenheiros estremecia com o frio quando eles passaram em torno de um gerador do tamanho de um pequeno ônibus estacionado em uma laje de concreto. Era 04 de março de 2007 e eles faziam os ajustes finais de segurança para um teste inovador que estavam prestes a iniciar.

A pouco mais de um metro e meio de distância, no centro de visitantes do laboratório, um grupo de funcionários de Washington, DC, bem como executivos da indústria de energia e representantes da NERC (*North American Electric Reliability Corporation*) estavam reunidos em um auditório aquecendo suas mãos com xícaras de café fumegantes, esperando o início de uma transmissão ao vivo da demonstração do programa.

Em 2010, quando os pesquisadores da Symantec descobriram que o Stuxnet foi projetado para sabotar PLCs da Siemens, eles acreditavam que era o primeiro caso documentado em que um código digital havia sido usado para destruir fisicamente um equipamento. Porém, três anos antes, nessa planície em Idaho, o *Aurora Generator Test* demonstrou a viabilidade de tal ataque.

Foi por volta de 11:30 da manhã de um dia de março que um trabalhador em Idaho Falls recebia o sinal para lançar um código contra o alvo. Quando os geradores de cinco mil cavalos de potência de motor diesel rugiram sobre os alto-falantes no pequeno auditório do laboratório, os espectadores olhavam fixamente para uma tela em busca de sinais dos efeitos do código. No início, não houve nenhum. Logo depois, eles ouviram um forte estalo, como uma pesada corrente batendo em um tambor de metal, e o gigante de aço parecia ter sido brevemente abalado. Vários segundos se passaram e eles ouviram outro golpe – dessa vez o gerador cambaleou e estremeceu mais violentamente como se tivesse sido sacudido por um desfibrilador. Parafusos e pedaços de borracha foram ejetados de suas entranhas em direção à câmera, fazendo com que os observadores estremecessem. Cerca de 15 segundos se passaram antes que outro estalo fizesse a máquina balançar novamente. Dessa vez, após as vibrações terem diminuído, o gerador soltou uma nuvem de fumaça branca. Então, de repente, *bam*!, a máquina soltou novamente antes de seguir para um descanso final. Depois de uma longa pausa, quando parecia que a besta pudesse ter sobrevivido ao assalto, uma nuvem de fumaça negra raivosa levantou de suas câmaras.

Apenas três minutos decorreram desde que o teste começara, mas foi o suficiente para reduzir a máquina colossal a uma bagunça sem vida feita de metal e fumaça. Ao final, não houve aplausos no auditório, apenas um silêncio atordoante. Balançar um equipamento do tamanho de um tanque deveria ter exigido uma força excepcional. No entanto, tudo que foi usado neste caso foram 21 linhas de código malicioso.

O teste foi exaustivamente planejado e modelado por semanas, mas a força e a violência do ataque surpreenderam os engenheiros – "um momento de nitidez incrível", disse Michael Assante, um dos arquitetos do teste[1]. Uma coisa era simular um ataque contra um pequeno motor posicionado em cima de uma mesa, mas outra bem diferente era assistir a uma máquina de 27 toneladas sair voando como um brinquedo de criança.

O referido teste prova que um sabotador não precisa ter acesso físico para destruir os equipamentos críticos em uma usina, podendo alcançar o mesmo resultado remotamente com apenas um trecho de código bem trabalhado. Três anos mais tarde, quando o Stuxnet foi encontrado em máquinas no Irã, ninguém que trabalhou no projeto *Aurora* ficou surpreso que um ataque digital poderia causar destruição física. Eles só ficaram surpresos de ter levado tanto tempo para esse tipo de ataque aparecer.

---

[1] Entrevista da autora com Assante, setembro de 2011.

QUANDO OS PESQUISADORES da Symantec descobriram em agosto de 2010 que o Stuxnet foi projetado para sabotagem física de PLCs da Siemens, eles não eram os únicos que não faziam ideia do que era um PLC. Poucas pessoas no mundo já tinham ouvido falar desses dispositivos - apesar de PLCs serem componentes que regulam algumas das instalações e dos processos mais críticos no mundo.

PLCs são usados em uma variedade de sistemas automatizados de controle que incluem o sistema conhecido como SCADA (*Supervisory Control and Data Acquisition*, controle de supervisão e aquisição de dados), bem como sistemas de controle distribuídos e outros que mantêm geradores, turbinas e caldeiras em usinas funcionando sem problemas[2]. Os sistemas também controlam as bombas que transmitem esgoto bruto às estações de tratamento e evitam que os reservatórios de água transbordem, e eles abrem e fecham as válvulas de gasodutos para evitar acúmulos de pressão que possam causar rupturas e explosões mortais, como aquela que matou oito pessoas e destruiu 38 casas em San Bruno, Califórnia, em 2010.

Há usos menos óbvios, mas não menos importantes, para os sistemas de controle. Eles controlam robôs em linhas de montagem de automóveis e distribuem e misturam a porção adequada de ingredientes em fábricas de produtos químicos e farmacêuticos. Eles são usados por fabricantes de alimentos e bebidas para definir e monitorar temperaturas para cozinhar e pasteurizar alimentos para eliminar bactérias mortais com segurança. Eles ajudam a manter as temperaturas consistentes em fornos e estufas, onde vidro, fibra de vidro e aço são feitos para garantir a integridade de arranha-céus, carros e aviões. Eles também controlam semáforos, abrem e fecham portas das celas em prisões federais de alta segurança e levantam e abaixam

---

[2] Sistemas SCADA são geralmente usados quando os sistemas gerenciados estão geograficamente dispersos sobre grandes áreas - como em oleodutos, sistemas ferroviários e distribuição de água e energia elétrica. Sistemas de controle distribuídos, por outro lado, são os melhores para quando os operadores precisam de controle extenso e complexo em instalações confinadas, como refinarias de tratamento de água e usinas de geração de energia, embora as usinas também usem sistemas SCADA para monitorar subestações remotas no campo. Os sistemas SCADA consistem de um posto de trabalho, uma rede de comunicações e uma unidade terminal remota, ou RTU (*Remote Terminal Unit*), no campo. Os RTUs, semelhantes aos PLCs, enviam dados através da rede para a estação de monitoramento do operador. O posto do operador geralmente roda Windows - com todas as suas vulnerabilidades inerentes - e os dispositivos de campo usam sistemas operacionais especializados que geralmente são construídos com pouca proteção.

pontes em rodovias e hidrovias. E ajudam a prevenir colisões de trens. Em uma escala menor, eles controlam elevadores em edifícios altos e equipamentos de aquecimento e ar-condicionado em hospitais, escolas e escritórios. Em suma, sistemas de controle são componentes críticos que mantêm indústrias e infraestruturas em todo o mundo funcionando corretamente. Eles precisam ser confiáveis e seguros. No entanto, como o Stuxnet mostrou claramente, eles não são.

E agora, com esse código disponível para qualquer um estudar e copiar, a arma digital pode servir como um modelo para projetar outros ataques contra sistemas de controle vulneráveis nos Estados Unidos e em outros lugares – para manipular válvulas em um gasoduto, por exemplo, ou para liberar esgoto nos cursos de água, ou possivelmente até mesmo para desligar geradores em uma usina. Não necessariamente seriam requeridos recursos de uma nação rica para empreender tais ataques. Com a maior parte da pesquisa principal e do desenvolvimento já feita pelos criadores do Stuxnet para expor as vulnerabilidades nesses sistemas, o nível foi reduzido para outros atacantes, vindos de governos ou não, entrarem no jogo. Desde grupos de hackers anárquicos como *Anonymous* e *LulzSec* até chantagistas que pretendem transferir os controles de uma usina para hackers contratados trabalhando para grupos terroristas, a porta agora está aberta para uma variedade de atacantes que nunca precisaram se aventurar além de suas fronteiras, ou até mesmo de seus quartos, para lançar um ataque. E, embora o Stuxnet tenha sido um ataque cirúrgico visando máquinas específicas e deixando outras intocadas, nem todos os ataques podem ser tão segmentados ou especializados, levantando a possibilidade de agressões que criam interrupções generalizadas ou danos – intencionais ou não.

Os atacantes nem precisariam projetar um *worm* sofisticado como o Stuxnet. Um vírus ou *worm* comum pode ter efeitos prejudiciais também[3]. Em 2003, sistemas de sinalização de trens na costa leste ficaram indisponíveis depois que computadores da CSX Corporation na Flórida foram infectados com o vírus Sobig. A CSX opera sistemas ferroviários para trens de passageiros e de mercadorias em 23 estados, e, como resultado, comboios que circulavam entre Pensilvânia e Carolina

---

[3] Incidentes em sistemas de controle industrial são rastreados no banco de dados RISI (*Repository of Industrial Security Incidents*, repositório de incidentes de segurança industrial), que começou a registrar incidentes em 2001, mas esteve parado entre 2006 e 2009. O banco de dados de inscritos é mantido pela Organização de Incidentes de Segurança e pode ser encontrado em <www.risidata.com>.

do Sul e nos arredores de Washington, DC, tiveram que ser parados[4]. Da mesma forma, o *worm* Slammer derrubou a rede do sistema de monitoramento de segurança e controle de processo da usina nuclear Davis-Besse, em Ohio, por cerca de cinco horas no mesmo ano[5].

Em uma escala de 1 a 10 para medir o grau de preparação das infraestruturas críticas dos Estados Unidos para resistir a um ciberataque destrutivo, sendo 1 o menos preparado e 10 o mais preparado, o Diretor da NSA, General Keith Alexander, disse a um comitê do Senado em 2013 que a nação estava em 3, devido, em parte, à falta de segurança com sistemas de controle[6].

"Estamos trabalhando em capacidades cibernéticas ofensivas há mais de uma década no Departamento de Defesa", disse Jim Lewis, do Centro para Estudos Estratégicos e Internacionais. "Mas (...) acho que as pessoas (...) simplesmente não percebem que, nos bastidores, existe esse novo tipo de vulnerabilidade que realmente coloca um monte de coisas em risco"[7].

Na verdade, os problemas com sistemas de controle não são novos; o Stuxnet apenas os expôs pela primeira vez ao público. Mas alguns especialistas em sistemas de controle já sabiam disso há anos.

OS PRIMEIROS PLCs foram desenvolvidos na década de 1960, quando hackers e vírus de computador ainda eram coisas de ficção científica[8]. Eles foram

---

[4] NILAND, Marty. Computer Virus Brings Down Train Signals. **Associated Press**, Aug. 20, 2003, disponível em <informationweek.com/computer-virus-brings-down-train-signals/d/d-id/1020446?>.

[5] O *worm* entrou através da rede corporativa da empresa concessionária que operava a usina e se espalhou a partir da rede de negócios para a rede de controle. Felizmente, a usina estava desligada há quase um ano devido a outras questões, de forma que não houve nenhum dano. Operadores da instalação também disseram que possuíam controles manuais que serviriam como *backup* caso os automatizados estivessem indisponíveis. Veja POULSEN, Kevin. Slammer Worm Crashed Ohio Nuke Plant Network. **SecurityFocus**, Aug. 19, 2003, disponível em <securityfocus.com/news/6767/>.

[6] "Cybersecurity: Preparing for and Responding to the Enduring Threat", discurso ao Comitê do Senado sobre Apropriações, 12 de junho, 2013, disponível em <hsdl.org/?view&did=739096>.

[7] Lewis estava falando no programa de rádio Diane Rehm, transmitido pela WAMU no sul da Califórnia, em 04 de junho de 2012. Entrevista disponível em <thedianerehmshow.org/shows/2012-06-04/growing-threat-cyberwarfare>.

[8] Gregory Benford, um físico, é creditado com uma das primeiras menções a um vírus de computador em uma história que ele escreveu em 1969 chamada "The Scarred Man", publicada na edição de maio de 1970 da revista Venture. A noção de *worms* digitais originou-se em 1975 com o livro de ficção científica de John Brunner "The Shockwave Rider", que falava de um *worm* digital que se arrastava de máquina para máquina.

concebidos para a indústria de automóveis para substituir os sistemas com fio de relé de retransmissão que controlavam as linhas de montagem do chão de fábrica. Com os sistemas de retransmissão antigos, a única maneira de efetuar um ajuste na linha de montagem era enviando um eletricista para religar fisicamente os relés. Os PLCs facilitaram tal atualização do sistema, uma vez que só era necessário alterar algumas centenas de linhas de código, embora os técnicos ainda tivessem que atualizar os sistemas pessoalmente, acessando os dispositivos no campo para fazer o *upload* dos comandos a partir de um cartucho de fita.

Como crescimento do uso de sistemas de controle digitais nos anos 90, operadores pressionavam os fabricantes para lhes proporcionar a capacidade de fazer logon em sistemas remotamente via modem *dial-up*. Hackers tornavam-se então uma legião, mas os operadores ainda não estavam preocupados com a segurança de seus sistemas, porque estes rodavam em redes independentes, usando protocolos personalizados para se comunicar e com programas proprietários, incompatíveis com outros programas e sistemas. Não bastaria ligar qualquer computador em um sistema de controle e se comunicar com ele. E mesmo se você tivesse um sistema que pudesse conversar com as máquinas, o universo de pessoas que entendiam como os sistemas de controle funcionavam e que tinham a capacidade de manipulá-los era pequeno.

Tudo isso começou a mudar no final dos anos 90, contudo. O Congresso aprovou leis ambientais que exigiam o monitoramento e controle das emissões de fábrica das empresas, e a Comissão Federal de Regulamentação de Energia começou a exigir acesso aos sistemas de transmissão de energia elétrica para monitorar sua produção e distribuição. De repente, diretores de conformidade e executivos de empresas passaram a exigir acesso aos dados e sistemas que antes eram acessíveis apenas aos operadores das instalações. Saíram sistemas operacionais proprietários com os quais ninguém podia se comunicar ou compreender e entraram sistemas de controle que eram executados em sistemas operacionais comerciais, como o Windows e Linux, tornando mais fáceis a conexão e a comunicação com os outros computadores da rede corporativa. A mudança para Windows, no entanto, fez com que os sistemas de controle ficassem agora vulneráveis aos mesmos vírus e *worms* que assolavam computadores pessoais. E conforme os sistemas se tornavam cada vez mais ligados à internet, ou a modems *dial-up* para torná-los remotamente acessíveis aos operadores, eles também se tornavam cada vez mais vulneráveis a ataques remotos de hackers.

Em março de 1997, um hacker adolescente em Massachusetts que atendia pelo nome de "Jester" deu uma pequena prévia do que poderia ocorrer quando ele ligou para o sistema de computador Bell Atlantic via modem e desligou sistemas que gerenciavam comunicações de telefone e rádio para a torre de controle de tráfego aéreo no aeroporto de Worcester, bem como o serviço de telefone de seiscentas casas em uma cidade próxima. Comunicações para os departamentos de segurança e de incêndio do aeroporto ficaram indisponíveis por seis horas, bem como os sistemas-piloto usados para ativar as luzes da pista. Controladores de tráfego aéreo tiveram que usar telefones celulares e rádios movidos a bateria para direcionar aviões durante a interrupção[9]. Não ocorreu nenhum acidente, mas um gerente de controle de tráfego aéreo disse à CNN: "nós escapamos de raspão naquele dia"[10].

Nesse mesmo ano, a Comissão Marsh, especialmente convocada, publicou um relatório analisando a vulnerabilidade dos sistemas de infraestrutura crítica a ataques – físicos e digitais. A comissão foi encarregada de investigar o assunto após Timothy McVeigh explodir um prédio federal em Oklahoma City em 1995 e derrubar uma série de centros de comunicação e de dados cruciais no processo. Os membros da comissão alertaram para os perigos crescentes criados por conta da conexão de sistemas críticos de petróleo, gás e eletricidade com a internet. "A capacidade de acontecer algo ruim (...) está crescendo a um ritmo alarmante; e nós temos pouca defesa contra isso", eles escreveram. Os comandos corretos enviados por uma rede a um computador de controle da estação geradora de energia, eles escreveram, "podem ser tão devastadores quanto uma mochila cheia de explosivos (...). Devemos que ficar atentos às nossas bases mais críticas antes de sermos confrontados com uma crise, e não depois. Esperar o desastre provaria ser tão caro quanto irresponsável"[11].

Um segundo relatório lançado no mesmo ano pelo Comitê Consultivo de Segurança Nacional de Telecomunicações da Casa Branca advertiu que a rede de energia do país e os utilitários de alimentação estavam dotados de falhas de segu-

---

[9] Teen Hacker Pleads Guilty to Crippling Mass. Airport, **Boston Globe**, Mar. 19, 1998.

[10] Teen Hacker Faces Federal Charges, **CNN**, Mar. 18, 1998, disponível em <edition.cnn.com/TECH/computing/9803/18/juvenile.hacker/index.html>.

[11] "Critical Foundations: Protecting America's Infrastructures", Comissão do Presidente sobre a Proteção de Infraestrutura, outubro de 1997. O relatório está disponível em <https://www.fas.org/sgp/library/pccip.pdf>.

rança que os tornavam vulneráveis a ataques. "Um intruso eletrônico (...) poderia se comunicar com uma porta sem proteção e redefinir o disjuntor para um maior nível de tolerância do que o dispositivo protegido pelo disjuntor pode suportar", escreveram os investigadores, antecipando o *Aurora Test Generator*, que ocorreria uma década depois. "Ao fazer isso, seria possível destruir fisicamente uma determinada peça de um equipamento dentro de uma subestação"[12].

Apesar desses alertas precoces, ainda não havia sinais de que alguém estava interessado na realização de tais ataques. Isso até 2000, quando um ex-funcionário sabotou as bombas em uma estação de tratamento de água na Austrália, o que é considerado o primeiro caso relatado publicamente de um ataque intencional a um sistema de controle.

MAROOCHY SHIRE, NA costa ensolarada de Queensland, é o tipo de lugar feito para cartões postais, com uma exuberante floresta tropical, pico vulcânico e águas costeiras azuis cercadas por praias de areia branca. Mas, no início de 2000, a beleza do condado tomou um rumo feio quando, ao longo de quatro meses, um hacker causou o derramamento de mais de 750.000 galões de esgoto bruto a partir de vários poços e o seu despejo em vias públicas.

No início, era apenas uma pequena quantidade de esgoto derramado de um poço no hotel Hyatt Regency em uma lagoa do campo de golfe profissional do *resort* cinco estrelas. Mas depois de os trabalhadores limparem, ele foi transbordando novamente e novamente. Os piores derramamentos ocorreram, no entanto, em Pacific Paradise, um subúrbio ao longo do Rio Maroochy. Várias centenas de milhares de litros de esgoto derramaram no canal, colocando em risco a saúde de crianças que brincavam nos quintais adjacentes ao canal e no próprio Rio Maroochy, onde peixes e outras espécies marinhas foram mortos.

Os problemas começaram na véspera do ano novo de 1999, depois que os Serviços de Água de Maroochy instalaram um novo sistema de gestão digital. O sistema de controle da estação de tratamento tinha sido instalado por fases pela Hunter WaterTech, a firma contratada, e estava apenas em fase de conclusão quando as configurações para as estações de bombeamento responsáveis pela movimentação de esgoto para a estação de tratamento mudaram misteriosamen-

---

[12] "Electric Power Risk Assessment", Comitê Consultivo de Segurança Nacional de Telecomunicações, Força-Tarefa de Garantia das Informações, disponível em <solarstorms.org/ElectricAssessment.html>.

te. As bombas desligavam ou rejeitavam as instruções enviadas pelo operador, e o rádio bidirecional utilizado para enviar instruções estava congestionado, impedindo assim que os operadores se comunicassem com as estações. Os alarmes que deveriam ter soado quando as coisas deram errado não soaram[13].

As bombas eram controladas por dois computadores centrais utilizando um programa proprietário da Hunter WaterTech, que se comunicava com uma unidade terminal remota em cada estação da bomba através de sinais de rádio de duas vias. Os sinais eram transmitidos dos computadores para as RTUs (*Remote Terminal Unit*, unidades terminais remotas), via estações repetidoras no campo que operavam em frequências não públicas. Só alguém nos computadores centrais ou ao alcance de uma estação repetidora, utilizando software proprietário da Hunter WaterTech e os protocolos de comunicação adequados, poderia enviar comandos para as estações de bombeamento. A Hunter WaterTech inicialmente suspeitava que um hacker externo estava por trás dos ataques, mas o distrito de água não possuía ferramentas de detecção de intrusão ou sistema de registro para detectar uma violação. Mas mesmo depois de instalados esses sistemas, eles ainda não foram capazes de detectar uma violação.

Os ataques continuaram por semanas e atingiram um pico em uma noite em março, quando mais de duas dezenas de incidentes ocorreram. Os investigadores finalmente concluíram que deveria ser uma pessoa desonesta de dentro enviando comandos maliciosos através de sinais de rádios de duas vias[14]. As suspeitas se concentraram em um ex-empreiteiro chamado Vitek Boden, engenheiro de 49

---

[13] Informações sobre o caso de Maroochy Shire vieram de uma entrevista conduzida pela autora em agosto de 2012 com Robert Stringfellow, um engenheiro que ajudou a investigar o caso, bem como de documentos judiciais editados e um relatório policial escrito pelo examinador forense Peter Kingsley. Alguns detalhes dos documentos do tribunal foram publicados pela primeira vez em WEISS, Joe. **Protecting Industrial Control Systems from Electronic Threats**. New York: Momentum Press, 2010.

[14] Entre 14 de março e 23 de abril ocorreram cerca de noventa incidentes. Um trabalhador traçou algumas das atividades à RTU na estação de bomba 14, de onde pareciam originar os sinais maliciosos de rádio. Ele sabia que era fácil alterar o endereço de uma RTU simplesmente acionando certas chaves no dispositivo, então ele concluiu que o intruso deveria estar usando uma RTU falsa definida para 14 para enviar comandos maliciosos como se fossem provenientes da verdadeira estação 14. Para montar a armadilha, ele mudou o endereço da estação de bomba de 14 para 3. Se um intruso **estivesse** enviando mensagens falsificadas, ele não saberia que o endereço mudou e continuaria enviando suas mensagens para o endereço antigo. Foi exatamente isso o que ocorreu em uma noite quando uma inundação de tráfego malicioso chegou através da rede da estação de bomba 14 querendo atingir o computador central. Os investigadores concluíram, então, que o atacante devia ser alguém de dentro com conhecimento do sistema Maroochy e acesso ao software e aos equipamentos Hunter WaterTech.

anos, que tinha trabalhado para Hunter WaterTech até seu contrato expirar em dezembro, época em que a primeira bomba de água falhou. Boden posteriormente procurou um emprego no distrito de água, mas foi recusado em janeiro - o que coincide com a época em que os maiores problemas começaram.

Assim, quando a polícia apanhou Boden numa noite em abril, depois que os sistemas de alarme em quatro estações de bombeamento haviam sido desabilitados, eles encontraram um laptop em seu carro com o software proprietário da Hunter WaterTech instalado e um aparelho de rádio de duas vias configurado para a frequência não pública do distrito de água, usada para se comunicar com as estações de bombeamento. Eles também encontraram uma RTU aparentemente usada para enviar os comandos falsos[15].

O caso de Boden foi o primeiro ataque cibernético contra um sistema de infraestrutura que veio à tona, mas ele provavelmente não foi o primeiro a ocorrer. Outros, sem dúvida, simplesmente não foram detectados ou reportados[16]. Depois do incidente de Maroochy, funcionários de outras empresas públicas disseram aos investigadores que nunca teriam feito acusações criminais contra Boden, a fim de manter o incidente desconhecido[17].

O caso deveria ter sido um alerta para operadores de controle de redes em todo o mundo, mas muitos não levaram a sério porque se tratava de um atacante de dentro da empresa que possuía amplo conhecimento do sistema de Maroochy Shire e acesso ao equipamento especializado necessário para realizar o ataque. Nenhuma pessoa de fora poderia ter feito o que Boden fez, eles argumentavam, ignorando vários problemas de segurança com a rede do sistema de controle de Maroochy que os forasteiros poderiam ter explorado para efetuar ataques semelhantes. Peter Kingsley, um dos investigadores, mais tarde alertou os participantes de uma con-

---

[15] Boden foi condenado e sentenciado em outubro de 2001 a dois anos de prisão. Mais tarde ele apelou, e a sua condenação em duas das acusações foi posta de lado, mas sua condenação por outras acusações permanecera, assim como a sua sentença.

[16] Uma pesquisa de utilitários realizada pelo *Electronic Power Research Institute* em 1996 constatou que apenas 25% dos entrevistados relataram o uso de quaisquer métodos de detecção de intrusão. A pesquisa, "EPRI Summer 1996 Electronic Information Security Survey", e a estatística estão referenciadas em <solarstorms.org/ElectricAssessment.html>.

[17] A Maroochy Water Services não teve muita escolha a não ser envolver a as autoridades no caso, pois os estragos foram bastante públicos e ameaçavam a segurança pública. Os incidentes também acarretaram em escrutínio pesado da Agência de Proteção Ambiental da Austrália e de funcionários governamentais regionais, que exigiam uma explicação para o que ocorreu.

ferência sobre sistemas de controle que, embora o ataque a Maroochy tivesse sido feito por um agente interno, violações de gente de fora não seriam impossíveis. Ele disse: "alguns provedores de serviços acreditam que estão protegidos porque eles próprios não conseguem encontrar uma maneira não autorizada de acessar seus sistemas", ele disse. "Mas hackers não se limitam a técnicas comuns"[18].

As palavras de Kingsley pareciam pitorescas em 2002 porque existiam ainda poucos sinais de que agentes externos estavam interessados em invadir sistemas de infraestruturas críticas. E na ausência de qualquer catástrofe importante, a segurança dos sistemas de controle simplesmente não era uma preocupação.

Foi nessa época que Joe Weiss se tornou um evangelista em segurança de sistemas de controle.

Weiss é um magro e enérgico senhor de 64 anos que trabalha de sua casa em Cupertino, no coração do Vale do Silício, e que está acostumado a pensar em cenários catastróficos. Ele vive a apenas oito quilômetros da famosa falha de San Andreas, na Califórnia, e da septuagenária represa de Stevens Creek. Quando o terremoto de Loma Prieta atingiu a região em 1989, derrubando chaminés e postes de luz, telefones ficaram sem sinal por vários dias e ondas de choque arremessaram jogadores de polo para fora da piscina da vizinha faculdade DeAnza.

Weiss tomou conhecimento dos problemas de segurança em sistemas de controle em 1999. Engenheiro nuclear de formação, ele trabalhava para o *Electric Power Research Institute* quando a questão Y2K surgiu. Avisos sobre o Armageddon na imprensa previam desastres distópicos quando os relógios dos computadores batessem meia-noite na véspera do ano novo por causa de um erro de programação que não conseguia antecipar a virada milenar para zeros triplos em 1º de janeiro de 2000. Weiss começou a se perguntar: se uma coisa tão pequena como uma mudança de data poderia levar a adaptação dos sistemas de controle a um impasse, que problemas mais sérios poderiam acontecer? Mais importante, se o Y2K acidentalmente poderia causar enormes problemas, o que um ataque deliberado de hackers poderia fazer a mais?

[18] Kingsley falava na conferência AusCERT2002 na Austrália. Em um relatório sobre o caso Maroochy em 2008, oito anos depois do ocorrido, os autores concluíram que algumas das questões levantadas pelo incidente estavam apenas começando a ser abordadas pelas empresas, enquanto "algumas estavam sem solução à vista". Veja ABRAMS, Marshall; WEISS, Joe. Malicious Control System Cyber Security Attack Case Study- Maroochy Water Services, Australia, Feb. 23, 2008, disponível em <csrc.nist.gov/groups/SMA/fisma/ics/documents/Maroochy-Water-Services-Case-Study_report.pdf>.

Dezenas de conferências de segurança realizadas em todo o mundo a cada ano estão focadas em segurança geral de computadores, mas nenhuma aborda sistemas de controle. Então Weiss começou a frequentá-las para aprender quais diretrizes de segurança a comunidade dos sistemas de controle deveria adotar. Contudo, quanto mais conferências ele participava, mais preocupado ficava. Quando os administradores de redes falavam sobre o uso de criptografia e autenticação para impedir que usuários não autorizados acessassem seus sistemas, Weiss percebeu que os sistemas de controle não possuíam nenhuma das proteções padrão que redes de computadores normais utilizavam. Quando os especialistas em segurança lhe perguntavam que tipo de *firewall* era usado em usinas de energia ou quantas vezes eles vasculhavam os seus *logs* de rede por evidências de intrusos, Weiss teve de responder: "não temos *firewalls*. Nem *logs* de rede"[19]. E quando ele perguntava aos fabricantes de sistemas de controle sobre a segurança de seus produtos, ele recebia apenas silêncio como resposta. Disseram-lhe que nunca ninguém havia perguntado antes sobre segurança.

E então dois aviões atingiram as Torres Gêmeas em setembro de 2001 e não muito tempo depois as autoridades descobriram padrões suspeitos de buscas em sites do governo na Califórnia. Os pesquisadores pareciam estar explorando sistemas digitais utilizados para gerir serviços públicos e escritórios do governo na região de São Francisco. A atividade, que parecia provir de endereços IP da Arábia Saudita, Indonésia e Paquistão, mostrava um interesse particular em sistemas de telefone de emergência, usinas de energia e de água, e de gás[20]. Outras buscas focavam em controles de programação para sistemas de fogo e dutos.

No ano seguinte, forças dos EUA em Cabul apreenderam um computador em um escritório da Al-Qaeda e encontraram modelos de uma barragem, juntamente com engenharia de software que poderia ser usada para simular falhas[21]. Nesse mesmo ano, a CIA emitiu um Memorando da Diretoria de Inteligência afirmando que a Al-Qaeda tinha "muito mais interesse" em terrorismo cibernético do que se acreditava anteriormente e havia começado a contemplar a contratação de hackers.

---

[19] Esta e outras citações de Weiss neste capítulo vêm de uma entrevista com a autora, junho de 2012.

[20] GELLMAN, Barton. Cyber-Attacks by Al Qaeda Feared. **Washington Post**, June 27, 2002.

[21] Ibid.

Existiam sinais de que outros grupos também poderiam estar interessados na infraestrutura crítica dos EUA[22]. Em 2001, hackers invadiram os servidores da *California Independent System Operator*, ou Cal-ISO, uma corporação sem fins lucrativos que administra o sistema de transmissão de energia elétrica na maior parte do estado. Os atacantes entraram através de dois servidores desprotegidos e não foram detectados por duas semanas até que os funcionários notaram problemas em suas máquinas[23]. Representantes da Cal-ISO insistiram que a violação não representava nenhuma ameaça para a rede, mas fontes anônimas disseram ao "Los Angeles Times" que os hackers foram capturados porque estavam tentando acessar "peças-chave do sistema" que permitiriam causar graves perturbações no serviço elétrico. Uma pessoa chamou de quase "violação catastrófica". O ataque parecia originar da China, e surgiu em meio a um impasse político tenso entre a China e os Estados Unidos depois que um avião espião dos EUA colidiu em pleno ar com um caça chinês no Mar do Sul da China.

Em resposta às preocupações crescentes sobre infraestrutura crítica e, em particular, à segurança das redes de energia do país, o Departamento de Energia lançou um programa nacional de teste SCADA em 2003 no *Idaho National Lab* (INL). O objetivo era trabalhar com os fabricantes de sistemas de controle para avaliar seus equipamentos acerca de vulnerabilidades de segurança, e foi uma iniciativa que levou ao *Aurora Generator Test* de 2007[24].

---

[22] "Infraestrutura crítica" nos Estados Unidos é amplamente definida pelo governo como qualquer instalação ou sistema que cai em uma das 16 categorias, que incluem: agricultura e alimentos, banco e finanças, química, instalações comerciais, indústrias críticas, barragens, base de defesa industrial, água potável e tratamento de água, serviços de emergência, energia, instalações governamentais, tecnologia da informação, reatores nucleares e resíduos, saúde pública e cuidados de saúde, telecomunicações e transporte. Veja <dhs.gov/critical-infrastructure-sectors>.

[23] MORAIN, Dan. Hackers Victimize Cal-ISO. **Los Angeles Times**, June 09, 2001.

[24] Um programa anterior de teste SCADA foi lançado no *Sandia National Laboratory* em 1998, mas não envolveu fabricantes. INL é o laboratório do Departamento de Energia para pesquisa em energia nuclear e roda o maior reator de teste no mundo. A Comissão de Energia Atômica se instalou em Idaho após a Segunda Guerra Mundial para construir um laboratório de pesquisa nuclear. Ao longo dos anos, o trabalho do laboratório foi expandido para incluir pesquisa sobre a rede elétrica e, depois que o governo Bush lançou sua Estratégia Nacional para Segurança do Ciberespaço, em fevereiro de 2003, sobre a segurança dos sistemas de controle industrial. Essa estratégia levou o Departamento de Energia e o Departamento de Segurança Interna (*Department of Homeland Security*, DHS) a fazer parcerias com o setor privado para abordar a segurança de sistemas de controle.

Há 2.800 usinas nos Estados Unidos e 300.000 locais que produzem petróleo e gás natural[25]. Outras 170.000 instalações formam o sistema público de água nos Estados Unidos, que incluem reservatórios, barragens, poços, instalações de tratamento, estações de bombeamento e dutos[26]. Porém, 85% dessas e de outras infraestruturas críticas estão nas mãos do setor privado, o que significa que, tirando algumas indústrias reguladas – tais como a indústria de energia nuclear –, o governo pouco pode fazer para forçar as empresas a proteger seus sistemas. O governo, no entanto, poderia ao menos tentar convencer os fabricantes de sistemas de controle a melhorar a segurança de seus produtos. No âmbito do programa de teste, o governo realizaria os testes, enquanto os fabricantes concordariam em corrigir eventuais vulnerabilidades descobertas por eles[27].

Por volta da mesma época, o DHS também lançou um programa de avaliação através do seu *Industrial Control System Cyber Emergency Response Team* (ICS-CERT) para analisar a configuração de segurança de equipamentos de infraestrutura crítica e redes já instalados. Entre 2002 e 2009, a equipe realizou mais de cem avaliações locais em múltiplas industrias – óleo e gás natural, químicos e água – e encontrou mais de 38.000 vulnerabilidades. Estas incluíam sistemas críticos acessíveis através da internet, senhas padrão que os operadores nunca se preocuparam em mudar ou senhas codificadas que não poderiam ser alteradas, softwares desatualizados e falta de proteções padrão, tais como *firewalls* e sistemas de detecção de intrusão.

Apesar dos melhores esforços do teste, os pesquisadores estavam lutando contra décadas de inércia da indústria – fabricantes levavam meses e anos para corrigir as vulnerabilidades que os investigadores do governo encontravam em seus sistemas, e os proprietários de infraestruturas críticas estavam apenas dispostos a fazer mudanças superficiais em seus sistemas e redes, resistindo a alterações mais extremas.

---

[25] DEPARTMENT OF HOMELAND SECURITY. "The National Strategy for the Physical Protection of Critical Infrastructures and Key Assets" (relatório, Casa Branca, 09 de fevereiro de 2003). Disponível em <dhs.gov/xlibrary/assets/Physical_Strategy.pdf>.

[26] Ibid., p. 39.

[27] No entanto, uma brecha problemática no programa de testes é que os relatórios que os fabricantes recebem sobre as vulnerabilidades encontradas em seus sistemas estão protegidos por um acordo de confidencialidade, e os fabricantes não são obrigados a informar aos clientes sobre as vulnerabilidades encontradas em seus sistemas.

Weiss, que trabalhava como um elo de ligação com o INL para ajudar a desenvolver o seu programa de teste, se irritou com a inércia e iniciou uma conferência para educar os operadores de infraestrutura crítica sobre os problemas potenciais de segurança em seus sistemas. Em 2004, ele recorreu a táticas de intimidação, demonstrando um ataque remoto para mostrar aos fabricantes o que poderia ser feito. O papel do hacker foi interpretado por Jason Larsen, um investigador do INL, que realizou um ataque contra uma subestação de Idaho Falls a partir de um computador no *Sandia National Laboratory*, no Novo México. Explorando uma vulnerabilidade descoberta recentemente no software do servidor, Larsen contornou várias camadas de *firewalls* para atacar um PLC que controlava a subestação e liberou sua carga útil por meio de várias etapas. A primeira fase abria e fechava um disjuntor. A segunda etapa abria todos os disjuntores de uma vez. A terceira etapa abria todos os disjuntores, mas dados eram enviados para as telas de operação para fazer parecer que os disjuntores estavam fechados.

"Eu chamo isso de demonstração de 'calças molhadas'", diz Weiss. "Foi um sucesso fenomenal".

Alguns anos mais tarde Weiss fez outra demonstração, e depois outra, e depois outra, cada vez convocando diferentes especialistas em segurança para demonstrar diferentes modos de ataque. O único problema era que eles estavam à frente no tempo. Cada engenheiro que deixava a conferência com ideias sobre como melhorar a segurança das suas redes deparava com os executivos da empresa, que rejeitavam o custo de refazer a arquitetura e corrigir os sistemas. Por que gastar dinheiro em segurança, eles argumentavam, quando nenhum dos seus concorrentes estavam fazendo isso e ninguém estava atacando?

Mas o que Weiss e o laboratório de teste não conseguiram alcançar em uma década o Stuxnet alcançou em questão de meses. A arma digital colocou em evidência vulnerabilidades sérias em sistemas de controle industrial do país pela primeira vez, e equipamentos críticos que por tanto tempo haviam permanecido obscuros e desconhecidos para a maioria do mundo agora chamavam a atenção de pesquisadores e hackers, forçando fabricantes e proprietários de infraestrutura crítica a finalmente agirem.

A NOTÍCIA EM agosto de 2010, de que o Stuxnet sabotava PLCs Siemens, despertou o interesse de um pesquisador de segurança de 25 anos em Austin, no

Texas, chamado Dillon Beresford. Beresford, como a maioria das pessoas, nunca tinha ouvido falar de PLCs e estava curioso para ver o quão vulneráveis eles seriam. Então ele comprou vários PLCs Siemens *on-line* e passou dois meses examinando e testando no quarto de seu pequeno apartamento. Demorou apenas algumas semanas para descobrir múltiplas vulnerabilidades que ele poderia usar em um ataque.

Ele descobriu, por exemplo, que nenhuma comunicação entre a máquina do programador e os PLCs era criptografada; portanto, qualquer hacker que invadisse a rede poderia ver e copiar os comandos que fossem transmitidos para os PLCs e, em seguida, reproduzi-los mais tarde para um PLC para controlá-lo à vontade. Isso não seria possível se os PLCs rejeitassem comandos vindos de computadores não autorizados, mas Beresford descobriu que os PLCs eram computadores promíscuos que falavam com qualquer máquina que entendesse seu protocolo. Os PLCs também não exigiam que os comandos enviados a eles fossem assinados digitalmente com um certificado para provar que eles vieram de uma fonte confiável.

Embora houvesse um pacote de autenticação, ou senha, que passava pela máquina Step 7 e o PLC, Beresford foi capaz de decodificá-la em menos de três horas. Ele também descobriu que poderia simplesmente capturar o pacote de autenticação passado de uma máquina Step 7 para o PLC e reproduzi-lo da mesma forma que ele repassava comandos, eliminando a necessidade de decodificar a senha. Uma vez que ele tinha o controle de um PLC, ele também poderia emitir um comando para alterar a senha e bloquear usuários legítimos.[28]

Beresford encontrou outras vulnerabilidades, incluindo um *backdoor* que os programadores da Siemens tinham deixado no *firmware* do PLC – *firmware* é o software básico que reside em dispositivos de hardware para fazê-los funcionar. Os vendedores muitas vezes colocam senhas codificadas globalmente em seus sistemas para acessá-los remotamente, fornecendo suporte para os clientes. Mas *backdoors* que permitem fabricantes também deixam que atacantes entrem no sistema.[29] O nome de usuário e senha para abrir o *backdoor* Siemens era o mesmo para todos os sistemas – "basisk" – e estava codificado no *firmware*, à vista de

---

[28] ZETTER, Kim. Hard-Coded Password and Other Security Holes Found in Siemens Control Systems. **Wired.com**, Aug. 03, 2011, disponível em <wired.com/2011/08/siemens-hardcoded-password>.

[29] Joe Weiss estima que mais da metade de todos os sistemas de controle tenha um *backdoor* embutido pelos fabricantes.

qualquer um que o examinasse. Usando este *backdoor*, um invasor poderia apagar arquivos do PLC, reprogramá-lo ou emitir comandos para sabotar qualquer operação que o PLC controlasse[30].

Beresford relatou suas descobertas para o ICS-CERT, que trabalhou com a Siemens para corrigir as vulnerabilidades. Mas nem todas puderam ser corrigidas. Algumas, como a transmissão de comandos não criptografados e a falta de autenticação forte, eram questões fundamentais do design do projeto, e não erros de programação, o que exigia que a Siemens atualizasse o *firmware* em seus sistemas para corrigi-los ou, em alguns casos, rearquitetá-los. E estes não eram apenas problemas para os PLCs Siemens; eles eram questões fundamentais que muitos sistemas de controle possuíam, um legado dos dias pré-internet, quando os dispositivos eram construídos para redes isoladas e não precisavam resistir a ataques externos.

As descobertas de Beresford desafiavam as afirmações de longa data de fabricantes e proprietários de infraestrutura crítica - de que os seus sistemas eram seguros porque somente alguém com extenso conhecimento de PLCs e experiência de trabalho com os sistemas poderia atacá-los. Com vinte mil dólares em equipamentos usados comprados *on-line* e dois meses trabalhando em seu tempo livre, Beresford encontrou mais de uma dúzia de vulnerabilidades e aprendeu o suficiente sobre os sistemas para comprometê-los.

Desde as descobertas de Beresford, outros pesquisadores descobriram vulnerabilidades adicionais na Siemens e em outros sistemas de controle. De acordo com um banco de dados de vulnerabilidades de sistemas de controle gerido pela Wurldtech Security, fabricante de sistemas para proteção de infraestruturas críticas, cerca de mil vulnerabilidades foram encontradas em sistemas de controle e protocolos do sistema de controle desde 2008. A maioria delas permitia que um

---

[30] Beresford também encontrou mais uma surpresa - um "easter egg" que um programador da Siemens tinha escondido no *firmware*. *Easter eggs* (ovos de páscoa, em português) são piadas que codificadores escrevem nos seus programas para que os usuários encontrem. Muitas vezes eles podem ser vistos somente se um usuário digitar uma sequência específica de teclas ou acessar uma parte obscura do programa. No caso da Siemens, o *easter egg* consistia de uma imagem animada de chimpanzés dançando que apareciam na tela com um provérbio alemão. Traduzido livremente o provérbio: "muito trabalho e pouca diversão faz de Jack um menino maçante". Embora o *easter egg* não fosse malicioso, levantou sérias preocupações sobre a segurança da Siemens. Se um programador tinha passado a piada pelos revisores de código internos da empresa, o que mais poderia ter passado despercebido?

invasor impedisse os operadores legítimos de usar o sistema, mas muitas também permitiam o sequestro do sistema[31].

Em 2011, uma empresa de segurança contratada por uma concessionária de serviço público do sul da Califórnia para avaliar a segurança de controladores em suas subestações encontrou várias vulnerabilidades que permitiriam a um invasor controlar o seu equipamento. "Nós nunca tínhamos visto um dispositivo como este antes, e nós fomos capazes de encontrar isso no primeiro dia", disse Kurt Stammberger, vice-presidente da Mocana. "Estes eram grandes, grandes problemas, e problemas francamente conhecidos há pelo menos um ano e meio, mas a concessionária não tinha noção"[32].

Os problemas de segurança dos sistemas de controle são agravados pelo fato de que os sistemas passam anos sem serem substituídos e não são atualizados com regularidade, como é o caso dos computadores comuns. A vida útil de um PC desktop padrão é de três a cinco anos, período após o qual as empresas atualizam para um novo modelo. Mas a vida útil de um sistema de controle pode ser de duas décadas. E mesmo quando um sistema é substituído, novos modelos têm que se comunicar com sistemas legados, de modo que muitas vezes trazem as mesmas vulnerabilidades dos antigos modelos.

Quanto à atualização, alguns sistemas de controle são executados em versões desatualizadas do Windows que não são mais suportadas pela Microsoft, o que significa que, se novas vulnerabilidades forem descobertas nessas versões, elas nunca serão corrigidas pelo fornecedor. Mas mesmo quando as correções são disponibilizadas, estas raramente são feitas em sistemas de controle, pois os ope-

---

[31] Em 2013, dois pesquisadores encontraram problemas com um protocolo popular usado pelos centros de controle para se comunicar com PLCs e RTUs instalados em subestações. Um intruso que não conseguisse ter acesso direto à máquina do centro de controle através da internet poderia comprometer o dispositivo de comunicação em uma subestação remota – seja acessando-o fisicamente ou invadindo a rede de rádio sem fio usada para se comunicar com o centro de controle – e explorar uma vulnerabilidade no protocolo para enviar comandos maliciosos para o centro de controle. Dessa forma, um intruso poderia destruir a máquina do centro de controle ou usá-la para distribuir comandos maliciosos para todas as subestações com as quais a máquina se comunica, potencialmente tirando do ar dezenas ou mesmo centenas de subestações de uma vez, dependendo do tamanho da instalação. Veja ZETTER, Kim. Researchers Uncover Holes That Open Power Stations to Hacking. **Wired.com**, Oct. 16, 2013, disponível em <wired.com/2013/10/ics>.

[32] ROBERTSON, Jordan. Science Fiction-Style Sabotage a Fear in New Hacks. **Associated Press**, Oct. 23, 2011, disponível em <archive.boston.com/business/technology/articles/2011/10/23/science_fiction_style_sabotage_a_fear_in_new_hacks/>.

radores desconfiam de atualizações "bugadas" que possam travar seus sistemas e porque eles não podem deixar os sistemas críticos – e os processos que estes controlam – fora de serviço pelas várias horas que podem durar uma atualização do sistema ou alguma manutenção de segurança[33].

Todos esses problemas são agravados por uma tendência crescente entre os fabricantes de empacotar sistemas de segurança com os seus sistemas de controle. Os sistemas de segurança costumavam ser analógicos e eram configurados separadamente dos sistemas de controle, de modo que problemas com o sistema de controle não interferissem com a capacidade do sistema de segurança de desligar o equipamento em caso de emergência. Mas muitos fabricantes estão agora construindo o sistema de segurança dentro de seu sistema de controle, tornando mais fácil sua desativação em um único ataque[34].

Muitas das vulnerabilidades nos sistemas de controle poderiam ser atenuadas se os sistemas usassem redes independentes e "disjuntas" – ou seja, não ligadas à internet ou a outros sistemas ligados à internet. Mas essa não é sempre a regra.

Em 2012, um pesquisador no Reino Unido descobriu mais de dez mil sistemas de controle conectados à internet – incluindo tratamento de água, usinas, barragens, pontes e estações de trem – usando um buscador especializado chamado Shodan que localiza dispositivos como telefones VoIP, TVs inteligentes e sistemas de controle que estão ligados à internet[35].

---

[33] Em 2003, de acordo com Joe Weiss, quando o *worm* SQL Slammer atingiu a internet, um fornecedor de sistemas de controle alertou seus clientes para não instalarem uma atualização disponibilizada pela Microsoft para combater o *worm*, pois a atualização desligaria seu sistema.

[34] Os sistemas de segurança em usinas nucleares, felizmente, ainda são controlados por meios analógicos, de acordo com Joe Weiss, e o horror de uma fusão do núcleo sendo causada por um incidente cibernético é muito remoto para as usinas nucleares existentes. Mas isso pode mudar, uma vez que projetos para usinas de última geração incluem sistemas digitais em rede, ele diz, que poderiam facilitar um ataque em tais usinas.

[35] ZETTER, Kim. 10K Reasons to Worry About Critical Infrastructure. **Wired.com**, Jan. 24, 2012, disponível em <wired.com/2012/01/10000-control-systems-online>. O pesquisador Eireann Leverett não conseguiu determinar quantos sistemas de controle eram os sistemas em funcionamento, em oposição aos sistemas de demonstração, e não saberia dizer quantos deles eram sistemas críticos em vez de simplesmente um sistema de aquecimento de escritório. Mas ele identificou sistemas de controle para instalações de água na Irlanda e instalações de esgoto na Califórnia entre eles, e até mesmo controles para um sistema de aquecimento podem ser aproveitados por atacantes para acessar outras partes de uma rede. E apenas 17% dos dez mil sistemas encontrados exigiam autorização para conexão. Em alguns casos, os proprietários não estavam nem mesmo cientes de que seus sistemas eram acessíveis *on-line*.

Em 2011, um hacker chamado pr0f acessou os controles de uma estação de tratamento de água em South Houston depois de encontrar o sistema de controle Siemens da cidade *on-line*. Embora o sistema fosse protegido por senha, esta usava apenas três caracteres e foi fácil adivinhar. "Sinto muito que isso não é uma história de ameaças persistentes avançadas e outras coisas", pr0f disse a um repórter na época, "mas, francamente, a maioria dos problemas que eu vi foram resultado de estupidez grosseira, e não de uma habilidade técnica incrível por parte do atacante".[36] Uma vez no sistema SCADA, pr0f capturou telas mostrando o layout de tanques de água e controles digitais, mas ele não sabotou o sistema. "Eu realmente não gosto de vandalismo sem sentido. É estúpido e tolo", ele escreveu em um post que publicou *on-line*. "Por outro lado, conectar interfaces de máquinas SCADA à internet também é"[37].

Muitos dispositivos SCADA de campo, se não estão conectados diretamente à internet pública, são acessíveis via modem e estão protegidos apenas com senhas padrão. Interruptores e disjuntores para rede de energia, por exemplo, são frequentemente configurados dessa forma, com senhas padrão, para que os funcionários que precisam acessá-los em caso de emergência lembrem-se da senha. Pela mesma razão, sistemas de controle não são geralmente projetados para bloquear alguém de fora depois de várias tentativas de falha de senha – um recurso de segurança padrão em muitos sistemas de TI para impedir que alguém forçando a entrada com inúmeras tentativas de senha acesse o sistema – porque ninguém quer um sistema de controle que bloqueie um operador caso este erre a senha algumas vezes em um estado de desespero. Em 2011, uma equipe de teste conduzida pelo pesquisador de segurança Marc Maiffret penetrou o sistema de acesso remoto de uma estação de tratamento de água do sul da Califórnia e foi capaz de assumir o controle de equipamentos da instalação utilizados para adicionar produtos químicos à água potável. Eles assumiram o controle do sistema em apenas um dia, e Maiffret disse que teria levado apenas um par de passos adicionais para despejar produtos químicos na água e torná-la potencialmente não potável.[38]

---

[36] ROBERTS, Paul F. Hacker Says Texas Town Used Three Character Password to Secure Internet Facing SCADA System. **Threatpost**, Nov. 20, 2011, disponível em <threatpost.com/hacker-says-texas-town-used-three-character-password-secure-internet-facing-scada-system-11201/75914>.

[37] Suas declarações apareceram no site Pastebin em 18 de novembro de 2011. Veja <pastebin.com/Wx90LLum>.

[38] DILANIAN, Ken. Virtual War a Real Threat. **Los Angeles Times**, Mar. 28, 2011.

Sistemas críticos acessíveis remotamente a partir da internet criam riscos óbvios de segurança. Mas se o Stuxnet provou alguma coisa, é que um intruso não precisa de acesso remoto para atacar um sistema - em vez disso, um *worm* autônomo pode ser entregue via *pen drive* ou arquivos de projeto que os engenheiros usam para programar PLCs. Em 2012, Telvent Canada, fabricante de software de controle utilizado em *smart grids*, foi invadido por intrusos ligados ao exército chinês, que acessaram arquivos de projeto para o sistema SCADA produzido pela empresa - um sistema instalado em oleodutos e gasodutos nos Estados Unidos, bem como em sistemas de água. Telvent usava os arquivos de projeto para gerenciar os sistemas dos clientes. Embora a empresa nunca tenha informado se os atacantes modificaram arquivos do projeto, a violação demonstrou a facilidade com que um invasor pode direcionar oleodutos e gasodutos, infectando os arquivos de projeto de uma empresa como a Telvent[39].

No entanto, invasões em redes de computadores não são a única preocupação quando se trata de infraestruturas críticas. Há casos documentados envolvendo pulsos eletromagnéticos interferindo em sistemas SCADA e dispositivos de campo. Em novembro de 1999, o sistema de radar de um navio da Marinha dos EUA que realizava exercícios a quarenta quilômetros da costa de San Diego interrompeu as redes sem fio de sistemas SCADA de empresas de energia elétrica e água da região. A interrupção impediu os funcionários de abrir e fechar válvulas em um gasoduto, forçando-os a enviar técnicos a locais remotos para ativar manualmente as válvulas e evitar que a água transbordasse os reservatórios. Distúrbios de pulso eletromagnético (EMP, *electromagnetic pulse*) também foram responsáveis por uma explosão de gás que ocorreu perto do porto naval holandês de Den Helder no final dos anos 80, quando um sistema de radar naval fez com que o sistema SCADA de um gasoduto de gás natural abrisse e fechasse uma válvula[40].

---

[39] ZETTER, Kim. Chinese Military Linked to Hacks of More Than 100 Companies. **Wired.com**, Feb. 19, 2013, disponível em <wired.com/2013/02/chinese-army-linked-to-hacks>. Para mais informações sobre as especificidades do ataque Telvent, veja também ZETTER, Kim. Maker of Smart-Grid Control Software Hacked. **Wired.com**, Sep. 26, 2012, disponível em <wired.com/2012/09/scada-vendor-telvent-hacked>.

[40] "Report of the Commission to Assess the Threat to the United States from Electromagnetic Pulse (EMP) Attack", abril de 2008, disponível em <empcommission.org/docs/A2473-EMP_Commission-7MB.pdf>. Para descrição de um plano de ataque intencional de pulso eletromagnético, veja também nota de rodapé 25 do Capítulo 11.

AO LONGO DOS ANOS, vários cenários apocalípticos exploram as possíveis consequências de um enorme ciberataque[41]. Mas, até a presente data, nenhum ataque ocorreu, e eventos não intencionais envolvendo sistemas de controle foram bem maiores que os intencionais.

Mas só de olhar as catástrofes industriais acidentais é possível vislubrar a extensão do dano que um ataque cibernético **poderia** causar, já que muitas vezes as consequências de um acidente industrial poderiam ser replicadas em um ataque intencional. Um hacker esperto poderia simplesmente estudar as causas e os efeitos de um desastre acidental relatado na mídia e usá-los para criar um ataque que alcançaria os mesmos resultados destrutivos.

Keith Alexander, da NSA, citou o acidente catastrófico que ocorreu na usina hidrelétrica Sayano-Shushenskaya no sul da Sibéria como um exemplo do que poderia ocorrer em um ataque[42]. A barragem de trinta anos, a sexta maior do mundo, tinha pouco mais de 240 metros de altura e atravessava um desfiladeiro pitoresco no rio Yenisei de aproximadamente oitocentos metros, antes de ruir em 2009, matando 75 pessoas.

Logo após a meia-noite de 17 de agosto, uma turbina de 940 toneladas na usina de geração de energia da barragem foi atingida com um aumento súbito de pressão da água que arrebentou seus parafusos e a atirou no ar. Como um gêiser de água, inundou a sala de máquinas do eixo onde a turbina estava e causou grandes danos a mais de meia dúzia de outras turbinas, provocando várias explosões e fazendo com que o telhado desabasse.

A catástrofe foi atribuída em parte a um incêndio na estação elétrica de Bratsk, a cerca de oitocentos quilômetros de distância, que causou a queda da produção de energia em Bratsk. Isso forçou as turbinas em Sayano-Shushenskaya a assumir a carga. Mas uma dessas turbinas já estava no fim da sua vida e estava vibrando de forma perigosa há algum tempo. Um novo sistema de controle tinha sido instalado meses antes para estabilizar a máquina, mas as vibrações

---

[41] Um estudo da RAND de 1996 intitulado "The Day After... in Cyberspace" foi um dos primeiros a imaginar as consequências de um ataque que tinha como alvo aviões, trens, sistemas de telefone e caixas eletrônicos em vários continentes. Veja ANDERSON, Robert H.; HEARN, Anthony C. **An Exploration of Cyberspace Security R&D Investment Strategies for DARPA:** The Day After... in Cyberspace II. RAND, 1996, disponível em <rand.org/pubs/monograph_reports/MR797.html>.

[42] GERTZ, Bill. Computer-Based Attacks Emerge as Threat of Future, General Says. **Washington Times**, Sep. 13, 2011.

por conta da carga de trabalho adicional foram excessivas. A turbina arrancou os parafusos que a prendiam e ficou solta. Imagens de vigilância mostraram as equipes passando por cima dos equipamentos para fugir do local. Além de matar 75 funcionários e inundar a comunidade do entorno, a usina derramou 100 toneladas de petróleo no rio Yenisei e matou quatro mil toneladas de trutas da pesca local. Especialistas calcularam que os reparos levariam quatro anos e custariam 1,3 bilhão de dólares[43].

A explosão do gasoduto no estado de Washington em junho de 1999 também foi um caso para os hackers prestarem atenção. Nesse caso, um gasoduto de quarenta centímetros de diâmetro pertencente à Olympic Pipe Line Company, em Bellingham, rompeu e despejou mais de 237.000 galões de gasolina em um riacho em Whatcom Falls Park. A gasolina derramou por noventa minutos antes de acender uma bola de fogo que se estendeu por 2,5 quilômetros, matando dois meninos de dez anos de idade e um adolescente e ferindo outros oito. Embora várias questões tivessem contribuído para o desastre, incluindo válvulas configuradas incorretamente e uma retroescavadeira que enfraqueceu parte do tubo, um sistema de controle que não respondia também desempenhou um papel. "Se os computadores do sistema SCADA tivessem respondido aos comandos dos controladores da Olympic", os investigadores disseram, "o controlador que operava o gasoduto do acidente provavelmente teria sido capaz de iniciar ações que teriam impedido o aumento de pressão que rompeu o gasoduto"[44].

Os operadores demoraram mais de uma hora para registrar o vazamento, e os moradores já estavam ligando para o 911 para relatar um forte cheiro de petróleo no riacho. Embora o vazamento de gás não tivesse sido causado por hackers, investigadores encontraram uma série de problemas de segurança com o sistema da Olympic que a tornava vulnerável a ataques. Por exemplo, a empresa havia configurado um acesso remoto *dial-in* para seu sistema de controle SCADA com autenticação por nome de usuário e senha, e as suas redes de negócios e SCADA estavam interligadas. Embora estivessem interligadas por uma ponte que fornecia alguma segurança a partir de um intruso casual, a conexão não dispunha de

---

[43] HASLER, P. Joe. Investigating Russia's Biggest Dam Explosion: What Went Wrong. **Popular Mechanics**, Feb. 02, 2010.

[44] "Pipeline Rupture and Subsequent Fire in Bellingham, Washington June 10, 1999", publicado pela *National Transportation Safety Board* em 2002, disponível em <ntsb.gov/investigations/AccidentReports/Reports/PAR0202.pdf>.

um *firewall* robusto, nem de proteção contra vírus ou monitoramento de acesso, levantando a possibilidade de que um atacante disposto poderia invadir a rede de negócios a partir da internet e depois saltar para a rede SCADA crítica.

A explosão dos dutos de gás natural em San Bruno, na Califórnia, em 2010, foi outro cenário pessimista que serviu como alerta. A explosão ocorreu após uma fonte de alimentação ininterrupta (*uninterrupted power supply*, UPS) sofrer uma manutenção que acarretou na interrupção de eletricidade para o sistema SCADA. Uma válvula de controle do gasoduto estava programada para ser aberta automaticamente se o sistema SCADA perdesse energia; como resultado, o gás ficou preso, pressionando a estrutura envelhecida até explodir. Como o sistema SCADA perdeu energia, os operadores não conseguiam ver o que estava acontecendo no gasoduto.[45]

Houve também o colapso de um dique no Missouri, em dezembro de 2005. O desastre começou quando os sensores na parede da barragem tornaram-se independentes de suas montagens e falharam em detectar quando o reservatório de 5,67 bilhões de litros da represa ficou cheio. Como as bombas continuavam a fornecer a água para o reservatório, um sistema de desligamento "à prova-de-falha" também não conseguiu funcionar[46]. O estouro começou por volta das 5:10 da manhã e, no prazo de seis minutos, um pedaço de 18 metros da parede do parapeito cedeu. Mais de 3,78 bilhões de litros de água escorria pela Proffit Mountain, varrendo rochas e árvores antes de entrar no Johnson's Shut-Ins State Park e levar embora a casa do superintendente do parque – com ele e sua família dentro – e depositando-os a mais de quatrocententos metros de distância.[47] Ninguém ficou gravemente ferido, mas carros em uma estrada nas proximidades também foram arrastados pela torrente, e um acampamento no parque foi inundado. Felizmente, por ser inverno, a área de acampamento estava vazia.

---

[45] "Pacific Gas and Electric Company Natural Gas Transmission Pipeline Rupture and Fire, San Bruno, California September 9, 2010", *National Transportation Safety Board*, 09 de setembro de 2010, disponível em <ntsb.gov/investigations/AccidentReports/Reports/PAR1101.pdf>.

[46] ROGERS, J. David; WATKINS, Conor M. Overview of the Taum Sauk Pumped Storage Power Plant Upper Reservoir Failure, Reynolds County, MO. **6th International Conference on Case Histories in Geotechnical Engineering**, Arlington, VA, Aug. 11-16, 2008, disponível em <web.mst.edu/~rogersda/dams/2_43_rogers.pdf>.

[47] WITT III, Emitt C. **December 14th, 2005 Taum Sauk Dam Failure at Johnson's Shut-Ins Park in Southeast Missouri.** National Oceanic and Atmosphere Administration.

Acidentes ferroviários também servem de modelos para ataques digitais. Os sistemas que operam comboios de passageiros combinam múltiplos componentes, muitas vezes interligados, que oferecem possíveis caminhos para um ataque: sistemas de controle de acesso para manter os pedestres sem ingresso fora das estações, sistemas de processamento de cartões de crédito, sistemas de publicidade digital, gestão de iluminação e TVs de circuito fechado, isso sem falar dos sistemas mais críticos para incêndios e de resposta a emergências, cruzamentos e sinais de controle e a operação dos próprios trens. No passado, esses sistemas eram separados e não se comunicavam uns com os outros, exceto por fios. Mas hoje os sistemas são cada vez mais digitais e interligados, incluindo aqueles sistemas que se comunicam através de sinais de rádio e transmitem comandos não criptografados livremente. Embora os sistemas ferroviários possuam redundâncias e mecanismos à prova de falha para prevenir a ocorrência de acidentes, quando muitos sistemas estão interligados, cria-se a oportunidade para erros de configuração que podem permitir que alguém acesse sistemas de segurança e os enfraqueça.

Em 22 de junho de 2009, um trem de passageiros no sistema de metrô de Washington, DC, colidiu durante a hora do *rush* da tarde com outro trem parado sobre os trilhos, matando um dos operadores e oito passageiros, e ferindo outros oitenta. Sensores defeituosos sobre os trilhos não conseguiram detectar a presença do trem parado e comunicar isso ao trem em movimento. Embora o trem em movimento estivesse equipado com sensores anticolisão que deveriam ter ativado os freios quando este chegasse a trezentos metros de distância do outro trem, tal sistema também falhou, e por alguma razão o operador nunca ativou os freios manuais. Uma década antes, retransmissores de comunicação neste mesmo sistema de metrô enviaram instruções incorretas aos trens em várias ocasiões – uma vez dizendo a um trem para viajar a 72 quilômetros por hora em uma parte do caminho onde o limite de velocidade era de 25 quilômetros por hora.[48]

Esses casos foram todos acidentais, mas na Polônia, em 2008, um menino de 14 anos em Łódź causou o descarilhamento de vários trens quando usou a porta infravermelha de um controle remoto da TV modificado para apropriar-se do

---

[48] LAYTON, Lyndsey. Metro Crash: Experts Suspect System Failure, Operator Error in Red Line Accident. **Washington Post**, June 23, 2009.

sistema de sinalização ferroviário e alterar os trilhos. Quatro bondes descarrilharam e 12 pessoas ficaram feridas.[49]

EMBORA EXISTAM MUITAS maneiras diferentes de atacar uma infraestrutura crítica, uma das mais eficazes é pela rede de energia, uma vez que a eletricidade é o cerne de toda a infraestrutura crítica. O corte de energia por um período prolongado afeta uma extensa lista de serviços críticos e instalações – trens e semáforos; bancos e bolsas de valores; escolas e instalações militares; refrigeradores que controlam a temperatura dos alimentos e de estoque de sangue; respiradores, monitores cardíacos e outros equipamentos vitais em hospitais; luzes de pista e sistemas de controle de tráfego aéreo em aeroportos. Geradores de emergência seriam usados em algumas instalações críticas, mas geradores não são uma solução viável para uma interrupção prolongada, e, no caso das centrais nucleares, a mudança para a energia de geradores provoca um desligamento automático e gradual da usina, devido a regulamentos.

Uma forma de atingir a eletricidade é ir atrás dos medidores inteligentes que as empresas de energia elétrica vêm instalando aos milhares em casas e empresas dos EUA, em parte graças ao programa de *smart grid* do governo no valor de três bilhões de dólares, o que acelerou o lançamento de medidores inteligentes sem primeiramente garantir que a tecnologia é segura.

Um dos principais problemas que os pesquisadores de segurança encontraram no sistema são os medidores inteligentes com recurso de desconexão remota, que permitem iniciar ou desligar a energia de um edifício sem a presença de um técnico no local. Usando esse recurso, um atacante poderia tomar o controle dos medidores e desligar a alimentação de milhares de clientes de uma forma não facilmente recuperável. Em 2009, um pesquisador chamado Mike Davis desenvolveu um *worm* que fazia exatamente isso.

Davis foi contratado por uma concessionária da região do Noroeste Pacífico para examinar a segurança de medidores inteligentes que a empresa planejava disponibilizar aos clientes. Tal como aconteceu com os PLCs Siemens que Beresford examinou, Davis descobriu que os medidores inteligentes eram promíscuos e se comunicavam com quaisquer outros medidores inteligentes nas suas imediações, desde que usassem o mesmo protocolo de comunicação. Eles até mesmo aceita-

[49] BAKER, Graeme. Schoolboy Hacks into City's Tram System. **Telegraph**, Jan. 11, 2008.

vam atualizações de *firmware* de outros medidores. Tudo que um atacante precisava para atualizar um *firmware* de um medidor era uma chave de criptografia de rede. Como a empresa planejava instalar a mesma chave no *firmware* de todos os medidores, um atacante só teria que comprometer uma unidade para extrair a chave e usá-la para fornecer atualizações maliciosas aos outros medidores. "Estando em controle de um dispositivo, tínhamos praticamente tudo o que precisávamos", Davis disse. "Esse era o caso de vários medidores que tínhamos olhado de diferentes fabricantes"[50].

Os medidores se comunicavam entre si por rádio e estavam sempre em modo de escuta para detectar outros medidores próximos. Alguns deles poderiam se comunicar uns com os outros a quilômetros de distância. Aqueles examinados por Davis tinham um alcance de cerca de 120 metros, aproximadamente o comprimento de um campo de futebol - mais do que suficiente para propagar uma atualização maliciosa entre casas vizinhas, desligar a energia elétrica e espalhar o *worm* para medidores adicionais. Davis nem sequer precisou comprometer um medidor existente em uma casa para espalhar a infecção; ele poderia simplesmente comprar o seu próprio medidor da mesma marca - desde que usasse o mesmo protocolo –, carregá-lo com código malicioso e a chave de criptografia necessária e, em seguida, colocá-lo próximo a alguma casa que possua um medidor. "Por causa do rádio, será detectado automaticamente [por outros medidores próximos]", Davis afirma. Com a atualização concluída, o medidor da vítima iria reiniciar com o novo *firmware* e automaticamente começaria a espalhar a sua atualização para outros medidores dentro do alcance, iniciando uma reação em cadeia. Os operadores não saberiam nada sobre a mudança nos medidores até que a energia começasse a cair nos bairros.

Normalmente, medidores de um fornecedor são atualizados remotamente através da rede central de uma empresa de serviços públicos, ou através de um técnico em campo em posse de um transmissor especial (*dongle*) conectado a um laptop para se comunicar sem fios com os medidores. Então, quando Davis e sua equipe disseram ao fornecedor que poderiam escrever software que automaticamente se propagaria de um medidor para outro, sem utilizar o computador central ou um *dongle*, o fornecedor zombou e disse que os medidores não tinham a capacidade de iniciar uma atualização de *firmware* para outro medidor. "Eles

---

[50] A partir de entrevista da autora, agosto de 2012.

nos disseram (...) que não fazia parte de seu conjunto de recursos", Davis recorda. "Nós dissemos: nós sabemos, nós adicionamos o recurso [para a atualização de *firmware* malicioso]". O fornecedor ainda assim não acreditou que um *worm* teria muito efeito, por isso Davis escreveu um programa para simular uma infecção em um bairro residencial de Seattle, que em apenas um dia se espalhou por cerca de 20.000 medidores inteligentes[51]. "Tivemos praticamente o comprometimento completo no final do ciclo de 24 horas", ele diz. A infecção se espalhou em cada medidor, um por vez, mas um ataque do mundo real iria se mover muito mais rapidamente, já que um invasor poderia enviar atualizações de *firmware* a partir de vários medidores estrategicamente localizados por toda a cidade.

O fornecedor também zombou da simulação de Davis, dizendo que um *worm* levaria de dois a quatro minutos para atualizar o *firmware* de cada medidor, e, nesse tempo, os técnicos achariam a falha antes que muitos clientes perdessem a eletricidade e enviariam uma atualização remota de *firmware* para retomar a energia.

Foi quando Davis deu sua cartada final dizendo ao fornecedor que o seu software malicioso não apenas desligaria a alimentação, como também excluiria o recurso de atualização do *firmware* nos medidores, inibindo a possibilidade de atualização para restauração da energia. Técnicos teriam que substituir o medidor em cada casa ou levá-los de volta para o laboratório e atualizá-los com o novo *firmware*. "Isso, na verdade, foi o que chamou a atenção deles mais do que qualquer coisa", ele diz. "Fomos capazes de provar o ponto de que isso sairia do controle do fornecedor bem antes deles conseguirem descobrir o que estava realmente acontecendo".

Desde a realização da simulação, Davis viu que os fabricantes melhoraram os seus medidores. Alguns agora usavam chaves distintas em seus medidores, atribuindo uma chave diferente para diferentes bairros, limitando os danos que um invasor poderia fazer com uma única chave. Mas a desconexão remota ainda é um problema para a maioria dos medidores inteligentes, uma vez que um atacante que violasse o servidor central de uma concessionária de energia elétrica poderia fazer o que o *worm* de Davis fez, mas de uma maneira muito mais simples. "Se não estivesse lá [a desconexão remota], nada disso seria realmente

---

[51] Um vídeo da simulação pode ser visto *on-line* em <youtube.com/watch?v=kc_ijB7VPd8>.

uma questão", Davis diz. "Na minha opinião, se o medidor tem o transmissor de desconexão remota, estando habilitado ou não (...), é um grande e real problema".

Ir atrás de medidores inteligentes é uma maneira eficaz de cortar eletricidade. Mas um ataque ainda mais eficaz e generalizado seria tirar os geradores que alimentam a rede ou os sistemas de transmissão que fornecem eletricidade aos clientes. O secretário de Defesa Leon Panetta disse em sua audiência de posse em junho de 2011 que o próximo Pearl Harbor poderia muito bem ser um ataque cibernético que paralisasse a rede elétrica.

A rede elétrica norte-americana é grande e complexa e, na verdade, é composta por três grandes redes regionais – conhecidas como as interconexões Oriental, Ocidental e Texas. As redes são compostas por mais de 724.000 quilômetros de linhas de transmissão de alta tensão de propriedade e operadas por cerca de três mil concessionárias. Como a energia é negociada em mercados, às vezes ela é roteada por longas distâncias e entre estados para satisfazer a procura, como, por exemplo, pela Cal-ISO, a entidade atacada em 2001. Embora a existência de muitos sistemas independentes signifique que um ataque a uma concessionária ou subestação terá um efeito limitado, a sua interconexão significa que um ataque coordenado e estratégico em uma série de sistemas poderia causar apagões em cascata que seriam difíceis de corrigir e deixariam os usuários na escuridão por semanas.[52]

Por exemplo, disjuntores que monitoram as linhas de distribuição são projetados para detectar um aumento perigoso nas linhas e abri-las para desconectá-las da rede para evitar que sejam danificadas. Quando um disjuntor é danificado, no entanto, a energia a partir dessa linha é redirecionada para outras linhas. Se essas linhas atingirem sua capacidade, os seus disjuntores também vão ser danificados, gerando um apagão. Mas um ataque bem trabalhado pode danificar os disjuntores em algumas linhas, manipulando configurações de outros para impedi-los de algum dano, fazendo com que as linhas superaqueçam quando a capacidade for excedida.

---

[52] O NERC possui normas de segurança cibernética que as concessionárias deveriam seguir, mas elas só se aplicam a sistemas elétricos de grande porte (definidos como instalações e sistemas que operam em ou acima de 100 quilovolts) e estar em conformidade não garante que um sistema não será hackeado. A segurança é uma condição em evolução, não estática, e pode mudar a qualquer momento em que um novo equipamento é instalado ou configurações são alteradas.

Quando linhas de distribuição superaquecem, elas ou são suspensas ou acabam derretendo. Linhas suspensas foram a causa do apagão no nordeste do país em 2003 que cortou a energia de 50 milhões de pessoas em oito estados e em algumas partes do Canadá. Embora um ataque digital não tenha sido a causa da interrupção, uma falha de software impediu a detecção e prevenção do evento cascata.

O problema começou em Ohio, quando linhas de energia estavam emaranhadas nas árvores, mas foi agravado pelo fato de que o sistema de alerta de emergência no centro de controle da FirstEnergy, em Akron, não registrou falhas no sistema, deixando os operadores sem informações sobre a deterioração das condições existentes. Cerca de duas horas e meia antes da ocorrência do apagão, os clientes industriais e até mesmo outras usinas estavam ligando para a FirstEnergy para relatar baixas tensões e indicações de erros nas linhas de transmissão – indicações de que problemas mais graves surgiriam na rede. Mas como os operadores da FirstEnergy não viram qualquer sinal de problema em suas telas de controle, eles assumiram que o problema estava em outro lugar. "A [American Electric Power] deve ter perdido algo grande", disse um operador da FirstEnergy a um usuário, apontando o dedo para outra empresa.[53] Somente quando a própria sala de controle da FirstEnergy ficou escura os operadores perceberam que o problema era com o seu próprio sistema. Eles acabaram rastreando a falha no sistema de alerta até chegar a um *bug* de software. "[O *bug*] nunca tinha aparecido até aquele dia", disse mais tarde um porta-voz da FirstEnergy. "Essa falha estava tão profundamente enraizada que foram necessárias semanas de análise em milhões de linhas de código e dados para encontrá-la"[54].

Um ataque ainda mais destrutivo do que alvejar as linhas de distribuição seria atingir os equipamentos das subestações que fornecem eletricidade para essas linhas. A rede é composta por mais de 15.000 nós, ou subestações, divididas em três tipos – subestações de geradores que criam energia, subestações de transmissão que transferem energia entre as linhas e subestações de distribuição que entregam energia aos consumidores. A maioria são subestações de transmissão, que

[53] US-CANADA POWER SYSTEM OUTAGE TASK FORCE. **Final Report on the August 14, 2003 Blackout in the United States and Canada:** causes and recommendations. Apr. 2004, disponível em <https://energy.gov/sites/prod/files/oeprod/DocumentsandMedia/BlackoutFinal-Web.pdf>.

[54] POULSEN, Kevin. Software Bug Contributed to Blackout. **SecurityFocus.com**, Feb. 11, 2004, disponível em <securityfocus.com/news/8016>.

são responsáveis pela "intensificação" da tensão para transmiti-la a longas distâncias e, em seguida, "redução" da tensão antes que seja distribuída aos usuários finais. Um estudo recente da Comissão Federal Reguladora de Energia descobriu que um ataque que derrubasse apenas nove subestações críticas - quatro na rede Oriental, três na rede Ocidental e duas na rede Texas - poderia causar uma queda de energia nacional por semanas, possivelmente meses, criando pânico e levando a perda de vidas[55].

A boa notícia é que, como os sistemas da rede são de propriedade e operados por diferentes concessionárias, eles usam equipamentos e configurações diferentes, impedindo um código único de atingir todos os sistemas e dificultando um ataque generalizado. Mas ataques regionais e apagões não estão fora do alcance de hackers medianos. E um ataque que destruísse geradores de grande porte em usinas de geração de energia tornaria a recuperação mais difícil. Este foi precisamente o ponto do *Aurora Generator Test.*

COM O NOME inspirado na deusa romana mãe dos quatro ventos, o teste teve suas origens no apagão da região nordeste em 2003. O blecaute durou apenas dois dias, mas fez as pessoas pensarem sobre a possibilidade de ataques remotos contra usinas de geração de energia que poderiam não ser tão recuperáveis. Mike Assante foi encarregado de criar uma equipe para testar a hipótese.

Oficial da inteligência naval, Assante foi chamado em 2001 para trabalhar no novo Centro de Proteção da Infraestrutura do FBI em Washington, DC, para pesquisar os riscos decorrentes de ataques cibernéticos contra infraestruturas energéticas. Depois de um ano, ele deixou a Marinha para assumir um emprego na American Electric Power (AEP) em Ohio, uma das maiores empresas de energia elétrica no país. A AEP queria ajuda no desenvolvimento de um programa de proteção de infraestrutura, e foi nessa época que Assante começou a pensar sobre os ataques que poderiam causar destruição física à rede.

Ainda na AEP, Assante deparou com uma reportagem do Washington Post sobre o programa de teste SCADA do Idaho National Lab (INL), em que os funcionários aterrorizaram o presidente da Comissão Federal Reguladora de Energia com uma simulação que mostrava como era fácil um hacker destruir uma turbina

---

[55] SMITH, Rebecca. U.S. Risks National Blackout from Small-Scale Attack. **Wall Street Journal**, Mar. 12, 2004.

de uma concessionária desligando o mecanismo responsável pela lubrificação da máquina. Sem óleo de lubrificação das peças de metal em movimento, a turbina se desprendeu e partiu[56]. A reação do presidente na demontração foi terrível. "Eu queria estar vestindo uma fralda", ele disse ao Post após o teste[57].

Assante visitou o laboratório do INL e ficou impressionado com o grupo de peritos que foi recrutado para o programa de testes. Além de engenheiros de sistema de controle, o laboratório contratou um grupo de hackers de código recém-saídos do ensino médio e da faculdade que sabiam como atacar sistemas de controle. Eles entravam nas redes de sistemas de controle com pouca resistência, explorando as fraquezas que eram invisíveis para os engenheiros que trabalhavam com os sistemas há anos. O laboratório também tinha suas próprias subestações e mini-redes - 10 quilômetros de rede redundante que os investigadores poderiam isolar da rede pública - para executar os testes ao vivo. Assante ficou tão intrigado com as possibilidades de condução de pesquisa de segurança real na rede - e não apenas testes simulados - que ele deixou seu emprego na AEP em 2005 e obteve um cargo no laboratório.

Uma vez lá, Assante e seus colegas começaram a estudar como o equipamento poderia ser destruído. Até então, a maior parte da preocupação em torno da cibersegurança da rede era focada em alguém entrando em uma rede de energia para abrir disjuntores e criar uma interrupção. Uma queda de energia, no entanto, poderia ser resolvida rapidamente, com a redefinição dos disjuntores. Mas o que dizer de um ataque que contornasse os sistemas de segurança com o fim de destruir fisicamente um gerador que não pudesse ser facilmente consertado?

Eles decidiram entrar no gerador concentrando o ataque nos relés de proteção - dispositivos de segurança que monitoram as mudanças na rede e são responsáveis por ativar os disjuntores se as condições da rede entrarem em uma zona de perigo. A desativação dos relés de proteção desempenhou um grande papel em fevereiro de 2008, quando cerca de seiscentas mil pessoas na Flórida ficaram sem energia após um engenheiro de campo da Florida Power and Light

---

[56] O cenário foi semelhante a um incidente da vida real que ocorreu em uma fábrica de engarrafamento em Coors em 2004, quando um empregado erroneamente alterou as configurações em um sistema responsável por lubrificar os rolamentos em uma linha de engarrafamento. Em vez de lubrificar os rolamentos a cada vinte minutos, ele definiu para a cada oito horas, e, eventualmente, a linha de engarrafamento ficou paralisada.

[57] BLUM, Justin. Hackers Target US Power Grid. **Washington Post**, Mar. 11, 2005.

desligar os relés de proteção em uma subestação enquanto investigava um mau funcionamento em um *switch*.[58] Quando ocorreu uma falha na linha que ele estava examinando, não havia nada que impedisse sua propagação. O resultado foi uma queda em cascata que se espalhou para 38 subestações, incluindo uma que fornecia energia para uma usina nuclear, fazendo com que a usina fosse automaticamente desligada.

Mas relés de proteção não apenas disparam disjuntores em linhas de transmissão, eles também desligam geradores e outros equipamentos da rede se as condições forem alarmantes. A rede de energia opera em 60 Hz - ou sessenta ciclos por segundo - e dispositivos conectados a ele precisam estar em sincronia ou eles podem ser danificados. Ligue algo na rede que esteja fora de sincronia e isso cria um torque que pode destruir o equipamento. Quando um gerador se conecta à rede, uma carga reversa é gerada, como a força gravitacional contra um carro subindo uma colina. Mas quando um disjuntor abre e um gerador da rede é desligado, o gerador em operação acelera na ausência de qualquer carga reversa contra ela. Dentro de apenas 10 milissegundos, o gerador vai estar fora de sincronia com a rede. Se o disjuntor, em seguida, fecha, trazendo o gerador de volta para a rede com os dois fora de sincronia, o efeito é semelhante a um carro batendo em uma parede de tijolo. O gerador gasta muita energia que não tem para onde ir, e, ao atingir a rede mais lenta, a força daquela energia bate de volta contra ele. É um fenômeno bem conhecido que foi causa de acidentes no passado.

Portanto, a pergunta que a equipe de Assante fez para seu teste era simples: se relés de proteção deveriam impedir que o equipamento fosse danificado, o que aconteceria se eles pudessem ser subvertidos para ajudar na destruição do equipamento? Projetar tal ataque acabou sendo apenas um pouco mais complicado do que a pergunta. O ataque envolvia código malicioso escrito para alterar as configurações dos relés digitais para que o disjuntor de um gerador abrisse e fechasse velozmente, fazendo com que o equipamento se desligasse da rede de forma rápida e repetidamente e voltasse a ligar quando estivesse fora de sincronia. Sem a proteção dos relés, não havia nada que impedisse a autodestruição do gerador. "Isso é que fez o ataque ser tão traiçoeiro", disse Joe Weiss. "A única coisa que poderia parar um ataque como este era a coisa que eles usaram para realizar

---

[58] FLORIDA POWER AND LIGHT. **FPL Announces Preliminary Findings of Outage Investigation.** Feb. 29, 2008, disponível em <newsroom.fpl.com/news-releases?item=101775>.

o ataque". Com a abertura e o fechamento abruptos do circuito de proteção, o relé passou de "fornecer proteção máxima para infligir o máximo dano", o DHS mais tarde escreveu em um relatório sobre o teste.[59]

Como vítima, eles escolheram um gerador Wärtsilä que tinha sido aposentado dos campos de petróleo no Alasca e comprado através de um corretor por um terço do seu preço de 1 milhão de dólares.[60]

O ataque durou três minutos, mas poderia ter alcançado o seu objetivo em apenas 15 segundos. Os pesquisadores construíram o ataque em pausas para dar tempo para os engenheiros avaliarem os danos e verificarem os sistemas de segurança em cada etapa. Cada vez que o disjuntor deixava o gerador fora de sincronia, conectando-o de volta à rede, a máquina saltava e vibrava com a força de sua própria energia, até que o acoplamento entre o motor diesel e o gerador finalmente quebrou.[61]

Os funcionários do centro de operações que monitoravam a rede atrás de anomalias não foram informados do ataque antes dele ocorrer e nunca notaram nada de errado em seus monitores. O sistema de segurança que foi projetado para superar pequenos picos e vales que normalmente ocorrem na rede também não registrou a interrupção destrutiva. "Nós poderíamos fazer o ataque, essencialmente abrir e fechar um disjuntor tão rapidamente, que os sistemas de segurança não iriam vê-lo", disse Perry Pederson, que dirigiu o programa de segurança de sistemas de controle do DHS na época e supervisionou o teste.[62]

---

[59] A partir de uma apresentação de *slides* do DHS obtida através de um pedido FOIA (*Freedom of Information Act*) feito pela autora. A apresentação é intitulada "Control Systems Vulnerability - Aurora".

[60] O valor vem de uma avaliação de custo desenvolvida para o teste Aurora e divulgado pelo DHS através do FOIA a pedido da autora.

[61] Um exemplo do que pode acontecer quando o acoplamento em uma turbina é danificado: em 2011, um gerador de turbina a vapor em uma usina no Irã explodiu em Iranshahr e o problema foi atribuído a uma falha de acoplamento. A explosão foi tão forte que os investigadores não conseguiam **encontrar** a turbina de energia após o acidente. Acoplamentos precisam ser inspecionados regularmente atrás de sinais de desgaste e precisam ser lubrificados para manter as operações e prevenir acidentes. A usina em Iranshahr tinha três queimadores de óleo no lugar onde o gerador foi instalado, o que provavelmente agravou a explosão. A explosão poderia realmente ter sido o resultado de acoplamento mal mantido ou instalação defeituosa, mas houve quem pensassse que poderia ter sido o resultado de sabotagem similar ao ataque Aurora.

[62] Entrevista da autora, agosto de 2012.

Substitur um gerador de 27 toneladas que foi destruído dessa maneira não seria trivial, mas era factível. Mas existiam geradores de 800 megawatts em usinas grandes e outras instalações que levariam meses ou um ano para serem substituídos, pois muitas vezes eram feitos sob encomenda no exterior. Nem todos os geradores que alimentam a rede seriam suscetíveis a esse ataque – dependeria de como a energia naquela parte da rede está equilibrada. Mas a mesma coisa poderia acontecer com outros equipamentos críticos, não facilmente substituíveis, alimentados pela rede. Uma subestação alimentando um banco de bombas responsáveis pelo fornecimento de água potável para uma grande área metropolitana, por exemplo, poderia causar grandes perturbações se fosse desativada. "Eu não sei o que aconteceria com uma grande bomba de 50.000 cavalos de potência, mas eu poderia imaginar que seria tão ruim quanto um gerador", Pederson disse.[63]

Desde o teste Aurora em 2007, houve outras demonstrações de ataques cibernéticos destrutivos. Em uma reportagem de 2009 no programa de TV "60 Minutes", os pesquisadores do Sandia National Lab mostraram como ataques poderiam causar superaquecimento em componentes de uma refinaria de petróleo simplesmente mudando as configurações de um elemento de aquecimento e desativando as bombas de recirculação que ajudam a regular a temperatura.[64]

TIRANDO O STUXNET e o incidente de Maroochy Shire, não houve ataques digitais realmente destrutivos registrados no mundo até a presente data. Especialistas têm oferecido uma série de possíveis razões para isso – tais ataques são mais difíceis de conduzir do que as evidências aqui apresentadas, e aqueles que possuem habilidades e recursos para conduzi-los simplesmente não têm a motivação para tal até agora, enquanto outros que têm a vontade de lançar tal ataque ainda não sabem o caminho.

Uma coisa, no entanto, parece certa: dadas as possibilidades variadas e abrangentes para a realização de tais ataques, e a prova de conceito fornecida pelo Stuxnet, é apenas uma questão de tempo até que a atração do assalto digital se torne demasiado irresistível para alguém deixá-la passar.

---

[63] Ibid.

[64] 60 Minutes, "Cyber War: Sabotaging the System", data que foi ao ar: 06 de novembro de 2009 na CBS.

Capítulo 10

Arma de Precisão

Ralph Langner sentou em seu escritório em Hamburgo e viu como seus dois engenheiros alimentavam um fluxo de mentiras ardilosas para o código do Stuxnet que tinham instalado em sua máquina de teste. Langner, um especialista no misterioso campo dos sistemas de controle industrial, estava trabalhando com seus colegas há dias na identificação e recriação das condições precisas sob as quais o obstinado código lançaria sua carga útil no seu PLC, mas isso estava se provando mais difícil do que eles esperavam.

Dias antes, a equipe de Langner configurou um computador com o software Siemens Step 7 e o conectou a um PLC Siemens que, por acaso, eles tinham em mãos. Eles também instalaram um analisador de redes para ver os dados à medida que estes trafegavam entre a máquina com o Step 7 e o PLC. Diferentemente dos pesquisadores da Symantec, Langner e sua equipe trabalhavam com PLCs o tempo todo e sabiam exatamente o tipo de tráfego que devia passar entre a máquina com o Step 7 e o PLC; diante disso, eles assumiram que seria fácil detectar quaisquer anomalias na comunicação. Mas quando eles inicialmente infectaram seu sistema Step 7 com o Stuxnet, nada aconteceu. O Stuxnet, eles e outros descobriram, estava à procura de dois modelos **específicos** de PLCs Siemens – o S7-315 e o S7-417 – e eles não tinham nenhum desses modelos em mãos.

Assim, eles instalaram um depurador Windows em sua máquina de teste para observar os passos que o Stuxnet tomava antes de lançar sua carga útil e descobrir uma forma de enganar o código para que ele pensasse que havia encontrado seu alvo. Durante a análise, o Stuxnet percorreu uma longa lista de verificação referente às configurações do alvo, cada uma aparentemente mais específica do que a outra. Langner e seus colegas não sabiam o que exatamente estava na lista de verificação, mas eles não precisavam saber. Conforme o Stuxnet consultava o sistema deles, para cada item da lista eles o alimentavam com uma série de respostas prontas, até encontrarem aquela que o Stuxnet queria. Era um método grosseiro de ataque, que levou vários dias de tentativa e erro. Quando eles finalmente obtiveram a combinação correta de respostas e executaram o código passo a passo uma última vez, conseguiram ver exatamente o que os pesquisadores da Symantec descreveram: o Stuxnet injetou uma série de blocos de código malicioso em seu PLC. "É isso aí", Langner lembra-se de pensar. "Nós pegamos esse pequeno desgraçado".[1]

Eles só notaram o código malicioso inserido no PLC porque os blocos de código eram ligeiramente maiores do que deveriam ser. Antes de infectar seu sistema Step 7 com o *malware*, eles haviam transferido blocos de código para o PLC e os capturaram com uma ferramenta de análise que gravava seus tamanhos e características básicas. Após infectar a máquina com o Stuxnet, eles transferiram novamente os mesmos blocos de código e viram que eles haviam crescido subitamente.

Eles ainda não conseguiam ver o que o código do Stuxnet estava executando no PLC, mas identificar a injeção em si já foi uma grande notícia. Isso estava muito além de qualquer coisa que eles já tivessem alertado aos clientes e do que esperavam ver no primeiro ataque conhecido contra um PLC.

QUANDO A SYMANTEC revelou, em 17 de agosto, que o Stuxnet visava danificar PLCs, podia parecer para Chien e Falliere que não havia ninguém escutando. A quase dez mil quilômetros de distância, Langner estava sentado em seu pequeno escritório, em um subúrbio arborizado da Alemanha, lendo as informações disponibilizadas pela Symantec com muita atenção. Já há alguns anos Langner vinha alertando seus clientes industriais de que um dia alguém poderia inventar um ataque digital para danificar seus sistemas de controle – e agora, aparentemente, esse dia tinha finalmente chegado.

Langner era o proprietário de uma empresa composta por três profissionais que se especializou em segurança de sistemas de controle industrial. Era a

[1] Todas as citações de Langner foram extraídas de entrevistas concedidas por ele em 2010, 2011 e 2012.

única atividade desempenhada pela empresa. Ele não tinha interesse em segurança de computadores comuns e pouco se importava com os anúncios que alertavam sobre os vírus e *worms* mais recentes infectando PCs. Até mesmo os *exploits zero-day* não o fascinavam. Quando o Stuxnet foi manchete pela primeira vez na imprensa de tecnologia e tornou-se um dos principais assuntos de extensas conversas nos fóruns de segurança, ele mal prestou atenção. Mas quando a Symantec escreveu que o Stuxnet estava danificando PLCs da Siemens, Langner ficou imediatamente intrigado.

A Symantec não revelou o que o Stuxnet fazia com os PLCs, apenas que ele estava injetando código na chamada lógica *ladder* do PLC –se isso significava derrubar o PLC, ou coisa pior, a empresa de antivírus não disse[2]. Langner percebeu que milhares de clientes da Siemens, incluindo muitos de seus próprios clientes, estavam agora diante de um vírus potencialmente perigoso e esperavam ansiosamente que a Siemens ou a Symantec dissessem a eles o que exatamente o Stuxnet estava fazendo com seus PLCs. Mas, surpreendentemente, os pesquisadores da Symantec ficaram em silêncio após seu anúncio.

Langner suspeitou que os pesquisadores da Symantec tivessem chegando a um ponto onde não sabiam mais o que fazer, devido a sua falta de conhecimentos com relação a PLCs e sistemas de controle industrial. Mas, curiosamente, a Siemens também ficou em silêncio. Isso era estranho, pensou Langner. Afinal, eram os controladores da Siemens que estavam sendo atacados; a empresa tinha a obrigação de analisar o código malicioso e dizer aos clientes o que isso podia estar fazendo com os seus sistemas. Mas, após alguns breves anúncios feitos pela empresa alemã em julho, veio mais silêncio.[3]

---

[2] "Lógica *ladder*" é um termo genérico para descrever a estrutura de comandos usados para codificar um sistema de controle. O nome vem da estrutura de programação com aparência de escada (*ladder*, em inglês), que define cada processo em um passo a passo, de forma sequencial.

[3] Em seu anúncio inicial, a Siemens disse que tinha montado uma equipe de especialistas para analisar o Stuxnet e começaria a alertar os clientes quanto ao seu risco potencial de infecção. A empresa mais tarde disse que menos de duas dúzias de seus clientes foram infectados com o Stuxnet. O segundo anúncio da empresa estava relacionado com a senha do banco de dados da Siemens, embutida no código, que o Stuxnet usou para se propagar. A Siemens alertou aos clientes para não alterar a senha, sob o risco de interromper funções críticas em seus sistemas. "Nós iremos publicar em breve orientações aos clientes, mas isso não incluirá recomendações para alterar as configurações padrão, uma vez que isso pode impactar nas operações das fábricas", disse um porta-voz uma semana após o Stuxnet ser exposto. Veja MCMILLAN, Robert. After Worm, Siemens Says Don't Change Passwords. **PCWorld.com**, July 19, 2010.

Langner estava furioso. Apesar de o Stuxnet aparentemente estar focado apenas em máquinas com o Siemens Step 7, ninguém sabia realmente o que o código malicioso era capaz de fazer ou se ele poderia estar associado a *bugs* que pudessem prejudicar outros PLCs. E havia outra preocupação mais importante: a vulnerabilidade que permitiu ao Stuxnet a injeção de código malicioso na lógica *ladder* de um PLC da Siemens também existia em outros controladores[4]. Amostras do Stuxnet já estavam disponíveis para *download* na internet; qualquer hacker, criminoso ou grupo terrorista poderia estudá-lo e usá-lo como modelo para elaborar um ataque mais destrutivo e de maior escala contra outros modelos de PLCs.

Por conta disso, era ainda mais desconcertante o silêncio de duas outras partes - o CERT-Bund, equipe alemã de resposta a emergências computacionais; e o ICS-CERT, dos EUA. Ambas as organizações eram incumbidas de ajudar a proteger infraestruturas críticas em seus respectivos países, mas nenhuma delas havia dito muita coisa sobre o Stuxnet. Nenhum alerta foi emitido pelo ICS-CERT sobre a injeção de código na lógica *ladder* em PLCs Siemens, ou ao mesmo qualquer menção sobre sabotagem. Também não havia absolutamente nada sobre os perigos que o Stuxnet apresentava para ataques futuros[5]. O silêncio das autoridades alemãs era ainda mais estranho, uma vez que os controladores Siemens estavam instalados em quase todas as usinas ou fábricas alemãs de que Langner conseguia lembrar.

Langner falou sobre o assunto com seus dois engenheiros, Ralf Rosen e Andreas Timm. Nenhum deles possuía qualquer experiência em engenharia reversa de vírus e *worms*, mas, já que ninguém mais os informaria sobre o que o Stuxnet estava fazendo com os PLCs Siemens, então eles teriam que descobrir sozinhos. Isso significaria dias de trabalho voluntário espremido entre outras tarefas de clientes que pagavam, mas eles concluíram que não tinham escolha.

---

[4] A vulnerabilidade se deve em parte ao fato de o sistema da Siemens não ter autenticação, o que permitiu que a lógica *ladder* maliciosa fosse enviada para o PLC. Se o sistema tivesse exigido que o código fosse assinado digitalmente, o PLC não o teria aceitado.

[5] Veja ICS-CERT ADVISORY ICSA-10-201-01C. **USB Malware Targeting Siemens Control Software**, Aug. 02, 2010, com as atualizações subsequentes disponíveis em <ics-cert.us-cert.gov/advisories/ICSA-10-201-01C>; e ICS-CERT ADVISORY ICSA-10-238-01B. **Stuxnet Malware Mitigation.** Sep. 15, 2010, disponível em <ics-cert.us-cert.gov/advisories/ICSA-10-238-01B>.

Langner e seus colegas formavam uma equipe estranha, mas eficaz. Em uma profissão por vezes caracterizada por engenheiros desalinhados, pálidos e com rabos de cavalo, Langner era um homem vigoroso de 52 anos de idade com cabelos escuros e curtos, sem qualquer tom grisalho, que vestia ternos claros e sapatos de couro finamente trabalhados. Ele tinha penetrantes olhos azuis em um rosto queimado de férias e um corpo elegante e tonificado de um alpinista experiente – subprodutos de excursões de esqui nos Alpes e caminhadas em colinas. Se a aparência elegante de Langner não o destacava dos demais, seu modo brusco e arrojado o fazia. Ele tinha a reputação de ser uma pessoa franca e muitas vezes fazia declarações que irritavam seus colegas da comunidade de sistemas de controle. Há anos ele prega sobre problemas de segurança em sistemas, mas seu modo áspero e confrontador muitas vezes afastava justamente as pessoas que mais precisavam ouvir. Rosen e Timm, em contrapartida, eram ambos engenheiros de barba grisalha em seus quarenta anos de idade, que tinham uma maneira mais relaxada de se vestir e de manter a forma, e assumiam uma postura mais calma e retraída se comparada com a de Langner.

Apesar de os três parecerem incompatíveis em diversos aspectos, não havia provavelmente equipe mais adequada para a tarefa de examinar o Stuxnet. Timm trabalhava para Langner como especialista em sistemas de controle há pelo menos uma década e Rosen, três anos a mais que isso. Durante esse tempo, eles acumularam um amplo conhecimento sobre sistemas de controle industrial em geral e sobre controladores Siemens em particular. A Siemens, aliás, era um cliente de longa data. A empresa comprava produtos de software da empresa de Langner, e ele e seus engenheiros por vezes treinavam funcionários da Siemens em seus próprios sistemas. Havia provavelmente apenas alguns poucos funcionários da Siemens que conheciam os sistemas da Siemens melhor do que eles.

O caminho de Langner pelo mundo da segurança de ICS foi indireto, no entanto. Ele era formado em psicologia, algo aparentemente muito distante do mundo dos sistemas de controle. Mas foi seu conhecimento em psicologia que de fato o levou à presente carreira. Nos anos 70, enquanto estudava psicologia e inteligência artificial na *Free University of Berlin*, ele começou a escrever software para fazer análises estatísticas de dados coletados em experimentos. Ele também escreveu um programa que modelava padrões humanos de tomada de decisão para chegar a diagnósticos psiquiátricos.

Mas foi um *driver* que ele escreveu para conectar o computador de sua casa ao *mainframe* da universidade que acabou lançando sua carreira em ICS. Na faculdade, Langner possuía um computador de primeira geração que não tinha o poder computacional necessário para conduzir análises estatísticas. Toda vez que ele queria processar dados coletados em um de seus experimentos, ele tinha que se deslocar até o câmpus e conectar seu computador aos *mainframes* da universidade. Langner odiava o trajeto para o câmpus, então ele estudou os protocolos necessários para se comunicar com os servidores remotamente e escreveu um *driver* que o permitia se conectar via modem a partir de casa.

Logo depois de se graduar na faculdade ele abriu uma empresa de consultoria de software, usando seu *driver* como a base para o negócio. Considerado um produto inovador na época, não demorou muito para que os engenheiros de sistemas de controle começassem a procurá-lo para se comunicar com seus sensores e controladores em campo. Os métodos que eles usavam na época frequentemente perdiam dados durante a transmissão, e o *driver* de Langner provou ser muito confiável.

Em 1997, Rosen se juntou à empresa para projetar sistemas customizados para clientes que queriam conectar desktops aos seus PLCs Siemens. Ao estudarem os protocolos e os PLCs da Siemens para fazer as conexões funcionarem, Rosen e Langner se surpreenderam com uma série de problemas de segurança nos sistemas – as mesmas falhas que outros pesquisadores encontrariam mais de uma década depois. Eles também estavam surpresos em saber que os proprietários e os operadores de sistemas de controle industrial estavam completamente alheios a essas brechas de segurança e, portanto, nada tinham feito para proteger seus sistemas de ataques. Em vez de redes em camadas ou segmentadas, onde os sistemas críticos estariam isolados dos computadores comuns, eles possuíam arquiteturas de rede horizontais que proviam acesso aos PLCs a partir de qualquer máquina na rede. Eles também possuíam sistemas que eram conectados diretamente à internet, sem nenhum *firewall* ou senha para impedir o acesso de invasores, ou então usavam senhas padrão ou embarcadas no código que nunca eram alteradas.

Langner e sua equipe iniciaram um serviço de consultoria para ajudar seus clientes a refazer suas redes de forma mais segura, mas o conceito de segurança em sistemas de controle acabou tornando-se algo difícil de se vender. Por anos, a comunidade de ICS foi, em grande parte, imune ao dilúvio de *malwares* e ataques de hackers que atingiam a comunidade de TI, e, como resultado, a maior parte da comunidade não pensava que estava em risco. Langner avisava aos clientes que eventualmente eles poderiam pagar pela sua complacência e frequentemente demonstrava a eles como um atacante com pouca habilidade poderia colocar suas operações fora do ar. Mas poucos se preocupavam e faziam alguma coisa para tratar o problema. "Ninguém queria ouvir", diz Langner, "com exceção de algumas poucas empresas que investiam em segurança de sistemas de controle".

Agora, uma década mais tarde, Stuxnet era o sinal do que Langner havia alertado. Mas até mesmo ele ficou surpreso com a força e a fúria do ataque quando este finalmente chegou. Ele havia imaginado uma série de cenários ao longo dos anos nos quais hackers atacariam PLCs, uma vez que as suas vulnerabilidades de segurança viessem a público; mas nenhum deles envolvia injeção de código malicioso na lógica *ladder* do PLC. Ataques de computadores tipicamente evoluíam com o tempo e se desenvolviam de forma incremental. Os hackers primeiro criavam ataques simples que requeriam menor quantidade de esforço e habilidade para ter sucesso, e as empresas de segurança e os fabricantes de software respondiam com correções para detê-los. Em seguida, atacantes encontravam caminhos alternativos dentro dos sistemas, até que os defensores conseguissem neutralizá-los mais uma vez. Cada ciclo de ataque se tornava progressivamente mais sofisticado, assim como as defesas também o faziam para derrotá-los. De forma similar, no caso dos sistemas de controle, Langner esperava que os hackers começassem com ataques simples de negação de serviço – enviando comandos de parada para interromper qualquer que fosse o processo que o PLC controlava – e depois escalassem para bombas lógicas e outras técnicas simples para alterar configurações. Mas o Stuxnet passou direto pelas fases iniciais esperadas e pulou direto para um dos ataques mais sofisticados que alguém podia conceber contra um PLC.

De tudo que Langner viu no código, o ataque *man-in-the-middle* contra o sistema de segurança e as estações de monitoramento do operador foi o que realmente o deixou surpreso. A maneira como o Stuxnet desativava suavemente o sistema de segurança e diabolicamente gravava as operações normais do PLC para reproduzi-las de volta para os operadores durante o ataque foi assustador para ele – o equivalente digital de um elefante de circo de seis toneladas ficando em pé sobre uma perna. Era um nível de graça e elegância que ele nunca havia visto ou mesmo considerado possível.

Era também o cenário mais agressivo que ele podia imaginar, pois, uma vez que o atacante desabilitasse a lógica responsável por alimentar dados importantes para um sistema de segurança, era apenas uma questão de tempo até alguém ficar seriamente ferido ou ser morto. Desative o sistema e os sensores de segurança em uma fábrica de produtos químicos ou refinaria de gás e você poderia liberar gás venenoso ou líquidos inflamáveis sem que ninguém soubesse até que fosse tarde demais. Os autores do Stuxnet podiam não ter a intenção de machucar ou matar alguém com seu ataque, mas outros hackers que usassem o Stuxnet ou aprendessem com suas técnicas podiam não ser tão cuidadosos.

Langner estimava que talvez existissem poucas dúzias de pessoas no mundo com o nível de conhecimento necessário para projetar esse tipo de ataque a sistemas de controle Siemens, e três delas estavam sentadas em seu escritório. Mas mesmo eles não conseguiriam atingir a sofisticação dos atacantes.

NA TERCEIRA SEMANA de sua análise do Stuxnet, Langner entrou na sala de conferência onde ele e seus colegas se reuniam a cada manhã para discutir seu progresso com o código. Rosen e Timm olharam para ele, entretidos. Normalmente ele estaria impecavelmente vestido e alerta, mas naquele dia parecia desalinhado e abatido depois de uma noite sem dormir debruçado sobre um computador fazendo pesquisas *on-line*. Ele estava seguindo uma trilha após outra, perseguindo pista após pista, até chegar num beco sem saída, tentando descobrir o que o Stuxnet estava atacando até que, finalmente, encontrou uma luz. "Eu sei do que se trata", revelou aos seus colegas. "Isso é para derrubar o programa nuclear do Irã. É para atingir Bushehr".

Bushehr, como mencionado anteriormente, era a usina de energia nuclear no sudoeste do Irã que havia entrado e saído de construção por diversas décadas. Ela havia passado por diversos atrasos e cancelamentos ao longo dos anos e tinha finalmente sido agendada para entrar em operação naquele mês. Mas, pouco antes de estar prestes a iniciar, as autoridades anunciaram outro atraso. Como o atraso coincidiu com a descoberta do Stuxnet, parecia lógico para Langner que um ataque cibernético estava em jogo.[6]

[6] Algumas semanas depois as autoridades iranianas negaram que o Stuxnet teria sido a causa e, em vez disso, atribuíram o atraso a um vazamento em um tanque próximo ao reator.

Rosen e Timm o encararam com descrença. Ninguém era estúpido o suficiente para derrubar uma usina de energia nuclear, pensou Rosen. Não correriam o risco de liberar material radioativo? E por que usar um *worm* não confiável para fazer o trabalho quando poderiam destruir a usina de forma mais confiável usando uma bomba? Mas à medida que Langner ligava os pontos, sua louca teoria realmente começava a fazer sentido para eles.

Depois de quase um mês desde que eles observaram pela primeira vez o código malicioso do Stuxnet injetado em seu PLC, Langner e sua equipe buscavam, nos blocos de código do Stuxnet, por dicas sobre as instalações que podia estar atacando. A configuração dos sistemas que o Stuxnet tinha como alvo poderia revelar de modo mais claro as intenções do código, podendo ser mais claro até que o próprio código. Se eles pudessem descobrir quais os tipos de dispositivos que os PLCs controlavam, e se foram configurados de maneiras distintas, eles conseguiriam restringir os possíveis alvos.

Eles ficaram diversas semanas tentando decifrar os blocos, trabalhando no pequeno escritório que ocupavam no segundo andar de um edifício de dois andares. A rua residencial tranquila onde trabalhavam era cheia de árvores e contrastava bastante com o moderno complexo de vidro da Symantec. Em vez de múltiplos andares cobertos por cubículos, eles tinham uma única sala ampla onde Timm e Rosen trabalhavam, uma sala de reuniões para clientes e um espaço de escritório para Langner e seu assistente.

Toda manhã eles se reuniam para revisar o progresso que tinham feito, depois trabalhavam no código o resto do dia, discutindo suas teorias durante o almoço na sala de conferências e durante o jantar nos restaurantes das redondezas. No meio disso tudo, eles respondiam às chamadas de suporte dos clientes. Mas quando ligavam para solicitar novos trabalhos, Langner recusava, de tão concentrados que estavam em destrinchar o Stuxnet. Não é como se eles pudessem se dar ao luxo de rejeitar o trabalho remunerado. Eles não tinham nada próximo dos recursos corporativos que a Symantec tinha, e nenhum cliente externo estava financiando sua pesquisa. Langner pagava pelo tempo e trabalho deles com os lucros da empresa. Mas nenhum deles estava se queixando. Todos sabiam que o Stuxnet era o trabalho de suas vidas. “Nós entendíamos que essa era a maior história de *malware* de todos os tempos”, recorda Langner. “Era um trabalho absolutamente fantástico. Foi o melhor trabalho que eu já fiz e tenho certeza que eu não podia fazer melhor”.

Após semanas de análise meticulosa, eles chegaram a uma conclusão surpreendente. O Stuxnet não estava apenas atacando dois modelos específicos de PLCs Siemens, estava atacando uma instalação específica onde os PLCs eram usados. O Stuxnet era uma arma de precisão de nível militar mirando um único alvo. Ele não procurava qualquer PLC S7-315 e S7-417 que pudesse encontrar: os PLCs tinham que estar configurados de uma forma muito precisa. Embutido no código de ataque havia um dossiê detalhado descrevendo as configurações técnicas precisas dos PLCs que buscava. Todas as usinas que usavam sistemas de controle industrial possuíam configurações personalizadas em diferentes graus; mesmo empresas de uma mesma indústria usavam configurações específicas para as suas necessidades. Mas a configuração que o Stuxnet estava procurando era tão precisa que provavelmente seria encontrada em apenas uma única instalação no Irã ou, se mais de uma, em instalações configuradas exatamente iguais, para controlar processos idênticos. Qualquer sistema que não possuísse esta exata configuração permaneceria ileso; o Stuxnet simplesmente se desligaria e passaria para o próximo sistema em busca de seu alvo.

A ideia de alguém ter posto tanto dinheiro e esforço em uma arma que atacasse um único alvo deixou Langner estarrecido. Só podia significar uma coisa – o alvo tinha que ser extraordinariamente importante. Agora eles só tinham que descobrir o que era.

Os passos incluídos na análise de um código são sistemáticos e altamente técnicos – isolar os componentes, decifrar o código e fazer a sua engenharia reversa. Mas mapear um código digital para um ambiente do mundo real é mais arte do que ciência. Os três debatiam em torno de uma série de hipóteses sobre o que pensavam que o alvo poderia ser, depois peneiravam o código buscando evidências que as suportassem. Enquanto isso, Langner entrava em contato com colegas em várias indústrias para perguntar a eles sobre a configuração de seus PLCs, para ver se conseguia encontrar algo igual. Após diversos dias eles ainda não tinham conseguido isolar o alvo do Stuxnet. Finalmente, Langner decidiu se afastar dos detalhes técnicos e abordar o problema por um ângulo diferente, pesquisando artigos de notícias e outras fontes em busca de pistas. Após diversas noites gastas navegando pela web, ele finalmente chegou na sua teoria sobre Bushehr.

As suspeitas de Langner sobre a usina foram inicialmente despertadas quando ele se lembrou de uma foto que tinha visto *on-line* no ano anterior, aparentemente tirada durante uma visita da imprensa a Bushehr. A imagem mostrava uma tela de computador com uma mensagem *pop-up* indicando que a licença do software WinCC da máquina havia expirado. Para Langner, isso parecia provar que um software da Siemens estava sendo usado na usina[7]. Contatos na comunidade de sistemas de controle confirmaram a Langner que PLCs Siemens S7-417 estavam instalados em Bushehr. Outras pesquisas revelaram que a empresa russa responsável por instalar equipamentos na usina também usava PLCs Siemens em outras instalações que havia equipado – incluindo uma usina na Bulgária, supostamente modelada com base em Bushehr. A usina búlgara possuía uma turbina a vapor operada por controladores Siemens, o que o lembrou do *Aurora Generator Test* conduzido pelo *Idaho National Lab* três anos antes. O teste forneceu provas de que um código malicioso poderia destruir uma turbina.

Com os três sentados na sala de conferências, com Langner construindo sua hipótese, Rosen e Timm se viram acenando relutantemente com a cabeça concordando com a teoria dele. Eles sabiam que havia pouquíssimos alvos no mundo que justificavam a quantidade de trabalho que havia sido empregado no Stuxnet. Mas se Langner estivesse certo e Bushehr fosse o alvo, e a sabotagem física fosse o seu objetivo, então o Stuxnet era essencialmente um ato de guerra.

E se o Stuxnet era um ato de guerra, então que tipo de resposta essa descoberta poderia vir do Irã, uma vez que notícias sobre isso fossem divulgadas? Quem quer que tenha lançado o Stuxnet deve ter feito isso para evitar uma guerra com o Irã – entretanto, sua exposição agora poderia muito bem levar a isso.

Após falar com Rosen e Timm, Langner tinha certeza de que estava no caminho certo, mas, só para se certificar de que o programa nuclear do Irã era de fato o alvo, ele ligou para um cliente que tinha grande conhecimento sobre usinas nucleares. O cliente trabalhou para a Enrichment Technology Company, uma empresa europeia de ponta fabricante de equipamentos de enriquecimento de urânio, anteriormente conhecida como Urenco – a empresa cujos projetos das primeiras gerações de centrífugas foram roubados por A. Q. Khan, do Paquistão,

---

[7] A foto da tela, tirada por um fotógrafo da UPI, incluía uma legenda identificando aquilo como uma tela de computador em Bushehr e dizia que a imagem havia sido feita em fevereiro de 2009. Alguns críticos contestaram a exatidão da legenda, dizendo que a imagem aparentava mostrar uma instalação de tratamento de água e não Bushehr, mas instalações de tratamento de água são geralmente parte de instalações de usinas nucleares, o que poderia explicar como ambas as hipóteses podiam ser verdade. A imagem pode ser vista em <upi.com/News_Photos/Features/The-Nuclear-Issue-in-Iran/1581/2/>.

e vendidos para o Irã. Se o que o Stuxnet mirava não fosse uma turbina, Langner pensou, talvez fossem as centrífugas usadas para enriquecer urânio para Bushehr (Langner acreditava, equivocadamente, que centrífugas para enriquecimento de urânio ficavam em Bushehr).

"Eu tenho uma pergunta para você", disse Langner para seu amigo no telefone. "É possível destruir uma centrífuga apenas através da manipulação do código do controlador?"

Houve uma pausa do outro lado antes de seu amigo responder.

"Eu não posso te contar isso, Ralph. Esta é uma informação sigilosa", ele disse. Mas, em seguida, acrescentou: "você sabe, centrífugas para enriquecimento de urânio não são usadas apenas por nós na Alemanha e na Holanda. Elas também são usadas em outros países".

"Sim, eu sei", respondeu Langner. "Por exemplo, no Irã. É exatamente por isso que eu te liguei. Nós estamos analisando o Stuxnet".

"Sinto muito", o homem respondeu com firmeza. "Eu não posso lhe falar nada sobre centrífugas; é tudo sigiloso".

Aquilo foi suficiente para Langner. Ele disse a Rosen e Timm que eles tinham que ir a público com a notícia imediatamente. Se Bushehr fosse o alvo, então alguém deveria ser capaz de confirmar. O Stuxnet e seu alvo eram como uma chave e uma fechadura. Havia apenas uma fechadura no mundo que a chave pudesse abrir. Uma vez que eles publicassem detalhes sobre o desenho da chave, qualquer um com uma fechadura deveria ser capaz de ver se suas instalações correspondiam.

Em 13 de setembro de 2010, aproximadamente um mês após a revelação da Symantec de que o Stuxnet estava sabotando PLCs, Langner publicou uma breve postagem de blog sob o título "Hack of the Century" (ou "Brecha do século"), na qual afirmava que o Stuxnet era um ataque direcionado "contra uma instalação específica de sistema de controle" e deixou por isso mesmo. Mas dias depois ele prosseguiu com informações adicionais. "Com a análise forense que agora temos, é evidente e demonstrável que o Stuxnet é um ataque de sabotagem direcionado, envolvendo conhecimentos privilegiados pesados", ele escreveu. "Aqui está o que todos precisam saber nesse instante".[8]

---

[8] "Stuxnet logbook, Sept 16, 2010, 1200 hours MESZ", disponível em <langner.com/en/2010/09/16/stuxnet-logbook-sep-16-2010-1200-hours-mesz>.

O que se seguiu foi um roteiro técnico detalhando os passos precisos que o Stuxnet tomava para interceptar e injetar seus comandos nos PLCs Siemens, a fim de sabotá-los. "Não se trata de um hacker sentado no porão da casa de seus pais", escreveu Langner. Os responsáveis pelo Stuxnet eram sofisticados, com conhecimentos muito específicos do sistema que estavam atacando. Ele descreveu em termos amplos como o *malware* injetava seu código malicioso no PLC para sequestrar um processo crítico desconhecido e em seguida expôs seus pensamentos sobre Bushehr, rotulando-os cuidadosamente como uma especulação. Havia ainda um grande número de incógnitas, mas a evidência forense no código, afirmou ele, poderia em última análise apontar não só o sistema exato que o Stuxnet atacava, mas também, possivelmente, os próprios atacantes.

Com essas poucas palavras, a isca estava finalmente lançada para os criadores do Stuxnet. Uma arma cibernética que talvez tivesse levado anos e milhões de dólares para ser projetada e desenvolvida foi completamente exposta e desfeita em questão de semanas por uma obscura empresa de antivírus na Bielorrússia, um monte de pesquisadores na Califórnia que não conheciam nada sobre centrífugas e PLCs, e um alemão de fala impetuosa e seu bando de engenheiros.

Mas agora que o segredo do Stuxnet estava exposto, Langner começou a ter as mesmas preocupações que Chien tinha tido sobre como os atacantes poderiam responder. O Stuxnet era quase inútil para os atacantes, uma vez que seu verdadeiro propósito foi exposto. Eles devem ter previsto que seu código poderia eventualmente ser pego e, uma vez que fosse, eles teriam uma janela de oportunidade estreita para completar sua missão. Será que eles agora, em um último esforço para alcançar seu objetivo, dariam um passo final e drástico? Langner acreditava que sim. "Nós podemos esperar que algo irá explodir em breve", ele escreveu em sua postagem. "Algo grande". Ele assinou com uma única advertência: "bem-vindo à guerra cibernética".

Acompanhando a postagem havia uma fotografia dos três "destruidores do Stuxnet" tirada em frente a um quadro branco em seu escritório, Langner vestido com uma camisa amassada branca e um colete de terno desabotoado, e Rosen e Timm atrás dele, este último com uma cara insolente à natureza secreta do Stuxnet, ostentando um par de óculos escuros.

Tendo escrito sua postagem, Langner enviou um comunicado para diversos grandes meios de comunicação e esperava por uma explosão de manchetes. Mas, para seu desalento, nada aconteceu. Como a divulgação da Symantec antes, a revelação foi recebida com um silêncio ensurdecedor. "Todos devem pensar que sou louco", lembra-se de ter pensado.

No entanto, ao menos uma pessoa não pensava assim. Frank Rieger, diretor de tecnologia de uma empresa de segurança alemã chamada GSMK, leu a especulação de Langner sobre Bushehr e concordou que o Stuxnet foi provavelmente construído para sabotar o programa nuclear do Irã. Mas ele suspeitava que Natanz, várias centenas de quilômetros ao norte de Bushehr, fosse o alvo mais provável[9]. A usina de Natanz, diferentemente de Bushehr, já estava operacional desde 2007. Além disso, ao contrário de Bushehr, ela estava realmente preenchida com milhares de centrífugas, tornando-se um rico alvo para qualquer um que quisesse danificar o programa nuclear do Irã com um ataque digital. Rieger detalhou suas ideias em uma postagem de blog e em um artigo para um jornal alemão[10]. Em ambos, ele fez referência a um artigo anterior da Reuters, publicado bem próximo de quando o Stuxnet foi lançado em 2009, que descrevia um "projeto de guerra cibernética de uma década" lançado por Israel contra o programa nuclear do Irã. O artigo citava uma fonte dos EUA especulando que "softwares maliciosos" poderiam ser usados para comandar ou arruinar os controles em uma usina de enriquecimento.[11]

Mas havia outro motivo para suspeitar que Natanz fosse o alvo do Stuxnet. Em 16 de julho de 2009, três semanas após a versão de 2009 do Stuxnet ser lançada, o fundador do WikiLeaks, Julian Assange, postou uma nota misteriosa em seu website sobre um possível acidente em Natanz. Uma fonte anônima que alegava ser associada ao programa nuclear do Irã havia dito a Assange que um "sério" acidente nuclear havia ocorrido recentemente na usina.[12] O WikiLeaks normal-

---

[9] O artigo apareceu no jornal alemão "Frankfurter Allgemeine Zeitung" em 22 de setembro de 2010. O artigo está em alemão, mas ele descreve seu conteúdo em inglês na postagem de blog publicada em seu website, disponível em <frank.geekheim.de/?p=1189>.

[10] Na época em que especulou sobre Bushehr, Langner não estava ciente de que o reator nuclear da usina não tinha centrífugas. Depois que isso foi esclarecido, ele continuou a pensar que Bushehr era o alvo, mas achava que o equipamento que o Stuxnet atacava era uma turbina ou um gerador na usina. Foi só mais tarde, quando chegaram mais informações sobre os dispositivos exatos que o Stuxnet estava mirando, que ele concluiu que Natanz era de fato o objetivo do Stuxnet, e não Bushehr.

[11] WILLIAMS, Dan. Wary of Naked Force, Israelis Eye Cyberwar on Iran. **Reuters**, July 7, 2009, disponível em <reuters.com/article/us-israel-iran-cyberwar-analysis-idUSTRE5663EC20090707>.

[12] A postagem do WikiLeaks pode ser vista em <mirror.wikileaks.info/wiki/Serious_nuclear_accident_may_lay_behind_Iranian_nuke_chief%27s_mystery_resignation/>.

mente publica apenas documentos em seu site, e não dicas de fontes anônimas, mas Assange quebrou o protocolo, diz ele, porque tinha motivos para acreditar que a fonte era confiável. Ele ligou o assunto a uma notícia da BBC publicada naquele dia, a qual anunciava a renúncia de Gholam Reza Aghazadeh, o chefe da Organização de Energia Atômica do Irã, o qual havia desistido do cargo vinte dias antes por razões desconhecidas.[13] O intervalo de tempo parecia se alinhar com a época em que a versão de 2009 do Stuxnet foi lançada.

Estando ou não a renúncia de Aghazadeh associada ao acidente em Natanz, a "teoria de Natanz" de Rieger ganhou atenção e finalmente catapultou o Stuxnet para os holofotes. A grande mídia dos EUA, a qual havia amplamente ignorado o Stuxnet até esse momento, pegou suas especulações e começou a relatar a história por si própria. Há aproximadamente uma década, Natanz vinha sendo o foco de uma crescente tensão política acerca dos repetidos esforços para parar o programa de enriquecimento que lá existia. Agora parecia que uma sofisticada arma digital, de um tipo nunca visto antes, fazia parte daqueles planos. De repente, a história do Stuxnet se tornou sexy e cheia de intrigas. Onde antes havia apenas um conto puramente técnico de interesse apenas da imprensa de tecnologia, agora tinha a aura de mistério e de submundo dos jogos de espionagem, tudo jogado contra o pano de fundo de um confronto nuclear de alto risco.

Logo após Langner publicar sua primeira postagem sobre o Stuxnet, ele contatou Joe Weiss nos EUA para discutir o que ele e sua equipe tinham encontrado. Langner e Weiss compartilhavam do mesmo estilo confrontador que nem sempre os fazia benquistos perante seus pares na comunidade de sistemas de controle. Ambos estavam do mesmo lado da batalha há anos, tentando convencer os pro-

---

[13] Embora seja possível que a renúncia de Aghazadeh esteja relacionada a algo que tenha ocorrido em Natanz no final de junho de 2009, seria igualmente provável estar relacionada com a política. Além de ser chefe da Organização de Energia Atômica do Irã, Aghazadeh era o vice-presidente do Irã. Ele renunciou a ambos os cargos simultaneamente, duas semanas após as eleições presidenciais calorosamente contestadas do Irã em 12 de junho de 2009. Aghazadeh havia se alinhado ao adversário político do Presidente Ahmadinejad, Mir-Hossein Mousavi, e havia especulação de que veementes protestos acerca da legitimidade dos resultados da eleição tornavam impossível para Aghazadeh reter seus cargos no governo, uma vez que a vitória de Ahmadinejad havia sido sancionada. Existe ainda um problema de cronologia, que não se alinha muito com a versão de junho de 2009 do Stuxnet. De acordo com a reportagem da BBC, Aghazadeh renunciou em algum momento em torno de 26 de junho. Mas a versão de junho de 2009 do Stuxnet foi lançada em 22 de junho e, uma vez no PLC correto, a sabotagem ainda levaria 13 dias para começar. Então, a menos que uma versão anterior do Stuxnet, ou alguma outra coisa, tivesse causado um acidente em Natanz, a cronologia não coincide com a renúncia de Aghazadeh.

prietários de ICS que seus sistemas eram vulneráveis a ataques. As pessoas na comunidade tendiam a suspirar diante da menção do nome de ambos, mas ninguém duvidava dos seus comprometimentos. Langner estava programado para falar em uma conferência de ICS de Weiss em Maryland sobre outro assunto e perguntou se em vez disso poderia falar sobre o Stuxnet. "Eu não sei se devo dizer sim ou claro que sim", respondeu Weiss.

Langner estava em um voo para a conferência na semana seguinte. Rumores antecipados sobre sua palestra garantiram que a sala de conferência estaria cheia. Langner havia provocado em seu blog que iria revelar detalhes completos da pesquisa de sua equipe na reunião, então o público estava preparado e ansioso pelo que ele tinha a dizer, especialmente após duas apresentações sobre o Stuxnet, dadas pela Siemens e alguém do DHS, respectivamente, terem sido desprovidas de qualquer substância.

Weiss tinha alocado 45 minutos para a palestra de Langner, mas em vez disso ela levou uma hora e meia. Ninguém reclamou, contudo. Mais de 100 participantes das indústrias de água, química e eletricidade se penduraram nas palavras de Langner. "Todos nós estávamos sentados com nossas bocas abertas enquanto ele falava", lembra-se Weiss.[14] Langner pertencia àquela espécie rara de técnico - um habilidoso e carismático orador que era perito em transmitir detalhes técnicos secos com humor e estilo. Mas o que ele disse naquele dia foi mais do que entretenimento, aquilo chocou todos na sala. Aos poucos, foi ficando claro para os proprietários de sistemas de controle industrial que se outro ataque direcionado de forma mais ampla for lançado sobre PLCs amanhã, a comunidade de sistemas de controle não teria nenhuma maneira de pará-lo ou mesmo detectá-lo. Havia maneiras de dizer se um PC ou laptop Windows estava comprometido, mas com as técnicas furtivas que o Stuxnet usava, não haveria maneira de dizer se um PLC estava infectado. Não havia antivírus para PLCs e nenhuma forma fácil de saber se o controlador tinha um código malicioso instalado, caso fosse utilizado o mesmo tipo de subterfúgio que o Stuxnet usava. A única forma de detectar um ataque seria na etapa do Windows, antes dele chegar ao PLC. Mas até nisso o Stuxnet demonstrou ser eficiente, uma vez que nenhum *scanner* de antivírus o pegou antes de chegar aos PLCs. Assim, ninguém seria capaz de detectar um ataque até que fosse tarde demais.

---

[14] Entrevista com a autora, setembro de 2010.

Langner suspeitava que em apenas seis meses surgiriam as primeiras imitações do ataque. Não seriam réplicas exatas do Stuxnet, ou tão sofisticadas, ele disse aos participantes, mas naquele momento não precisavam ser. Não eram apenas alvos de alto valor como Natanz que estavam em risco de ataque; o Stuxnet colocou todas as instalações vulneráveis potencialmente na mira. Enquanto os autores do Stuxnet projetaram habilmente seu ataque para evitar danos colaterais em máquinas que não fossem o seu alvo, ataques subsequentes poderiam não ser tão cuidadosamente trabalhados ou controlados. Um grupo criminoso disposto a extorquir uma usina de energia confiscando o controle de seus PLCs não se importaria se seu código malicioso danificasse o local ou se espalhasse também para outros sistemas de controle.

Depois da conferência, Langner passou o final de semana em Washington, DC, para se encontrar com Melissa Hathaway, ex-coordenadora nacional de segurança cibernética da Casa Branca, para informar a ela sobre o que sua equipe havia encontrado. Hathaway compreendeu imediatamente o potencial para um contragolpe contra infraestruturas críticas dos EUA, bem como o problema de proliferação de armas digitais que o mundo agora enfrentaria - um problema, disse ela mais tarde ao New York Times, com o qual nenhum país estava preparado para lidar. "Nós temos cerca de noventa dias para corrigir isso", disse ela ao jornal, "antes que algum hacker [imitador] comece a usar isso". [15]

Naquele final de semana, enquanto Langner ainda estava em Washington, DC, autoridades iranianas revelaram pela primeira vez que computadores em Bushehr haviam de fato sido atingidos pelo Stuxnet. Eles não fizeram menção a Natanz, no entanto, e os detalhes sobre o ataque em Bushehr tornaram duvidoso que a carga útil do Stuxnet sequer tivesse sido implantada lá. Mahmoud Jafari, um gerente de projetos da usina, disse aos repórteres que apenas os computadores pessoais de alguns trabalhadores da usina foram atingidos pelo ataque, não os sistemas de produção da usina. "Todos os programas de computador na usina estão funcionando normalmente e não foram danificados devido ao Stuxnet", disse ele.[16] Reza Taghipour, uma autoridade do Ministério das Comunicações e Tecnologia da Informação, também insistiu que os danos causados pelo *worm*

---

[15] MARKOFF, John. A Silent Attack, but Not a Subtle One. **New York Times**, Sep. 26, 2010.

[16] MAILLARD, Laurent. Iran Denies Nuclear Plant Computers Hit by Worm. **Agence France-Presse**, Sep. 26, 2010, disponível em <iranfocus.com/en/index.php?option=com_content&view=article&id=21820>.

foram pequenos e que o *malware* foi "mais ou menos" contido.[17] Os relatos de danos limitados não foram surpreendentes, dada a seletividade do Stuxnet em soltar sua carga destrutiva. Ele provavelmente se espalhou pelas máquinas Windows de Bushehr e depois simplesmente se desligou depois de não conseguir encontrar os PLCs que estava procurando.[18]

Em meio aos comentários do Irã, entretanto, havia um detalhe estranho que se destacava. Mahmoud Jafari disse em uma de suas entrevistas que **cinco** versões do Stuxnet foram encontradas no Irã.[19] A Symantec e outros pesquisadores de antivírus haviam descoberto apenas três.

Embora fosse possível que Jafari estivesse equivocado, a revelação levantou a intrigante possibilidade de ao menos duas outras versões do Stuxnet terem sido lançadas. E se duas outras versões do código existiam, elas podiam conter dicas adicionais sobre o Stuxnet e seus autores. Infelizmente, no entanto, havia pouca chance de que pesquisadores ocidentais pudessem vê-las, uma vez que as autoridades iranianas não estavam propensas a fornecer cópias do código para qualquer pessoa de fora do Irã.[20]

---

[17] SANGER, David E. Iran Fights Malware Attacking Computers. **New York Times**, Sep. 25, 2010.

[18] Seis meses depois, um relatório da Organização Iraniana de Defesa Passiva, uma organização militar chefiada pelo General da Guarda Revolucionária Gholam-Reza Jalali, que é responsável por defender as instalações nucleares do Irã, contradisse essas declarações. O relatório afirmava que o Stuxnet havia infectado as máquinas de Bushehr de forma tão absoluta que os trabalhos na usina tiveram que ser interrompidos indefinidamente. Afirmava também que, se Bushehr fosse ligada, o *worm* poderia "levar os geradores e a rede de energia elétrica do país a uma parada súbita". Entretanto, havia razões suficientes para duvidar das conclusões do relatório, uma vez que ele continha uma série de exageros sobre as conhecidas capacidades do Stuxnet - tal como a afirmação de que o *worm* poderia "destruir o hardware do sistema passo a passo" - e o fato de que a configuração que o Stuxnet buscava não correspondia ao que se poderia encontrar na usina nuclear. Tudo isso sugeria que o Irã poderia estar usando o Stuxnet como uma desculpa para explicar atrasos em Bushehr. Mas ainda havia a possibilidade de que um ataque digital diferente - uma versão modificada do Stuxnet - pudesse ter sido lançado separadamente contra Bushehr. Ver TIMMERMAN, Ken. Computer Worm Wreaking Havoc on Iran's Nuclear Capabilities. **Newsmax**, Apr. 27, 2011, disponível em <newsmax.com/KenTimmerman/iran-natanz-nuclear-stuxnet/2011/04/27/id/394327>.

[19] MAILLARD, "Iran Denies Nuclear Plant Computers Hit by Worm".

[20] Houve outras afirmações feitas por autoridades que, se verdadeiras, sugeririam que outras versões do Stuxnet existiam. Mahmoud Liayi, chefe do conselho de tecnologia da informação do Ministério das Indústrias, disse aos repórteres que, quando o Stuxnet foi ativado, "os sistemas de automação industrial começaram a transmitir dados sobre as linhas de produção" para um destino externo. O Gen. Gholam-Reza Jalali afirmou em uma coletiva de imprensa em 2011 que o *worm* foi descoberto comunicando-se com sistemas em Israel e no Texas. Lá, os dados sobre as máquinas infectadas eram pro-

Depois de sua apresentação na conferência de Weiss e de seu encontro com Hathaway, Langner precisava de um tempo sem atividade para dar sentido a tudo que havia ocorrido ao longo das semanas anteriores. Naquele final de semana ele caminhou até o *National Mall* e sentou-se por horas nos degraus do *Lincoln Memorial*, olhando para o espelho d'água, enquanto turistas ao seu redor tiravam fotos. Ele pensou sobre os relatórios do ICS-CERT e da Siemens e sobre o silêncio destes sobre as injeções de lógica *ladder* do Stuxnet, e sobre os riscos que as imitações do ataque representavam para as infraestruturas críticas. E ainda havia um silêncio incompreensível por parte do público e do Congresso, que pareciam ter pouca preocupação com a caixa de Pandora que o Stuxnet havia aberto ao legitimar o uso de armas cibernéticas para resolver disputas políticas. Tampouco eles pareciam alarmados com a corrida de armas digitais que o Stuxnet havia lançado, a qual seria impossível frear. Era como se, pensou Langner, ninguém quisesse discutir essas coisas por temer que isso pudesse levantar questões sobre quem estava por trás do ataque.

Como todos os demais continuavam em silêncio, Langner decidiu então que ele deveria ir a público com mais informações sobre o código. Assim que ele retornou para a Alemanha, publicou postagens adicionais no blog explicando os detalhes técnicos que havia divulgado previamente apenas atrás das portas fechadas da sala de conferência de Weiss. Assim que as postagens foram feitas, o blog foi sitiado com tráfego do mundo inteiro, incluindo, notavelmente, domínios militares e do governo dos EUA. Langner esperava que, com a importância do Stuxnet agora claramente estabelecida, outras empresas de segurança pegassem o bastão onde ele e sua equipe haviam deixado. Apesar de tudo que tinham aprendido até então, ainda havia muito mais trabalho a ser feito. Eles haviam apenas descoberto que o Stuxnet estava determinado a sabotar uma única instalação, uma instalação que provavelmente era Natanz – mas eles ainda não sabiam o que ele estava fazendo com a usina. Essa informação ainda estava enterrada no código.

---

cessados pelos arquitetos do *worm*, que então construíam planos para atacar o programa nuclear (ver "Iran Military Official: Israel, US Behind Stuxnet Computer Worm", **Associated Press**, Apr. 16, 2011, disponível em <haaretz.com/news/world/iran-military-official-israel-u-s-behind-stuxnet-computer-worm-1.356287>). Mas as três versões do Stuxnet que foram descobertas se comunicavam com servidores de comando na Dinamarca e na Malásia. Isso não descarta que outra versão fosse de alguma forma rastreada até o Texas ou que uma ferramenta espiã que precedesse o Stuxnet tivesse sido rastreada até o Texas. Entretanto, apesar de a NSA ter de fato uma equipe de hackers de elite no estado, parecia improvável que eles pudessem ter cometido um erro que permitisse que o *worm* ou a ferramenta espiã fossem rastreados até eles.

Durante as três semanas seguintes, ele e seus colegas trabalharam em alguns projetos de clientes que os pagavam, para compensar a renda perdida enquanto analisavam o Stuxnet. Mas quando nenhuma nova informação surgiu sobre o código, vinda da Symantec ou de qualquer outra pessoa, Langner decidiu que eles deveriam pegar do ponto onde haviam largado.

"Pessoal", disse ele a Rosen e Timm, "eu acho que nós precisamos reabrir o caso".

AO CONTRÁRIO DO QUE Langner acreditava, que o governo dos EUA estava ignorando o Stuxnet ou deixando escapar detalhes importantes sobre ele, havia membros do governo que **estavam** atentos – ainda que por trás de um véu de sigilo. De fato, um grupo de analistas do DHS havia completado a maior parte de sua própria análise do Stuxnet alguns dias após ele ser exposto em julho e sabiam antes mesmo da Symantec e de Langner que o Stuxnet estava sabotando PLCs.

O Stuxnet trilhou pela primeira vez seu caminho até a sala de operações do *National Cybersecurity and Communications Integration Center*, ou NCCIC, do Departamento de Segurança Nacional, em Arlington, Virginia, na manhã de 15 de julho de 2010, ao mesmo tempo em que pesquisadores de segurança ao redor do globo davam sua primeira olhada no código. Os arquivos chegaram pela CERT-Bund, após a Siemens ter contatado a equipe de respostas a emergências computacionais para relatar um ataque malicioso que tinha como alvo os seus PLCs.

NCCIC, ou "N-Kick", como normalmente é pronunciado, tinha apenas nove meses de idade e era parte do novo controle de missão do governo para monitorar e coordenar respostas às ameaças cibernéticas contra infraestruturas críticas e sistemas governamentais civis. Quando os arquivos chegaram, Sean McGurk, diretor do centro, estava ironicamente no meio do planejamento para o próximo exercício Cyber Storm III do governo, uma manobra bienal de três dias que iria simular ataques digitais contra infraestruturas críticas dos EUA. Era para ser o primeiro teste real, de 24 horas de vigilância, para as habilidades de coordenação do centro desde que suas instalações foram abertas. Mas a ameaça real do Stuxnet rapidamente ganhou prioridade sobre os planos para o falso ataque.

A sala de operações sem janelas era uma sopa de letrinhas de agências, com analistas de inteligência da CIA e NSA sentados próximos aos agentes do FBI e do Serviço Secreto e especialistas em segurança de computadores do US-CERT e

ICS-CERT. Contatos de todas as grandes empresas de telecomunicações e outras indústrias de infraestrutura crítica também estavam lá.

McGurk enviou uma cópia do Stuxnet para o laboratório da ICS-CERT em Idaho Falls, onde analistas concluíram que o código de ataque lançava sua carga útil somente em modelos específicos de PLCs Siemens. Dois anos antes, o laboratório havia conduzido uma avaliação de vulnerabilidades do mesmo software Step 7 que o Stuxnet atacava, mas o PLC que eles usaram para os testes foi devolvido para a Siemens. Agora eles tinham que solicitar que a Siemens enviasse outro antes que eles pudessem ver o Stuxnet soltar a sua carga útil. Foram aproximadamente três semanas para que o PLC chegasse, e, quando ele chegou, um grupo de engenheiros da Siemens o acompanhava.

Simultaneamente, os pesquisadores em Idaho faziam engenharia reversa no código da carga útil, enquanto analistas, na sala de operações em Virginia, se debruçavam sobre a porção míssil, documentando cada uma de suas funções em um extenso fluxograma. Em dois dias, diz McGurk, eles catalogaram cerca de quatro mil funções no código - mais do que a maioria dos pacotes de softwares comerciais continha - e também descobriram os quatro *exploits zero-day* que a Symantec e a Kaspersky mais tarde iriam encontrar.

A ICS-CERT lançou um alerta em 20 de julho anunciando aos proprietários de sistemas de controle que um *malware* que visava o sistema Siemens Step 7 havia sido encontrado. Mas o alerta fornecia muito pouco detalhe sobre sua operação, dizendo apenas que as "completas capacidades do *malware* e suas intenções (...) ainda não são conhecidas". Um alerta subsequente forneceu um pouco mais de detalhes sobre os *exploits zero-day* que o Stuxnet usava, além de informações sobre como detectar e remover o código malicioso, mas disse pouco sobre o objetivo do ataque e não fez menção alguma sobre sabotagem.[21] McGurk diz que o trabalho do governo era ajudar os proprietários de infraestruturas críticas a detectar e remover o Stuxnet, e não fornecer uma extensa análise do *malware*.[22]

Poucos dias depois que a análise do grupo foi concluída, McGurk participou de uma audioconferência com diversos representantes de agências do governo e

---

[21] ICS-CERT ADVISORY ICSA-10-201-01, "USB Malware Targeting Siemens Control Software" e ICS-CERT ADVISORY ICSA-10-238-01B, "Stuxnet Malware Mitigation".

[22] Os alertas da ICS-CERT forneciam um link para o website da Symantec para informações adicionais sobre o código, mas não especificavam o que os leitores encontrariam lá.

de indústrias privadas para rever o que foi encontrado. Na maioria das discussões sobre *malware* e vulnerabilidades, havia sempre uns poucos críticos no grupo que minimizavam a importância das vulnerabilidades ou alegavam que um pedaço do código malicioso não era nada novo. Algumas vezes outras agências federais eram os opositores; outras vezes eram os proprietários e operadores de infraestruturas críticas ou os fabricantes que produziram o sistema de controle que estava sendo discutido. Mas, enquanto McGurk explicava os detalhes do Stuxnet, havia apenas silêncio no telefone. "Todo mundo teve aquele momento 'oh merda' ao mesmo tempo", diz ele.[23]

Estranhamente, a fonte do Stuxnet nunca veio à tona, seja durante a ligação ou na sala de operações do NCCIC. McGurk diz que, quando o código chegou pela primeira vez, analistas de inteligência de várias agências que estavam na sala procuraram em suas fontes de dados sigilosas qualquer informação ou relatório relacionado ao *worm*, mas não acharam nada. Ele também diz que ninguém na sala de operações perguntou em voz alta se o *worm* tinha sido gerado pelos EUA. Uma pessoa de fora poderia questionar por que ninguém na sala de operações virou para os analistas da CIA ou NSA que estavam sentados lá e perguntou com uma piscadela "esse é um dos seus?". Mas McGurk insiste que tal coisa nunca lhes ocorreu porque isso não era a preocupação da sala de operações. Sua missão era desvendar a capacidade de um código de ataque e determinar a melhor forma para as redes dos EUA se defenderem contra ele.

"A princípio, quando você olha [o *malware*] (...) sua hipótese é que não é fogo amigo. Você não pensa que o atirador de elite no telhado é um de seus homens atirando em você", diz ele. "Pode vir a ser (...) Mas no calor do momento, bem no começo, você não está muito preocupado, nem você naturalmente presume [isso]".

Mas, de forma muito rápida, o Stuxnet se tornou "um item de grande interesse" em Washington. Ao longo das semanas e dos meses seguintes, McGurk despachou com uma série de grupos de alto nível – para a secretária do DHS Janet Napolitano, para John Brennan e outros membros da equipe de Segurança Nacional da Casa Branca, para os comitês de inteligência do Senado e da Câmara dos Deputados, para o DoD e para a *Defense Intelligence Agency*. Ele ainda foi para Fort Meade para informar o Gen. Keith Alexander, diretor do *US Cyber*

---

[23] Todas as citações de McGurk são de entrevista com a autora, em setembro de 2012.

Command e da NSA – as mesmas entidades que muitos na comunidade de segurança suspeitavam estar por trás do ataque.

Em Fort Meade, uma dúzia de líderes seniores militares do governo e da inteligência se sentou para escutar McGurk enquanto ele descrevia o que sua equipe havia encontrado, mas a pergunta se os EUA estavam por trás do ataque nunca surgiu. Eles perguntaram a McGurk se o Stuxnet era direcionado aos sistemas de controle dos EUA e quantos sistemas dos EUA estavam vulneráveis ao código malicioso.[24] Eles também estavam curiosos para saber se a equipe de McGurk poderia dizer quem era o alvo pretendido. E finalmente eles perguntaram se havia algo no código que entregasse sua origem. McGurk disse a eles que não, não havia dicas revelando quem estava por trás do ataque. Não havia qualquer "pegada" familiar no código que combinasse com o *modus operandi* de conhecidos grupos de hackers ou espiões de estados-nação.

McGurk sustenta que nunca, seja em reuniões confidenciais ou em depoimentos abertos com legisladores, alguém fez a pergunta que estava na mente de todos os demais. "Eu não acho que, mesmo em tom de brincadeira, alguém disse em uma reunião formal, 'ei, nós fizemos isso?', porque simplesmente não é assim que essas interações ocorrem. Tenho certeza de que havia especulação em outros lugares, mas não no nosso nível".

McGurk diz que também nunca teve a impressão de que alguém imaginava se tratar de algo amador. "Quando eu estava em uma sala, independentemente de quem fosse, mesmo que fosse pessoal sênior da inteligência – e quero dizer pessoal **sênior** da inteligência – eu nunca tive a impressão de que para eles isso era tudo uma farsa", diz ele. "A mesma coisa dentro do Departamento de Segurança Nacional, quando eu estava despachando com o secretariado. Eu nunca tive a impressão de que, você sabe, eles já sabiam disso (...) e que eles estavam apenas esperando que eu fosse embora".

---

[24] O sistema Siemens Step 7, descobriu-se, perfazia menos de 10% do mercado de sistemas de controle dos EUA. Analistas no NCCIC constataram isso consultando uma base de dados usada por empresas de pesquisa que forneciam estatísticas da penetração de mercado de vários produtos – inclusive o número de sistemas de controle industrial, produzidos por um fabricante específico, que tinha sido vendido nos EUA. Eles constataram que a maioria dos sistemas Step 7 dos EUA estava sendo usada em instalações de fabricação, embora também existissem alguns sistemas Step 7 usados na agricultura, no tratamento de água e em usinas de energia.

Tampouco alguém sugeriu a McGurk que ele tirasse sua equipe do Stuxnet. "Ninguém disse ei, pare e desista, deixe isso aí, não vá lá", diz ele. "Nós estávamos na realidade obtendo muita cooperação de todas aquelas organizações (...) ajudavam com a análise e compreensão sobre que tipo de ameaça isso realmente representava".

Mas, mesmo que as autoridades em Washington não estivessem fazendo abertamente a pergunta óbvia, havia pouca dúvida entre os especialistas e observadores de que os EUA estavam por trás do ataque - sozinho ou com Israel - e parecia apenas uma questão de tempo até os detalhes por trás do ataque surgirem.

A afirmação de Ralph Langner de que o Stuxnet era uma arma de precisão mirando o programa nuclear do Irã deve ter causado muita consternação e pânico nos salões da Casa Branca e do Pentágono, enquanto uma trama que havia sido meticulosamente planejada e executada ao longo de muitos anos lentamente se revelava diante de seus olhos.

Capítulo 11

Incubando uma Conspiração Digital

Os corredores da Casa Branca podem ter sido perturbados pelo Stuxnet em 2010 após sua descoberta, mas em maio de 2008 o otimismo reinava entre aqueles que sabiam sobre o programa secreto, à medida que a trama por trás da arma digital se desenrolava exatamente como planejado.

Naquele momento, a campanha presidencial estava em pleno andamento, com os candidatos Barack Obama e John McCain batalhando pela liderança nas pesquisas. O presidente Bush apenas começava a volta final no cargo quando, durante uma visita a Israel para a celebração de seu sexagésimo aniversário, ele foi confrontado com um pedido arrojado. Os israelenses queriam que os EUA apoiassem um ataque aéreo para desabilitar a usina de enriquecimento de urânio em Natanz.

Os israelenses queriam um ataque aéreo desde 2003, quando os inspetores da AIEA deram sua primeira olhada em Natanz e encontraram partículas de urânio altamente enriquecido em amostras ambientais obtidas da usina. As discussões a respeito de um ataque aéreo se aquietaram por um tempo, depois que oficiais iranianos concordaram em suspender as atividades de enriquecimento em 2003 e 2004, mas retornaram em 2006, quando o Irã desconsiderou o acordo de suspensão e iniciou a instalação das primeiras centrífugas em uma das salas subterrâneas da usina. Agora, com três mil centrífugas já instaladas e rodando, e uma expectativa de dobrar o número em breve, discussões sobre um ataque estavam mais intensas que nunca.

Israel não era o único incitando um ataque. A portas fechadas, seus vizinhos árabes eram também categóricos sobre parar o programa nuclear do Irã, de acordo com telegramas secretos do governo divulgados pelo WikiLeaks. "Estamos todos aterrorizados", disse o presidente egípcio, Hosni Mubarak, aos diplomatas dos EUA em determinado ponto.[1] O rei saudita Abdullah pediu, em particular, os Estados Unidos para fazer um favor a todos e "cortar a cabeça da cobra", referindo-se ao Irã e a Ahmadinejad[2]. Um Irã com armas nucleares ameaçava a paz de toda a região e não apenas de Israel, disse Mohammad bin Zayed, príncipe herdeiro de Abu Dhabi. Se o Irã possuir a bomba "vai ser um inferno", disse ele, alertando para o fato de que Egito, Arábia Saudita, Síria e Turquia buscariam armas nucleares para manter a igualdade.[3] Alguns falcões dentro da administração Bush também apoiavam um ataque aéreo - os "meninos bombardeiros", como Bush os chamava. O vice-presidente Dick Cheney, que havia apoiado o ataque de Israel à Síria no ano anterior, estava entre eles.[4]

Mas Bush se opunha a um ataque aéreo. "Eu acho que é totalmente absurdo que as pessoas suspeitem que eu esteja tentando encontrar um pretexto para atacar o Irã", disse ele em 2007.[5] Mesmo que ele apoiasse um ataque, ele teria dificuldade de angariar apoio generalizado. Uma pesquisa do Gallup de novembro de 2007 mostrou que 73% dos americanos preferiam sanções e diplomacia a um ataque aéreo contra o Irã, e a Estimativa da Inteligência Nacional, lançada naquele ano, afirmou que o Irã não estava ativamente desenvolvendo armas nucleares, o que também minava o apoio para um ataque aéreo.

Israel, é claro, já esteve nessa posição anteriormente, buscando o apoio dos EUA para um ataque - em 1981, quando desabilitou o reator Osirak do Iraque, e novamente em 2007, quando bombardeou o reator nuclear suspeito na Síria.[6] Os agentes de inteligência israelenses obtiveram informações cruciais sobre essa

---

[1] REDAÇÃO SPIEGEL. Cables Show Arab Leaders Fear a Nuclear Iran. **Der Spiegel**, Dec. 1, 2010.

[2] Telegrama do Analista Crítico de Discurso Michael Gfoeller, 20 de abril de 2008, disponível em <nytimes.com/interactive/2010/11/28/world/20101128-cables-viewer.html#report/iran-8RIYADH649>.

[3] Cables Show Arab Leaders Fear a Nuclear Iran, **Der Spiegel**.

[4] GOLDBERG, Jeffrey. The Point of No Return. **The Atlantic Monthly**, Sep. 2010.

[5] COLLINS, Catherine; FRANTZ, Douglas. **Fallout:** the true story of the CIA's secret war on nuclear trafficking. New York: Free Press, 2011, p. 212.

[6] Em junho de 1991, quando o então Secretário de Defesa Cheney visitou Israel, ele teria dado ao Major-General David Ivry, israelense, uma imagem de satélite do reator Osirak, tirada depois que foi destruído. Cheney anotou na imagem: "para o General Ivry, com agradecimento e apreço pelo excelente trabalho que ele fez no programa nuclear do Iraque em 1981, tornando nosso trabalho muito mais fácil na Operação Tempestade no Deserto". Ver FRANTZ, Douglas; COLLINS, Catherine. **The Nuclear Jihadist:** the true story of the man who sold the world's most dangerous secrets. New York: Free Press, 2007, p. 190.

última instalação em 2006 quando eles espionaram um alto funcionário sírio em Londres e instalaram um cavalo de Troia em seu laptop depois que ele um dia, imprudentemente, o deixou para trás em seu quarto de hotel. O *malware* desviou dezenas de documentos a partir do computador, incluindo plantas e fotos mostrando a construção do complexo de Al Kibar, que os israelenses acreditavam ser um reator nuclear que os sírios estavam construindo para desenvolver armas. Eles ganharam o apoio dos EUA para atacar a instalação depois de fornecer provas de que a Coreia do Norte estava ajudando a Síria na construção.[7]

No final da noite de 05 de setembro de 2007 a Operação Pomar (NT: *Orchard Operation*) começava quando jatos militares israelitas partiram de uma base no norte de Israel e seguiram para o oeste em direção ao mar antes de mudarem, repentinamente, a rota para leste. Eles voaram baixo assim que cruzaram a fronteira da Síria e desativaram uma estação de radar perto da fronteira turca usando ataques eletrônicos e bombas de precisão. Cerca de vinte minutos depois, eles descarregaram sua carga no complexo Al Kibar antes de retornarem em segurança para casa sem nenhum incidente. O presidente sírio, Bashar al-Assad, minimizou o ataque, dizendo que os israelenses não atingiram nada além de um edifício militar vazio. "Não havia pessoas nele, nem exército, nem nada", disse ele.[8] Mas a inteligência dos EUA descobrira que o reator estava a apenas algumas semanas de estar operacional antes que os israelenses o desabilitassem.[9]

Agora os israelenses queriam fazer o mesmo no Irã. Eles acreditavam que um ataque aéreo atrasaria o programa nuclear do Irã em pelo menos três anos. Mas um ataque ao Irã carregava muito mais complicações e riscos do que ataques contra a Síria e o Iraque. Em ambos os casos, os israelenses tinham como alvo uma única instalação acima do solo, que não era fortificada, e, no caso da Síria, o alvo estava perto o suficiente de casa para que os pilotos pudessem fazer seu ataque rapidamente e voltar antes que os sírios tivessem tempo para responder.

---

[7] FOLLATH, Erich; STARK, Holger. The Story of 'Operation Orchard': How Israel Destroyed Syria's Al Kibar Nuclear Reactor. **Der Spiegel**, Nov. 02, 2009. Para informações a respeito da guerra eletrônica utilizada para desativar a estação de radar, ver FULGHUM, David A. U.S. Watches Israeli Raid, Provides Advice. **Aviation Week**, Nov. 21, 2007.

[8] BORGER, Julian. Israeli Airstrike Hit Military Site, Syria Confirms. **Guardian**, Oct. 1, 2007.

[9] David Albright observa que, quando totalmente operacional, o reator poderia produzir plutônio suficiente para uma arma nuclear a cada um ou dois anos. ALBRIGHT, David. **Peddling Peril:** how the secret nuclear trade arms America's enemies. New York: Free Press, 2010, p. 3.

Um ataque contra o Irã, no entanto, exigiria reabastecimento e um voo por grandes áreas de espaço aéreo árabe. E, em vez de um único alvo, os aviões teriam que atingir pelo menos meia dúzia de locais dispersos por todo o país – a usina de enriquecimento em Natanz e a instalação de conversão de urânio de Esfahan sendo apenas dois deles –, alguns dos quais estavam no subsolo. O Irã aprendeu com o ataque israelense ao Iraque décadas antes que a chave para preservar o seu programa nuclear era dispersar instalações em todo o país, e as autoridades dos EUA tinham "pouca convicção" de que Israel sequer soubesse a localização de todas as instalações que precisava atingir para paralisar o programa.[10] O conselheiro de segurança nacional de Israel, Giora Eiland, admitiu isso quando disse a uma delegação do Congresso dos EUA em 2006: "nós não conhecemos todos os locais e nós não conhecemos o que não conhecemos".[11]

Em seu discurso do Estado da União em janeiro de 2002, o presidente Bush identificou o Irã como parte do "eixo do mal", junto com o Iraque e a Coreia do Norte, que ameaçava a paz do mundo. Os Estados Unidos, disse ele, não permitiriam que "os regimes mais perigosos do mundo nos ameacem com as armas mais destrutivas do mundo".[12] Eram palavras fortes. Mas nos anos seguintes – anos cheios de dificuldades com a guerra no Iraque – Bush suavizou sua posição. O secretário de Defesa dos EUA, Robert M. Gates, estava convencido de que um ataque ao Irã não apenas falharia, como teria repercussões amplas em tropas dos EUA no Iraque e no Afeganistão. Poderia também desencadear uma retaliação terrorista contra Israel a partir de grupos pró-Irã no Líbano e na Faixa de Gaza e perturbar os preços do petróleo, enviando ondas de choque na economia para todo o mundo. Mais importante, em vez de conter as ambições nucleares do Irã, isso poderia colocar o Irã em um curso ainda mais determinado rumo às armas nucleares e fazer com que os funcionários do governo expulsassem os inspetores da AIEA do país, levando suas atividades nucleares para ainda mais fundo no subterrâneo e fora de vista.

---

[10] SHIPMAN, Tim. U.S. Pentagon Doubts Israeli Intelligence Over Iran's Nuclear Program. **Telegraph**, July 5, 2008.

[11] Telegrama do Departamento de Estado dos Estados Unidos, "Israeli NSA Eiland on Iranian Nuclear Threat, Iraq and Syria", 26 de abril de 2006, publicado pelo WikiLeaks em <http://wikileaks.org/cable/2006/04/06TELAVIV1643.html>.

[12] FOLLATH, Erich; STARK, Holger. The Birth of a Bomb: a history of Iran's nuclear ambitions. **Der Spiegel**, June 17, 2010.

Por todas essas razões e mais, Bush rejeitou a pressão de Israel por um ataque aéreo, mas não sem uma estratégia alternativa para tomar seu lugar.[13]

Dois anos antes, assessores de Bush lhe ofereceram o que parecia ser uma solução ainda melhor para o problema com o Irã, possivelmente até mesmo uma solução brilhante. E na primavera de 2008, enquanto ele estava em visita a Israel pela última vez como presidente, parecia que eles conseguiriam realmente executá-la.

NÃO SE SABE exatamente quando o primeiro planejamento e desenvolvimento do Stuxnet começou, mas, em algum momento em 2006, depois que o Irã se retirou de seu acordo de suspensão, militares americanos e oficiais de inteligência supostamente trouxeram ao presidente a proposta para a ciberoperação, mais tarde apelidada de "Jogos Olímpicos". Bush já vinha pesando suas opções há algum tempo. Com duas longas e complexas guerras já sendo travadas no Iraque e no Afeganistão, ele já havia decidido que não queria fazer parte de uma terceira batalha no Oriente Médio. Ataques secretos em solo que sabotariam fisicamente as instalações nucleares do Irã também foram descartados, já que eles provavelmente também desencadeariam uma guerra.[14]

Então seus conselheiros apresentaram uma terceira opção - um destruidor digital de bunker que, se concebido e executado com cuidado, poderia atingir alguns dos mesmos resultados que os seus análogos cinéticos, sem todos os riscos e consequências desses outros ataques.

As comunidades militares e de inteligência se preparavam para um ataque como este há quase uma década e se envolveram em operações cibernéticas menores antes, mas nada na escala que estavam propondo agora. As operações anteriores eram, em sua maioria, simplesmente missões de espionagem realizadas com ferramentas digitais ou operações digitais utilizadas como coadjuvantes para a guerra convencional - atividades cibernéticas que ajudavam as tropas no campo de batalha, mas não tomavam o seu lugar.[15]

---

[13] SANGER, David E. U.S. Rejected Aid for Israeli Raid on Iranian Nuclear Site. **New York Times**, Jan. 10, 2009.

[14] SANGER, David E. Iran Moves to Shelter Its Nuclear Fuel Program. **New York Times**, Sep. 1, 2011.

[15] Ver Capítulo 12 para mais sobre as capacidades de guerra cibernética do governo dos EUA.

Esse plano inovador, no entanto, era um ataque digital contra as centrífugas e os sistemas de computadores de Natanz para sabotar fisicamente os esforços de enriquecimento de urânio do Irã. As restrições e os requisitos para tal operação eram extensos. Tinha que ser um ataque cirúrgico capaz de rastrear máquinas específicas que os Estados Unidos queriam atacar, deixando outros sistemas ilesos. O código teria que contornar os sistemas de segurança interna para que pudesse fazer o seu trabalho sujo sem ser detectado por meses. E tinha que causar danos o suficiente para que os resultados tivessem efeitos significativos, sem chamar a atenção para si.

Mas se o ataque tivesse sucesso, a potencial recompensa seria enorme. Se um ataque cibernético pudesse destruir algumas das centrífugas IR-1 do Irã ou de alguma forma atrasar a rápida corrida do país para o desenvolvimento nuclear, ele aliviaria um pouco da pressão sobre os esforços diplomáticos e daria à AIEA e às agências de inteligência mais tempo para reunir provas sobre as aspirações nucleares do Irã. Isso também sossegaria os israelenses por um tempo. Autoridades israelenses acusavam os Estados Unidos de fazer corpo mole quanto ao Irã; um ataque digital ao programa nuclear provaria que os Estados Unidos não estavam apenas sentados de braços cruzados, à espera de que as sanções e a diplomacia tivessem sucesso.

Mais importante, se as centrífugas fossem destruídas e gás de urânio fosse perdido no processo, isso esgotaria o fornecimento já minguado de suprimentos preciosos para o programa nuclear do Irã. Especialistas estimavam que o Irã possuía apenas material suficiente para construir de 12.000 a 15.000 centrífugas; se um ataque pudesse forçar o Irã a perder alguns milhares de dispositivos, isso seria um corte profundo naquele suprimento. Se eles tivessem sorte, o ataque também poderia criar um racha político no regime iraniano. Já havia pressão sobre Ahmadinejad e os seus apoiadores para obter avanços no programa nuclear; se um ataque secreto frustrasse os seus esforços e atrasasse o programa em alguns anos, isso poderia muito bem semear a discórdia dentro do regime.

As vantagens de um ataque cibernético sobre outras formas de ataque eram muitas. Uma bomba digital poderia alcançar alguns dos mesmos efeitos que uma arma cinética, sem colocar a vida de pilotos em risco. Também poderia alcançá-los secretamente de um jeito que uma bomba física nunca conseguiria, silenciosamente danificando um sistema ao longo de semanas e meses sem ser detectado. Os iranianos acabariam descobrindo os efeitos da sabotagem digital, mas, se benfeito, eles nunca saberiam a sua causa, deixando-os em dúvida sobre se o problema era um defeito de material, um erro de programação ou qualquer outra coisa. Mesmo se os iranianos descobrissem o *malware*, um ataque digital feito adequadamente não deixaria impressões digitais que permitissem o rastreamento até sua fonte. Essa negativa plausível era fundamental, uma vez que os Estados Unidos estavam tentando evitar uma guerra, e não iniciar uma.

Havia outros benefícios em um ataque digital. Ataques aéreos tinham desvantagens óbvias quando se tratava de instalações-alvo enterradas no subsolo, como Natanz e onde outras instalações iranianas.[16] Mas um ataque digital passaria por sistemas de defesa aérea e cercas eletrificadas para penetrar sem esforço em infraestruturas no subsolo que, de outra maneira, estariam inacessíveis por via aérea e outros meios. Ele poderia também desabilitar as centrífugas não apenas em instalações conhecidas, mas também naquelas **desconhecidas**. Você não conseguiria bombardear uma instalação que não conhece, mas com uma bomba cibernética isso seria possível. Se o Irã possuísse outras usinas de enriquecimento secretas distribuídas por todo o país que utilizassem os mesmos equipamentos e configurações de Natanz, uma arma digital implantada nos computadores dos contratantes que os atendiam poderia se espalhar das instalações conhecidas para as desconhecidas.

Sabotagem digital, embora em um nível muito menos sofisticado, não era sem precedentes. Na década de 1980, a CIA, o Departamento de Defesa (DoD) e o FBI executaram uma operação conjunta para sabotar software e hardware dirigido à União Soviética. Tudo começou depois que o tenente-coronel Vladimir

---

[16] Em meados de 2007, satélites ocidentais detectaram evidências de um possível túnel sendo construído em uma montanha ao lado de Natanz, possivelmente para escoar materiais e equipamentos em caso de um ataque antecipado à usina. O NCRI informou que o Irã estava de fato construindo túneis secretos em mais de uma dúzia de locais em todo o país para proteger instalações nucleares de mísseis de ataques em potencial. Israel havia assegurado um acordo para obter dos Estados Unidos uma nova geração de bombas de destruição de bunkers – supostamente dez vezes mais poderosa do que a geração anterior e capaz de romper cimento e penetrar profundamente no subsolo. Mas as novas bombas não ficariam prontas até 2009 ou 2010 e não havia garantia de que iriam funcionar contra Natanz. Ver ALBRIGHT, David; BRANNAN, Paul. **New Tunnel Construction at Mountain Adjacent to the Natanz Enrichment Complex.** ISIS, July 9, 2007, disponível em <isis-online.org/uploads/isis-reports/documents/IranNatanzTunnels.pdf>. Ver também BROAD, William. Iran Shielding Its Nuclear Efforts in Maze of Tunnels. **New York Times**, Jan. 05, 2010.

Ippolitovich Vetrov, um oficial de 48 anos de idade na divisão Linha X da Direção de Tecnologia da KGB, começou a vazar, para os franceses, inteligência a respeito de uma operação soviética de uma década de duração desenhada para roubar tecnologia do Ocidente.

Vetrov vazou cerca de três mil documentos, apelidados de "Dossiê Farewell" pelos franceses, detalhando uma longa lista de tecnologias que os soviéticos já tinham roubado do Ocidente, bem como uma lista de itens desejados ainda a serem adquiridos. Quando a lista de itens desejados chegou ao Dr. Gus Weiss, assessor econômico do Conselho de Segurança Nacional de Reagan, ele propôs um plano astuto ao então diretor da CIA, William Casey. A CIA deixaria os soviéticos continuarem a obter a tecnologia que eles queriam – mas com a agência de espionagem disponibilizando projetos e modelos modificados no meio para desorientar os seus esforços científicos, colocando-os em empreendimentos que seriam desperdício de dinheiro. Ele também propôs modificar produtos e componentes antes destes chegarem à Cortina de Ferro para que eles pudessem passar por quaisquer testes de garantia de qualidade aos quais os soviéticos pudessem sujeitá-los, para então falharem em uma data posterior. O plano era um verdadeiro ganha-ganha porque, mesmo que os soviéticos descobrissem a operação de contra-inteligência, eles ficariam eternamente desconfiados de qualquer informação ou tecnologia posteriormente adquirida do Ocidente, sem saber ao certo se teria sido adulterada ou quando poderia não funcionar corretamente. Seria uma "raridade no mundo da espionagem", Weiss escreveria mais tarde em um boletim interno da CIA que descrevia o esquema: "uma operação que teria sucesso mesmo se comprometida".[17]

Sob o esquema, "*chips* de computador adulterados foram parar em equipamentos militares soviéticos, turbinas danificadas foram instaladas em um gasoduto, e os planos defeituosos interromperam a produção de fábricas de produtos químicos e uma fábrica de tratores", Weiss escreveu. Além disso, os soviéticos foram alimentados com informações enganosas sobre aeronaves furtivas e táticas, bem como sobre programas ocidentais de defesa espacial. O Ônibus Espacial

[17] O boletim foi posteriormente retirado de sigilo. Ver WEISS, Gus. The Farewell Dossier: strategic deception and economic warfare in the Cold War. **Studies in Intelligence**, 1996, disponível em <https://www.cia.gov/library/center-for-the-study-of-intelligence/csi-publications/csi-studies/studies/96unclass/farewell.htm>.

Soviético foi também construído com base em "um projeto rejeitado pela NASA" que tinha vazado para os soviéticos, Weiss revelou.[18]

A operação Farewell não foi descoberta, de acordo com Weiss, mas Vetrov não teve tanta sorte. Ele foi preso em 1982 após esfaquear sua amante, uma colega da KGB casada, e foi exposto como um agente duplo – embora os esforços de sabotagem da CIA tivessem se mantido em segredo.[19] Em 1986, a CIA encerrou a operação.

Weiss, agora morto, nunca detalhou os efeitos dos *chips* de computador adulterados e de outras peças defeituosas que entraram na cadeia de abastecimento soviética, mas, em 2004, Thomas C. Reed, que trabalhou com Weiss no Conselho de Segurança Nacional, escreveu um livro que brevemente mencionava o Dossiê Farewell e atribuiu ao plano a explosão de um gasoduto na Sibéria em 1982 – a mesma explosão de gasoduto que a Symantec citou em seu artigo sobre o Stuxnet. De acordo com Reed, um dos itens na lista de compras da "Linha X" era um software para controlar bombas, válvulas e turbinas no oleoduto Trans-Siberiano, que estava sendo construído para transportar gás natural dos campos de gás Urengoi na Sibéria para países na Europa. Quando a CIA descobriu que os soviéticos estavam tentando obter o software de uma empresa no Canadá, a agência, em cooperação com a empresa, incorporou uma bomba lógica no código. O código foi concebido para reconfigurar a velocidade das bombas e as configurações de válvula no gasoduto, para "produzir pressões muito além daquelas

---

[18] De acordo com Weiss, a CIA também lançou uma campanha de desinformação em torno de uma tecnologia de armas laser para convencer os soviéticos de que a tecnologia não comprovada era algo que deveriam perseguir. Quando a CIA descobriu documentos soviéticos discutindo a tecnologia, a agência providenciou para que físicos de renome plantassem artigos sobre o assunto na "Nature" e em outra publicação respeitável para criar burburinho, como se fosse uma descoberta promissora. Em seguida, eles abruptamente interromperam a publicação de informações sobre o assunto, para que os soviéticos achassem que a tecnologia tinha importância estratégica e que as conversas sobre o assunto haviam sido sufocadas. Weiss disse que os soviéticos devem ter fisgado a isca porque anos mais tarde, quando a União Soviética entrou em colapso, foram encontradas evidências de que os soviéticos tinham prosseguido com a investigação sobre a tecnologia laser.

[19] A história completa da vida de Vetrov e do Dossiê Farewell é contada em KOSTIN, Sergei; RAYNAUD, Eric. **The Greatest Spy Story of the Twentieth Century.** O livro, publicado em francês em 2009, foi traduzido para o inglês por Catherine Cauvin-Higgins e publicado em 2011 pela Amazon Crossing. O livro foi transformado em um filme francês lançado em 2009 intitulado "L'affaire Farewell".

aceitáveis para as juntas e soldas dos oleodutos", escreveu Reed.[20] O software "controlava o gasoduto perfeitamente - por um tempo", ele apontou. Mas, então, em algum ponto predeterminado ele fez com que as bombas e válvulas perdessem o controle, criando um acúmulo de pressão de gás tão imenso que desencadeou uma explosão de três quilotons - "a explosão não nuclear e o incêndio mais monumentais já vistos a partir do espaço", de acordo com Reed.

Muitos acreditam que a história da explosão do gasoduto é apócrifa; um ex-oficial da KGB negou o ocorrido e acredita que Reed e Weiss confundiram os fatos.[21] Independentemente disso, a operação Dossiê Farewell existiu de fato e serviu como inspiração para esquemas de sabotagem posteriores voltados para o programa nuclear iraniano.

Uma dessas operações ocorreu após a CIA se infiltrar na rede de abastecimento nuclear de A.Q. Khan, por volta do ano 2000, e começar a inserir peças adulteradas em componentes que iam para o Irã e a Líbia - onde Khan também

---

[20] REED, Thomas C. **At the Abyss:** an insider's history of the Cold War. New York: Presidio Press, 2004, p. 268-69.

[21] O relato de Reed sobre a explosão no oleoduto, o primeiro a ser publicado, assumiu uma vida própria e foi re-relatado muitas vezes como verdade, embora nenhum repórter tivesse sido capaz de comprová-lo. Há razões para duvidar da história. De acordo com Reed, a explosão foi capturada pelos satélites infravermelhos norte-americanos e causou um alvoroço entre os membros do Conselho de Segurança Nacional na época, que estavam tentando determinar se os soviéticos haviam detonado um artefato atômico na Sibéria quando Weiss disse-lhes para não se preocupar com isso. Weiss nunca explicou por que eles não deveriam se preocupar com isso, mas, vinte anos depois, quando Reed estava escrevendo seu livro, Weiss disse que a causa da explosão que havia preocupado a CIA tinha sido sabotagem. Mas Vasily Pchelintsev, o ex-chefe da KGB na região onde Reed disse que a explosão ocorreu, falou que isso nunca aconteceu, e que Weiss pode ter confundido o incidente do Dossiê Farewell com uma explosão que ocorreu em abril de 1982, em uma região diferente. Essa explosão, disse Pchelintsev, foi causada pelo deslocamento de tubos que se moveram quando a neve derreteu, não pela sabotagem da CIA. Ver MEDETSKY, Anatoly. KGB Veteran Denies CIA Caused '82 Blast. **Moscow Times**, Mar. 18, 2004.
Perguntado se acreditava no relato de Weiss sobre o oleoduto, Reed me disse numa entrevista por telefone em outubro de 2010: "eu realmente não sei se aconteceu... claramente todo o episódio do Dossiê aconteceu. A agência teve um papel muito importante no ajuste da tecnologia da coisa que estava sendo enviada para os russos". Ele disse lembrar de ter ocorrido uma explosão na época em que estava no NSC. "Eu lembro que houve um grande evento que confundiu todos da inteligência". Mas se isso era de fato uma explosão de oleoduto, "isso foi há trinta anos", ele disse, reconhecendo que as memórias dele e de Weiss podem ter sido alteradas com o passar dos anos. "Tenho respeito pelos historiadores russos que dizem que não houve explosão relacionada ao Dossiê... então pode ser que tenha havido uma explosão, mas não foi resultado de um cavalo de Troia... se foi verdade ou não, eu não sei". Pode ser demais esperar, entretanto, que qualquer recapitulação futura sobre o evento com o oleoduto será feita com as ressalvas apropriadas.

tinha começado a vender seus serviços nucleares ilícitos. Um especialista em armas do *Los Alamos National Lab* trabalhou com a CIA para alterar uma série de bombas de vácuo para que elas apresentassem mau funcionamento em intervalos aleatórios. Tal como aconteceu com a operação contra os soviéticos, o plano era sabotar as peças tão sutilmente que elas iriam funcionar bem por um tempo antes de quebrar, de tal forma que seria difícil detectar um padrão ou identificar o problema.

Das sete bombas que a CIA havia comprometido, seis delas foram para a Líbia; mas a sétima foi parar no Irã. Os inspetores da AIEA esbarraram nela por acaso posteriormente, quando visitavam Natanz.[22] Os iranianos aparentemente não sabiam que a bomba havia sido alterada.

Eles, no entanto, descobriram uma outra operação de sabotagem que ocorreu em 2006. Esta envolveu *no-breaks* obtidos da Turquia. Os *no-breaks* ajudam a regular o fluxo de eletricidade e são importantes para a operação das centrífugas, que necessitam de energia confiável e consistente para girar por longos períodos de tempo a uma velocidade uniforme. Se a corrente elétrica oscilar, as centrífugas irão acelerar e desacelerar, sabotando o processo de enriquecimento e até mesmo desequilibrando as centrífugas.

A rede de Khan evidentemente comprou os dispositivos de dois empresários na Turquia e secretamente os enviou ao Irã e à Líbia.[23] Mas no começo de 2006, quando o Irã tentou enriquecer o seu primeiro lote de urânio em uma pequena cascata na usina-piloto de Natanz, as coisas deram terrivelmente errado. A cascata funcionou muito bem por cerca de dez dias, mas depois a sabotagem entrou em ação e todas as centrífugas tiveram que ser substituídas. Ninguém disse nada sobre isso na época. Mas um ano depois, durante uma entrevista para um canal de televisão, o chefe da Organização de Energia Atômica do Irã descreveu o que havia ocorrido. Os técnicos haviam instalado 50 centrífugas na cascata, explicou,

---

[22] Quando os inspetores da AIEA viram a bomba em Natanz, ela chamou a atenção porque possuía uma etiqueta afixada identificando-a como propriedade do *Los Alamos National Lab*, o que eles acharam estranho. Quando a AIEA investigou, a agência descobriu que o número de série na bomba estava em sequência com os números de série das bombas que tinham visto na Líbia, indicando que todas vieram de um mesmo lote. Os inspetores rastrearam o pedido até o laboratório norte-americano. Ninguém jamais foi capaz de descobrir como o adesivo de Los Alamos foi parar na bomba em Natanz, ou por que os iranianos não suspeitaram disso. Veja COLLINS; FRANTZ, **Fallout**, p. 138.

[23] FRANTZ; COLLINS, **Nuclear Jihadist**, p. 238.

mas uma noite "todas as 50 explodiram". Os *no-breaks* que controlavam a eletricidade "não agiram corretamente", disse ele, e criaram uma reação em cadeia. "Mais tarde descobrimos que os *no-breaks* que tínhamos importado da Turquia haviam sido adulterados". Ele também disse que após o incidente eles começaram a verificar todos os instrumentos importados antes de usá-los.[24]

Existiram outros planos conhecidos de adulteração de peças e componentes para o programa nuclear do Irã, mas pelo menos um foi abortado, enquanto outros não funcionaram conforme planejado.[25] O que os conselheiros de Bush estavam propondo em 2006, no entanto, prometia levar a arte negra da sabotagem a um nível totalmente novo.

O que eles propunham era um ataque cirúrgico envolvendo um código que, uma vez liberado, pudesse operar de forma independente, que teria inteligência para saber quando tivesse encontrado seu alvo e só iria liberar sua carga útil quando as condições fossem perfeitas, que também disfarçasse sua existência por meio do monitoramento cuidadoso das tentativas de detectá-lo, e que tivesse a capacidade de destruir equipamentos físicos não através de ataques explosivos, agressivos e ousados, mas de forma sutil e prolongada.

Alguns oficiais da administração Bush estavam céticos de que tal ataque pudesse funcionar, comparando-o a um experimento científico não testado.[26] Mas os idealizadores não esperavam milagres com a operação. Eles não esperavam destruir o programa de enriquecimento de urânio do Irã por completo, apenas atrasá-lo e conseguir algum tempo. E mesmo se a operação fosse descoberta e os iranianos descobrissem que seus computadores foram infiltrados, ela ainda seria uma situação de ganha-ganha, como Weiss tinha apontado no Dossiê Farewell,

---

[24] Entrevista de Gholam Reza Aghazadeh, janeiro de 2007, para "Ayande-ye" ("Novo Futuro"). A entrevista não está disponível *on-line*, mas é citada em MACVICAR, Sheila; BOKHARI, Farhan. Assessing Iran's Nuclear Program. **CBS News**, Apr. 04, 2007, disponível em <cbsnews.com/news/assessing-irans--nuclear-program>.

[25] Um plano mal concebido evocado pela Mossad e pela CIA, conforme descrito no livro "State of War", de James Risen, envolvia o uso de um pulso eletromagnético para fritar computadores utilizados nas instalações nucleares iranianas. Espiões planejaram contrabandear para o Irã um equipamento que iria enviar o pulso eletromagnético para as linhas de transmissão de energia fora das instalações. No entanto, a CIA desistiu do plano depois de perceber que o equipamento era grande demais para transportá-lo ao Irã e instalá-lo furtivamente. RISEN, James. **State of War:** The secret history of the CIA and the Bush administration. New York: Free Press, p. 208-9.

[26] SANGER, U.S. Rejected Aid for Israeli Raid.

uma vez que teria sucesso em semear dúvidas e paranoia entre os iranianos. Mesmo que os técnicos limpassem suas máquinas e as reprogramassem, eles nunca poderiam ter certeza de que os sistemas não seriam infectados novamente ou que seus inimigos não iriam tentar uma abordagem diferente. Eles sempre estariam alertas para detectar quaisquer sinais de problemas, e se alguma coisa desse errado eles nunca saberiam com certeza se a causa teria sido um material defeituoso ou uma sabotagem inimiga. Eles também seriam muito mais cuidadosos em relação a qualquer equipamento adquirido fora do Irã, por medo de que ele já estivesse comprometido.

O esquema ousado e sofisticado, que combinava as atividades secretas e dissimuladas, teria sido concebido pelo Comando Estratégico dos EUA - a divisão do Departamento de Defesa que opera e supervisiona as armas nucleares do país - com o general James Cartwright sendo um de seus arquitetos.[27] Um ex-funcionário de alto escalão dos EUA descreveu o General Cartwright como o idealizador, enquanto o ex-diretor da NSA Keith Alexander era responsável pela execução do plano. "O papel do Cartwright era descrever a arte do possível, fornecendo uma visão", disse o funcionário ao Washington Post. Mas Alexander tinha o "*know-how* técnico e executou a atividade real".[28] O código foi então desenvolvido por uma equipe de elite de programadores da NSA, pelo menos inicialmente. Versões posteriores teriam combinado código da NSA com o código da Unidade 8200 da força de defesa israelense - a versão israelense da NSA. Uma vez que o código fosse projetado, no entanto, seria repassado à CIA para que supervisionasse a entrega ao seu destino, já que apenas a CIA teria autoridade legal para conduzir operações sigilosas.

Os desafios técnicos da operação eram intimidadores, mas havia questões legais a serem resolvidas também, uma vez que eles estavam propondo atacar a

---

[27] Operações **clandestinas** envolvem atividades secretas que não devem ser detectadas ou notadas, tais como atividades de vigilância e coleta de inteligência para descobrir informações sobre um alvo que pode mais tarde ser atacado. Atividades **sigilosas**, no entanto, têm o objetivo de ser notadas, uma vez que pretendem influenciar condições - políticas, econômicas ou militares -, embora a parte responsável pela atividade seja oculta, como a CIA. A operação Stuxnet envolvia atividades clandestinas e sigilosas. A atividade clandestina envolvia o reconhecimento inicial para reunir informações sobre a usina. Mas a instalação de código malicioso em um sistema de controle para colocar as centrífugas fora de eixo era uma atividade sigilosa, já que foi concebida para ser notada enquanto se escondia a mão por trás dela.

[28] NAKASHIMA, Ellen; WARRICK, Joby. Stuxnet Was Work of U.S. and Israeli Experts, Officials Say. **Washington Post**, June 2, 2012.

infraestrutura de outro país fora de uma declaração de guerra. A ação sigilosa exige um documento legal conhecido como "Presidential Finding" para autorizá-la, bem como notificação ao Congresso. E, antes que Bush autorizasse a operação, haveria extensa revisão para considerar os riscos envolvidos.[29]

Felizmente, sabotar as centrífugas em cascata não levava a nenhum risco de acidente nuclear. O gás de hexafluoreto de urânio era destrutivo para pulmões e rins se inalado em quantidades suficientes, mas uma cascata inteira continha apenas dezenas de gramas de gás, que se dissipariam rapidamente uma vez liberados no ar.

Mas se não havia risco de um acidente nuclear a ser considerado, ainda havia outras consequências a serem pesadas, incluindo o risco de travar os computadores em Natanz se o código contivesse algum erro ou um *bug* que fosse incompatível com os sistemas, atraindo assim a atenção dos iranianos para o ataque e arruinando a operação. Havia também o risco de retaliação se o Irã descobrisse que os Estados Unidos estavam por trás do ataque, bem como o risco de um contra-ataque se alguém alterasse o código e usasse contra infraestruturas críticas norte-americanas.

Talvez a maior preocupação de todas fosse o risco de alertar o Irã e outros inimigos acerca dos recursos cibernéticos dos EUA. O problema com o uso de uma arma cibernética, diz um ex-agente da CIA, é "uma vez que está lá fora, é como usar um caça furtivo pela primeira vez – você toca a campainha e não pode mais fingir que o caça furtivo não existe. Então a questão é: em qual batalha aérea você realmente deseja usar esse caça furtivo?"[30]

A operação contra o Irã era uma em que valia a pena expor essa nova capacidade? E o que dizer sobre perder a superioridade moral se fosse descoberto que os Estados Unidos estavam por trás do ataque? Um ataque digital que destruísse a infraestrutura crítica de outro país – e o Irã, sem dúvida, alegaria que as centrífugas **eram** infraestrutura crítica – era essencialmente um ato de guerra. Seria muito difícil para os Estados Unidos apontar um dedo acusador para qualquer nação que viesse a utilizar ataques digitais posteriormente.

---

[29] SANGER, U.S. Rejected Aid for Israeli Raid.

[30] Entrevista da autora, 2012.

Não estava claro o quanto de pesquisa e trabalho já estava feito no momento em que os assessores de Bush propuseram seu plano em 2006. Mas uma vez que ele deu o sinal verde para a operação sigilosa avançar, supostamente levaram apenas oito meses para finalizar o plano.[31]

Era uma trama engenhosa que procedeu exatamente como planejado.

Até que repentinamente algo deu errado.

[31] SANGER, David E. **Confront and Conceal:** Obama's secret wars and surprising use of American power. New York: Crown, 2012, p. 193.

Capítulo 12

Um Novo Campo de Batalha

Na época em que os conselheiros de Bush lançaram a ideia de uma arma de precisão digital destinada a sabotar centrífugas do Irã, os planos para o desenvolvimento de tais capacidades já estavam em andamento há uma década, nascidos da constatação de que as próprias redes dos militares eram vulneráveis a ataque inimigo.

Acadêmicos e especialistas militares ponderam sobre o conceito de guerra cibernética e sobre o potencial dos armamentos digitais há mais tempo ainda. Já em 1970, o *Defense Science Board* examinou as potenciais vantagens militares de subverter redes de computadores para torná-las não confiáveis ou inúteis, no que era então conhecido como guerra da informação. Entretanto, poucas operações eram informatizadas naquele momento e a internet não existia, então as possibilidades teóricas tiveram que esperar que a realidade as alcançasse.

Isso finalmente ocorreu nos anos 90, praticamente ao mesmo tempo em que o termo "guerra cibernética" era cunhado em um artigo seminal de 1993 da RAND intitulado "A Guerra Cibernética está chegando!": "prevemos que guerra cibernética pode ser para o século XXI o que o *blitzkrieg*[1] foi para o século XX", John Arquilla e seu coautor escreveram na época[2]. Arquilla, agora um profes-

---

[1] Nota dos tradutores: o *blitzkrieg* (termo alemão para "guerra-relâmpago") foi uma doutrina militar em nível operacional que consistia em utilizar forças móveis em ataques rápidos e de surpresa, com o intuito de evitar que as forças inimigas tivessem tempo de organizar a defesa (Wikipédia).

[2] ARQUILLA, John; RONFELDT, David. Cyberwar Is Coming! **RAND**, 1993. Reimpresso como o capítulo 2 de ARQUILLA, John; RONFELDT, David. **In Athena's Camp:** preparing for conflict in the information age. RAND, 1997.

sor na *Naval Postgraduate School*, na Califórnia, e consultor militar, reconheceu o potencial para ataques digitais durante a primeira Guerra do Golfo, quando os Estados Unidos usaram um sistema de radar especial para detectar alvos em movimento no Iraque e ele percebeu que este poderia facilmente ter sido frustrado se os iraquianos encontrassem uma maneira de interrompê-lo. Pareceu a Arquilla que as tecnologias computadorizadas que tornaram forte um exército moderno também o deixavam potencialmente muito fraco. "O que fez esse pensamento ainda mais assustador foi a noção de que esse poder existia nas mãos de alguns hackers", disse mais tarde, e não apenas nas mãos dos exércitos do governo. E o poder disruptivo desses grupos periféricos estava "crescendo aos trancos e barrancos"[3].

Os militares já tinham provado dessa capacidade na década de 1980, quando um alemão chamado Markus Hess, que teria sido recrutado pela KGB, hackeou centenas de sistemas militares e centros de pesquisa, como o *Lawrence Berkeley National Laboratory*, em busca de inteligência sobre satélites e sobre o sistema de defesa Star Wars[4]. Outros sustos se seguiram. Em 1990, na preparação para a primeira Guerra do Golfo, adolescentes holandeses invadiram quase três dúzias de computadores militares norte-americanos procurando informações sobre mísseis Patriot, armas nucleares e a operação contra o Iraque. Os oficiais temiam que os adolescentes planejassem vender a inteligência para o Iraque. Então, em 1994, um jovem hacker britânico de 16 anos, orientado por um de 21 anos de idade no País de Gales, violou os sistemas da Força Aérea dos Estados Unidos e os usou para invadir um instituto sul-coreano de pesquisa nuclear, assim como para atacar uma centena de outras vítimas. Com a brecha que parecia vir dos computadores militares dos EUA, ficou claro que as consequências potenciais de tais intrusões não se limitariam a roubo de inteligência. Na época, os Estados Unidos estavam envolvidos em negociações nucleares delicadas com a Coreia do Norte,

---

[3] Ele estava falando para "Frontline", programa do canal PBS, em 2003, para sua apresentação "CyberWar!". Entrevista disponível em <pbs.org/wgbh/pages/frontline/shows/cyberwar/interviews/arquilla.html>.

[4] A operação foi frustrada por um administrador de sistemas chamado Cliff Stoll, que esbarrou na intrusão ao investigar a origem de um faturamento discrepante de 75 centavos. A história é narrada em seu livro, já clássico: STOLL, Cliff. **The Cuckoo's Egg:** tracking a spy through a maze of computer espionage. New York: Doubleday, 1989.

e os militares temiam que, se os hackers tivessem como alvo uma instalação na Coreia do Norte, eles poderiam ter trazido as duas nações à beira da batalha[5].

Mas a conectividade era uma espada de dois gumes. Se os sistemas norte-americanos eram vulneráveis a ataques, assim também eram os sistemas de adversários. Embora os Estados Unidos não tivessem ainda a capacidade de efetuar tais ataques, as rodas estavam sendo postas em movimento.

A Força Aérea foi a primeira a dar passos nesse sentido em 1993, quando transformou o seu Centro de Guerra Eletrônica em Centro de Guerra de Informação e estabeleceu, dois anos mais tarde, o esquadrão 609 da Guerra da Informação – a primeira unidade militar de combate cibernético[6]. Localizado na Shaw Air Force Base, na Carolina do Sul, o seu trabalho era combinar operações cibernéticas ofensivas e defensivas em apoio aos comandos de combate[7]. As operações ofensivas eram em grande parte, nesse momento, ainda acadêmicas, e, portanto, a unidade focava principalmente em táticas defensivas. Mas os militares rapidamente aprenderam que havia vantagens em ter operações defensivas e ofensivas interligadas, pois ao defender suas próprias redes contra ataque inimigo eles ganhavam inteligência e habilidades necessárias para hackear de volta. Em 1996, o esquadrão organizou um exercício para testar as habilidades ofensivas e defensivas da unidade, e, em duas horas, uma das equipes tomou o controle total do sistema de ataque aéreo coordenado do outro time.

Em 1997, os militares realizaram um exercício mais organizado para medir sua capacidade de defesa de ataques inimigos à sua rede. O exercício, apelidado de "Eligible Receiver"[8], colocou em competição uma equipe de hackers da NSA contra as redes do Comando do Pacífico dos EUA, no Havaí. A equipe foi proibida de usar conhecimento interno para conduzir o ataque ou qualquer coisa além das ferramentas básicas que estavam disponíveis para hackers comuns. Quando o

---

[5] UNGOED-THOMAS, Jonathan. How Datastream Cowboy Took U.S. to the Brink of War. **Toronto Star**, Jan. 1, 1998.

[6] A guerra de informação não envolvia apenas operações cibernéticas ofensivas e defensivas, ela também incluía operações psicológicas, guerra eletrônica e destruição física dos alvos de informação.

[7] Um livro de 39 páginas reconta a história do 609. Uma cópia do livro, intitulado "609 IWS: A Brief History Oct. 1995–June 1999", foi obtida através do FOIA e está disponível em <http://securitycritics.org/wp-content/uploads/2006/03/hist-609.pdf>.

[8] Nota dos tradutores: o termo "Eligible Receiver" (recebedor eleito) vem do futebol americano e identifica o jogador autorizado a receber a bola para um ataque.

ataque começou, eles lançaram a ofensiva através de uma conta comercial de discagem para a internet e foram direto para as redes dos militares com pouca resistência. Os administradores de sistema no Havaí, que não tinham conhecimento prévio do exercício, identificaram apenas duas das várias intrusões dos atacantes feitas ao longo de noventa dias, mas mesmo assim eles não se preocuparam com as violações porque pareciam um tipo de tráfego comum, que os administradores esperavam ver na rede. Não era diferente do ataque a Pearl Harbor em 1941, quando um operador em alerta na estação de radar Opana na ilha de Oahu detectou aeronaves entrando e indo em direção à ilha, mas não disparou nenhum alarme porque seus superiores acreditavam que eram amistosos.

Os hackers colocaram arquivos-marcadores nos sistemas representando uma bandeira virtual, para provar que eles estiveram lá, e também criaram uma série de ataques simulados, mostrando como eles poderiam ter tomado o controle das redes de energia e comunicação em Oahu, Los Angeles, Chicago e Washington, DC. Se eles quisessem, poderiam ter tomado o controle de um sistema utilizado para comandar centenas de milhares de soldados ou configurar "apagões e outras atividades que pudessem causar agitação social", de acordo com o tenente-general John H. Campbell, general agora aposentado da Força Aérea que dirigiu as operações de informações do Pentágono a um dado momento. O exercício "assustou enormemente um monte de gente", Campbell disse mais tarde, "porque as implicações do que essa equipe tinha sido capaz de fazer eram bastante abrangentes"[9].

Depois, quando os líderes militares foram informados sobre o exercício, eles assumiram que a equipe tinha usado ferramentas e técnicas sigilosas para o ataque e foram surpreendidos ao saber que a NSA tinha usado as mesmas técnicas que qualquer hacker adolescente usaria.

No ano seguinte, de fato, um grupo de adolescentes invadiu as redes militares usando os mesmos tipos de técnicas de baixo nível, em um caso apelidado de Operação Solar Sunrise. Os intrusos, que furtaram dados sensíveis através de cinco centenas de sistemas, eram dois adolescentes da Califórnia em uma aventu-

---

[9] John "Soup" Campbell falando como parte de um painel intitulado "Lessons from Our Cyber Past: The First Military Cyber Units", no Atlantic Council em 05 de março de 2012. Campbell foi o primeiro comandante da *Joint Task Force-Computer Network Defense* em dezembro de 1998 e mais tarde foi o principal assessor do diretor da CIA para questões militares. A transcrição do painel de debates pode ser encontrada em <atlanticcouncil.org/news/transcripts/transcript-lessons-from-our-cyber-past-the-first-military-cyber-units>.

ra digital, encorajados por um hacker israelense chamado Ehud Tenenbaum. Na época, o Departamento de Defesa estava executando duas campanhas militares, na Bósnia-Herzegovina e no Iraque. A intrusão, para os líderes militares, parecia muito com os ataques que o inimigo faria se eles estivessem tentando ganhar uma vantagem no campo de batalha. O vice-secretário de defesa John Hamre, de fato, achou que os ataques "podem ser os primeiros tiros de uma guerra cibernética verdadeira, talvez (feitos) pelo Iraque"[10]. Era um momento de "Jogos de Guerra" da vida real que ressaltava a dificuldade de se distinguir entre um ataque de estado-nação e de adolescentes testando seus limites. "Tudo o que aprendemos na 'Elegible Receiver', nós reaprendemos na Sunrise Solar", disse Hamre depois da intrusão. "Não há nada como uma experiência do mundo real para nos trazer as lições de casa"[11].

A lição real, porém, veio depois, quando Hamre convocou uma reunião para discutir a intrusão, olhou em torno de uma sala cheia de duas dúzias de pessoas perguntando: "quem está no comando? Quem é o responsável por nos proteger?" e descobriu que, quando se tratava de ciberataques, aparentemente ninguém estava no comando. O choque desta constatação levou à criação do *Joint Task Force-Computer Network Defense* (JTF-CND) em dezembro de 1998, o primeiro grupo militar responsável por descobrir como defender as redes dos militares[12].

A força-tarefa, liderada por Campbell, era um grupo heterogêneo composto por alguns pilotos de caça da Força Aérea e da Marinha, um oficial da Marinha, alguns *Airborne Rangers*[13], um piloto de submarino, uma equipe de inteligência de apoio e alguns contratados. Um oficial os descreveu como "alguns caras em jaquetas de voo... [E] um grupo de civis sem gravata".[14] Apenas alguns deles eram

[10] GRAHAM, Bradley. U.S. Studies a New Threat: Cyber Attack. **Washington Post**, May 24, 1998.

[11] Ibid.

[12] Algumas das informações sobre a primeira força-tarefa e a história de atividades cibernéticas dos militares vêm de uma entrevista de março de 2012 com Jason Healey, chefe da *Cyber Statecraft Initiative*, do Atlantic Council, em Washington, DC, um membro original da primeira força-tarefa cibernética militar. Healey também relata um pouco da história do conflito cibernético em um livro que ele editou, que é um dos primeiros a abordar o tema. Ver HEALEY, Jason (ed.). **A Fierce Domain:** conflict in cyberspace, 1986 to 2012. Cyber Conflict Studies Association, 2013.

[13] Nota dos tradutores: *Airborne Rangers* são soldados de unidades militares treinados para missões específicas durante uma guerra. Esses soldados são transportados por aviões e saltam de paraquedas no campo de batalha em um local específico.

[14] Major-general James D. Bryan, fundador comandante da *JTF-Computer Network Operations*, falando no painel "Lessons from Our Cyber Past: The First Military Cyber Units".

geeks que conheciam seu caminho ao longo de uma rede. Inicialmente, eles não tinham nenhum escritório e nenhuma equipe de apoio e tiveram que trabalhar temporariamente dentro de trailers em um estacionamento. Mas eventualmente o grupo cresceu para mais de 150 pessoas.

Sua missão era desenvolver doutrinas e métodos para defender as redes do DoD de ataques, mas, antes de começar, eles tinham duas perguntas para as altas patentes militares: eles deveriam desenvolver uma estrutura tipo NORAD para defender infraestrutura crítica civil também? E ataques ofensivos? "Todos nós queríamos entrar no modo de ataque", lembra Marcus Sachs, engenheiro do Exército e um dos primeiros membros da força-tarefa. "Todo mundo estava pensando sobre o potencial para disparar balas digitais (...). Queríamos ir por esse caminho e tirar a limpo o que significaria para nós atacar."[15]

Era a época das conferências de hackers como Def Con e HOPE, dois eventos fechados realizados em Las Vegas e Nova York que se tornaram fóruns populares para hackers e pesquisadores para falar sobre falhas de segurança e ferramentas de *hacking*.[16] As agências do FBI e de inteligência já estavam à espreita, disfarçados na DefCon a cada ano, de modo que Sachs decidiu participar também e manter seus olhos abertos para o que os militares poderiam fazer. Mas a força-tarefa foi ordenada a desacelerar, dado que os militares não estavam prontos para operações ofensivas ainda. "As questões legais não tinham sido trabalhadas", explica Sachs.

Havia outra razão para cautela, no entanto. A arma cibernética era o "tipo de arma que você dispara e não morre. Alguém pode pegá-la e dispará-la de volta para você", diz Sachs. "Isso era um forte motivador para não fazermos isso".

O que Sachs não sabia na época era que no ano anterior o secretário de Defesa já tinha dado a autoridade à NSA para começar a desenvolver técnicas de ataque a redes de computadores (*computer network attack*, CNA), uma tarefa que a agência de espionagem abraçou como uma extensão de seus deveres já existentes em relação à guerra eletrônica, que incluía interferir nos sistemas de radar inimigo e desati-

---

[15] Esta e outras citações de Sachs vêm de entrevista da autora, março de 2012.

[16] "HOPE" significa "Hackers on Planet Earth" (Hackers no Planeta Terra).

var canais de comunicação.[17] A NSA acreditava que seus técnicos gênios poderiam também desempenhar um papel crítico no emergente campo de batalha digital.

As vantagens de combate digital sobre a guerra cinética eram claras, a NSA escreveu em um boletim interno em 1997.[18] Em uma época de guerra televisionada, quando as imagens de sacos para corpos trazem a dura realidade da guerra de volta ao lar, a ciberguerra oferece uma alternativa antisséptica que o público poderia mais facilmente abraçar. Mas havia outras vantagens também, o relatório observou: o baixo custo de entrada para realizar tais campanhas; uma "base flexível de implantação", onde estar "ao alcance" de um alvo não era uma necessidade; e um conjunto diversificado e cada vez maior de alvos, à medida que sistemas críticos se tornam mais e mais computadorizados.

A agência de espionagem, na verdade, já estava contemplando, uma década antes do Stuxnet, as oportunidades ofensivas apresentadas pela crescente dependência do mundo em relação a sistemas de controle informatizados na infraestrutura crítica. Outro artigo no mesmo boletim propunha a construção de uma estratégia para acompanhar as tecnologias que já estavam nas prateleiras, bem como aquelas que ainda eram "um brilho nos olhos de algum engenheiro", a fim de desenvolver as capacidades de ataque a eles.[19] O boletim também sugeria a compilação de uma lista de ferramentas de *hacking* públicas já disponíveis para uso – vírus, *worms*, bombas lógicas, cavalos de Troia e *backdoors*. Essas ferramentas poderosas, "se efetivamente utilizadas", o autor observou, "[poderiam ser] extremamente destrutivas para a infraestrutura de informações de qualquer sociedade".[20] Isso incluía, contudo, infra-

---

[17] A guerra eletrônica, que data da Primeira Guerra Mundial, envolve o uso de energia eletromagnética dirigida para controlar o espectro eletromagnético para retardar sistemas inimigos. Ataques de rede de computadores, por outro lado, são definidos como operações destinadas a interromper, negar, degradar ou destruir informações em computadores e redes de computadores, ou os computadores ou as próprias redes, de acordo com a Diretiva 3600.1, do Departamento de Defesa.

[18] Autoria não divulgada. IO, IO, It's Off to Work We Go (IO, IO, para o trabalho agora nós vamos. NT: trata-se de uma referência à canção dos anões no clássico da Disney "Branca de Neve e os Sete Anões"). **Cryptolog: The Journal of Technical Health**, spring 1997, p. 9. "Cryptolog" é um boletim trimestral interno produzido por e para os funcionários da NSA que inclui desde resenhas de livros e perfis de funcionários até artigos técnicos sobre temas de interesse. Em 2013, a agência retirou o sigilo das edições publicadas entre 1974 e 1999 e as lançou publicamente, embora partes delas estivessem censuradas.

[19] Autoria não divulgada. Thoughts on a Knowledge Base to Support Information Operations in the Next Millennium. **Cryptolog: The Journal of Technical Health**, spring 1997, p. 32.

[20] BLACK JR., William B. Thinking Out Loud About Cyberspace. **Cryptolog: The Journal of Technical Health**, spring 1997, p. 4.

estrutura dos EUA. "Assim... antes de você ficar muito animado sobre o 'ambiente rico em alvos'", o boletim da agência advertia os candidatos a cibercombatentes, "lembrem-se, o general Custer também estava em um ambiente rico em alvos!"[21]

Apesar do óbvio interesse em perseguir técnicas para ataques digitais, no entanto, as questões legais continuavam a frustrar. Na primavera de 1999, quando as forças da OTAN faziam chover bombas sobre a Iugoslávia, a *Air Force Association* convocou um simpósio a portas fechadas no Texas para refletir sobre as capacidades do que ainda era conhecido como "guerra de informação". O Gen. John Jumper, comandante da Força Aérea dos EUA na Europa, disse na reunião que enquanto a guerra de informação conjurava imagens da destruição da "infraestrutura sagrada" de um inimigo, os militares não estavam nesse nível ainda. Armas cibernéticas ainda eram em grande parte objeto de laboratório, e a única guerra de informação que estava sendo travada naquele momento era entre advogados, políticos e líderes militares em Washington, que ainda discutiam sobre o valor e a legalidade de ataques de rede.[22] Jumper disse na reunião: "eu me imagino em torno daquela mesma mesa onde você tem o piloto de caça, o piloto de bombardeiro, o pessoal de operações especiais e os guerreiros de informação. À medida que você passeia pela lista de alvos, cada um levanta sua mão e diz "eu posso tomar esse alvo". Quando você chegar ao guerreiro de informação, ele diz "eu posso tomar o alvo, mas primeiro eu tenho que voltar para Washington e obter uma autorização [presidencial]."[23]

No entanto, algo começou a mudar em 2000, quando a força-tarefa de defesa da rede do Pentágono foi subitamente ordenada a adicionar operações ofensivas à sua missão e a desenvolver uma doutrina para a sua utilização. A mudança de foco também levou a uma mudança de nome. Em vez de *Joint Task Force-Computer Network Defense*, eles eram agora chamados *Joint Task Force-Computer Network Operations*. A mudança foi sutil para não chamar a atenção, Sachs diz,

---

[21] Autoria não divulgada. "IO, IO, It's Off to Work We Go".

[22] ARKIN, William M. A Mouse that Roars? **Washington Post**, June 07, 1999.

[23] Em 1999, o Escritório do Conselho Geral do Departamento de Defesa examinou uma série de tratados existentes e leis internacionais e concluiu que não havia nenhum princípio jurídico internacional ou *corpus* que abordasse claramente o tipo de operação cibernética cuja condução os militares propunham. DEPARTMENT OF DEFENSE OFFICE OF THE GENERAL COUNSEL. **An Assessment of International Legal Issues in Information Operations.** May 1999. Disponível em <www.au.af.mil/au/awc/awcgate/dod-io-legal/dod-io-legal.pdf>.

mas internamente ela sinalizou a prontidão dos militares para começar a planejar seriamente operações ofensivas.

As perguntas que a força-tarefa agora tinham que considerar eram muitas. Um ataque ofensivo a uma rede era uma ação militar ou uma operação secreta? Quais eram os parâmetros para a realização de tais ataques? Desativar sistemas de comunicação informatizados parecia uma missão óbvia para uma operação ofensiva, mas e sabotar os controles de computador de um sistema de armas para desorientar o seu objetivo ou causar falha?[24] E quem deve ser responsável pela realização de tais operações? Até então, se a Força Aérea precisava que o sistema de radar de um inimigo fosse desativado, ela trabalhava em conjunto com a equipe de guerra eletrônica da NSA. Mas a NSA tinha uma roupagem de inteligência, cujo trabalho principal era intercepção de comunicações. Desativar computadores que controlam um sistema de artilharia parecia mais o território de unidades de combate.

Com a adição da missão ofensiva à força-tarefa, o Maj. Gen. James D. Bryan se tornou o novo comandante da força-tarefa. Mas o vice-secretário de Defesa Hamre deixou claro que a defesa ainda era a prioridade do grupo e que as operações ofensivas seriam meros acessórios para operações militares convencionais, não um substituto para elas.

Isso até os ataques terroristas de 11 de setembro, que, Bryan recordou, "mudaram a dinâmica para nós". Operações ofensivas de repente ganharam mais importância, e, pela primeira vez, o grupo começou a tratar ciberataques ofensivos da mesma forma como eles tratavam ataques cinéticos – como um meio de atingir alvos, e não apenas explorar computadores para fins de coleta de informações ou para retardar seu desempenho. "Nós, na verdade, fomos aos comandos combatentes e pedimos a eles sua lista de alvos", recordou mais tarde. "E nós realmente nos metemos a ponderá-los e analisá-los e priorizá-los em uma escala global."[25]

As operações ofensivas dos EUA avançaram ainda mais em 2003, quando o Pentágono preparou um "Roteiro para Operações de Informação" secreto que

[24] Um exemplo de como os sistemas dependem de software: durante a Operação Tempestade no Deserto, em 1991, um sistema de defesa de mísseis Patriot instalados em Dhahran, na Arábia Saudita, não conseguiu interceptar mísseis Scud de entrada por causa de um problema de software no sistema de controle que fez com que procurasse mísseis Scud no lugar errado. O ataque Scud matou 28 soldados norte-americanos. Ver **Software Problem Led to System Failure at Dhahran, Saudi Arabia.** US Government Accountability Office, Feb. 04, 1992, disponível em <gao.gov/products/IMTEC-92-26>.

[25] BRYAN, Lessons from Our Cyber Past.

visava transformar a guerra de informação em uma competência militar central em pé de igualdade com ar, terra, transporte marítimo e operações especiais.[26] O relatório confidencial, divulgado com trechos omitidos alguns anos mais tarde, apontava que um processo abrangente já estava em andamento para avaliar as capacidades das armas cibernéticas e ferramentas de espionagem e desenvolver uma política para a sua utilização. Isso incluía tentar determinar qual nível de dados ou de manipulação de sistemas constituía um ataque ou uso da força e qual se qualificava como mero recolhimento de informações. Que ações poderiam ser legalmente realizadas em autodefesa, e qual nível de atribuição era necessário antes que os Estados Unidos pudessem atacar de volta? Além disso, os Estados Unidos poderiam usar "*hosts* inconscientes" para lançar um ataque – ou seja, transitar através ou controlar outro sistema para atacar um adversário – se o "*host* inconsciente" enfrentasse uma retaliação como resultado?

Em 2004, para acomodar esse aumento de foco em operações ofensivas, o Departamento de Defesa dividiu suas operações cibernéticas ofensivas e defensivas em duas divisões, um movimento que sinalizou para muitos o começo da militarização do ciberespaço. A divisão defensiva ficou conhecida como *Task Force-Global Network Operations*, enquanto a divisão ofensiva foi chamada de *Joint Functional Component Command-Network Warfare*. Esta última foi alojada em Fort Meade, casa da NSA, mas colocada sob o Comando Estratégico dos EUA e sob a liderança do General James E. Cartwright, da Marinha. Mas no ano seguinte, dizem alguns, é quando o "culto à ofensiva" realmente começou – quando o general Keith Alexander assumiu como diretor da NSA no lugar do general Michael Hayden, e o foco no desenvolvimento de armas cibernéticas para a guerra acelerou. Foi durante esse período que a operação "Jogos Olímpicos" e o Stuxnet nasceram.

Seis anos depois, em maio de 2010, conforme o Stuxnet ia se espalhando descontroladamente por computadores ao redor do mundo e estava prestes a ser exposto, o Pentágono recombinou suas operações cibernéticas ofensivas e defensivas sob o recém-formado Ciber Comando dos EUA. A nova divisão ainda fazia parte do Comando Estratégico dos EUA, mas estava sob o comando do diretor

[26] "The Information Operations Roadmap", datado de 30 de outubro de 2003, é um relatório de 74 páginas que foi retirado de sigilo em 2006, embora as páginas que lidam com ataques de rede de computadores estejam fortemente editadas. O documento está disponível em <http://information-retrieval.info/docs/DoD-IO.html>.

Alexander da NSA, dando ao líder espião autoridade sem precedentes sobre as operações de inteligência e militares-cibernéticas. Três meses após o *US Cyber Command* ser formado, o Pentágono reconheceu formalmente o ciberespaço como o "quinto domínio" da guerra, depois do ar, da terra, do mar e do espaço.

Isso tudo, porém, era apenas o reconhecimento de uma atividade que já vinha ocorrendo em diferentes graus por uma década. Devido à natureza sigilosa das operações ofensivas, no entanto, o público tem apenas uma vaga noção dessas atividades conforme elas vão vazando ao longo dos anos.

No final dos anos 90 em Kosovo, por exemplo, as forças da OTAN podem ter usado algumas técnicas cibernéticas "para distorcer as imagens que os sistemas de defesa aérea integrados sérvios estavam gerando", segundo John Arquilla, que trabalhava para Comando Estratégico dos EUA na época.[27] O presidente Clinton também teria aprovado uma operação cibernética secreta tendo como alvo os ativos financeiros do presidente iugoslavo Slobodan Milošević em bancos europeus, embora existam relatos conflitantes sobre se a operação realmente ocorreu.[28] Em 2003, um ataque cibernético similar foi proposto para congelar os ativos financeiros de Saddam Hussein, porém foi vetado pelo Secretário do Tesouro dos Estados Unidos, por causa da preocupação de que um ataque como este pudesse ter efeitos em cascata sobre outras contas financeiras do Oriente Médio, da Europa e dos Estados Unidos.[29]

---

[27] Entrevista de Arquilla para o programa "Frontline", apresentação "CyberWar!". Uma reportagem do Washington Post indicou que os ataques a computadores que controlavam os sistemas de defesa aéreos em Kosovo foram lançados de aviões com interferência eletrônica, em vez de redes de computadores terrestres. GRAHAM, Bradley. Military Grappling with Rules for Cyber. **Washington Post**, Nov. 08, 1999.

[28] RISEN, James. Crisis in the Balkans: Subversion; Covert Plan Said to Take Aim at Milosevic's Hold on Power. **New York Times**, June 18, 1999. Uma matéria do Washington Post afirmava que o plano nunca chegou a ser concretizado. "Nós chegamos aos mínimos detalhes para descobrir como faríamos algumas dessas coisas cibernéticas se tivéssemos que fazê-las", um alto oficial militar disse ao jornal. "Mas nós nunca fomos em frente". GRAHAM, Military Grappling with Rules for Cyber.

[29] MARKOFF, John; SANKER, H. Halted '03 Iraq Plan Illustrates US Fear of Cyberwar Risk. **New York Times**, Aug. 01, 2009. De acordo com Richard Clarke, foi o Secretário do Tesouro quem vetou. Ver CLARKE, Richard; KNAKE, Robert. **Cyber War:** the next threat to national security and what to do about it. New York: Ecco, 2010, p. 202-3. (Nota do Editor: este livro foi publicado em português pela Brasport em 2015 com o título "Guerra Cibernética: a próxima ameaça à segurança e o que fazer a respeito"). Em geral, as nações vêm observando um acordo tácito contra a manipulação de sistemas financeiros e com base na preocupação com o efeito desestabilizador que isso poderia ter sobre os mercados e as economias globais.

Em 2007, os EUA teriam apoiado Israel em um ataque cibernético que acompanhou seu bombardeamento ao complexo de Al Kibar, na Síria, ao fornecer inteligência sobre possíveis vulnerabilidades nos sistemas de defesa sírios. Como observado anteriormente, antes dos pilotos israelenses alcançarem a instalação, eles desativaram uma estação de radar síria perto da fronteira turca usando uma combinação de interferência eletrônica e bombas de precisão. Mas os israelenses também teriam invadido o sistema de defesa aérea da Síria usando tecnologia a bordo para um "ataque eletrônico ar-terra" e, em seguida, teriam penetrado ainda mais no sistema por meio de ligações de computador para computador, de acordo com analistas de inteligência dos EUA.[30] Um recente relatório do *US Government Accountability Office* descreve os ataques ar-terra como úteis para alcançar "redes inacessíveis" que não podem ser alcançadas através de uma conexão com fio.[31]

Em 2011, durante a revolta civil na Líbia, também se falou sobre a utilização de ataques cibernéticos para cortar os *links* de comunicações militares daquele país e evitar que os sistemas de alerta rápido detectassem a chegada de aviões da OTAN. O plano foi cancelado, no entanto, porque não houve tempo suficiente para preparar o ataque. A necessidade de um tempo maior de preparação é uma das principais desvantagens das operações digitais – projetar um ataque que não tenha efeitos em cascata em sistemas civis fora do alvo requer reconhecimento antecipado e planejamento, tornando difíceis os ataques oportunistas.[32]

Mais recentemente, os vazamentos do ex-administrador de sistemas da NSA, Edward Snowden, forneceram então algumas das mais amplas visões das operações cibernéticas secretas do governo em sua guerra assimétrica contra o terror. Os documentos descrevem as forças de hackers de elite da NSA em Fort Meade e em centros regionais na Geórgia, no Texas, em Colorado e no Havaí, que fornecem ao *US Cyber Command* ferramentas de ataque e técnicas necessárias para operações de contraterrorismo. Mas os cibercombatentes do governo também

---

[30] FULGHUM, David A.; WALL, Robert; BUTLER, Amy. Israel Shows Electronic Prowess. **Aviation Week**, Nov. 25, 2007. O artigo não está mais disponível no site da "Aviation Week", mas foi preservado na íntegra em <warsclerotic.com/2010/09/28/israel-shows-electronic-prowess/>.

[31] "Electronic Warfare: DOD Actions Needed to Strengthen Management and Oversight", publicado pelo US Government Accountability Office em julho de 2012.

[32] SCHMITT, Eric; SHANKER, Thom. US Debated Cyberwarfare in Attack Plan on Libya. **New York Times**, Oct. 17, 2011.

trabalhavam com o FBI e a CIA em operações de espionagem digitais, incluindo assistência à CIA no rastreamento de alvos a serem assassinados por drones.

Para rastrear Hassan Ghul, um associado de Osama Bin Laden que foi morto em um ataque com drones em 2012, a NSA implantou "um arsenal de ferramentas de ciberespionagem" para tomar o controle de computadores portáteis, capturar arquivos de áudio e acompanhar transmissões de rádio – tudo para determinar onde Ghul poderia estar "repousando" durante a noite, de acordo com documentos fornecidos por Snowden obtidos pelo Washington Post.[33] E, desde 2001, a NSA também tem penetrado em uma vasta gama de sistemas utilizados por membros da Al-Qaeda no Iêmen, na África e em outros lugares, para coletar inteligência que não poderia ser obtida de outra forma senão por meio de programas de coleta em massa de dados de empresas de internet como Google e Yahoo ou a partir de cabos submarinos e nós de internet interceptados.

Suspeitos de terrorismo não são os únicos alvos da NSA, contudo. Operações contra adversários estado-nação explodiram também nos últimos anos. Em 2011, a NSA montou 231 operações cibernéticas ofensivas contra outros países, de acordo com os documentos, três quartos dos quais focados em alvos de "alta prioridade", como Irã, Rússia, China e Coreia do Norte. Sob o programa clandestino de US$ 652 milhões com o codinome GENIE, a NSA, a CIA e agentes militares especiais plantaram *bugs* digitais secretos em dezenas de milhares de computadores, roteadores e *firewalls* em todo o mundo para realizar a exploração de rede de computadores (*Computer Network Exploitation*, CNE). Algumas são plantadas remotamente, mas outras requerem acesso físico para serem instaladas por meios das então chamadas interdições – a CIA ou o FBI interceptam carregamentos de hardware dos fabricantes e revendedores para plantar o *malware* neles ou instalar *chips* adulterados antes de chegarem ao cliente. Os *bugs* ou implantes funcionam como "células dormentes" que podem então ser ligados e desligados remotamente para conduzir a espionagem.[34] A maioria dos implantes é criada pela divisão da NSA *Tailored Acess Operations* (TAO), e estes recebem codinomes como UNITEDDRAKE e VALIDATOR. Eles são projetados para abrir um *backdoor*, através do qual hackers da NSA podem

---

[33] MILLER, Greg; TATE, Julie; GELLMAN, Barton. Documents Reveal NSA's Extensive Involvement in Targeted Killing Program. **Washington Post**, Oct. 16, 2013.

[34] GELLMAN, Barton; NAKASHIMA, Ellen. U.S. Spy Agencies Mounted 231 Offensive Cyber-Operations in 2011, Documents Show. **Washington Post**, Aug. 30, 2013.

explorar remotamente os sistemas infectados, e qualquer outra coisa ligada a eles, e instalar ferramentas adicionais para extrair grandes quantidades de dados. Os implantes são plantados de forma que consigam sobreviver em sistemas por anos sem serem detectados, sobrevivendo a atualizações de hardware e software que de outra forma os apagariam.[35] Em 2008, a NSA tinha 22.252 implantes instalados em sistemas em todo o mundo. Até 2011, o número subiu para 68.975, e em 2013 a agência esperava ter 85.000 implantes instalados, com planos de expandir isso para milhões. Mas o exagero de tantos implantes criou um problema para a NSA. Com tantos implantes à espreita em sistemas em todo o mundo, a agência de espionagem vinha sendo incapaz no passado de tirar proveito de todas as máquinas sob seu controle. Em 2011, por exemplo, os espiões da NSA só foram capazes de fazer pleno uso de 10% das máquinas comprometidas, de acordo com um documento divulgado por Snowden. Para remediar essa situação, a agência planejou automatizar o processo com um novo código de sistema chamado TURBINE, que diziam ser capaz de gerir milhões de implantes simultaneamente.[36]

Todas essas operações – de Kosovo até a Síria e a Líbia, e aquelas expostas nos documentos divulgados por Snowden – concentravam-se em roubar ou distorcer os dados ou usar métodos cibernéticos para ajudar a entregar bombas físicas a um alvo. Nenhum envolvia um ataque digital como **substituto** a uma bomba convencional. Isso é o que fez Stuxnet tão fundamentalmente diferente e novo.

---

[35] A NSA faz isso através da instalação do implante na BIOS das máquinas, bem como no *master boot record* (MBR) – parte fundamental que não é limpa quando o software no computador é atualizado ou apagado. Ver SPIEGEL ONLINE. **Interactive Graphic:** The NSA's Spy Catalog, disponível em <www.spiegel.de/international/world/a-941262.html>.

[36] Em um caso, a NSA e a agência de espionagem do Reino Unido *Government Communications Headquarters*, ou GCHQ, usaram um método sofisticado chamado *Quantum Insert* para invadir máquinas dos funcionários da empresa de telecomunicação belga para ganhar acesso à rede da empresa e a um roteador utilizado para o processamento do tráfego de usuários de telefones móveis. O ataque elaborado envolvia o uso de servidores de alta velocidade que a NSA instalou em pontos-chave de comutação da internet para interceptar o tráfego dos administradores de sistemas que trabalhavam para a empresa de telecomunicação. As agências de espionagem primeiramente recolheram bastante inteligência a respeito de trabalhadores – seus endereços de e-mail, endereços IP e possíveis hábitos de navegação pela internet – e então os servidores de alta velocidade observavam acessos a páginas específicas da internet a partir das máquinas dos funcionários, como a própria página de perfil do LinkedIn da vítima. Quando a vítima tentasse acessar a página do LinkedIn, o servidor interceptava a solicitação antes de chegar ao LinkedIn e abria uma página de LinkedIn falsa que injetava o *malware* em sua máquina. Uma vez na máquina do administrador do sistema, as agências de espionagem poderiam então usar suas credenciais para obter acesso a outras partes da rede de telecomunicações e subverter o roteador.

O Stuxnet é o único ataque cibernético conhecido que causou a destruição física de um sistema. Mas há indícios de que os Estados Unidos estão preparando outros. Em outubro de 2012, presidente Obama ordenou a altos funcionários de segurança e de inteligência nacional que produzissem uma lista de alvos – "sistemas, processos e infraestruturas" – para possíveis ataques cibernéticos, de acordo com uma diretiva presidencial ultrassecreta vazada por Snowden.[37] Se os Estados Unidos realmente teriam a intenção de atacá-los ou apenas queriam ter os planos prontos caso surgisse uma situação, não está claro. Mas tais operações, a diretiva observava, poderiam fornecer oportunidades "únicas e não convencionais para avançar objetivos nacionais dos EUA ao redor do mundo, com pouco ou nenhum aviso ao adversário ou alvo e com potenciais efeitos que iriam desde o sutil até o severamente prejudicial".

O aumento nas operações ofensivas e o seu planejamento teriam sido acompanhados por um igual aumento na demanda por hackers qualificados e por ferramentas de ataque necessárias para a NSA realizar essas operações. Embora a maioria dos implantes utilizados pela NSA fosse concebida em casa pela divisão TAO da agência, a NSA também possuía um orçamento de US$ 25,1 milhões em 2013 para "compras secretas de vulnerabilidades de software" de fornecedores privados – isto é, as empresas de luxo e grandes contratantes de defesa que compõem o novo complexo industrial de guerra que alimenta o mercado cinza dos *zero days*.[38] Essa tendência na terceirização das operações cibernéticas ofensivas do governo é visível nos anúncios de emprego que surgiram a partir de contratantes de defesa nos últimos anos, que procuram, por exemplo, "desenvolvedores de ataque" ao Windows ou alguém hábil em "análise de vulnerabilidades de software e em desenvolvimento de código de exploração (*exploits*)". Um anúncio da Northrop Grumman corajosamente descrevia um "projeto emocionante e acelerado de Pesquisa e Desenvolvimento" para uma "operação ofensiva no ciberespaço (*Offensive Cyberspace Operation*, OCO)", deixando pouca ambiguidade sobre a natureza do trabalho. Outros foram mais sutis sobre suas intenções, como um anúncio da Booz Allen Hamilton, onde Snowden trabalhou por um tempo enquanto estava na NSA, que

---

[37] GREENWALD, Glenn; MACASKILL, Ewen. Obama Orders US to Draw up Overseas Target List for Cyber-Attacks. **Guardian**, June 7, 2013. As 18 páginas da Diretiva Política Presidencial 20 foi emitida em outubro de 2012 e refere-se a ataques cibernéticos ofensivos como "Operações ofensivas de efeito cibernético".

[38] GELLMAN; NAKASHIMA. US Spy Agencies Mounted 231 Offensive Cyber-Operations.

buscava um "Analista de Alvos em Redes Digitais" para desenvolver *exploits* "para computadores pessoais e sistemas operacionais de dispositivos móveis, incluindo Android, BlackBerry, iPhone e iPad". Muitos dos anúncios de emprego citam CND (de "computer network defense", defesa de redes de computadores) e CNA (de "computer network attack", ataque a redes de computadores) entre as habilidades e conhecimentos desejados, ressaltando como a pesquisa de vulnerabilidades e de *exploits* pode atuar tanto na defesa quanto no ataque.

Quem são as pessoas que preenchem esses postos de trabalho? Às vezes, são pessoas como Charlie Miller, o matemático mencionado no Capítulo 7 que foi recrutado pela NSA para a quebra de códigos e de computadores. E às vezes eles são ex-hackers, procurados pela lei por invadir sistemas do governo dos EUA da mesma forma como são procurados por agências de espionagem por sua capacidade de fazer o mesmo contra um adversário. A escassez de candidatos altamente qualificados nas fileiras profissionais que poderiam preencher a demanda por cibercombatentes de elite levou as agências militares e de inteligência a recrutar em conferências de hackers como a Def Con, onde eles talvez tenham que perdoar transgressões passadas de um hacker ou diminuir as suas expectativas sobre o vestuário de escritório e *piercings* para atrair os candidatos escolhidos. Um "guerreiro do código" (*code warrior*) empregado por uma contratante do governo disse a um entrevistador que ele temia que sua história de invasão aos sistemas do governo dos EUA pudesse impedi-lo de trabalhar com os federais, mas a empresa de recursos humanos que o contratou "não parecia se importar que eu tivesse hackeado o nosso próprio governo ou que eu fumasse maconha".[39]

Ele descreveu um pouco do trabalho que fez como parte de uma equipe de cinco mil que trabalhavam em um edifício não marcado em um conjunto de escritórios não nomeado na Virgínia. Os trabalhadores eram proibidos de levar telefones celulares ou outros aparelhos eletrônicos para dentro do prédio ou até mesmo de deixá-los em seu carro.

Assim que foi contratado, a empresa lhe deu uma lista de programas que eles queriam que ele hackeasse, e ele rapidamente encontrou falhas de segurança básicas em todos eles. Seu grupo, disse ele, tinha um enorme repositório de vulnerabilidades *zero-day* à disposição – "dezenas de milhares de falhas prontas para o uso" em aplicações de software e sistemas operacionais, para qualquer tipo de

[39] GRIMES, Roger A. In His Own Words: Confessions of a Cyber Warrior. **InfoWorld**, July 9, 2013.

ataque. "Literalmente, se você puder nomear o software ou o controlador, temos maneiras de explorá-lo", disse ele. Falhas corrigidas não os preocupavam, pois, para cada vulnerabilidade que um fornecedor corrigia, eles tinham outras para substituí-la. "Nós somos o novo exército", disse ele. "Você pode não gostar do que o exército faz, mas você ainda quer um exército".[40]

Essa expansão das operações de caça às falhas do governo destaca uma questão importante que teve pouca consideração quando a força-tarefa do DoD estava no começo do desenvolvimento de sua doutrina ofensiva de uma década atrás, e que ainda hoje tem recebido pouca atenção do público e nenhum debate no Congresso – isto é, as questões éticas e de segurança em torno do armazenamento de vulnerabilidades *zero-day* e *exploits* a serviço de operações ofensivas. Ao acumular *exploits zero-day* para o governo para que o usem em ataques, em vez de passar a informação sobre as falhas para que os fornecedores as corrigissem, o governo coloca donos de infraestrutura crítica e usuários de computadores nos Estados Unidos em risco de ataques de hackers criminosos, espiões corporativos e agências de inteligência estrangeiras, que, sem dúvida, descobrirão e usarão as mesmas vulnerabilidades para as suas próprias operações.

Como observado anteriormente, quando pesquisadores descobrem vulnerabilidades, eles geralmente as divulgam ao público, ou privadamente ao fornecedor em questão, para que correções possam ser distribuídas para os usuários de computador. Mas quando as agências militares e de inteligência precisam de uma vulnerabilidade *zero-day* para operações ofensivas, a última coisa que eles querem é tê-la corrigida. Em vez disso, eles mantêm os dedos cruzados para que ninguém mais descubra e divulgue antes de terem terminado de explorá-la. "Se você construiu uma capacidade operacional inteira com base na existência dessa vulnerabilidade, amigo, então você acabou de perder um sistema no qual você pode ter investido milhões de dólares e milhares de horas-homem na criação", disse Andy Pennington, um consultor de segurança cibernética para K2Share, em uma conferência em 2011. Pennington é um ex-oficial de sistemas bélicos na Força Aérea cujo trabalho antes de se aposentar em 1999 era avaliar novas tecnologias do ciberespaço e desenhar as armas de próxima geração para a Força Aérea.[41]

---

[40] Ibid.

[41] Pennington falava na conferência do *Industrial Control System-Joint Working Group* em 2011. A conferência é patrocinada pelo Departamento de Segurança Interna.

"Você não contrata equipes de investigadores e vai procurar por vulnerabilidades para, em seguida, colocá-las na web para todo mundo ver se você está tentando desenvolver [um ataque para elas]", disse ele mais tarde em uma entrevista.[42] "Estamos colocando milhões de dólares na identificação de vulnerabilidades para que possamos usá-las e manter a nossa vantagem tática".

Mas é um modelo do governo que se baseia em manter todos vulneráveis para que alguns alvos possam ser atacados – o equivalente a reter a vacinação de toda a população para que um grupo seleto possa ser infectado por um vírus.

É provável que, enquanto Stuxnet explorava quatro vulnerabilidades *zero-day* para atacar os sistemas no Irã, um hacker ou um guerreiro cibernético de outro país as tenha explorado também. "É muito ingênuo acreditar que, com um *zero day* recém-descoberto, você é o único no mundo que o descobriu", disse Howard Schmidt, ex-coordenador de cibersegurança para a Casa Branca e ex-executivo da Microsoft. "Quer se trate de um outro governo, um pesquisador ou outra pessoa que vende *exploits*, você pode tê-lo para si mesmo por algumas horas ou alguns dias, mas com certeza você não o terá sozinho por muito tempo".[43]

Certamente a vulnerabilidade .LNK que o Stuxnet utilizou já era conhecida pela quadrilha bancária Zlob em 2008, dois anos antes do Stuxnet a utilizar. Informações sobre a vulnerabilidade do *spooler* de impressão também eram de domínio público para outros descobrirem e usarem.[44] Será que os outros *zero days* que o Stuxnet utilizou já eram conhecidos e foram utilizados por outras pessoas em diferentes ataques antes? Em 2007, Immunity, uma empresa de segurança na Flórida, determinou que um *exploit zero-day* sobrevivia em média por 348 dias antes de ser descoberto nos sistemas. Aqueles com maior tempo de vida poderiam viver escondidos por quase três anos.[45] Hoje a situação não é muito diferente, com o

[42] Entrevista da autora, novembro de 2011.

[43] MENN, Joseph. Special Report: US Cyberwar Strategy Stokes Fear of Blowback. **Reuters**, May 10, 2013, disponível em <reuters.com/article/2013/05/usa-cyberweapons-specialreport-idUSBRE9490EL20130510>.

[44] Consulte o Capítulo 6 para menção prévia de como essas duas vulnerabilidades já haviam sido descobertas por outros antes que os autores do Stuxnet as utilizassem em seu ataque.

[45] LEMON, Summer. Average Zero-Day Bug Has 348-Day Lifespan, Exec Says. **IDG News Service**, July 9, 2007, disponível em <www.computerworld.com/article/2542245/security0/average-zero-day-bug-has-348-day-lifespan--exec-says.html>.

tempo de vida médio de um *zero day* girando em torno de dez meses, com alguns à espreita em sistemas permanecendo não descobertos por até dois anos e meio.[46]

Logo depois que assumiu o cargo em 2009, o presidente Obama anunciou que a segurança cibernética, em geral, e a segurança da infraestrutura crítica da nação, em particular, eram as principais prioridades para a sua administração. Mas a retenção de informações sobre vulnerabilidades em sistemas dos EUA, para que estas possam ser exploradas em sistemas estrangeiros, cria uma cisma no governo que coloca as agências que acumulam e exploram *zero days* contra outras como o Departamento de Segurança Interna, que supostamente existem para ajudar a proteger os sistemas críticos governamentais e de infraestrutura dos EUA.

Em seu discurso na conferência de 2011, Andy Pennington reconheceu que havia "interesses concorrentes" no governo quando se tratava da questão de vulnerabilidades, mas ele disse que quando o governo descobria vulnerabilidades que queria explorar, ele fazia uso de "divulgação coordenada de vulnerabilidades" - um tipo de divulgação limitada - para "facilitar a defesa dos Estados Unidos" de forma que ainda permita ao governo reter a capacidade de atacar. Ele disse que o DoD trabalhava "muito de perto com a Microsoft no lado empresarial", bem como com os fabricantes de sistemas de controle, para que eles soubessem sobre vulnerabilidades encontradas em seus sistemas. "Mas eu gostaria de salientar mais uma vez que o objetivo é lidar com isso... de forma que possamos sustentar as operações", disse ele. Para esse fim, você precisaria ser "muito deliberado [em] como divulgar e sobre como corrigir".[47] Embora ele não tenha entrado em detalhes sobre o que era "divulgação limitada", outros sugeriram que se tratava do fornecimento de informações sobre vulnerabilidades aos administradores do DoD - para que então eles pudessem tomar medidas para proteger os sistemas militares de serem atacados -, enquanto essas informações eram mantidas longe do fornecedor e do público para evitar que os adversários descobrissem. Diz-se que a Microsoft também dá ao governo e a empresas privadas avisos com antecedência quando descobre novas falhas de segurança encontradas em seu software, para ajudar o governo a tomar medidas para proteger seus sistemas antes que

[46] LEMOS, Robert. Zero-Day Attacks Long-Lived, Presage Mass Exploitation. **Dark Reading**, Oct. 18, 2012, disponível em <www.darkreading.com/vulnerabilities---threats/zero-day-attacks-long-lived-presage-mass-exploitation/d/d-id/1138557>. A pesquisa foi conduzida pela Symantec.

[47] PENNINGTON. Conferência do *Industrial Control Systems-Joint Working Group*, 2011.

uma correção esteja disponível. Mas isso pode igualmente servir como dica útil para a NSA aposentar quaisquer *exploits* que estivessem sendo usados para atacar essa vulnerabilidade – antes que a Microsoft a divulgue publicamente –, ou, inversamente, para explorar rapidamente máquinas usando a vulnerabilidade antes que esta seja corrigida.[48]

Greg Schaffer, ex-subsecretário de Segurança Interna, disse à NPR que o DHS, que ajuda a proteger os sistemas não militares do governo, ocasionalmente obtém assistência "das organizações que trabalham na missão ofensiva", apesar de ele não indicar se isso significava o compartilhamento de informações com o DHS sobre vulnerabilidades para que elas pudessem ser corrigidas.[49] Mas "trazer o seu trabalho [para nós] é algo que eles têm que decidir", disse ele. "Isso não é algo que nos preocupa".

Outro funcionário do DHS, no entanto, disse que não se recorda de "jamais ter visto uma vulnerabilidade chegar até nós a partir do DoD em uma divulgação (...). Nós gostaríamos de ver tantas vulnerabilidades divulgadas de forma coordenada tanto quanto possível, para nos garantir a melhor postura defensiva". Apesar de ser frustrante não conseguir tais divulgações, ele reconhecia que era "a natureza da situação" se o governo ainda quisesse manter a sua capacidade de atacar adversários, e ele não via nenhuma maneira de resolver isso.[50]

Embora informações sobre vulnerabilidades possam não ter sido passadas do lado ofensivo para o lado defensivo para serem corrigidas, houve de fato casos em que as vulnerabilidades descobertas pelo lado defensivo foram passadas para o lado ofensivo. Isso poderia ocorrer, por exemplo, para garantir que uma vulnerabilidade em um sistema de controle já sendo explorada pela ANS ou outras agências não fosse divulgada e corrigida muito cedo. Um ex-funcionário do DHS disse que esse "processo de negociação de vulnerabilidades" para sistemas de controle, como era chamado, começou algum tempo depois do *Aurora Generator Test* ter sido realizado em 2007. Desde então, vulnerabilidades que os investigadores do governo encontram em outros sistemas de controle são examinadas

---

[48] RILEY, Michael. U.S. Agencies Said to Swap Data with Thousands of Firms. **Bloomberg**, June 14, 2013, disponível em <www.bloomberg.com/news/articles/2013-06-14/u-s-agencies-said-to-swap-data-with-thousands-of-firms>.

[49] GJELTEN, Tom. Stuxnet Raises 'Blowback' Risk in Cyberwar. **Morning Edition**, NPR, Nov. 2, 2011, disponível em <www.npr.org/2011/11/02/141908180/stuxnet-raises-blowback-risk-in-cyberwar>.

[50] Entrevista da autora, 2012.

em um painel de negociação para assegurar que sua divulgação não prejudique quaisquer operações em curso. "Se alguém está usando... sob autoridade para um fim legítimo... bem, nós teríamos que equilibrar a necessidade de divulgá-las com base no valor de deixá-las abertas por um tempo", disse o ex-oficial.

Tal processo no governo tem uma longa tradição. Na Segunda Guerra Mundial, por exemplo, quando os britânicos quebraram o código Enigma da Alemanha e descobriram que comboios aliados estavam sendo alvejados pelos alemães, eles tinham que pesar os benefícios de redirecionar os comboios para longe do ataque - e, assim, correr o risco de fazer com que os alemães percebessem que o seu código havia sido quebrado - em relação ao custo de sacrificar um comboio para continuar explorando uma fonte de inteligência crítica.

O procedimento nos EUA envolve um comitê central composto por representantes de vários departamentos e agências - DoD, Ministério da Justiça, Departamento de Estado, Segurança Interna, Casa Branca e a comunidade de inteligência - e é modelado com base em um procedimento desenvolvido pelo Comitê de Investimentos Estrangeiros nos Estados Unidos, conhecido como CFIUS, que pesa as implicações de segurança nacional em relação aos investimentos estrangeiros nos Estados Unidos.

No caso de vulnerabilidades de software, se os pesquisadores do governo descobrirem uma falha de segurança em um PLC comumente utilizado, por exemplo, eles submetem essa descoberta ao comitê para ver se alguém tem interesse nela. "Todo mundo tem uma palavra a dizer sobre a probabilidade de impactos para as empresas ou sistemas [no caso de a vulnerabilidade ser divulgada ou não]", disse o funcionário. "É tudo feito via e-mail em uma rede sigilosa, e todo mundo responde dizendo 'sim' ou 'não'. Havendo algum 'sim', então nós o discutimos. Sendo tudo 'não', então nós apenas continuamos com nosso processo normal de divulgação responsável da vulnerabilidade".

Perguntado se o DHS já havia passado informações sobre vulnerabilidades para o lado ofensivo para que pudessem ser especificamente exploradas, ele disse que não. Mas ele reconheceu que o próprio ato de discutir vulnerabilidades com o comitê pode, inadvertidamente, dar ideias aos membros sobre novas vulnerabilidades a serem exploradas. Apesar de afirmar que nunca ouviu ninguém no comitê pedir a um representante de sistema de controle industrial que não divulgasse publicamente uma vulnerabilidade para que eles pudessem explorá-la, ele reconheceu que provavelmente não se falaria tão abertamente sobre ela. "Eles provavelmente apenas tomariam notas silenciosamente e nunca saberíamos [se eles desenvolveram um *exploit*]", ele disse.

Capítulo 13

Ogivas Digitais

Liam O'Murchu estava ficando cansado e entediado. Sentado em sua mesa há duas horas conectando diligentemente componentes de hardware virtual, peça por peça, em um emulador do Step 7, ele fazia um último esforço para identificar o que o Stuxnet atacava, mas ele não estava tendo sorte.

Era início de outubro, semanas após Ralph Langner ter identificado o Stuxnet como uma arma de precisão que visava um único alvo, e ambas as equipes - em Hamburgo e na Califórnia - estavam trabalhando de forma independente, sem que a outra soubesse, para identificar o alvo da arma digital.

Uma das coisas que os pesquisadores da Symantec descobriram era que, bem antes de liberar sua carga destrutiva em um PLC 315, o Stuxnet buscava no PLC três "valores mágicos" - combinações de números e letras incorporados nos blocos de dados do próprio PLC. Quando o Stuxnet encontrava um PLC 315, ele vasculhava pelos blocos em busca dos valores mágicos 2C CB 00 01, 7050h e 9500h - e sabia que havia chegado ao seu alvo quando encontrava todos os três valores.

Eric Chien fez uma busca por esses valores no Google, mas não encontrou nada que fizesse sentido no contexto do Stuxnet. Os pesquisadores suspeitavam que o primeiro valor fosse algum tipo de número de série ou de parte de um componente de hardware que estaria plugado no PLC. Então, O'Murchu montou um ambiente de simulação do PLC Step 7 para tentar determinar sua identidade. O sistema Step 7 incluía um recurso de emulação para a construção de redes virtuais de PLCs, a fim de testar diferentes configurações de hardware antes de construir a rede real em uma usina. O emulador contava com uma longa lista de componentes de hardware que os engenheiros podiam virtualmente conectar na configuração, um por vez, simplesmente clicando em um nome no menu. Cada vez que um engenheiro selecionava um item da lista, aparecia na tela um número de identificação do componente. O'Murchu esperava que o misterioso 2C CB 00 01 estivesse entre eles. Mas por duas horas ele vinha sistematicamente conectando um dispositivo após o outro e ainda não havia encontrado nenhuma correspondência, após tentar mais de cem componentes. Aquilo estava começando a parecer um exercício de futilidade, até que ele chegou, na lista, a um grupo de cartões Profibus e Profinet – dispositivos que transmitiam dados entre os PLCs e os componentes que eles controlavam. O'Murchu clicou em um cartão Profibus CP 342-5 e assim, de repente, o valor apareceu.

O cartão Profibus era apenas metade do quebra-cabeça, contudo. Ele ainda não sabia que dispositivos o PLC controlava. Encorajado por essa pequena parcela de sucesso, entretanto, ele rapidamente ligou o resto dos componentes da lista, mas nenhum dos outros valores mágicos apareceu. Isso não importava. Eles tinham dado um grande salto com essa nova descoberta, de qualquer forma. Eles agora sabiam que o Stuxnet procurava um sistema com seis dessas placas de rede conectadas, e eles sabiam que era apenas uma questão de tempo para solucionar o resto do mistério da configuração.

COM TRÊS MESES da descoberta do Stuxnet, o resto do mundo agora conhecia o misterioso código que evidentemente tinha o Irã como alvo. No entanto, a especulação de que ele tinha especificamente como alvo o programa de enriquecimento de urânio de Natanz permaneceu dessa forma – especulação. Os engenheiros da Symantec estavam prestes a encontrar a prova de que eles precisavam no código. Mas antes eles precisavam de um curso intensivo de PLCs.

Descobrir que o Stuxnet sabotava PLCs Siemens certamente foi um grande avanço para Falliere e seus colegas. Mas Langner estava certo de que eles tinham chegado a um impasse em sua pesquisa e estavam obstruídos pelos PLCs. "Nós rapidamente soubemos que não sabíamos nada", disse Chien.[1]

Como se aquilo não fosse o bastante, ao descobrir que o Stuxnet injetava código malicioso nos PLCs, Falliere também descobriu que o Stuxnet não tinha apenas uma carga útil, mas **duas**. O Stuxnet enviou ogivas duplas para atacar os PLCs, como os comandos de operações especiais. Uma tinha como alvo o PLC Siemens S7-315; a outra mirava no S7-417.

Apenas poucos kilobytes de código malicioso foram injetados em cada PLC, mas desvendar aquele código era a chave para resolver o maior quebra-cabeça do Stuxnet. Só havia um problema. O código estava escrito em um formato e em uma linguagem que Falliere não entendia. A parcela míssil do Stuxnet estava escrita em C e C++ e compilada para Intel x86 assembly – a mais comum e amplamente conhecida linguagem assembly de computador. Mas as ogivas digitais usavam uma linguagem de programação obscura, exclusiva dos PLCs Siemens, chamada STL.[2] Para programar os PLCs Siemens, os engenheiros escreviam seus comandos em STL, depois os convertiam para MC7, uma linguagem assembly, antes de compilá-los para código binário que os PLCs conseguiam ler. Isso tudo significava que, mesmo que Falliere conseguisse reverter os uns e zeros do binário de volta para STL, ele ainda não faria nenhuma ideia do que aquilo dizia. Era um pouco como decifrar a mensagem codificada da famosa escultura Kryptos da CIA apenas para descobrir que a mensagem decodificada está escrita em grego. Em anúncio de 17 de agosto da Symantec, foi feita uma chamada para que qualquer pessoa com conhecimentos de PLCs e STL os contatasse, mas não obtiveram nenhuma resposta.

Eles não teriam a necessidade de buscar a ajuda do público se a Siemens tivesse sido capaz de ajudá-los, mas infelizmente não foi esse o caso. Chien contatou a empresa no início de suas análises e ao longo dos meses em que eles trabalharam no Stuxnet. Mas todas as vezes que ele enviava perguntas à empresa alemã sobre como o sistema Step 7 funcionava, a Siemens levava dias ou semanas para responder. Normalmente, nesse meio tempo os pesquisadores da Symantec

---

[1] Esta e todas as citações de Chien são de entrevistas com a autora em 2010 e 2011.

[2] "STL" significa *Statement List programming language*, ou linguagem de programação por lista de declarações.

já haviam descoberto as respostas por conta própria e tinham preparado um novo conjunto de perguntas para a Siemens responder.[3]

Havia também outro grupo de pessoas que poderia tê-los ajudado. Langner e sua equipe se destacavam nas exatas áreas que perturbavam a Symantec. Este poderia ter sido o casamento perfeito de habilidades – a Symantec com sua perícia em sistemas Windows e engenharia reversa de códigos maliciosos, e a equipe de Langner com seu extenso conhecimento acerca do software da Siemens e de PLCs. Mas todas as esperanças de colaboração foram rapidamente frustradas depois de uma breve troca de e-mails entre os dois grupos, seguida de algumas postagens que causaram mal-entendidos e maus sentimentos em ambos os lados. Era um lapso de comunicação que poderia ter sido facilmente resolvido com um rápido telefonema, mas nenhum dos lados se motivou a fazê-lo.

Na ausência de qualquer ajuda, os pesquisadores da Symantec fizeram a única coisa que podiam fazer – eles compraram um punhado de livros *on-line* sobre STL e passaram a aprender por si só como o código funcionava. A melhor maneira de fazer a engenharia reversa do código STL, eles inferiram, era aprendendo a escrevê-lo.

---

[3] Chien não fazia ideia de por que a Siemens não era mais ágil. Era possível que a empresa não considerasse que a questão fosse urgente, uma vez que apenas cerca de uma dúzia de clientes da Siemens relataram ter sido infectados pelo Stuxnet. Também era possível que a Siemens não estivesse acostumada a lidar com questões aprofundadas sobre o seu software. Os pesquisadores da Symantec não estavam fazendo perguntas que pudessem ser facilmente respondidas por representantes de produtos; estas eram questões fundamentais de engenharia sobre como o código da Siemens funcionava. Isso requeria que a empresa rastreasse os programadores que tinham trabalhado no sistema Step 7. Mas também era possível que a Siemens estivesse relativamente quieta quanto ao Stuxnet porque a empresa não queria levantar discussões sobre seus negócios no Irã. Na época, a empresa se encontrava em maus bocados após um carregamento de seus controladores ter sido apreendido em Dubai, a caminho do Irã, para o programa de enriquecimento de urânio. Outro carregamento de processadores turbo da Siemens foi interceptado em Hambugo por autoridades de exportação quando estava a caminho do Irã. Ambos os carregamentos violavam os controles de exportação da União Europeia, que proibia a venda de equipamentos de uso dual para o Irã sem autorização. A Siemens alegou que não sabia que os carregamentos iam para o Irã, mas os incidentes acabaram forçando o CEO da companhia a anunciar, em janeiro de 2010, que a Siemens não iniciaria qualquer novo negócio com o Irã depois de meados de 2010. Quando o Stuxnet foi descoberto no Irã, alguns meses depois, o relativo silêncio da Siemens sobre o código pode ter sido, em parte, um esforço para não levantar discussões sobre como seus controladores foram parar na usina de enriquecimento de urânio. Havia trabalhadores da Siemens que queriam que a empresa assumisse um papel mais ativo na análise do Stuxnet, mas eles foram silenciados. A Siemens de fato queria que a questão sumisse e esperava que a Symantec e outros pesquisadores desistissem.

A cada dia no metrô, durante seus deslocamentos de manhã e à noite, Falliere se debruçava sobre os livros tentando ver sentido no código. Ele tinha feito pouco progresso durante dias até que descobriu uma ferramenta *on-line,* com código aberto, que alguém havia criado para programar PLCs Siemens como uma alternativa gratuita ao software Step 7. Falliere estudou a ferramenta para ver como o código STL ficava quando era compilado para MC7 e depois o usou como um roteiro para obter o código MC7 do Stuxnet, indo no sentido inverso.

Foram semanas cavando pelo código para tê-lo totalmente revertido, e, quando ele finalmente conseguiu, os poucos kilobytes do binário que o Stuxnet injetava nos PLCs havia inflado para mais de 4.000 linhas de instruções, para o ataque ao 315, e mais de 13.000 linhas para o ataque ao 417. Era muito grande e pesado para Falliere ler nesse formato, para não dizer muito complicado de acompanhar. Então ele decidiu traduzir aquilo para algo parecido com código C para ter comandos mais simples e em menor quantidade para ler. No entanto, tudo isso apenas lhe proporcionava uma leitura estática do código; sem um PLC, ele ainda não conseguia ver o ataque em ação. Então ele escreveu um pequeno programa para simular um PLC em sua máquina Windows e soltou o código nele. Entre isso e a leitura estática do código revertido, ele foi finalmente capaz de reunir as peças do ataque.

Uma das primeiras coisas que o surpreendeu sobre o ataque era que ele se desdobrava em seis fases, que se repetiam durante semanas e meses. Uma vez o ataque feito, este reiniciava e começava de novo. Isso significava que, em vez de lançar um único golpe que causasse uma falha catastrófica, tal como os pesquisadores originalmente acreditavam que o Stuxnet havia sido projetado para fazer, os atacantes seguiam com uma sabotagem sutil, que se estendia ao longo do tempo. Isso, combinado com o ataque *man-in-the-middle* que escondia a sabotagem dos operadores enquanto ela ocorria, tornava difícil para qualquer um detectar e localizar a fonte dos problemas. Os atacantes, Falliere concluiu, esperavam passar despercebidos por meses e, de fato, eles conseguiram.

A primeira parte do ataque, uma fase de reconhecimento, durava em torno de 13 dias, durante os quais o Stuxnet permanecia silencioso no PLC gravando operações normais com o objetivo de reproduzir aquilo para os operadores quando a sabotagem começasse. O Stuxnet gravava os dados ao menos uma vez por minuto e só progredia para a próxima fase após gravar dados ao menos 1,1 milhão de vezes.

Com dados suficientes gravados, a contagem regressiva de duas horas começava. Então, quando o contador chegava a zero, a sabotagem começava. Contudo, ela durava apenas 15 minutos e, uma vez concluída, as operações normais do PLC e dos dispositivos que ele controlava eram restabelecidas. Depois, após um intervalo de cinco horas, toda a sequência recomeçava, dessa vez com o Stuxnet aguardando em torno de 26 dias para atacar e gravando o dobro da quantidade de dados que havia gravado na primeira vez. E, dessa vez, quando a sabotagem começava, ela durava cinquenta minutos em vez de 15. Assim como antes, com a sabotagem concluída, as operações retornavam ao normal por outros 26 dias, e o ciclo completo se repetia novamente. Cada vez que a sabotagem ocorria daí em diante, ela alternava entre 15 e cinquenta minutos de duração, embora a fase de reconhecimento permanecesse 26 dias.

Falliere não tinha ideia de por que a duração da sabotagem mudava ou qual seria a diferença entre as duas sequências. Sem saber quais dispositivos estavam sendo atacados, ele não tinha como saber a natureza da agressão. Era um pouco como assistir projéteis traçantes voando à noite pelo céu, sem ter nenhuma ideia do que eles atingiriam.

O DESAFIO FINAL do quebra-cabeça do Stuxnet veio no início de novembro, quando um programador holandês chamado Rob Hulsebos, especialista no protocolo Profibus, enviou um e-mail a Chien. Ele estava respondendo – ainda que tardiamente – à segunda chamada por ajuda que os pesquisadores da Symantec haviam postado em seu blog, pedindo para que qualquer pessoa com conhecimentos em cartões Profibus e em infraestruturas críticas os contatassem. O e-mail de Hulsebos continha apenas dois parágrafos, a maior parte com informações sobre o Profibus que Chien já sabia, mas uma frase se destacou. Hulsebos escreveu que todo dispositivo periférico conectado a uma placa de rede Profibus tinha um único ID, atribuído a ele pela Profibus. Cada ID tinha o tamanho aproximado de 2 *bytes*, ou 16 *bits*, escreveu Hulsebos.

Chien relembrou que os dois valores misteriosos que eles tentavam desvendar – 7050h e 9500h – tinham exatamente 16 *bits* cada.

Ele caminhou até a baia de O'Murchu e mostrou a ele o e-mail em seu BlackBerry. Enquanto Chien olhava ansiosamente sobre seus ombros, O'Murchu fez uma pesquisa no Google por IDs de dispositivos Profibus e obteve uma série de *links* para catálogos de produtos. Chien apontou para um PDF listando dispositivos comumente usados com cartões de rede Profibus. O'Murchu abriu o arquivo e, ao lado do nome de cada dispositivo da lista, havia o único ID Profibus que o e-mail descrevia. O'Murchu percorreu a lista até chegar ao fim, e lá estava – um dos valores mágicos que eles (e o Stuxnet) estavam buscando – 9500h. De acordo com o manual, o ID correspondia a uma marca de conversor de frequência feito por uma empresa na Finlândia. Chien vasculhou o site por informações sobre o outro ID, mas não conseguiu achar nada. Então ele escreveu um e-mail para a Profibus pedindo a empresa para identificar o 7050h. Ele não esperava uma resposta e ficou surpreso quando recebeu uma indicando que aquilo era um conversor de frequência feito por uma empresa no Irã.

Conversores de frequência são fontes de alimentação que controlam a corrente elétrica fornecida para motores e rotores a fim de modular suas velocidades. Ao aumentar a frequência da fonte, a velocidade do motor aumenta. O ID 9500h era de um conversor de frequências feito por uma empresa chamada Vacon, na Finlândia; o ID 7050h era um modelo não especificado de conversor, feito por uma empresa chamada Fararo Paya, no Irã. O'Murchu suspeitou que os conversores da Fararo Paya eram uma cópia iraniana dos conversores finlandeses.[4] Se este fosse o caso, provavelmente não haveria outra instalação fora do Irã que usasse os conversores da Fararo Paya.

Eles baixaram tudo o que conseguiram encontrar sobre conversores de frequência, incluindo uma dúzia de manuais de várias marcas. Nenhum deles era o manual dos conversores Vacon e Fararo Paya, mas alguns deles listavam comandos que eram idênticos para controlar conversores de diferentes marcas. Um dos comandos do STL que Falliere extraiu do código do Stuxnet era "47F and 1", e, efetivamente, quando eles olharam em um dos manuais, encontraram essas palavras: "para iniciar o conversor de frequências, envie a palavra 47F e configure o valor para 1". Os dedos de O'Murchu pairaram sobre o teclado enquanto ele lia a linha em voz alta. Ele não podia acreditar. Por quatro meses eles lutaram para solucionar o mistério do que o Stuxnet estava atacando, trabalhando noites e finais de semana para compreender o que ele fazia, e, agora, com algumas simples buscas no Google, eles tinham encontrado as suas respostas. Aquilo foi tão emocionante e gratificante quanto decepcionante.

---

[4] Pelo fato de o Irã ter sido vítima de sabotagem em 2006, quando partes compradas da Turquia para o seu programa nuclear foram sabidamente sabotadas (ver Capítulo 11), autoridades iranianas teriam decidido que eles precisavam fabricar seus próprios conversores de frequência, para evitar sabotadores que miravam em sua cadeia de suprimentos e manipulavam as unidades que eles compravam no exterior.

Era o fim do dia e os dois estavam exaustos. Então eles enviaram um breve e-mail para Falliere colocando-o a par do que tinham encontrado, junto com alguns dos manuais em PDF que mostravam os comandos. "Dê uma olhada nisso e veja se encontra alguma coisa aqui que funcione", disse Chien a Falliere.

Quando Falliere acordou naquela manhã e viu o e-mail, correu para o escritório. Ele puxou uma lista com todos os dados de configuração e comandos que havia extraído do Stuxnet e os examinou lado a lado com os manuais. Não demorou muito para encontrar correspondência para todos eles. Ele já suspeitava que o Stuxnet estaria alterando a frequência de algo que estivesse do outro lado do PLC – o código de ataque continha números como 10640, o qual ele suspeitou serem 1.064 Hz expressos em deciHertz. Agora, a nova informação confirmava isso.

Ele usou os manuais para traduzir todos os comandos do Stuxnet e, dentro de uma ou duas horas, tinha um esquema completo do ataque, o qual enviou para O'Murchu e Chien.

Antes de o Stuxnet começar seu ataque ao PLC S7-315, ele se certificava de que o sistema estava usando conversores de frequência feitos pela Vacon e Fararo Paya, e que os conversores estavam operando em uma frequência com algum valor entre 807 Hz e 1.210 Hz. O Stuxnet buscava uma usina que tivesse até 186 conversores instalados, todos eles operando acima de 800 Hz. Conversores de frequência eram usados em diversas aplicações, mas conversores que operavam em 600 Hz, ou mais, tinham uso limitado – tão limitado, de fato, que quando Chien fez uma busca *on-line*, descobriu que sua exportação era regulada nos EUA pela Comissão Reguladora Nuclear (*Nuclear Regulatory Commission*). Agora não havia dúvidas sobre aquilo. O Stuxnet tinha como alvo uma instalação nuclear. Langner havia ficado em uma posição vulnerável ao afirmar que o Stuxnet estava mirando no programa nuclear do Irã, mas agora eles tinham evidências no código para sustentar isso.

Chien estava atordoado pela beleza de como tudo agora se encaixava.

Eles se esforçaram durante meses para decifrar o código, alcançando seus progressos em incrementos de centímetros em vez de quilômetros, aflitos de nunca chegarem ao fim da estrada. Agora, em retrospectiva, tudo aquilo parecia tão elegante e completo. Com os detalhes finais resolvidos, Falliere traçou uma descrição passo a passo do ataque, do início ao fim.

Depois que o Stuxnet encontrava uma máquina Step 7, ele descompactava sua .DLL Step 7 sósia e sequestrava a .DLL da Siemens para tomar o seu lugar. Depois ele aguardava pacientemente um programador iniciar o programa Step 7, para ler ou criar blocos de código para um PLC S7-315. O Stuxnet então injetava seu código malicioso nos blocos e aguardava até que o programador conectasse seu laptop a um PLC ou copiasse os comandos para um dispositivo USB para transferi-los a um PLC. Podia levar dias ou semanas para que os comandos maliciosos chegassem a um PLC, mas, uma vez lá, o ataque se desenrolava sem resistência.

Após a fase inicial de reconhecimento gravando dados por 13 dias, o Stuxnet primeiro aumentava a frequência dos conversores para 1.410 Hz por 15 minutos e depois a reduzia para 1.064 Hz, presumidamente a frequência de operação normal, por aproximadamente 26 dias. Após gravar todos os dados que precisava gravar durante essas três semanas, o Stuxnet derrubava a frequência drasticamente para 2 Hz por cinquenta minutos, antes de restaurá-la para 1.064 Hz novamente. Após outros 26 dias, o ataque começava de novo. Cada vez que o ataque começava, o ataque do tipo *man-in-the-middle* alimentava leituras de frequência falsas para os operadores e sistemas de segurança para mantê-los cegos para o que estava ocorrendo.

A SYMANTEC FINALMENTE sabia exatamente o que o Stuxnet fazia com o PLC S7-315. Mas o ataque que tinha como alvo o PLC S7-417 permanecia um mistério. As duas armas digitais chegavam com o mesmo míssil, mas operavam de forma completamente independente uma da outra.

O S7-417 era o PLC de ponta da Siemens, o qual vinha com 30 megabytes de RAM e um preço de lista de mais de US$ 10.000,00, comparado aos aproximados US$ 500,00 do S7-315. Como se fosse para combinar com sua categoria mais alta, o ataque que visava este PLC era também muito maior, com muito mais blocos de código – quarenta blocos de código, comparados aos 15 blocos do ataque ao 315 – alguns dos quais eram gerados durante a execução, com base nas condições que o Stuxnet encontrava no sistema que estava atacando.

O código de ataque ao 417 era também muito mais complexo, tanto no que diz respeito aos passos executados quanto às condições nas quais o ataque era liberado. Adicionalmente, ele possuía estruturas bizarras que tornavam sua engenharia reversa um enorme sofrimento. Havia ponteiros que levavam a ponteiros, que levavam a ponteiros, o que tornava difícil acompanhar a sequência de eventos do código. A diferença de estrutura entre os dois ataques fazia parecer que os códigos foram criados por equipes completamente diferentes, usando ferramentas diferentes.

Os atacantes obviamente aplicaram muitos cuidados e esforços no código do 417. Assim, Falliere ficou perplexo quando descobriu que ele não funcionava – e que na verdade os atacantes tinham intencionalmente o desabilitado. Na parte do código responsável por extrair as impressões digitais do PLC 417, para ver se suas configurações correspondiam à configuração do alvo que o Stuxnet estava procurando, os atacantes inseriram uma exceção – um truque de programação que envolvia a inserção de um erro intencional no código para abortar a missão antes que ela começasse. Além do mais, não havia nenhum sinal de que o ataque ficasse ativo em algum momento. O Stuxnet precisava gerar um bloco crucial de código durante a execução para fazer o ataque funcionar, mas o código que deveria criar esse bloco estava incompleto.

Não estava claro se os atacantes desabilitaram o código porque este ainda era um trabalho em andamento ou se ele foi completado até certo ponto e depois desabilitado por um motivo diferente. Falliere relembrou a recente notícia que citava uma autoridade iraniana dizendo que **cinco** versões do Stuxnet foram encontradas no Irã.[5] A Symantec e outros pesquisadores tinham visto apenas três versões do Stuxnet até então. Haveria, talvez, outra versão do Stuxnet solta por aí com uma versão completa do ataque ao 417?

Com base nas pistas que Falliere e seus colegas obtiveram nas três versões do Stuxnet até então encontradas, parecia que podia haver de fato outra versão solta do Stuxnet. Os números de versão das três variantes, por exemplo, pareciam estar fora da sequência. Os próprios atacantes as tinham numerado – a variante de junho de 2009 era a versão 1.001, enquanto as variantes de março e abril de 2010 eram 1.100 e 1.101. Lacunas na numeração sugeriam que outras variantes tinham, ao menos, sido desenvolvidas – incluindo uma versão 1.00 que antecedia todas as três já identificadas –, mesmo que elas nunca tivessem sido liberadas para o ataque.

Seja lá o que fosse que o código do 417 estivesse atacando, era diferente do ataque ao 315. Diferentemente do ataque ao 315, o código do 417 tinha como alvo um sistema que consistia de 984 dispositivos configurados em seis grupos de 164. E, durante o ataque, apenas 110 dos 164 dispositivos em cada grupo eram sabota-

[5] Ver Capítulo 10.

dos. Infelizmente, o código do 417 não continha nenhum valor mágico para ajudar a equipe da Symantec na identificação do que ele atacava – como aqueles que ajudaram a identificar os conversores de frequência. Langner e sua equipe, que analisavam o código do 417 ao mesmo tempo que a Symantec, supunham que o código do 417 podia ter como alvo a própria cascata, não individualmente as centrífugas, talvez as tubulações e válvulas que controlavam o fluxo de gás entrando e saindo das cascatas. Entretanto, sem mais detalhes no código para oferecer uma prova definitiva, nem Langner nem a Symantec conseguiam dizer com certeza o que o ataque do 417 estava fazendo. Após meses de trabalho e extenso progresso em outros aspectos, todos eles tiveram que se resignar com o fato de que haviam alcançado outro beco sem saída – parecia que o Stuxnet estava determinado a manter ao menos um de seus mistérios.

Na ausência de um entendimento claro do código de ataque ao 417, os pesquisadores da Symantec decidiram publicar o que eles **de fato** sabiam – que eram os detalhes finais do ataque ao 315.

Então em 12 de novembro de 2010, exatamente quatro meses após a VirusBlokAda ter anunciado pela primeira vez sua descoberta do código do Stuxnet, a Symantec publicou uma postagem de blog anunciando que o Stuxnet atacava uma configuração muito singular de conversores de frequência específicos. "A exigência do Stuxnet para determinadas unidades de conversor de frequência e as características da operação focavam o número de alvos especulados em um conjunto limitado de possibilidades", escreveu Chien no estilo tipicamente enigmático e cauteloso da equipe da Symantec.[6] Ele nunca mencionou o programa nuclear iraniano pelo nome, ou mesmo as centrífugas, mas a mensagem por trás de suas palavras era clara.

Quatro dias após a Symantec publicar seu post, técnicos em Natanz levaram todas as centrífugas giratórias da usina a uma parada completa. Por seis dias, até 22 de novembro, toda a atividade de enriquecimento na instalação parou. As autoridades iranianas não deram nenhuma explicação pela súbita parada, mas os pesquisadores da Symantec suspeitavam que os administradores da usina estivessem dissecando os computadores em busca de quaisquer traços remanescentes do Stuxnet. Embora informações sobre o *worm* já estivessem divulgadas publi-

[6] CHIEN, Eric. Stuxnet: A Breakthrough. **Symantec blog**, Nov. 12, 2010, disponível em <symantec.com/connect/blogs/stuxnet-breakthrough>.

camente há meses, as revelações até agora não tinham sido específicas quanto aos dispositivos que o Stuxnet atacava ou como ele conduzia a sua operação, e o Stuxnet fora meticulosamente trabalhado para tornar difícil para qualquer um encontrar o seu código malicioso no PLC ou rastrear a sabotagem até a sua fonte. O recente relatório da Symantec, contudo, fornecia todas as evidências de que os operadores precisavam para ligar os problemas que estavam tendo em Natanz à arma digital. Apesar de empresas de antivírus terem lançado, há muito tempo, assinaturas para detectar os arquivos do Stuxnet, eles somente podiam detectá-los em máquinas Windows – e não o código malicioso que o Stuxnet injetava nos PLCs. Como o Stuxnet parecia um polvo com muitos tentáculos para ajudá-lo a se espalhar, os técnicos em Natanz teriam que limpar e restaurar cada máquina da usina para desinfetar completamente o teimoso código de seus sistemas.

Estava claro agora que os dias do Stuxnet estavam finalmente acabados. Não só ele não mais seria capaz de mexer com as centrífugas em Natanz, como qualquer problema futuro com os sistemas na usina despertaria imediatamente a suspeita de que o código malicioso era a causa. Seria muito mais difícil sacar um ataque furtivo similar, no futuro, sem que um exame minucioso rapidamente focasse nos sistemas de controle.

Com quase todos os mistérios do Stuxnet agora resolvidos, os pesquisadores da Symantec focavam em aparar algumas arestas e finalizar seu extenso dossiê sobre o código antes de voltar suas atenções para outras coisas.

Porém, uma semana após as centrífugas que haviam parado em Natanz retomarem as suas operações, a história do Stuxnet tomou um rumo mais sombrio e sinistro, sugerindo que os esforços para frustrar o programa de enriquecimento ainda não tinham terminado. Se o uso do código malicioso não era mais uma opção viável, outros meios para parar o programa ainda estavam à disposição dos atacantes.

O TRÂNSITO DA HORA DO *RUSH* na avenida Artesh, no norte de Teerã, estava particularmente congestionado na manhã de 29 de novembro de 2010, quando Majid Shahriari, um magro professor de física nuclear de quarenta anos de idade, conduzia seu sedã Peugeot para-choque a para-choque pelo engarrafamento, a caminho do trabalho. Eram apenas 7:45 da manhã daquela segunda-feira, mas uma camada de fumaça já pairava no ar enquanto Shahriari se movia lentamente para a Universidade Shahid Beheshti, onde era docente. Com ele no carro estavam sua esposa, também professora de física nuclear e mãe de dois filhos, e um guarda-costas.

Enquanto o sedã se aproximava de um cruzamento movimentado, atacantes em uma motocicleta subitamente pararam ao lado do veículo de Shahriari e descaradamente bateram com uma bomba "adesiva" na porta do lado do motorista. Segundos depois de eles baterem em retirada a bomba explodiu, quebrando a janela traseira do carro e transformando a porta do motorista em um monte de metal fundido e retorcido. Shahriari foi morto instantaneamente; sua esposa e o guarda-costas foram feridos, porém poupados. Um pequeno buraco no asfalto ao lado do carro atestava a força da explosão.[7]

Pouco tempo depois, em outra parte da cidade, Fereydoon Abbasi, um especialista em separação nuclear de isótopos de 52 anos de idade, também estava no trânsito a caminho do mesmo destino quando, com o canto do olho, viu uma motocicleta se aproximando. Um segundo depois ele ouviu o som característico de alguma coisa sendo acoplada em sua porta. Abbasi foi membro da Guarda Revolucionária do Irã, então seus instintos defensivos eram mais aguçados que os de Shahriari. Ele rapidamente saltou do carro e puxou a esposa do assento dela. Apesar de os dois terem se ferido quando a bomba explodiu, ambos sobreviveram ao ataque.

Reportagens do noticiário indicavam que os dois cientistas foram alvo devido aos seus proeminentes papéis no programa nuclear do Irã. "Eles são pessoas más", disse um funcionário não identificado dos EUA mais tarde, "e o trabalho que eles fazem é exatamente o que você precisa para projetar uma bomba"[8].

Shahriari era um especialista em transporte de nêutrons – essencial para criar reações nucleares em cadeia para reatores e bombas –, e reportagens de noticiários do Ocidente afirmavam que apenas nomeados políticos estavam acima de Shahriari no programa nuclear do Irã. O chefe nuclear do Irã, Ali Akbar Salehi, disse aos repórteres que ele estava trabalhando em um "grande projeto" para a Organização de Energia Atômica do Irã, ou *Iran's Atomic Energy Organization* (AEOI), mas não deu mais detalhes.[9]

---

[7] BBC. **Iranian Nuclear Scientist Killed in Motorbike Attack.** Nov. 29, 2010, disponível em <bbc.co.uk/news/world-middle-east-11860928>.

[8] YONG, William; WORTH, Robert F. Bombings Hit Atomic Experts in Iran Streets. **New York Times**, Nov. 29, 2010.

[9] Ibid.

Abbasi era ainda mais importante para o programa. Ele era um dos poucos especialistas no Irã com experiência em separação de isótopos do urânio, uma parte central do processo de enriquecimento de urânio. Ele também estava na lista de sanções do Conselho de Segurança da ONU por seu papel como assessor científico de alto escalão do Ministério da Defesa do Irã e por sua estreita relação com Mohsen Fakhrizadeh-Mahabadi, um oficial da Guarda Revolucionária Iraniana. Se o Irã tinha a intenção de possuir um programa de armas nucleares, acreditava-se que Fakhrizadeh-Mahabadi seria o seu arquiteto.

O presidente Ahmadinejad não perdeu tempo ao colocar a culpa dos ataques no "regime Sionista e nos governos ocidentais"[10]. Saeed Jalili, secretário geral do Conselho Supremo de Segurança Nacional do Irã, definiu os ataques como um ato de desespero de inimigos mais fracos.[11] "Quando o inimigo não vê outra opção, ele recorre aos métodos de terror", disse ele. "Isso não é um sinal de força, mas de fraqueza".[12] Após sua recuperação, Abbasi foi nomeado chefe da AEOI, como se estivessem afirmando a determinação do Irã em alcançar seus objetivos nucleares, apesar da conspiração inimiga contra isso. Dizem que Abbasi mantinha uma foto de Shahriari em seu escritório para lembrá-lo dessa decisão.[13]

Mas os dois ataques em ruas movimentadas, em plena luz do dia, tiveram o efeito desejado e enviaram uma mensagem a todos os envolvidos no programa

---

[10] Ibid.

[11] BEDNARZ, Dieter; BERGMAN, Ronen. Israel's Shadowy War on Iran: Mossad Zeros in on Tehran's Nuclear Program. **Spiegel Online**, Jan. 17, 2011, disponível em <spiegel.de/international/world/israel-s-shadowy-war-on-iran-mossad-zeros-in-on-tehran-s-nuclear-program-a-739883.html>.

[12] DER SPIEGEL. **Iran's Chief Nuclear Negotiator: 'We Have to Be Constantly on Guard'.** Jan. 18, 2011.

[13] Shahriari e Abassi não foram os primeiros cientistas iranianos visados. Em 2007, Ardeshire Hassanpour, físico nuclear que trabalhava nas instalações de conversão de urânio em Esfahan, morreu sob circunstâncias misteriosas, embora sua morte tenha sido relatada como um acidente industrial. Em seguida, dez meses antes da morte de Shahriari, um colega dele, Massoud Alimohammadi, foi morto em um ataque de bomba a seu carro. O Irã acusou a Mossad de ser o mentor do ataque a Alimohammadi, mas questões surgiram mais tarde quando o noticiário revelou que ele não era um cientista nuclear, e sim um teórico de física quântica. Em dezembro daquele ano, um *kickboxer* de 26 anos chamado Majid Jamali Fashi foi detido pelo crime e mais tarde contou uma história bizarra na TV iraniana. Ele teria sido recrutado e treinado pela Mossad após visitar a Turquia em 2007. Ele disse que foi pago com US$30.000,00 adiantados pelo assassinato e lhe foram prometidos mais US$ 20.000,00 após o ataque. As agências de notícias iranianas reportaram que Fashi foi executado por enforcamento em maio de 2012. Em uma entrevista de 2014, a viúva de Alimohammadi disse que seu marido tinha de fato trabalhado secretamente no programa nuclear do Irã. Ver PETERSON, Scott. Covert War Against Iran's Nuclear Scientists: A Widow Remembers. **Christian Science Monitor**, July 17, 2014.

nuclear do Irã: ninguém estava seguro ou além do alcance dos assassinos. Muitos dias após os atentados, outros cientistas iranianos, conforme foi dito, declararam estar doentes para não ir trabalhar, a fim de evitar ter o destino de seus colegas.[14]

Em resposta às acusações de Ahmadinejad, o Departamento de Estado dos EUA apresentou apenas uma breve declaração. "Tudo que eu posso dizer é que nós condenamos atos de terrorismo onde quer que ocorram e, além disso, nós não temos nenhuma informação sobre o que ocorreu", disse o porta-voz Philip J. Crowley.[15] Israel declinou em responder, ao menos diretamente. Em vez disso, no dia dos ataques, o primeiro ministro israelense Benjamin Netanyahu anunciou a aposentadoria do chefe da Mossad, Meir Dagan, após oito anos de serviço como líder da agência de inteligência. A data do anúncio parecia sugerir que os ataques aos cientistas e às centrífugas em Natanz eram parte do canto do cisne de Dagan. Dagan era conhecido por ser a favor de assassinatos como uma arma política.[16] Em sua nomeação como chefe da Mossad em 2002, o então primeiro ministro Ariel Sharon o elogiou grosseiramente por sua habilidade em separar os árabes de suas cabeças.

No dia do ataque aos cientistas, o Presidente Ahmadinejad pareceu atrelar os ataques ao Stuxnet e promover o que parecia ser a primeira confirmação oficial de que a arma digital havia atingido Natanz. Enquanto ele condenava Israel e o Ocidente pelos ataques com bombas, ele também os culpava pelo ataque com vírus que ele disse ter sido lançado um ano antes sobre o programa nuclear do Irã. O vírus havia sido embutido em um software "instalado em dispositivos eletrônicos", disse ele, e havia danificado algumas das centrífugas do Irã. Mas ele minimizou os efeitos do ataque, dizendo que o *worm* criou problemas em apenas "um número limitado de nossas centrífugas", antes de os funcionários o descobrirem e

---

[14] Como outra tática de intimidação, uma autoridade iraniana revelou, em uma entrevista de 2014, que a Mossad uma vez encomendou um buquê de flores a um florista iraniano que foi enviado à família de um engenheiro nuclear iraniano com um cartão expressando condolências pela sua morte. O engenheiro ainda estava vivo e passava bem, no entanto. A agência espiã, disse ela, também criava vídeos de transmissões falsas de notícias iranianas mostrando imagens de cientistas iranianos assassinados e enviava os vídeos para os cientistas ainda vivos, como um alerta. Ver IRAN'S VIEW. **How West Infiltrated Iran's Nuclear Program, Ex-Top Nuclear Official Explains.** Mar. 28, 2014, disponível em <www.iransview.com/west-infiltrated-irans-nuclear-program-ex-top-nuclear-official-explains/1451>.

[15] YONG; WORTH. Bombings Hit Atomic Experts in Iran Streets.

[16] Dagan teria sido retirado pelo primeiro ministro Netanyahu e pelo Ministro da Defesa Ehud Barak por se opor a um ataque aéreo contra o Irã.

o anularem.[17] Embora ele não tenha identificado o ataque digital pelo nome ou as instalações onde as centrífugas foram avariadas, parecia claro para todos que ele se referia ao Stuxnet e a Natanz.

Quando as notícias do ataque aos cientistas chegaram a Ralph Langner na Alemanha, seu estômago embrulhou. Ele se perguntava se o trabalho de sua equipe, ao expor o Stuxnet, havia impulsionado os atacantes a tomar medidas ainda mais drásticas do que ele esperava que tomassem uma vez que seu ataque digital tivesse sido exposto. Aquilo realçou para ele a realidade de que o trabalho deles no Stuxnet os havia colocado no meio de um negócio muito sombrio e sangrento.

Os pesquisadores da Symantec não ficaram menos abalados com a notícia. Durante os meses em que eles trabalharam no Stuxnet, o humor negro e a paranoia pairavam no ar, subprodutos da incerteza acerca de quem estava por trás do ataque ou do que eram capazes de fazer. O'Murchu começou a ouvir estranhos sons de clique no seu telefone, fazendo-o crer que estava grampeado, e numa tarde de sexta-feira, enquanto deixava o escritório para ir para casa, ele brincou com Chien e Falliere que, se ele aparecesse morto no fim de semana, gostaria que eles soubessem antecipadamente que ele não era um suicida. Chien, por sua vez, começara a olhar em torno de sua vizinhança, a cada manhã quando saía de casa, para ver se alguém o vigiava. Entretanto, ele nunca acreditou seriamente que estava em perigo, e no dia que saiu a notícia dos ataques aos cientistas ele brincou com O'Murchu que se alguma vez motocicletas se aproximassem de seu carro, ele derrubaria o piloto com uma rápida guinada de suas rodas. Mas quando ele saiu do trabalho dirigindo naquele dia e parou no primeiro sinal de trânsito, ficou momentaneamente assustado quando viu um motociclista surgir por trás em seu espelho retrovisor.

Nenhum deles realmente pensava que assassinos os teriam como alvo pelos seus trabalhos no Stuxnet, mas estava claro que a dinâmica da caça aos vírus havia mudado com o Stuxnet, e, dali em diante, empresas como a deles seriam forçadas a fazer novos cálculos de risco quanto às informações que expunham.

Em vários pontos do seu trabalho no Stuxnet, eles de fato debateram, por vezes, se deveriam reter as informações que descobriam ou se deviam divulgá-las anonimamente. No final, apesar de terem retido alguns dos detalhes que encontraram – tal como a identidade das cinco primeiras vítimas do Stuxnet – eles decidiram a favor

[17] YONG; WORTH. Bombings Hit Atomic Experts in Iran Streets.

da divulgação, acreditando que quanto mais informações divulgassem melhor seria para todos se defenderem contra o Stuxnet e qualquer ataque que o imitasse. Havia somente uma coisa, concluíram eles, que devia ter merecido censura, e isso era a identidade dos atacantes. Mas no final isso foi um ponto discutível, já que eles nunca descobriram definitivamente provas de quem estava por trás do ataque.

Na verdade, eles também nunca encontraram uma prova irrefutável de que o Stuxnet tinha Natanz como alvo. Apesar de a informação sobre os conversores de frequência adicionar uma peça importante ao quebra-cabeça do Stuxnet, eles não encontraram evidências de que a configuração específica que o Stuxnet visava existia em Natanz. Foram David Albright e seus colegas no Instituto de Ciência e Segurança Internacional (*Institute for Science and International Security*, ISIS) que forneceram a última parcela de evidência.

A SYMANTEC PUBLICOU SEU último relatório sobre os conversores de frequência em meados de novembro, mas ainda não havia passado duas semanas quando Albright fez a conexão final. Isso ocorreu em um dia em dezembro, quando ele estava sentado em uma reunião com sua equipe no ISIS, junto com um punhado de especialistas em centrífugas que eles tinham convidado para o seu escritório a fim de discutir o programa nuclear do Irã, e o grupo começou a tentar decifrar o mistério que os incomodava há mais de um ano.

O ISIS havia publicado as imagens de satélite de Natanz em 2002, para pressionar o Irã a deixar os inspetores da ONU examinarem a usina de enriquecimento, e Albright e sua equipe vinham seguindo o progresso nuclear do Irã desde então, algumas vezes recolhendo informações de fontes governamentais, mas principalmente juntando-as a partir de relatórios trimestrais que a AIEA publicava sobre suas inspeções. Tais relatórios eram a única visão interna que a maioria dos observadores do Irã tinha de Natanz.

Há 18 meses, Albright e sua equipe coçavam a cabeça sobre números flutuantes que apareciam nos relatórios. A cada três meses, inspetores listavam o número de centrífugas e cascatas que os iranianos tinham instalado em Natanz, bem como o número de centrífugas que realmente estavam enriquecendo gás, em contraste com as que estavam apenas vazias nas cascatas. Eles também reportavam a quantidade de gás que os técnicos iranianos alimentavam nas centrífugas e a quantidade de gás enriquecido que as centrífugas produziam a partir disso.

Durante a maior parte de 2007 e 2008, todos esses números aumentaram de forma bastante progressiva, com algumas interrupções ocasionais. Porém, do meio para o final de 2009 os números começaram a mudar visivelmente. A quantidade de gás enriquecido produzido pelas centrífugas subitamente caiu, e centrífugas que giravam em 11 das 18 cascatas em uma das salas de Natanz foram eventualmente desligadas. Não havia nenhuma indicação nos relatórios sobre por que isso ocorreu, embora fosse claro que algo estava errado.

Albright e seus colegas tentaram decifrar as mudanças por muitos meses, considerando os dados por vários ângulos: talvez os problemas fossem devido a componentes mal fabricados ou a materiais de qualidade inferior, ou talvez os técnicos tivessem simplesmente instalado incorretamente os tubos e as válvulas nas cascatas, fazendo com que o gás vazasse. Nenhuma das explicações, contudo, parecia dar conta de todas as mudanças vistas nos relatórios. Agora, em dezembro de 2010, enquanto sentavam com seus convidados para discutir as anomalias, alguém mencionou o Stuxnet e o recente relatório da Symantec sobre os conversores de frequência. Albright não tinha lido o relatório, mas sabia que o Irã usava conversores de frequência feitos pela Vacon, a empresa finlandesa mencionada pela Symantec, e que também comprara no passado conversores da Turquia e da Alemanha. Mas ele nunca tinha ouvido falar dos conversores Fararo Paya. Isso era digno de nota: ele e sua equipe seguiam de perto as atividades de aquisição e fabricação do Irã para o programa nuclear e não estavam cientes de que o Irã estava fazendo seus próprios conversores. Se o Irã estivesse usando tais conversores em Natanz, então os atacantes teriam um conhecimento do programa de enriquecimento que nem mesmo alguns dos seus observadores mais próximos possuíam.

Quando o encontro acabou e ele voltou para sua mesa, Albright puxou o relatório da Symantec para examiná-lo cuidadosamente. Ele também encontrou um relatório que Langner havia escrito sobre o código desabilitado de ataque ao 417. Ele gastou as semanas seguintes examinando cuidadosamente os detalhes técnicos dos ataques e até contatou Chien para obter explicações sobre algumas das coisas que não havia compreendido. Um dia, enquanto ele e Chien conversavam, uma coisa que não havia percebido antes chamou sua atenção. Cada vez que o Stuxnet completava uma rodada de sabotagem aos conversores de frequência, ele reconfigurava suas frequências para 1.064 Hz. O número saltou sobre ele.

Albright sabia que os motores das centrífugas possuíam diferentes frequências ótimas de operação, dependendo do modelo da centrífuga e dos materiais de que eram feitos. E a frequência ótima das centrífugas IR-1 de Natanz era exatamente 1.064 Hz.

Além disso, a frequência de 1.064 Hz era bem específica das centrífugas IR-1. Nenhuma outra centrífuga possuía essa frequência nominal, e não havia nenhum outro país além do Irã que a usasse (embora as IR-1s se baseassem no projeto das centrífugas P-1 que o Paquistão usou durante os primeiros anos do seu programa de enriquecimento, o Paquistão desde então já mudou para modelos mais avançados, que operavam em frequências diferentes).

A frequência ótima para as IR-1s não era amplamente conhecida, no entanto. Albright só sabia disso porque uma fonte do governo lhe informou em 2008. Porém, mesmo que a frequência ideal fosse de 1.064 Hz, a fonte lhe disse que o Irã na verdade operava suas centrífugas em uma frequência um pouco mais baixa, a qual Albright e sua equipe sabiam ser de 1.007 Hz, em virtude da tendência delas de quebrar em velocidades mais altas. Albright refletiu sobre a discrepância por um minuto. Ou os atacantes não estavam cientes de que o Irã havia feito essa mudança, ou o Irã havia reduzido a frequência de suas centrífugas algum tempo depois de os atacantes já terem escrito o seu código.

Mas este não era o único detalhe que chamava a atenção de Albright. Ele também percebeu que, quando o Stuxnet conduzia seu ataque, ele aumentava a frequência dos conversores para 1.410 Hz por 15 minutos, o que era quase a frequência máxima que um rotor de uma IR-1 poderia suportar antes que começasse a quebrar por estresse.

Depois ele olhou o que a Symantec e Langner haviam escrito sobre o código de ataque ao 417. Embora o que eles soubessem sobre o ataque ainda fosse bastante impreciso, eles sabiam que o alvo eram dispositivos que estivessem configurados dentro de seis conjuntos com 164 dispositivos cada. As centrífugas de Natanz, Albright sabia, foram instaladas em conjuntos de 164 unidades, por cascata, sugerindo que o ataque ao 417 visava seis cascatas contendo 984 centrífugas.

Chien também disse a Albright que, em vez de alterar as frequências como no ataque ao 315, a sequência do ataque ao 417 parecia simplesmente estar ligando e desligando os dispositivos. Albright e seus colegas correram de cima a baixo uma lista de componentes de uma usina de enriquecimento de urânio atrás de algo que pudesse se encaixar nesse cenário, e o único componente que fazia sentido para eles eram válvulas.

Cada centrífuga de Natanz possuía três válvulas que controlavam o movimento do gás que entrava e saía da centrífuga, mais válvulas auxiliares que controlavam o movimento do gás que entrava e saía da cascata e entre as fileiras de centrífugas de uma cascata. Albright e sua equipe percorreram vários cenários a fim de determinar o que teria acontecido se certas válvulas abrissem e fechassem com intenções maliciosas por períodos prolongados, e em cada cenário o resultado era uma provável avaria ou destruição das centrífugas.

Estava claro para Albright que eles tinham finalmente encontrado a resposta para o quebra-cabeça de números que tinham visto nos relatórios da AIEA. Em afirmações feitas à imprensa, Ahmadinejad insistiu que as avarias causadas às centrífugas pelos vírus enviado pelo Ocidente foram limitadas. Mas, para Albright, os números que apareciam nos relatórios da AIEA por volta da época que o Irã disse ter sido atingido pelo vírus aparentavam indicar que ao menos mil centrífugas podem ter sido avariadas ou substituídas durante aquele período.

Albright publicou um artigo debatendo suas ideias, que aparentavam resolver a questão de Natanz de uma vez por todas. Em seguida, logo após ele fazer isso, o "New York Times" veio com uma reportagem que parecia resolver o mistério mais duradouro do Stuxnet - quem o criou e lançou. A matéria não surpreendeu ninguém com suas conclusões. O jornal relatava que o Stuxnet era uma operação conjunta entre Israel e os EUA, com um pouco de ajuda, consciente ou não, dos alemães e dos britânicos.[18]

De acordo com a matéria, que se baseava em fontes anônimas, o *worm* foi escrito por programadores americanos e israelenses e testado no complexo de Dimona, de Israel, no deserto de Negev - o local que desenvolveu o próprio programa ilícito de armas nucleares de Israel na década de 1960. Em Dimona foi criado um banco de ensaios de controladores Siemens e centrífugas, as quais eram idênticas às IR-1s de Natanz, para medir a efetividade do *worm* em destruir os dispositivos giratórios. Mas um laboratório dos EUA também atuou nos testes. Em 2004, o *Oak Ridge National Laboratory*, no Tennessee, obteve algumas centrí-

[18] BROAD, William J.; MARKOFF, John; SANGER, David E. Israeli Test on Worm Called Crucial in Iran Nuclear Delay. **New York Times**, Jan. 15, 2011.

fugas P-1, do tipo em que foram baseadas as IR-1 do Irã, e os britânicos, que eram parceiros no consórcio Urenco que criara os projetos originais das centrífugas, podem ter participado. Quando os testes foram concluídos, os EUA e Israel trabalharam juntos para alvejar as máquinas no Irã.

Quando perguntado sobre o papel que os EUA poderiam ter tido no Stuxnet, Gary Samore, principal conselheiro de Obama sobre armas de destruição em massa e controle de armas, simplesmente sorriu para um repórter do "Times" e disse: "fico feliz de ouvir que eles estão tendo problemas com suas centrífugas, e os EUA e seus aliados estão fazendo tudo o que podem para tornar isso mais complicado".[19]

A notícia do envolvimento dos EUA no desenvolvimento e no lançamento da arma digital deveria ter criado um tumulto em Washington e em outros círculos governamentais mais distantes. Mas foi em grande parte encarada com silêncio, apesar de levantar uma série de questões preocupantes - não só sobre os riscos que isso criava para as infraestruturas críticas dos EUA que eram vulneráveis ao mesmo tipo de ataque, mas sobre as considerações éticas e legais de desencadear um destrutivo ataque digital que era essencialmente um ato de guerra. Ralph Langner tinha razão em concluir sua postagem original da maneira que fez. Com a confirmação, embora não oficial, de que Israel e EUA estavam por trás do ataque, o mundo havia agora formalmente entrado na era da guerra cibernética.

---

[19] Ibid.

Capítulo 14

O Filho do Stuxnet

Quando a primavera chegou, em 2011, a história do Stuxnet parecia estar terminando. A Symantec tinha resolvido o mistério dos dispositivos que a arma digital atacava, Albright tinha feito a conexão final entre o Stuxnet e as centrífugas em Natanz e, embora o governo dos Estados Unidos ainda não tivesse feito uma admissão formal da responsabilidade pelo ataque, o "New York Times" tinha confirmado o que todo mundo suspeitava - que os Estados Unidos e Israel estavam por trás dele.

A Symantec, da sua parte, estava pronta para seguir em frente. Os investigadores passaram meio ano destrinchando o código e produziram um dossiê de setenta páginas com todas as suas descobertas. Eles estavam aliviados por finalmente ter terminado. Mas eles não tinham colocado o projeto de lado há tanto tempo quando novas e surpreendentes evidências surgiram na Europa - sugerindo que o Stuxnet era apenas um de um arsenal de ferramentas que os atacantes tinham usado contra o Irã e outros alvos.

BOLDIZSÁR BENCSÁTH DEU uma mordida em seu sanduíche e ficou olhando para a tela do seu computador. O software que ele tentava instalar em sua máquina estava levando uma eternidade para carregar, e ele ainda tinha uma dúzia de coisas para fazer antes que o segundo semestre de 2011 começasse na Universidade de Tecnologia e de Economia de Budapeste, onde ensinava Ciência da Computação. Apesar da longa lista de coisas a fazer, ele se sentia feliz e relaxado. Era o primeiro dia de setembro e uma daquelas tardes perfeitas de fim de verão, quando o ar quente e o céu limpo fazem você esquecer que o tempo frio do outono estava à espreita na esquina.

Bencsáth, conhecido por seus amigos como Boldi, estava sentado em sua mesa no laboratório de Criptografia e Segurança de Sistemas da universidade, também conhecido como CrySyS Lab, quando o telefone interrompeu seu almoço. Era Jóska Bartos, CEO de uma empresa para a qual o laboratório às vezes fazia trabalho de consultoria[1].

"Boldi, você tem um tempo para fazer algo pra nós?", perguntou Bartos.

"Isso está relacionado com o que falamos antes?", disse Bencsáth, referindo-se a uma discussão anterior que tiveram sobre o teste de novos serviços que a empresa planejava oferecer aos clientes.

"Não, outra coisa", disse Bartos. "Você pode vir agora? É importante. Mas não conte a ninguém para onde está indo".

Bencsáth devorou o resto de seu almoço e disse a seus colegas no laboratório que ele tinha um "alerta vermelho" e tinha que ir. "Não perguntem", disse ele enquanto saía pela porta.

Pouco depois ele estava no escritório de Barton, onde uma equipe de triagem tinha sido montada para tratar o problema que eles queriam discutir. "Nós achamos que fomos hackeados", disse Bartos.

Eles encontraram um arquivo suspeito na máquina de um desenvolvedor que havia sido criado tarde da noite, quando ninguém estava trabalhando. O arquivo estava criptografado e compactado de forma que eles não tivessem ideia do que estava lá dentro, mas suspeitavam que eram dados que os atacantes tinham copiado da máquina e planejavam recuperar mais tarde. Uma busca na rede da empresa encontrou mais algumas máquinas que também tinham sido infectadas. A equipe de triagem estava certa de que tinha contido o ataque, mas queria a ajuda de Bencsáth para determinar como os intrusos invadiram e o que eles procuravam. A empresa tinha todas as proteções no lugar certo – *firewalls*, antivírus, sistemas de detecção e prevenção de intrusos – e ainda assim os atacantes entraram.

---

[1] Jóska Bartos é um pseudônimo. A companhia pediu a Bencsáth para não divulgar sua identidade ou a identidade das pessoas que trabalhavam para ela. A descrição desses eventos vem de uma entrevista com Bencsáth exceto quando indicado de forma diferente.

Bencsáth era um professor, não um caçador de *malware*, e nunca tinha feito tal trabalho forense antes. No CrySyS Lab, onde ele era um dos quatro conselheiros trabalhando com um punhado de estudantes de graduação, ele fazia pesquisa acadêmica para a União Europeia e alguns trabalhos de consultoria ocasionais para outros clientes, que eram trabalho convencional de limpeza - varrer e restaurar sistemas após infecções por vírus aleatórios. Ele nunca tinha investigado uma invasão antes, muito menos uma que ainda estava ativa, e ficou muito satisfeito por ter essa oportunidade. O único problema era que ele não podia contar a ninguém o que estava fazendo. A empresa de Barton dependia da confiança dos clientes, e se algum comentário surgisse sobre a empresa ter sido hackeada eles poderiam perder clientes.

A equipe de triagem tirou imagens-espelho dos discos rígidos infectados, e então eles e Bencsáth passaram o resto da tarde debruçados sobre as imagens em busca de algo suspeito. Ao final do dia, eles encontraram o que estavam procurando - uma combinação de *keylogger* e *infostealer* ("ladrão-de-informações") projetada para gravar senhas e outras combinações de teclas nas máquinas infectadas, bem como roubar documentos e fazer capturas de tela. O programa também catalogava quaisquer dispositivos ou sistemas que fossem conectados às máquinas para que os atacantes pudessem construir um modelo da arquitetura de rede da empresa. O *malware* não enviava imediatamente os dados roubados das máquinas infectadas, mas em vez disso os armazenava nas máquinas em um arquivo temporário, como aquele que a equipe de triagem havia encontrado. O arquivo crescia à medida que o *infostealer* sugava os dados, até que em algum momento os atacantes alcançariam a máquina para recuperá-lo a partir de um servidor de comando e controle na Índia[2].

---

[2] Eles enviaram o *keylogger* à VirusTotal, uma ferramenta *on-line* gratuita que os pesquisadores utilizam para detectar arquivos maliciosos, para verificar se era um *malware* conhecido. A VirusTotal agrega aproximadamente quatro dúzias de motores de múltiplas companhias para detectar arquivos maliciosos. Dois *scanners* marcaram os arquivos como suspeitos, mas não estava claro se era um *keylogger* conhecido ou algo novo. Ele foi marcado pelos analisadores do BitDefender e do AVIRA. Tecnicamente ele também foi detectado pelo F-Secure e G-DATA, mas apenas porque ambos os analisadores usam o motor da BitDefender. A VirusTotal algumas vezes é utilizada pelos atacantes para testar seus *malwares* antes de liberá-los para garantir que os motores dos antivírus não os identifiquem. Mas o fato de que esse *keylogger* foi marcado por dois motores sugere que os atacantes ou não se importaram em testá-lo contra esses dois *scanners* antes de liberá-lo ou não esperavam que as vítimas utilizassem esses dois motores.

Já era fim do dia, então Bencsáth levou com ele as imagens-espelho e *logs* do sistema da empresa, após terem sido limpos de quaisquer dados confidenciais de clientes. Nos próximos dias que se seguiram, ele vasculhou o material atrás de mais arquivos maliciosos, isso enquanto tentava ser discreto frente aos seus colegas no laboratório sobre o que ele estava fazendo. A equipe de triagem trabalhava em paralelo e após mais alguns dias eles haviam descoberto três arquivos suspeitos adicionais - incluindo um *driver* que operava em modo *kernel* e um outro *driver* que foi encontrado em alguns sistemas infectados, mas não em outros.

Quando Bencsáth examinou o *driver* de modo *kernel*, seu coração acelerou - ele estava assinado com um certificado digital válido de uma empresa de Taiwan. "Espere um minuto", ele pensou. O Stuxnet usava um *driver* assinado com um certificado de uma empresa de Taiwan. Aquele tinha vindo da RealTek Semiconductor, mas este certificado pertencia a uma empresa diferente, a C-Media Electronics. O *driver* tinha sido assinado com o certificado em agosto de 2009, na mesma época que o Stuxnet surgiu nas máquinas no Irã.

"Os dois ataques poderiam estar relacionados?", perguntou-se. Ele refletiu por um minuto, mas depois deixou isso de lado. Qualquer um poderia ter roubado a chave e o certificado da C-Media, raciocinou, não apenas os atacantes por trás do Stuxnet.

Em seguida, um membro da equipe de triagem notou algo a mais sobre o *driver*, algo que parecia familiar - a forma como ele injetava código em um determinado processo nas máquinas infectadas. "Eu sei apenas de um outro ataque que faz isso", disse ele a Bencsáth. Ele não teve que dizer o nome; Bencsáth sabia que ele estava falando sobre o Stuxnet. Mas Bencsáth descartou essa conexão também, já que ele tinha certeza de que a técnica não era exclusiva do Stuxnet.

Por mais duas vezes, ao longo dos poucos dias que se seguiram, Bencsáth e a equipe de triagem encontram algo no código de ataque que os lembrou do Stuxnet. Mas todas as vezes eles se convenciam de que era apenas uma coincidência. Um raio não cai duas vezes no mesmo lugar, eles pensaram. Além disso, não havia nenhum sinal de que esse novo ataque mirava PLCs.

Após trabalhar no projeto por uma semana, Bencsáth começou a se perguntar se mais alguém tinha sido infectado com os arquivos. Então ele decidiu ver se poderia revelar outras vítimas, ou mesmo os atacantes, com um teste astuto. Em

08 de setembro ele postou os códigos de *hash* dos arquivos maliciosos em seu site pessoal, <boldi.phishing.hu>, junto com uma nota enigmática: "procuro amigos [ou] inimigos da 9749d38ae9b9ddd8ab50aad679ee87ec para falar. Você sabe o que eu quero dizer. Você sabe por quê". Seu site, um curioso compêndio de receitas de peixe e resenhas culinárias sobre conservas de peixe (o nome de domínio, *phishing*, era um trocadilho com o termo de segurança da informação para "e-mail malicioso"), era o disfarce perfeito para postar uma mensagem camuflada, uma vez que o único jeito de alguém encontrar os *hashes* era especificamente fazendo uma pesquisa no Google e procurando por eles – seja uma outra vítima que tivesse encontrado os mesmos arquivos na sua máquina e estava pesquisando na internet para obter informações sobre eles, ou os próprios invasores, que poderiam querer ver se quaisquer vítimas tinham encontrado os arquivos e foram discuti-los *on-line*. Se alguém visitasse seu site em busca dos *hashes*, Bencsáth seria capaz de ver o seu endereço IP.

Infelizmente ninguém mordeu a sua isca, de tal forma que ele excluiu os *hashes* dias depois.

Então o segundo semestre começou, e Bencsáth ficou ocupado com outras coisas. Ele tinha aulas para ensinar e compromissos com os alunos. Ele também tinha um trabalho de pesquisa para entregar em uma conferência em Dubrovnik. Mas, apesar de tudo, no fundo de sua mente, o ataque o incomodava. Quando retornou a Budapeste após a conferência, ele e a equipe de triagem decidiram comparar o código de um dos *drivers* que haviam encontrado em suas máquinas com um dos *drivers* que foram usados com o Stuxnet – só para concluir de uma vez por todas que os dois ataques não eram relacionados. Quando eles colocaram os códigos em um editor hexadecimal (hex) para examiná-los lado a lado, no entanto, eles tiveram uma grande surpresa. A única diferença entre eles eram os certificados digitais usados para assiná-los.

Bencsáth ligou imediatamente para Bartos, CEO da empresa, e disse que precisava trazer os outros membros do Laboratório CrySyS para a investigação. Este não era mais um simples caso de *hacking*; parecia que poderia ser um ataque de estado-nação, com implicações para a segurança nacional. Bartos concordou, mas apenas na condição de Bencsáth não revelar o nome da empresa para qualquer um de seus colegas. As únicas pessoas além de Bencsáth que sabiam que a empresa tinha sido hackeada era o *Computer Emergency Response Team* (CERT, ou Time de Resposta a Emergência Computacional) do governo local, e eles apenas os notificaram por causa da natureza dos negócios da empresa[3].

Bencsáth planejou contar a seus colegas na segunda-feira seguinte. No fim de semana ele recolheu toda a literatura técnica que conseguiu encontrar sobre o Stuxnet - incluindo o longo dossiê que a Symantec tinha preparado - e o releu para refrescar a memória. Quando ele chegou na parte que discutia as rotinas de criptografia que o Stuxnet usava para esconder seu código, ele pegou as rotinas de criptografia do novo ataque e teve outra surpresa. Elas eram praticamente idênticas. O código do novo ataque utilizava até mesmo uma das mesmas chaves de decodificação que o Stuxnet usava[4].

Em seguida, ele examinou os seis "ganchos" de *kernel* (*kernel hooks*) que o novo código utilizava - funções específicas utilizadas na máquina que o *malware* interceptava ou roubava para fazer seu ataque - e comparou-os com demais funções usadas por outros ataques maliciosos conhecidos. Ele encontrou algumas que interceptavam duas ou três das mesmas funções, mas nenhuma que interceptava todas as seis. Ele vasculhou a literatura do Stuxnet para examinar o que ele interceptava, e lá estava - a arma digital interceptava todas as mesmas seis funções. Não havia agora nenhuma dúvida em sua mente de que os dois ataques eram relacionados.

Isso não significava que os códigos foram escritos pelas mesmas pessoas, mas estava claro que os criadores do novo código desenvolveram seu ataque a partir do mesmo código-fonte e estrutura utilizados para desenvolver o Stuxnet. O Stuxnet sabotava o programa de enriquecimento de urânio do Irã, mas quem saberia o que esse novo ataque estava fazendo e quantos sistemas tinha infectado?

Bencsáth despachou um e-mail para Bartos dizendo-lhe o que tinha encontrado. Até agora eles trabalhavam em um ritmo calmo, olhando para o código sempre que havia algum tempo. Mas agora ele percebeu que eles precisavam determinar rapidamente o que o ataque estava fazendo e obter informações para o público antes que alguém os impedisse. Depois que a Symantec publicou sua

[3] A confirmação da natureza do negócio da companhia não veio de Bencsáth ou de seu laboratório, mas foi adquirida de outras fontes que tinham familiaridade com o incidente e com a vítima.

[4] O valor inoculado que o Stuxnet tinha usado - 0x19790509 (que a Symantec interpretou ser uma data - 9 de maio de 1979) - também apareceu no código desse novo ataque. No Stuxnet ele foi utilizado para prevenir que o *worm* infectasse máquinas que tivessem esse valor em seu registro, mas aqui ele era parte da criptografia.

pesquisa sobre o Stuxnet, alguns se perguntavam por que o governo dos EUA nunca tentou impedi-los. Bencsáth temia que dessa vez alguém tentasse intervir.

No dia seguinte ele contou do ataque a seus colegas, Levente Buttyán e Gábor Pék. Os três sabiam que não estavam equipados para fazer sozinhos uma análise profunda dos arquivos – nenhum deles jamais havia feito a análise de um *malware* como este antes e possuíam pouca experiência com as ferramentas de depuração necessárias para realizar a engenharia reversa. Mas eles sabiam que precisavam fazer uma análise suficiente para convencer outros pesquisadores mais experientes a olhar para os arquivos. O CrySyS Lab, assim como o VirusBlokAda, não era um nome familiar no mundo da segurança da informação, e eles precisavam de provas sólidas para ligar o ataque ao Stuxnet ou ninguém mais concordaria em examiná-lo.

Eles estabeleceram um prazo de dez dias e decidiram se concentrar apenas nas partes do ataque que eram semelhantes ao Stuxnet. Mas, para a sua surpresa, havia mais semelhanças do que esperavam. Ao final dos dez dias, eles tinham um relatório de sessenta páginas. Bartos deu permissão a Bencsáth para compartilhá-lo com a Symantec, mas apenas na condição de que, se fossem a público com o relatório, o CrySyS Lab não seria citado nele. Bartos temia que se alguém descobrisse que o laboratório estava na Hungria, não levaria muito tempo para identificar a vítima.

Eles enviaram o relatório para o CERT do governo, para Chien e a sua equipe na Symantec e para alguns outros – Péter Szőr, um pesquisador húngaro da McAfee; alguém na VeriSign, pois a VeriSign teria que revogar o certificado digital que o *malware* utilizou; e um pesquisador da Microsoft[5]. O coração de Bencsáth batia forte quando ele clicou em "Enviar" para encaminhar o relatório por e-mail. "Eu estava realmente animado", disse ele. "Você joga algo do topo da colina e não sabe que tipo de avalanche haverá [como resultado]".

QUANDO CHIEN ACORDOU em 14 de outubro, uma sexta-feira, ele imediatamente pegou seu BlackBerry para verificar seus e-mails. O assunto de uma mensagem chamou a sua atenção. Estava apenas escrito "*malware* importante" e vinha com um anexo. Ele fora enviado por dois cientistas da computação de

[5] O pesquisador da Microsoft, Tareq Saade, estava na lista porque o CERT governamental já tinha enviado à Microsoft uma cópia do arquivo *keylogger* depois que este foi descoberto, então Bencsáth considerou que a Microsoft também deveria ver o relatório do CrySyS Lab.

um obscuro laboratório de uma universidade na Hungria, que escreveram em inglês empolado que tinham descoberto um novo ataque que trazia "semelhanças fortes" com o Stuxnet. Eles o apelidaram de "Duqu" (*dew queue*, fila de orvalho) – porque todos os arquivos temporários que o *malware* criava nas máquinas infectadas tinham nomes que começavam com ~DQ – e estavam certos de que isso iria "abrir um novo capítulo na história do Stuxnet".

"Como nós realmente não temos experiência com esse tipo de incidente ainda [sic], não temos certeza sobre os próximos passos que devemos tomar", escreveram eles. "Estamos prontos para colaborar com outras pessoas, incluindo vocês, fornecendo acesso ao *malware* e participando de sua análise posterior".

Chien enviou o e-mail para o resto da equipe de resposta a incidentes na Symantec e mandou uma mensagem de texto para O'Murchu dizendo-lhe para lê-lo assim que acordasse. Em seguida, dirigiu-se para o escritório sentindo-se cautelosamente animado.

Durante o ano anterior, Chien tinha se cansado de pessoas que o contatavam com alarmes falsos sobre novas aparições do Stuxnet. Trabalhando para uma empresa de antivírus, ele já estava acostumado com amigos e vizinhos apelando para a sua experiência sempre que eles pensavam que seus computadores estavam infectados com vírus. Mas depois que o trabalho de sua equipe no Stuxnet foi amplamente divulgado, estranhos aleatórios começaram a entrar em contato com ele, insistindo que o governo os estava espionando com o Stuxnet. Um cara até enviou um envelope recheado com cinquenta páginas de imagens de tela impressas e registros de tráfego de rede destacados em amarelo. Em um dos *logs*, ele circulou a URL de um site que ele tinha visitado que continha as letras "en/us" – prova de que o governo americano estava monitorando seu computador, ele disse[6]. Outro correspondente, uma autora de livro de receitas, enviou a Chien alguns e-mails via Hushmail – um serviço anônimo de e-mails criptografados utilizado por ativistas e criminosos para esconder a sua identidade. Quando Chien ignorou os e-mails, ela rastreou seu número de telefone e deixou uma mensagem. Ela também estava certa de que alguém a estava espionando com o Stuxnet, disse ela, pois cada vez que ela ia para a biblioteca e inseria um *pen drive* na porta USB de um computador lá, seu computador de casa mais tarde era infectado com um vírus do mesmo *pen drive*.

---

[6] As letras "en/us" na URL meramente indicavam que o homem visitou um site que estava configurado para leitores da língua inglesa nos Estados Unidos.

Apesar do cinismo de Chien em relação a cada nova reivindicação de Stuxnet que cruzava a sua mesa, ele só teve que ler as duas primeiras páginas do relatório da Hungria para perceber que este caso era diferente. "Isso é o Stuxnet", disse ele com certeza.

Apesar de sua falta de experiência em análise de código malicioso, os húngaros produziram um relatório impressionante, embora eles tivessem se desculpado porque "muitas perguntas e questões permaneciam sem resposta ou sem solução". Eles incluíram trechos de código compilado mostrando a semelhança de Duqu com Stuxnet e produziram uma lista de verificação lado a lado para destacar mais de uma dúzia de maneiras por meio das quais os dois ataques eram idênticos ou similares. Não havia ataque contra PLCs nesse código – na verdade, não havia nenhuma carga útil real, a menos que você considerasse o *keylogger* uma carga útil. Mas as impressões digitais dos criadores do Stuxnet estavam por toda parte. Ou Duqu foi escrito pela mesma equipe que estava por trás do Stuxnet ou, pelo menos, por pessoas com acesso ao mesmo código-fonte e às mesmas ferramentas.

Chien enviou um e-mail a Bencsáth para que ele soubesse que tinham recebido o relatório e então esperou ansiosamente que O'Murchu chegasse, sentindo uma mistura de emoções. Eles há muito esperavam que eles mesmos ou alguém descobrisse pistas adicionais para ajudá-los a resolver suas questões remanescentes sobre Stuxnet. E Duqu parecia que poderia fornecer algumas das respostas que eles estavam procurando. Sua análise do Stuxnet exigiu meses de trabalho, incluindo noites e fins de semana, e ele temia que o novo código pudesse exigir a mesma quantidade de tempo e energia.

O'MURCHU AINDA ESTAVA meio sonolento quando viu a mensagem de texto de Chien naquela manhã, mas o seu atordoamento se dispersou rapidamente quando ele abriu o anexo e leu o relatório. Não havia nada como olhar para o cano de uma arma cibernética suspeita para limpar a névoa em sua mente. "Eu tenho que ir para o escritório", disse à sua namorada enquanto se jogava em algumas roupas e corria porta afora.

Enquanto dirigia para o trabalho, ele tentava refletir sobre o que tinha acabado de ver e não conseguia acreditar que a gangue do Stuxnet ainda estava ativa. Após toda a atenção da mídia e do dedo apontando para Israel e Estados Unidos, ele tinha certeza de que os atacantes ficariam fora do ar por um tempo para deixar as coisas esfriarem. Pelo menos ele achava que alterariam seus métodos e seu código um pouco para se certificarem de que qualquer ataque que desencadeassem a seguir, se descoberto, não pudesse ser rastreado de volta a eles. Porém, a julgar pelo relatório da Hungria, parecia que eles não se preocuparam nem um pouco em alterar seus movimentos característicos. Eles realmente eram ousados, pensou. Eles estavam determinados a fazer o que tinham que fazer e não se importavam que alguém soubesse quem eles eram. Ou isso, ou eles já tinham investido tanto no código Duqu que eles estavam relutantes em substituí-lo mesmo após o Stuxnet ter sido apanhado.

Quando O'Murchu chegou ao escritório, Chien e seus colegas já faziam burburinho sobre o novo ataque. Eles contataram Falliere, que tinha se mudado de Paris para os Estados Unidos e trabalhava agora do escritório da Symantec no norte da Califórnia. Eles baixaram os arquivos binários do Duqu que os húngaros tinham enviado e trabalharam no código durante todo o dia e no fim de semana. Eles ficaram felizes em descobrir que o Duqu era muito menor do que o Stuxnet e consistia de apenas alguns arquivos que foram bastante fáceis de decifrar. Na segunda-feira eles já sabiam praticamente tudo que havia para saber sobre o código.

Duqu era essencialmente um Trojan de acesso remoto, ou RAT (*Remote Access Trojan*), que operava como um simples *backdoor* para dar aos atacantes uma posição persistente nas máquinas infectadas. Uma vez que o *backdoor* estava instalado, Duqu contatava um servidor de comando-e-controle a partir do qual os atacantes poderiam baixar módulos adicionais para dar ao seu código de ataque mais funcionalidades, tais como o *keylogger* ou o *infostealer* que os húngaros tinham encontrado em um de seus sistemas.

Quanto à intenção do Duqu, ficou bastante claro que não era um sabotador como o Stuxnet, mas uma ferramenta de espionagem. Enquanto o Stuxnet era uma missão secreta voltada para destruição, Duqu parecia ser o batedor enviado para coletar inteligência para ataques futuros. A Symantec suspeitava que era o precursor de algum outro ataque como o do Stuxnet. O tempo de vida do Duqu era, no entanto, limitado; uma data de desativação no código o obrigava a se autodestruir após 36 dias, excluindo todos os rastros de si mesmo de uma máquina infectada.[7]

---

[7] Os pesquisadores eventualmente descobriram múltiplas versões do Duqu, com variados tempos de remoção. Em alguns casos ele se removia após trinta dias, em outras versões, após 36. Em pelo menos um caso os pesquisadores encontraram uma versão que ficava ativa por 120 dias antes de se remover.

Tudo isso parecia bastante simples, mas, à medida que eles examinavam os arquivos do Duqu, eles depararam com uma surpresa que parecia ligá-lo a um outro ataque misterioso que os intrigara por meses. Seis meses antes, oficiais no Irã anunciaram que os computadores de lá tinham sido atingidos por um segundo ataque digital no rastro do Stuxnet. O anúncio foi feito meses após autoridades iranianas finalmente reconhecerem que computadores controladores das centrífugas no Irã haviam sido atacados. Embora os iranianos nunca tivessem identificado o vírus específico que atingiu as centrífugas, eles deram a este novo ataque o nome de "Stars". Gholam-Reza Jalali, comandante da Organização de Defesa Civil do Irã, não disse por que eles o chamaram de "Stars", nem forneceu muita informação sobre o ataque além de dizer que foi destinado a roubar dados. Ele também disse que era provável "ter sido confundido [nos computadores] por arquivos executáveis do governo", sugerindo que o *malware* pode ter chegado através de um ataque de *phishing*, com um arquivo malicioso disfarçado como um documento vindo de uma fonte do governo.[8]

A Symantec e outros pesquisadores de segurança não sabiam o que fazer com o relatório naquele momento, já que o Irã não divulgou quaisquer amostras de *malware* para pesquisadores externos examinarem. O fato de ninguém mais no mundo ter relatado infecções do "Stars" levou alguns pesquisadores a descartar o relatório, acreditando que o Irã fabricou a história para acusar o Ocidente de lançar mais ataques cibernéticos ou simplesmente confundiu um vírus comum com um ataque de estado-nação.

Mas algo que encontraram no Duqu sugeria que ele poderia ser o "Stars". Quando os atacantes do Duqu mandavam seu *keylogger* aos computadores infectados, eles o embutiam em um arquivo .JPEG – um simples arquivo de imagem – para que passasse pelos *firewalls* sem ser notado. O conteúdo da maior parte da imagem no arquivo fora apagado para que o código pudesse ser colocado ali dentro. Como resultado, apenas alguns centímetros da imagem apareciam na tela quando O'Murchu abria o arquivo – ela consistia de apenas algumas palavras de texto em branco impresso num fundo escuro. As palavras foram cortadas de tal modo que apenas a metade superior era visível, mas ainda era possível lê-las: "Interacting Galaxy System NGC 6745" ("Sistema Galáctico Interativo NGC

[8] MCCONNEL, Dugald. Iranian Official: New Computer Worm Discovered. **CNN**, Apr. 27, 2011. Disponível em <cnn.com/2011/TECH/web/04/26/iran.computer.worm>.

6745"). Uma busca no Google revelava a foto completa – uma imagem de março de 1996 produzida a partir do telescópio espacial Hubble. A impressionante imagem mostrava um espesso aglomerado de estrelas azuis e brancas luminosas envoltas em um tênue véu de matéria dourada e gases – o resultado, uma legenda revelava, da "colisão" de duas galáxias depois que uma pequena galáxia de estrelas roçou o topo de uma outra maior. Seria possível que o Duqu fosse o misterioso "Stars" que atingiu o Irã?[9] Para a Symantec e o CrySyS Lab, parecia que sim.

A Symantec queria ir a público com a notícia do Duqu, mas antes que os investigadores pudessem fazê-lo eles trabalharam com Bencsáth para limpar os arquivos-exemplo e o relatório do CrySyS de qualquer coisa que pudesse identificar a vítima ou o laboratório.[10] Em 18 de outubro, a equipe da Symantec publicou o relatório "anonimizado" do CrySys, bem como a sua própria análise do Duqu, identificando a vítima apenas como "uma organização situada na

---

[9] Depois que as notícias sobre o Duqu foram divulgadas, alguém no Twitter que se identificava como um pesquisador de *malwares* iraniano na Virgínia publicou um *tweet* dizendo que, de acordo com as investigações do CERT do Irã, "#Duqu é uma versão melhorada do *malware* #Stars". No entanto, ele apagou o *tweet* muito rapidamente após postá-lo, não muito antes de remover sua conta do Twitter. Não estava claro se havia algum significado na imagem de galáxias no Duqu ou se os atacantes apenas escolheram uma imagem aleatória, mas Bencsáth pensava que ela pode ter sido utilizada como um sinal secreto para identificar o Duqu como "fogo amigo". Algumas vezes vários ramos da inteligência do mesmo governo miram os mesmos computadores. Se os Estados Unidos ou Israel estavam por trás do Duqu, a imagem poderia certamente ser um sinal para os "amigos" que encontrassem o *keylogger* em uma máquina infectada – no caminho de um ataque que eles mesmos estivessem conduzindo – saberem que a máquina já estava infectada por um compatriota.

[10] Alguns criticaram a decisão da Symantec de ir a público tão rapidamente. Uma abordagem mais estratégica poderia ter sido permanecer quieto enquanto se obtinha mais inteligência sobre o ataque – por exemplo, pedindo às companhias que faziam a hospedagem dos servidores de comando-e-controle o envio de imagens-espelho dos servidores para ver o que os atacantes estavam fazendo com eles – antes de sinalizar aos atacantes que eles foram pegos. Era uma tensão contínua entre as necessidades investigativas e forenses e as necessidades dos clientes, que poderiam precisar saber rapidamente se tinham sido infectados, para que eles pudessem fortalecer sua rede contra outros ataques e determinar se os invasores haviam roubado algo. Mas o CrySyS Lab tinha também enviado seu relatório a alguém na McAfee, uma firma de antivírus competidora, que poderia ir à público com informações e inadvertidamente alertar os atacantes que eles tinham sido pegos. Havia outros inconvenientes em esperar para ir a público. Sem ampliar a rede de pessoas que conheciam o *malware*, seria difícil obter outras amostras do Duqu que pudessem dizer mais sobre o ataque. O *malware* era muito direcionado, infectando apenas um pequeno número de vítimas, e cada arquivo relacionado ao Duqu que eles pudessem coletar das vítimas poderia lhes dar um pouco mais de informação sobre o ataque.

Europa" e o CrySyS Lab como um "laboratório de pesquisa com fortes ligações internacionais".[11]

Uma hora após o anúncio ser divulgado, Bencsáth teve o primeiro acesso ao seu site pessoal de alguém procurando os *hashes* que ele havia postado nas semanas anteriores. Embora ele os tivesse excluído, o *cache* do Google tinha preservado o artigo, e fóruns *on-line* de segurança fervilhavam com perguntas sobre a mensagem excluída. No dia seguinte ele recebeu mais de quatro centenas de acessos ao seu domínio, à medida que a notícia se espalhava rapidamente de que esse estranho site húngaro sobre conservas de peixe estava de alguma forma ligado ao Duqu. Não havia nenhuma informação de contato para Bencsáth no site, mas não demorou muito para alguém olhar o registro do domínio do site e encontrar seu nome. De lá, bastou apenas uma simples busca no Google para conectá-lo ao CrySyS Lab.

Era inútil esconder a identidade do laboratório a esse ponto, de modo que, em 21 de outubro, Bencsáth publicou uma breve declaração no site do laboratório reconhecendo o seu papel na descoberta Duqu e pedindo a todos que parassem de especular sobre a identidade da vítima. Contudo, era tarde demais para isso. Já havia se espalhado o rumor de que essa vítima do Duqu era uma autoridade certificadora na Europa, depois que Péter Szőr, o pesquisador da McAfee que tinha recebido o relatório original de Bencsáth, escreveu um artigo intitulado "The Day of the Golden Jackal" dizendo que Duqu mirava autoridades certificadoras (CA, de *certificate authority*) e aconselhando CAs a verificarem seus sistemas para se certificarem de que não tinham sido infectadas. Como o CrySyS Lab estava na Hungria, as pessoas assumiram que a vítima também estava. E como havia apenas algumas autoridades certificadoras no país – NetLock e Microsec e-Szigno sendo as principais –, não demorou muito para que alguns pesquisadores apontassem a NetLock como a vítima, embora nenhum deles tenha vindo a público com a notícia.[12]

As implicações eram alarmantes. As autoridades certificadoras estão no centro da relação de confiança que faz a internet funcionar. Elas emitem os certifi-

---

[11] O relatório da Symantec sobre o Duqu está disponível em <symantec.com/content/en/us/enterprise/media/security_response/whitepapers/w32_duqu_the_precursor_to_the_next_stuxnet.pdf>.

[12] Eu pude confirmar a identidade da vítima como sendo a NetLock a partir de várias fontes não associadas ao CrySyS Lab.

cados que governos, instituições financeiras e empresas usam para assinar seus softwares e portais, oferecendo aos usuários a garantia de que eles estão baixando um programa legítimo feito pela Microsoft ou entrando suas credenciais de acesso de conta em um site legítimo operado pelo Bank of America ou Gmail. Atacar uma autoridade permitiria aos atacantes emitir certificados legítimos em nome de qualquer companhia e usá-los para assinar um *malware*. Era um passo além na tática do Stuxnet de comprometer companhias individuais como a RealTek, JMicron e C-Media. Se Duqu era trabalho dos Estados Unidos ou de Israel, isso significava que um país da OTAN ou algum aliado havia comprometido uma parte fundamental da infraestrutura de confiança que fazia as transações na internet possíveis, tudo por causa do avanço de uma campanha secreta. Se os Estados Unidos estavam por trás do ataque, isso também significava que, enquanto um ramo do governo vendia a importância de garantir infraestruturas críticas em casa e o desenvolvimento de normas aceitáveis de comportamento na internet, outro estava ocupado em comprometer sistemas críticos pertencentes a um aliado da OTAN que eram importantes para a segurança da internet, estabelecendo normas questionáveis de comportamento que outros poderiam copiar. Mas como a identidade da vítima nunca fora divulgada no momento em que Duqu foi exposto, foi negada ao público uma oportunidade de debater essas questões.

Apesar da omissão desse importante detalhe, quando as notícias sobre o Duqu apareceram, elas provocaram, junto à comunidade de segurança, uma resposta muito diferente da que houve com o Stuxnet. Equipes de investigação que ficaram na arquibancada enquanto a Symantec trabalhava por meses para desconstruir a carga útil do Stuxnet rapidamente pularam sobre o código do Duqu para examiná-lo - em parte porque era menos complexo do que o Stuxnet e não tinha uma carga útil para PLC, mas também porque eles perceberam o que ficar à margem lhes tinha causado. O Stuxnet sinalizou a aurora de uma nova era, e muitos pesquisadores tinham escolhido ficar de fora.[13]

---

[13] Não foram apenas as companhias de segurança que responderam de forma diferente dessa vez. O governo também. Por alguma razão, durante os muitos meses que os pesquisadores da Symantec analisaram o Stuxnet e publicaram pedidos de ajuda para especialistas em PLC, o ICS-CERT permaneceu distante, ainda que seus analistas possuíssem exatamente a experiência em PLC que a Symantec procurava. Um oficial da DHC mais tarde confirmou em uma entrevista à autora que o departamento cometeu um erro ao não contatar a Symantec. Dessa vez, o ICS-CERT tratou a coisa de forma diferente e contatou a Symantec para comparar as notas sobre suas próprias descobertas a respeito do Duqu.

Uma empresa de segurança que estava determinada a não ser deixada para trás dessa vez era a Kaspersky Lab, na Rússia. Os pesquisadores da Kaspersky não tinham ficado de braços cruzados quando Stuxnet foi descoberto; eles fizeram um extenso trabalho de desconstrução da parte Windows do ataque e foram os primeiros investigadores particulares a descobrir *zero days* adicionais no Stuxnet e comunicá-los à Microsoft. Mas para além de sua coleção de *exploits*, eles não consideraram o Stuxnet uma ameaça particularmente interessante. O código PLC era uma barreira para o exame da carga útil, e no final das contas eles concluíram que havia pouco a ganhar em decifrá-lo. Portanto, uma vez que eles concluíram a análise da parcela míssil, seguiram em frente. Mas eles não cometeriam esse erro novamente.

COSTIN RAIU, DIRETOR da Equipe de Pesquisa e Análise Global da Kaspersky, estava em Pequim preparando-se para embarcar para uma reunião num voo de manhã para Hong Kong quando a notícia sobre Duqu irrompeu. Seu primeiro pensamento foi ligar para seus colegas em Moscou, mas eles ainda estavam dormindo. Portanto, antes de embarcar no avião ele rapidamente baixou os arquivos do Duqu que a Symantec disponibilizou aos pesquisadores e os examinou durante o voo.

Assim que ele desembarcou em Hong Kong, entrou em contato com Alexander Gostev em Moscou, um jovem altamente qualificado em engenharia reversa e pesquisador-chefe de *malware* da companhia. A Symantec e o CrySyS Lab examinaram os arquivos do Duqu completamente, mas Raiu e Gostev suspeitavam que havia muito mais inteligência a ser adquirida a partir da ameaça, e eles estavam certos.

Imediatamente ficou claro para eles que o Duqu era o trabalho de mestres da programação. O código era notavelmente diferente de outros *spywares* que cruzaram suas mesas – Raiu comparou-o à diferença entre o "Noite Estrelada" de Vincent Van Gogh e uma interpretação amadora de um estudante de uma escola de artes sobre uma noite cheia de estrelas. As pinceladas mestras e o gênio no código eram evidentes ao olhar preparado.

Raiu era um romeno de 33 anos que trabalhava para a Kaspersky de um pequeno escritório em Bucareste com um outro pesquisador e um punhado de pessoal de marketing. Ele tinha cabelos grisalhos escuros, cortados rentemente, e uma maturidade e sabedoria que desmentiam a sua idade. Esta última característica fez dele um mentor natural para os membros mais jovens da sua equipe de pesquisa. Ele também tinha um comportamento calmo, como um Buda, que lhe servia bem sob pressão quando eles equilibravam vários projetos complexos ao mesmo tempo. Era uma qualidade que seria inestimável durante os muitos meses que se seguiram, à medida que se intensificava a pesquisa de sua equipe sobre a quadrilha Stuxnet-Duqu e eles começaram a chamar a atenção das agências de inteligência.

Raiu se juntou à empresa em 2000, aos 23 anos, quando havia apenas algumas dezenas de funcionários. Ele foi contratado para trabalhar no "Projeto Praga", o nome que a empresa deu ao motor antivírus de última geração que estava construindo.

Crescido na Romênia comunista, a paixão de Raiu não era os computadores, mas a química. Ele era fascinado pela reação de combustão de determinados produtos químicos quando misturados e pelo conhecimento fundamental que a química transmitia sobre a natureza e a estrutura do mundo. Mas quando um de seus experimentos quase explodiu o apartamento de seus pais, eles lhe deram um clone de PC feito localmente para guiá-lo para atividades menos letais. Não demorou muito para ele aprender programação sozinho e, ainda adolescente, projetar do zero um motor antivírus chamado RAV.

Seu trabalho no RAV começou quando a rede de sua escola de ensino médio foi infestada com um vírus que o antivírus da escola não detectou. Raiu passou a noite escrevendo assinaturas e elaborando uma ferramenta de detecção. Com o tempo, acrescentou mais código e recursos e, eventualmente, começou a distribuí-lo gratuitamente sob o nome MSCAN. Quando sua criação começou a ficar notória, um empresário romeno o contratou para trabalhar para a sua empresa, a GeCAD Software, que começou a comercializar seu programa sob o nome RAV, acrônimo para *Romenian Antivirus* (antivírus romeno). Ele rapidamente se tornou o produto mais vendido da empresa, confiavelmente batendo concorrentes teste após teste, o que chamou a atenção da Microsoft. Em 2003, a gigante do software adquiriu o RAV da GeCAD, mas nessa época Raiu já havia pulado fora do barco para trabalhar para a Kaspersky.[14]

A Kaspersky Lab era relativamente desconhecida na época nos Estados Unidos, onde a Symantec e a McAfee dominavam o mercado de antivírus. Sendo

---

[14] O programa "Security Essentials" da Microsoft é baseado no motor de antivírus RAV de Raiu.

uma empresa russa, a Kaspersky enfrentou uma batalha de desconfiança no Ocidente – particularmente, porque seu fundador, Eugene Kaspersky, fora educado em um instituto suportado pela KGB e servira na inteligência militar da Rússia. Mas a empresa lentamente fez um nome para si mesma na Europa Oriental e em outros lugares, especialmente no Oriente Médio, onde os Estados Unidos e suas empresas enfrentavam uma batalha semelhante de desconfiança.

Raiu começou na Kaspersky como programador, mas em 2004, quando a empresa formou uma equipe para investigar e fazer engenharia reversa em *malwares*, Raiu se juntou ao grupo. Em 2010, tornou-se seu diretor, supervisionando equipes de pesquisa em vários continentes. Agora, com a descoberta do Duqu, várias dessas equipes entraram em ação.

O trabalho técnico foi liderado por Gostev, analista magro bem-definido, com cabelo curto, castanho-claro, e uma ligeira curvatura que refletia todas as horas que ele passou curvado, concentrado na frente de um computador. Conforme ele e seus colegas examinavam o código, eles eram surpreendidos por uma série de coisas.

Uma parte particularmente interessante era o componente que os atacantes usavam para baixar as cargas úteis adicionais para a máquina da vítima, para capturar os dados. Ao contrário de todos os outros módulos do Duqu e do Stuxnet, este não foi escrito em C ou C ++, mas em uma linguagem que Gostev e Raiu nunca tinham visto antes. Eles tentaram durante semanas identificá-la e consultaram até mesmo especialistas em linguagens de programação, mas ainda assim não conseguiram descobrir. Então eles lançaram um pedido de ajuda em seu blog e finalmente foram capazes de concluir, juntando pedaços de pistas, que os atacantes empregaram um dialeto do C personalizado e raramente usado, juntamente com extensões especiais para contorcer o código e torná-lo pequeno e portátil[15]. Era um estilo de programação comum em programas de software comercial produzidos uma década atrás, mas não em programas dos dias modernos, e certamente não em *malwares*. Ficou claro que estes não eram codificadores extremamente hábeis usando as técnicas mais recentes, mas programadores veteranos que eram cautelosos e conservadores. Algumas vezes C++ poderia produzir código compilado imprevisível e que era executado de formas não intencionais. Assim, os atacantes escolheram C, Raiu supôs, para dar-lhes maior controle sobre o seu

[15] Os atacantes usaram um dialeto customizado do C orientado a objetos conhecido como OO-C.

código malicioso, e então eles o modificaram durante a compilação para torná-lo mais compacto e fácil de entregar às vítimas.[16]

Suas limitações sobre Duqu se ampliaram para os seus mecanismos de propagação. A esse respeito, Duqu era tão rigidamente controlado como o Stuxnet era descontrolado. O ataque não parecia ter o apoio de quaisquer *exploits zero-day* para ajudá-lo a se espalhar, e ele também não conseguia se espalhar de forma autônoma como o Stuxnet fez. Em vez disso, uma vez dentro de uma máquina, ele infectaria outras máquinas apenas se os atacantes enviassem manualmente instruções do seu servidor-de-comando ordenando que o fizesse.[17] O Duqu também era muito mais furtivo na comunicação com seus servidores de comando do que o Stuxnet.[18] A comunicação era criptografada com um algoritmo de criptografia forte conhecido como AES, para impedir que alguém o lesse, que também foi injetado dentro de um arquivo de imagem .JPEG para ajudar a escondê-lo. E, ao contrário do Stuxnet, que atingiu mais de cem mil máquinas, os pesquisadores acabariam por descobrir apenas cerca de três dezenas de infecções por Duqu.[19]

---

[16] Enquanto esse componente mostrava habilidades maestrais, outras partes eram menos magistrais. A implementação da criptografia, por exemplo, era fraca. O Duqu foi construído como uma elegante caixa chinesa com múltiplas camadas de criptografia para ofuscar seus componentes e frustrar a detecção. Mas a forma como os atacantes a implementaram foi malfeita. Uma parte possuía um bloco de configuração criptografado que continha uma chave para descriptar o registro; dentro do registro havia outra chave para descriptografar a principal .DLL do Duqu. O projeto tinha a intenção de tornar mais difícil para qualquer um que tivesse a .DLL descriptá-la sem antes obter as duas chaves. Mas os programadores minaram a segurança fazendo as chaves para o registro e para a .DLL idênticas e fazendo com que a chave para o bloco de configuração fosse 0. Uma vez que alguém abrisse o bloco de configuração, também teria a chave para descriptografar a .DLL principal, contornando a necessidade de uma chave separada para o registro. O Stuxnet, em contraste, usava chaves diferentes para cada estágio da criptografia. O algoritmo de criptografia utilizado no Stuxnet era também um cifrador de quatro ciclos, enquanto o Duqu utilizava um cifrador de ciclo único. Claramente, times diferentes, mas relacionados, projetaram o Duqu e o Stuxnet. Embora ambos os times tivessem métodos fortes e sofisticados de criptografia a sua disposição, o time do Duqu não se preocupou em utilizá-los.

[17] Para conseguir isso, primeiramente eles tinham que conseguir o controle da conta administrativa da máquina infectada e então configurar uma atividade instruindo o *malware* a se distribuir por meio de compartilhamentos de rede.

[18] O Time Duqu também armazenava alguns *scripts* para controlar a operação de outras localizações, diferentes dos servidores de comando, de forma que qualquer um que tomasse o controle desses servidores de *front-end* não pudesse tomar controle e examinar os *scripts* para determinar o que o Duqu estava fazendo.

[19] Deve ter havido mais vítimas ao longo dos anos, mas estes foram os únicos descobertos até que o Duqu fosse encontrado. A Symantec encontrou vítimas em oito países – ocorrências únicas na França, Índia, Holanda, Suíça, Sudão, Vietnã e Ucrânia, e pelo menos duas no Irã. A Kaspersky encontrou 11 mais no Irã, três na Europa e quatro no Sudão. Outros vendedores de antivírus encontraram vítimas na Áustria, na Indonésia e no Reino Unido.

As vítimas estavam espalhadas por vários países e variavam de alvos militares a fabricantes de equipamentos industriais, tais como tubos e válvulas. Todos eles pareciam ter sido cuidadosamente visados pelos seus "ativos estratégicos" – produtos feitos por eles ou serviços prestados.[20] E, não surpreendentemente, muitas das vítimas que a Kaspersky descobriu possuíam alguma conexão com o Irã; ou eles tinham um escritório na República Islâmica ou algum tipo de relação comercial com o Irã. A única vítima até então que não parecia ter uma conexão com o Irã era a empresa na Hungria que descobriu o ataque.

Com base em informações recolhidas de arquivos de *log* fornecidos por algumas das vítimas, os agressores pareciam estar particularmente interessados em obter arquivos de AutoCAD – especialmente aqueles relacionados com sistemas de controle industrial utilizados em diversas indústrias no Irã. O AutoCAD, que é sinônimo de desenho assistido por computador (*computer-aided design*), é um software usado para a elaboração de modelos arquitetônicos em 2D e 3D, para projetar placas de computador e produtos de consumo; mas também é usado para mapear o layout de redes de computadores e de equipamentos em chão de fábrica. Este último viria a calhar para alguém planejando bombardear uma fábrica ou lançar um ataque digital como o Stuxnet.

Os atacantes eram sistemáticos na forma como abordavam suas vítimas, compilando novos arquivos de ataque para cada alvo e configurando servidores de comando separados em toda a Europa e Ásia para que apenas duas ou três máquinas infectadas se reportassem a um único servidor. Essa segmentação, sem dúvida, ajudou a controlar diferentes operações e conjuntos de vítimas, mas também a garantir que, se qualquer estranho tivesse acesso a um dos servidores, sua visão da operação seria muito limitada. Os servidores, na verdade, eram *proxies* – computadores que os atacantes usavam para redirecionar dados roubados para outras máquinas – para evitar que alguém visse toda a operação ou rastreasse os dados roubados até os atacantes. Os dados da vítima na Hungria, por exemplo, foram enviados primeiro para um servidor na Índia antes de serem redirecionados para um nas Filipinas, onde foram enviados para um outro lugar. Os dados de vítimas no Irã foram para um servidor no Vietnã antes de irem para a Alemanha e para algum lugar além. Os

---

[20] HIGGINS, Kelly Jackson. Same Toolkit Spawned Stuxnet, Duqu, and Other Campaigns. **Dark Reading**, Jan. 3, 2012, disponível em <darkreading.com/attacks-breaches/same-toolkit-spawned-stuxnet-duqu-and-other-campaigns/d/d-id/1136876?>.

pesquisadores tentaram seguir a trilha, mas, após bater em três *proxies* diferentes de cada vez, eles perceberam que nunca chegariam ao fim da trilha e desistiram.

No entanto, com a ajuda de algumas das empresas que hospedaram os servidores, a Kaspersky obteve imagens-espelho de cinco das máquinas, incluindo uma no Vietnã que controlava as infecções no Irã. Eles descobriram que em 20 de outubro, dois dias depois que a Symantec foi a público com a notícia do Duqu, os atacantes realizaram uma operação de limpeza maciça, numa tentativa desesperada de eliminar os dados dos servidores. Não ficou claro por que eles levaram dois dias para responder à notícia.[21] Porém, em sua pressa para eliminar as evidências, eles deixaram para trás vestígios de *logs* que forneceram pistas à Kaspersky sobre as suas atividades.[22] Os *logs* mostravam, por exemplo, que os atacantes ativaram um dos servidores de comando em novembro de 2009, na Alemanha, dois anos antes que o Duqu fosse descoberto. Isso sugere que o Duqu estava por aí por pelo menos esse tempo. Talvez, postularam os pesquisadores da Kaspersky, Duqu fosse na verdade um **precursor** do Stuxnet, não um sucessor, como a Symantec havia assumido. Não demoraria muito para que eles encontrassem evidência que confirmasse isso.

---

[21] Se Israel estava por trás do Duqu, o atraso deve ter tido algo a ver com o fato de que aquele 18 de outubro, a data em que a Symantec publicou o seu relatório, caiu durante o feriado do *Sukkot* em Israel, que foi de 13 a 19 de outubro daquele ano. O *Sukkot* é a comemoração dos quarenta anos que os israelitas estiveram no deserto do Sinai depois de escaparem da escravidão no Egito. Em Israel, o primeiro dia do festival era um feriado de trabalho. Embora os seis dias restantes não fossem feriados obrigatórios, muitos israelenes tiravam folga de qualquer forma, dado que as escolas fechavam. O *Sukkot* teria terminado no 19º dia do mês, com os trabalhadores voltando ao trabalho no 20º – incluindo, presumivelmente, o time dos servidores do Duqu.

[22] Eles deixaram para trás outros traços também. Na noite antes das histórias sobre o Duqu virem à tona, os atacantes mudaram as chaves de criptografia e recompilaram os arquivos do Duqu com as novas chaves antes de enviar novos arquivos às máquinas infectadas. Os atacantes provavelmente pretendiam que as novas versões do Duqu substituíssem as versões antigas nos sistemas infectados, mas eles não contavam com uma falha no sistema operacional Windows que fazia com que traços das versões anteriores permanecessem, que os pesquisadores mais tarde encontraram quando seus antivírus escanearam os sistemas. Os atacantes podem ter mudado as chaves criptográficas porque sentiram que o *malware* tinha sido descoberto e estavam tentando contornar a detecção. Contudo, se eles suspeitavam que tinham sido pegos, eles nao tinham noção do grau no qual sua missão estava prestes a ser exposta, pois eles também liberaram uma atualização aumentando o tempo de vida do *malware* para além de 36 dias, como se eles esperassem continuar a operação por algum tempo, sem serem perturbados. No entanto, uma vez que as notícias saíram e eles entenderam que a operação inteira estava exposta, eles iniciaram a operação de limpeza para apagar todos os dados de seus servidores.

INICIALMENTE NÃO ESTAVA CLARO como o Duqu infectava as máquinas. O Stuxnet usava o *exploit* .LNK embutido em *pen drives* USB para liberar a sua carga maliciosa. Mas o CrySyS Lab não encontrou arquivos de instalação de vírus (*droppers*) e nem *zero days* nas máquinas da empresa de Bartos. Após a Symantec ter publicado seu artigo sobre o Duqu, no entanto, Chien pediu a Bencsáth que a vítima húngara procurasse novamente em seus sistemas qualquer coisa suspeita que tivesse ocorrido em torno de 11 de agosto, a data em que a infecção ocorreu. Foi quando eles descobriram um e-mail que tinha chegado com um documento do Word anexado. O anexo tinha 700 KB – muito maior que todos os documentos que a empresa normalmente recebia –, o que chamou a sua atenção. De fato, quando a equipe CrySyS abriu o e-mail em um sistema de teste em seu laboratório, arquivos maliciosos do Duqu caíram sobre eles.[23]

Dado que o código do ataque não tinha sido detectado até então, os caras do CrySys suspeitaram que um *exploit zero-day* estivesse em jogo. Bencsáth enviou o *dropper* para a equipe da Symantec, que determinou que ele estava realmente explorando uma vulnerabilidade *zero-day* de estouro de *buffer* no motor de interpretação de fontes TrueType do Windows. O motor de interpretação de fontes era responsável por renderizar as fontes na tela. Quando o código de fonte para um caractere aparecia em um documento do Word, o motor consultava o arquivo da fonte adequada para determinar como o caractere deveria ser apresentado. Mas, nesse caso, quando o motor tentava ler o código da fonte, uma vulnerabilidade no mecanismo de análise disparava o *exploit* em seu lugar.

O *exploit* era bastante "durão", nas palavras de um pesquisador, porque um *exploit* normal atacando uma vulnerabilidade de estouro de *buffer* geralmente apenas permitia aos hackers acesso em nível de usuário de uma máquina, o que significava que era necessário explorar uma segunda vulnerabilidade para obter privilégios de nível administrativo para instalar seu código malicioso de forma persistente.[24] Mas esse *exploit* cortava através das camadas de proteção para

---

[23] O *dropper* não instalava imediatamente sua carga maliciosa. Em vez disso, ele aguardava até o computador estar fora de uso por pelo menos dez minutos antes de iniciar a sua ação. A data no computador também tinha que estar dentro de uma janela de oito dias em agosto ou o Duqu não instalava os arquivos, mais uma evidência do grande cuidado e controle que os atacantes mantinham sobre o seu código.

[24] Um *blogger* da empresa filandesa de antivirus F-Secure o chamou de "um *exploit* durão" ("one badass exploit"). **Duqu Attack's Installer Discovered.** Nov. 2, 2011, disponível em <f-secure.com/weblog/archives/00002263.html>.

instalar e executar código malicioso no nível do *kernel* da máquina, sem interferência. Vulnerabilidades de estouro de *buffer* exploradas no nível do *kernel* são raras e difíceis de explorar sem fazer com que a máquina pare de funcionar, mas o *exploit* do Duqu funcionava perfeitamente. Era várias ordens de magnitude mais sofisticado do que o *exploit* .LNK que o Stuxnet usava. O *exploit* .LNK foi copiado por cibercriminosos rapidamente após o Stuxnet ter sido exposto em julho de 2010, mas este levaria meses até que alguém conseguisse replicá-lo.[25]

O *exploit* era notável por si só, mas os atacantes também haviam incorporado um conjunto de *easter eggs* em seu código – possivelmente para provocar as vítimas. O nome que deram à fonte falsa que executava o ataque era Dexter Regular, e no aviso de direitos autorais para a fonte falsa eles escreveram – "Copyright©2003 Showtime Inc. Todos os direitos reservados. Dexter Regular".[26]

Ficou claro que eles estavam fazendo referência ao popular programa de TV "Dexter", que estava então sendo exibido pela rede Showtime. Mas o seriado não começou a ser exibido até 1º de outubro de 2006, o que fez a data de direitos autorais como sendo 2003 parecer estranha. Não ficou claro se o *easter egg* tinha

---

[25] Pesquisadores viram sinais de que os cibercriminosos tentaram, sem sucesso, replicar o *exploit* do Duqu em junho de 2012, oito meses depois que a Symantec publicou informações sobre a vulnerabilidade. Eles finalmente conseguiram em outubro de 2012, depois que a Kaspersky viu, em dezembro de 2012, um pico em ataques usando versões de imitação do *exploit*. No entanto, a Microsoft corrigiu a vulnerabilidade em dezembro de 2011, e os atacantes só poderiam utilizar o *exploit* contra máquinas não atualizadas.

[26] Os pesquisadores da Kaspersky encontraram uma outra coisa que eles pensaram ser um *easter egg* no código. Uma chave de descriptografia em uma versão do *driver* do Duqu tinha um valor – 0xAE240682 – que também parecia uma data: 24 de junho de 1982. Quando Raiu pesquisou, descobriu que era a data em que havia ocorrido um famoso evento na história da aviação – a data em que o voo 09 da British Airways colidiu com uma nuvem de cinzas vulcânicas na rota de Londres para a Nova Zelândia. O avião tinha acabado de fazer uma parada na Malásia quando cinzas arenosas vomitadas pelo Monte Galunggung atingiram todas as quatro turbinas do 747, apagando-as em pleno ar. Os pilotos tentaram planar até conseguir aterrissar, e quando o avião desceu de 11.000 para 3.600 metros de altitude máscaras de oxigênio caíram do teto. Foi quando o capitão britânico, Eric Moody, fez um dos mais famosos pronunciamentos na história da aviação. "Senhoras e senhores", ele disse aos passageiros, "aqui é o capitão falando. Nós temos um pequeno problema. Todas as quatro turbinas pararam. Nós estamos fazendo o máximo para colocá-las em funcionamento novamente. Eu acredito que vocês não estejam sob muito estresse" (ver BBC. **When Volcanic Ash Stopped a Jumbo at 37,000ft.** Apr. 15, 2010. Disponível em <news.bbc.co.uk/2/hi/uk_news/magazine/8622099.stm>). Os pilotos conseguiram reativar as turbinas após cerca de 15 minutos e desceram em Jacarta. Era uma coincidência que esta parecia ser a segunda referência à área de aviação desde a referência a DEADF007 no Stuxnet? Ou os atacantes estavam agora apenas brincando com os pesquisadores e lançando pequenos *easter eggs* no código para mantê-los na dúvida? Ou o valor no código era simplesmente um número aleatório sem qualquer significado?

qualquer significado ou se era apenas uma brincadeira. Mas a referência parecia ter um paralelo com o Stuxnet. A série focava em Dexter Morgan, um cientista forense e assassino justiceiro que só matava criminosos, fazendo dele um assassino com um código moral - alguém que matava em nome de um bem social maior. Pelo menos é assim que Dexter se via. Sem dúvida, era também a forma como os Estados Unidos e Israel poderiam ter visto o ciberataque contra o Irã, ou os ataques aos cientistas nucleares do Irã - como um meio para um bem maior.[27]

O nome da fonte e a data dos direitos autorais ofereciam um pouco de distração para os pesquisadores, mas a parte mais notável do *dropper* foi a sua data de compilação - 21 de fevereiro de 2008 -, que fornecia uma pista sobre quanto tempo o Duqu estava por aí. Pouco tempo depois deste *dropper* ser encontrado, a Kaspersky colocou suas mãos em um segundo, encontrado em uma máquina no Sudão, que foi compilado ainda mais cedo.[28]

O Sudão possuía estreitos laços militares com o Irã - ele recebeu US$ 12 milhões em armas do Irã entre 2004 e 2006 - e era um defensor vocal do programa nuclear do Irã. Em 2006, o Irã prometeu publicamente compartilhar a sua experiência nuclear com o Sudão. O Sudão também era alvo de sanções da ONU. A vítima do Duqu no Sudão era uma empresa de serviços comerciais que foi infectada em abril de 2011, quatro meses antes da infecção na Hungria. O código malicioso chegou através de um ataque de *phishing*, usando o mesmo *exploit zero-day*, o Dexter, usado na Hungria. O e-mail malicioso, que foi supostamente enviado por um gerente de marketing chamado B. Jason, veio de um computador na Coreia do Sul, embora a máquina provavelmente tenha

---

[27] Costin Raiu da Kaspersky comprou todos os episódios lançados de Dexter para ver se havia alguma razão para os atacantes o terem referenciado no Duqu. Apenas um episódio parecia remotamente relevante. Nele, a irmã de Dexter, Debra, recebia uma proposta de casamento do Detetive Joey Quinn. Durante uma discussão a respeito da proposta com seu irmão, ele refletiu que se ela se casasse com Quinn, suas iniciais seriam DQ.

Raiu viu um outro episódio que o lembrou de Duqu. Para confundir os investigadores que estavam quase chegando a ele, Dexter forjou um manifesto de trinta páginas recheado de referências bíblicas para distraí-los. Enquanto os investigadores perdiam tempo examinando minuciosamente as pistas sem qualquer sentido do documento, Dexter continuou com sua matança. Os paralelos não foram desperdiçados em Raiu, que considerou as horas que ele perdeu assistindo ao show de TV buscando pistas sobre o Duqu.

[28] O arquivo *dropper*, um *driver*, tentou se passar por um *driver* de gráfico da Intel e foi responsável por carregar o *backdoor* do Duqu na máquina da vítima.

sido hackeada para fazer o envio.[29] "Caro senhor", dizia o e-mail. "Eu encontrei detalhes da sua empresa em seu site e gostaria de estabelecer uma cooperação comercial. No arquivo anexo, consulte uma lista de pedidos". O documento em anexo continha um punhado de perguntas para uma pesquisa, bem como uma imagem do planeta Terra verde com plantas que brotavam do seu topo. Quando a vítima abria o anexo, o *exploit* Dexter entrava em ação e depositava a sua carga ilícita na máquina da vítima.

O *dropper* que instalou Duqu, nesse caso, foi compilado em agosto de 2007, o que confirmava ainda mais que o Duqu estava por aí anos antes de sua descoberta na Hungria. Essa não foi a única evidência a confirmar tal linha do tempo. Os pesquisadores também encontraram evidências de que o arquivo *infostealer* do Duqu também já existia há anos. Eles só tropeçaram nessa pista por causa de um erro que os atacantes cometeram.

Quando o mecanismo de autodestruição do Duku era disparado após 36 dias, ele deveria apagar todos os vestígios de si mesmo das máquinas infectadas, de forma que uma vítima nunca soubesse que fora atingida. Mas a equipe da Kaspersky descobriu que, quando o Duqu removia a si mesmo, ele esquecia de excluir alguns dos arquivos temporários que criava nas máquinas para armazenar os dados que roubava. Um desses arquivos, deixado para trás em uma máquina no Irã, fora criado na máquina em 28 de novembro de 2008.

Kaspersky e Symantec sempre suspeitaram que, antes do ataque do Stuxnet às centrífugas no Irã, os atacantes tinham usado uma ferramenta de espionagem para coletar inteligência sobre a configuração dos PLCs da Siemens. A informação poderia ter vindo de um espião infiltrado, mas agora parecia mais provável que um espião digital, como o Duqu, tivesse sido usado.

Parecia plausível que os atacantes do Stuxnet também pudessem ter usado o Duqu para roubar as chaves de assinaturas digitais e certificados da RealTek e da JMicron, já que esta foi a ferramenta que eles usaram contra a autoridade certificadora na Hungria.

Se o Duqu estava de fato à solta infectando sistemas, indetectável, desde 2007 ou mais, sua súbita descoberta na Hungria em 2011 parecia estranha. "Por

---

[29] Aconteceram duas tentativas de infectar a vítima, a primeira em 17 de abril de 2011, que foi bloqueada pelo filtro de *spam* do Outlook da vítima, e então outra em 21 de abril, quando foram bem-sucedidos.

que agora?", Raiu se perguntava. Ele concluiu que deveria ter sido um caso de arrogância e de má escolha do alvo. Após permanecerem furtivos por tanto tempo, os atacantes ficaram confiantes de que nunca seriam pegos. Eles provavelmente consideraram a descoberta do Stuxnet no ano anterior uma anomalia que só ocorreu porque a arma digital se espalhou para muito longe. Mas o Duqu era cuidadosamente controlado e seus alvos, escolhidos a dedo, sendo menos provável a sua descoberta. Exceto na Hungria, onde os atacantes afinal escolheram o alvo errado. A autoridade certificadora da Hungria era muito mais consciente a respeito de segurança que as empresas comerciais e os fabricantes que o Duqu havia atingido anteriormente. E essa foi a falha do time do Duqu.[30]

Embora Stuxnet e Duqu compartilhassem alguns dos mesmos códigos e técnicas, Raiu e a sua equipe acabaram por concluir que eles foram construídos por equipes distintas a partir da mesma plataforma-base, uma plataforma que eles apelidaram de "Tilde-d" – porque ambos, Stuxnet e Duqu, usavam arquivos com nomes que começavam com ~D.[31]

Na verdade, a Kaspersky descobriu evidências de que um arsenal de ferramentas poderia ter sido construído a partir da mesma plataforma, e não apenas o Stuxnet e o Duqu. Eles descobriram pelo menos seis *drivers* que compartilhavam características e pareciam ter sido construídos na plataforma Tilde-d. Dois deles tinham sido utilizados nos ataques conhecidos do Stuxnet, e um terceiro era o

---

[30] Quando foi hackeada, a companhia estaria duas vezes mais alerta para um incidente por conta de dois outros – aparentemente não relacionados – ataques a autoridades certificadoras que ocorreram nos meses anteriores. Em março daquele ano, alguém violou a conta de uma empresa parceira que trabalhava com o Comodo Group, uma autoridade certificadora estabelecida em Nova Jersey (EUA) e no Reino Unido. O hacker, que usava um IP no Irã, utilizou o acesso para emitir para si mesmo oito certificados fraudulentos para mail.google.com, login.yahoo.com e seis outros domínios que lhe permitiriam se passar por esses sites em um ataque *man-in-the-middle*. Quatro meses mais tarde, uma autoridade certificadora alemã chamada DigiNotar também foi hackeada. Os invasores, neste caso, geraram mais de duzentos certificados digitais fraudulentos para domínios de alto nível de propriedade do Google, Yahoo e Mozilla, bem como para websites da Mossad, do MI6 e da CIA. Essas invasões colocaram outras autoridades certificadoras em alerta, e a companhia na Hungria deve ter disparado uma inspeção de sua rede como resultado disso.

[31] O *keylogger/infostealer* do Duqu criava nomes de arquivos que começavam com ~DQ, mas outras partes do *malware* criavam arquivos com os nomes começando com ~DO e ~DF. O Stuxnet também criava arquivos começando com ~D.

driver usado com o Duqu.[32] Mas eles também encontraram três "*drivers* fantasmas", descobertos por eles mesmos, sem quaisquer arquivos do Stuxnet ou do Duqu, o que tornou difícil determinar se eles foram utilizados em algum desses ataques ou em outros ataques completamente diferentes. Todos os três *drivers* utilizavam algoritmos e chaves que eram iguais ou semelhantes aos *drivers* que o Duqu e o Stuxnet usavam, deixando claro que eles estavam ligados à equipe Tilde-d.

O primeiro deles foi o *driver* que tinha sido encontrado em julho de 2010 pela empresa eslovaca de antivírus ESET e que foi assinado com o certificado da JMicron.[33] Como o *driver* foi encontrado dias depois que a notícia do Stuxnet foi divulgada, todo mundo achou que ele estava relacionado com o Stuxnet, embora ele não tivesse sido encontrado em qualquer sistema infectado com o Stuxnet. O *driver* era um híbrido dos *drivers* do Stuxnet e Duqu, usando código que era quase idêntico ao *driver* do Stuxnet e algumas das mesmas funções e técnicas que o *driver* do Duqu utilizava. Mas ele também usava um cifrador de sete ciclos para a sua rotina de criptografia, no lugar do cifrador de quatro ciclos que o *driver* do Stuxnet usava, tornando-o mais complexo. Isso fez Raiu e Gostev suspeitarem de que ele tivesse sido projetado para uma variante diferente do Stuxnet ou um outro *malware* completamente diferente.

O segundo *driver* fantasma foi descoberto quando alguém o enviou para a VirusTotal.[34] Ele foi compilado em 20 de janeiro de 2008. Também possuía um cifrador de sete ciclos, sugerindo que ele e o *driver* da JMicron poderiam ter sido criados para uso no mesmo ataque – talvez com uma versão diferente do Stuxnet ou algo completamente diferente.

O terceiro *driver* misterioso também foi submetido à VirusTotal, de um endereço IP na China, em 17 de maio de 2011, meses antes de Duqu infectar as

---

[32] Múltiplas versões do *driver* do Duqu apareciam nas máquinas infectadas, cada vez com um nome diferente. No entanto, cada versão parecia conter o mesmo código e ter sido compilada no mesmo dia. Em particular, uma variante do *driver* do Duqu que foi encontrado na máquina da Hungria não estava assinada e tentava se passar por um produto da JMicron – a companhia de Taiwan cujo certificado foi utilizado para assinar o *driver* encontrado na ESET em julho de 2010 e que acreditava-se ter sido associado com o Stuxnet. Na descrição do arquivo na aba "Propriedades" do *driver*, os atacantes indicaram que era um "JMicron Volume Snapshot Driver". Era um outro detalhe que conectava o Duqu ao Stuxnet.

[33] O nome do arquivo do *driver* era jmidebs.sys.

[34] O nome deste *driver* era rndismpc.sys.

máquinas húngaras em agosto.[35] Esse driver usava um cifrador de quatro ciclos como os *drivers* do Stuxnet e uma chave de encriptação idêntica; ele também foi compilado no mesmo dia que os *drivers* do Stuxnet e foi assinado com o certificado da RealTek que havia sido usado para assinar os *drivers* do Stuxnet, embora tenha sido assinado em 18 de março de 2010, em vez de 25 de janeiro de 2010, data em que os *drivers* do Stuxnet foram assinados. Dezoito de março era apenas algumas semanas antes dos atacantes liberarem a sua variante de abril de 2010 do Stuxnet, mas por algum motivo eles não utilizaram esse *driver* no ataque. Em vez disso, eles reutilizaram o *driver* do ataque de junho de 2009. Isto sugeria que o terceiro *driver* fantasma poderia ter sido preparado para um ataque diferente.

As questões relevantes para Gostev e Raiu, é claro, eram para quais ataques os *drivers* fantasma foram criados e quem eram as vítimas? Eles seriam evidência de que outros ataques não detectados do Stuxnet teriam ocorrido antes de junho de 2009 ou após abril de 2010?

Parecia que a história do Stuxnet ainda estava incompleta.

---

[35] O nome deste *driver* era rtniczw.sys.

Capítulo 15

"Flame"

Na primavera de 2012, a equipe da Kaspersky tinha completado a análise do Duqu e seus servidores, mas eles estavam certos de que havia mais sobre aquela história do que havia sido exposto até então. Nem mesmo eles, no entanto, poderiam imaginar a descoberta que estavam por fazer: que o Stuxnet – um programa que impressionava pela sua ousadia e seu potencial destrutivo – era apenas um desdobramento de uma operação de espionagem cibernética que tinha dimensões muito maiores do que essa única arma digital.

AS REVELAÇÕES COMEÇARAM naquele mês de abril, quando um vírus começou a correr solto pelos computadores do Ministério do Petróleo Iraniano e da Companhia Nacional de Petróleo Iraniana, limpando os discos rígidos de todos os sistemas que tocava. Os danos eram sistemáticos e completos, destruindo gigabytes de dados de uma só vez. Primeiro o *malware* eliminava documentos e arquivos de dados, depois ia atrás dos arquivos de sistema, apagando as partes centrais do disco rígido e arruinando-as.

Não estava claro quantos computadores foram afetados, mas havia rumores de que a destruição começara em alguns computadores já em dezembro. Ninguém notou a evolução no início, até que ele se espalhou e se tornou impossível de ignorar. Também não se sabia por quanto tempo o vírus permaneceu escondido nas máquinas antes de se tornar destrutivo, mas, cada vez que ocorria, a destruição começava em torno do vigésimo dia do mês. Autoridades iranianas o apelidaram de "Wiper" e apontaram os EUA e Israel como a origem. Eles insistiram, no entanto, que o ataque não causou danos permanentes, pois havia uma cópia de segurança de todos os dados apagados.

Quando Raiu e a equipe da Kaspersky obteve uma imagem-espelho de um dos discos rígidos apagados do Irã, ele estava repleto de dados sem nexo. Não só todos os documentos e arquivos críticos do sistema foram perdidos, como qualquer sinal do *malware* Wiper também foi apagado do disco. Mas uma importante pista permaneceu – uma única referência, dentro das chaves de registro, a um arquivo temporário chamado ~DF78.tmp, o qual havia sido criado no sistema algum momento antes da destruição começar. O próprio arquivo já não existia mais, mas seu nome permanecia ali, um fantasma a denunciar sua antiga presença. O prefixo ~D em seu nome agora já possuía um significado familiar para os pesquisadores. Era o mesmo padrão distinto de nomenclatura que Duqu usava para os arquivos temporários que criava nas máquinas infectadas, assim como o padrão de nomenclatura que o Stuxnet usava em alguns de seus arquivos.

Será que o Duqu, ou algum outro programa escrito pela mesma equipe, estava na máquina antes de o Wiper apagá-la?[1] Seria o Wiper uma criação da mesma equipe que estava por trás do Duqu?

Raiu e sua equipe programaram as ferramentas de antivírus da Kaspersky para buscar pelo arquivo ~DF78.tmp – e, para uma boa medida, sinalizar qualquer outro arquivo temporário que tivesse um nome que começasse com ~D. Eles tiveram uma série de confirmações em máquinas de vários países, mas a maioria delas apareceu em máquinas no Irã. Quando obtiveram a cópia de um dos arquivos – este chamado ~DEB93D.tmp – eles descobriram que era um *log* de um *sniffer* que gravava senhas à medida que elas cruzavam a rede local da máquina infectada. Com um pouco de busca, eles também encontraram um módulo que parecia ser responsável pela criação do *log* do *sniffer*.[2] Esta acabou por ser uma de suas descobertas mais significativas.

---

[1] Outra pista descoberta a partir do sistema devastado também parecia apontar para os atacantes que estavam por trás do Stuxnet e do Duqu. A pista indicava que a primeira coisa que o Wiper fazia quando ele chegava a um sistema era caçar e destruir qualquer arquivo que tivesse a extensão .PNF. Raiu relembrou que a carga útil do Stuxnet e alguns de seus outros arquivos tinham extensões .PNF. O Duqu também possuía arquivos com a extensão .PNF, uma extensão que raramente era usada em ferramentas maliciosas.

[2] O *log* também continha os nomes internos de computadores de sistemas no Irã que foram infectados.

O módulo não se parecia com o Stuxnet ou o Duqu e tampouco aparentava ser o Wiper – ele não continha nenhum código para apagar o disco rígido das máquinas infectadas. Eles buscaram em seus arquivos para ver se algo parecido tinha sido recebido através de seu sistema de transmissão automatizado no passado, e, para a sua surpresa, surgiram módulos atrás módulos, como se eles estivessem apenas parados no arquivo esperando para serem descobertos. Eles encontraram vinte arquivos diferentes ao todo, cada um com nomes estranhos como *Euphoria*, *Munch*, *Limbo*, *Frog* e *Snack*. Todos os arquivos pareciam ser *plug-ins* ou componentes para um ataque relacionado.

O que mais os intrigou, no entanto, eram arquivos que chegaram pelo seu sistema em outubro de 2010 e foram identificados pelo sistema como um arquivo do Stuxnet. Na época isso não fez sentido para eles, pois, após análise, o arquivo não se parecia em nada com o Stuxnet. Mas agora, quando eles examinaram os arquivos novamente, descobriram o que os dois tinham em comum – ambos os arquivos continham um *exploit zero-day* que eles e a Symantec tinham deixado passar quando examinaram o Stuxnet dois anos antes.

O *exploit* foi embutido em uma parte do Stuxnet chamada "Resource 207", que aparecia apenas na versão de junho de 2009 do código de ataque, e não nas versões de 2010 – o que explicava por que eles o negligenciaram antes. A maior parte dos arquivos do Stuxnet que a Kaspersky e a Symantec examinaram tinha vindo dos ataques de 2010. Poucas amostras da versão de 2009 foram encontradas em máquinas infectadas.

O "Resource 207" continha o código que o Stuxnet 2009 usava para enganar o recurso *Autorun* em máquinas Windows, para se espalhar através de *pen drives*. Mas ele também continha esse *exploit* que fora ignorado e que agora estava no novo código de ataque. O *exploit* dava aos atacantes elevados privilégios nas máquinas infectadas ao explorar uma vulnerabilidade de estouro de *buffer* no recurso de papel de parede do Windows. A vulnerabilidade era um *zero day* na época em que os atacantes criaram o *exploit*, em fevereiro de 2009, mas quando eles lançaram o Stuxnet quatro meses depois, em junho, a Microsoft já havia corrigido a falha.[3] Quando chegou o momento de lançar a versão seguinte do Stuxnet, em março de 2010, os atacantes eliminaram esse *exploit*, juntamente com o código

[3] A Microsoft corrigiu a falha em 09 de junho, aproximadamente duas semanas antes de a versão de junho do Stuxnet ser lançada (dia 22).

Autorun, e o substituíram pelo *exploit* .LNK e dois outros *exploits* para aumento de privilégios que ainda eram *zero day* na época.

A descoberta do *exploit* do papel de parede significava que, em vez de quatro *exploits zero-day* – o que já era um recorde impressionante –, o Stuxnet havia na realidade usado cinco *exploits zero-day* durante a sua vida. O mais importante, contudo, é que a ligação entre o Stuxnet e esse novo ataque fornecia mais evidências de que o Stuxnet era parte de um conjunto de ferramentas maliciosas criadas pela mesma equipe.

ALEX GOSTEV, DA KASPERSKY, e sua equipe dividiram os vinte módulos que tinham encontrado nesse novo ataque e passaram a fazer engenharia reversa para ver como eles estavam ligados. Eles trabalhavam dia e noite, abastecidos com cafeína e a excitação de saber que eles tinham acabado de descobrir outra ferramenta no arsenal do Stuxnet.

Ao final de três semanas, eles tinham em suas mãos um *kit* de espionagem digital que era maior do que qualquer outra coisa que tinham visto antes. Eles o apelidaram de "Flame", nome de um dos principais módulos do ataque.[4]

Stuxnet ultrapassava a escala de 500 kilobytes quando comprimido, mas o Flame tinha pelo menos 20 megabytes com todos os seus componentes juntos e consistia em mais de 650.000 linhas de código. Ele também tinha uma espantosa complexidade à altura do seu tamanho. Eles estimaram que isso demandaria uma equipe de meia dúzia de programadores, por pelo menos três anos, para codificá-lo por completo, e seria preciso uma equipe inteira da Kaspersky, por vários anos, para decifrá-lo por completo. Em vez disso, eles resolveram decifrar apenas o suficiente para compreender o código.

A equipe da Kaspersky já tinha visto muitas ferramentas de espionagem digital ao longo dos anos – muitas delas eles acreditavam ser ferramentas de estado-nação da China –, mas esta aqui reescrevia a regra. Se o Departamento Q de

---

[4] Sobre o Flame ter ligação com o Wiper, houve alguma confusão entre os dois ataques depois que os pesquisadores da Kaspersky descobriram um módulo do Flame que se chamava "Viper". Mas a tarefa desse módulo era transmitir dados roubados para um servidor de comando, e não apagar o disco rígido de máquinas infectadas. Sua existência, no entanto, inicialmente levantou questões sobre se o *malware* Wiper que os iranianos encontraram era na realidade um componente do Flame. Não ajudava o fato de alguns informes iranianos identificarem Wiper como Viper devido a um erro de transliteração do persa para o inglês. Mas, ao final, a Kaspersky não encontrou nenhuma ligação direta entre o Wiper e o Flame.

James Bond tivesse um arsenal digital, o Flame teria sido parte dele. Ele vinha inúmeras engenhocas espiãs que visavam coletar informações de vítimas por meio de uma infinidade de maneiras. Dentre elas estava um módulo que extraía documentos de máquinas infectadas e outro que gravava as teclas digitadas e capturava telas a cada intervalo de 15 a sessenta segundos. Um terceiro módulo se apropriava clandestinamente do microfone interno dos computadores infectados para espionar conversas nas imediações. Um quarto módulo usava a função Bluetooth do computador para roubar dados de quaisquer smartphones detectáveis e outros dispositivos Bluetooth na área.

Flame aparentava ser uma ferramenta de espionagem de múltiplos propósitos, criada para atender a qualquer necessidade, dependendo da missão. Nem toda vítima recebia atendimento total do Flame, contudo. Cada componente era instalado conforme a necessidade. Um pacote de inicialização de 6 MB era primeiramente carregado em muitas máquinas infectadas, o que incluía um *backdoor* através do qual os atacantes podiam instalar novos módulos de espionagem a partir de seus servidores de comando, conforme desejado.[5]

A infraestrutura criada para apoiar o Flame também era enorme e diferente de tudo que os pesquisadores tinham visto antes. Eles encontraram ao menos oitenta domínios operando como servidores de comando na Alemanha, Holanda, Suíça e outros lugares, através dos quais os atacantes controlavam as máquinas infectadas e recolhiam os documentos extraídos delas.[6] Os atacantes provavelmente tinham criado muitos domínios com o objetivo de gerenciar diferentes operações e grupos de vítimas separadamente.

Eles usavam várias identidades falsas para registrar os domínios – Ivan Blix, Paolo Calzaretta, Traian Lucescu – e adquiriam alguns deles com cartões de crédito pré-pagos para que não pudessem ser rastreados. Os pesquisadores da Kaspersky capturaram o tráfego de aproximadamente trinta desses domínios

---

[5] A maioria das máquinas infectadas tinha a versão de 6 MB instalada. Mas eles também encontraram um pacote de inicialização que tinha em torno de 900 KB, sem nenhum módulo extra incluso, que pode ter sido usado para infectar máquinas por meio de conexões de rede lentas, uma vez que o módulo de 6 MB levaria uma eternidade para ser instalado remotamente em países com conexões de internet lentas e de baixa confiabilidade.

[6] O arquivo de configuração do *malware* continha uma lista de cinco domínios estáticos – dentre eles, traffic-spot.biz, dailynewsupdater.com e bannezone.in – e outra lista que podia ser alterada aleatoriamente sempre que os atacantes adicionassem novos servidores de comando.

redirecionados para um sorvedouro que eles controlavam e, tão logo ele ficou pronto, máquinas infectadas no Irã e ao redor do mundo começaram a aparecer. Arquivos roubados destinados aos atacantes também começaram a chegar, embora os arquivos estivessem criptografados e os pesquisadores não fossem capazes de ver o que os atacantes roubavam.

Após adicionar assinaturas para o Flame nas ferramentas de antivírus da Kaspersky, as infecções apareceram em várias centenas de máquinas. O Irã, nenhuma surpresa, estava no topo da lista. Pelo menos 189 máquinas estavam infectadas lá. Mas também havia 98 vítimas nos territórios palestinos e aproximadamente trinta vítimas tanto no Sudão quanto na Síria.

Enquanto a Kaspersky ainda examinava os módulos do Flame, Bencsáth na Hungria contatou Raiu com notícias sobre um arquivo suspeito encontrado no Irã que alguém lhe enviou. Eles tinham se tornado amigos quando trabalharam no Duqu, por isso não era incomum Bencsáth entrar em contato com eles. O arquivo que ele tinha recebido do Irã era um dos mesmos módulos que Raiu e sua equipe já vinham examinando. Bencsáth também passou o arquivo para Chien na Symantec, que começou a analisar a ameaça em paralelo com a Kaspersky. Quando os pesquisadores da Symantec adicionaram assinaturas aos seus antivírus para detectá-lo, eles descobriram mais vítimas na Áustria, na Hungria, no Líbano, na Rússia, nos Emirados Árabes Unidos e em Hong Kong.

Mais de mil vítimas acabaram sendo descobertas, muito mais do que as 36 vítimas que se soube que o Duqu atingiu, embora nem próximo das mais de cem mil máquinas que o Stuxnet alcançou. Mas isso porque o Flame, diferentemente do Stuxnet, não se espalhava automaticamente. Todos os seus mecanismos de difusão funcionavam somente quando lançados e comandados pelos atacantes. Portanto, enquanto a maior parte das vítimas do Stuxnet era um efeito colateral, todos os que foram atingidos pelo Flame eram presumidamente um alvo pretendido. Raiu suspeitava que as vítimas eram infectadas em grupos, com base na missão que os atacantes conduziam no momento.

Não havia nenhum padrão discernível no conjunto de vítimas – o Flame visava indivíduos, empresas privadas, agências governamentais e instituições acadêmicas. Mas não era difícil ver de que tipos de arquivos os atacantes estavam atrás, uma vez que o *malware* continha uma lista de extensões de arquivos que ele procurava, incluindo documentos do Microsoft Word, apresentações do

PowerPoint e arquivos do Excel. Mas também no topo da lista estavam desenhos do AutoCAD, que também eram alvo do Duqu. O Flame também buscava roubar certificados digitais.

Embora o Flame tivesse uma grande lista de arquivos pelos quais procurava, ele não roubava todos os arquivos que encontrava. Em vez disso, ele extraía 1 KB de texto de cada e transmitia para um dos servidores de comando. De lá, provavelmente eram encaminhados para outro local, onde Raiu suspeitava que os atacantes tivessem um supercomputador para peneirar todas as amostras de texto que chegavam e para determinar quais arquivos os atacantes queriam pegar na íntegra. Um ano mais tarde, notavelmente, quando foram publicados os documentos da NSA que vazaram por meio de Edward Snowden, estes descreviam um sistema chamado TURBINE que foi projetado para fazer algo muito semelhante a isso (ver Capítulo 12).

Com uma operação tão elaborada criada para o Flame, não é surpresa que o ataque estivesse circulando por um bom tempo. A infecção mais antiga descoberta, em uma máquina na Europa, ocorreu em dezembro de 2007.[7] Uma máquina em Dubai foi atingida em abril de 2008. Alguns dos domínios que os atacantes utilizaram para seus servidores de comando também foram registrados nessa época. Um punhado de outros foram registrados em 2009 e 2010, mas a maioria foi registrada em 2011, após o Stuxnet ser exposto. Tudo isso significava que o Flame ficou ativo e solto, infectando sistemas, por pelo menos cinco anos antes de ser descoberto, e ficou ativo durante a época em que o Stuxnet e o Duqu foram desenvolvidos e liberados.

Começava a emergir uma visão clara de um arsenal repleto de ferramentas espiãs e armas criadas para atacar não só o programa nuclear do Irã, mas também outros alvos. Duas plataformas distintas foram usadas para criar os códigos maliciosos descobertos. Uma era a plataforma Flame, sobre a qual a maior parte das ferramentas de espionagem do Flame foi construída. A outra era a plataforma Tilde-d, sobre a qual o Duqu foi construído. A plataforma Flame era muito mais densa e complexa que a plataforma Tilde-d e provavelmente, portanto, foi criada

---

[7] Os atacantes foram mais cuidadosos com o Flame, ao alterar os registros de tempo nos arquivos a fim de impedir que pesquisadores descobrissem a data do trabalho. Apesar de alguns registros de tempo parecerem acurados, outros que indicavam que os arquivos tinham sido compilados em 1994 e 1995 estavam claramente incorretos, pois continham códigos de bibliotecas criadas após 2010.

em paralelo por uma equipe diferente. Ambas as plataformas, no entanto, foram usadas para desenvolver o Stuxnet em vários estágios.

Raiu supôs que o desenvolvimento do Flame começou provavelmente em 2005 ou 2006, devido ao fato de que a parte customizada do código que os atacantes escreveram para os seus servidores de comando tinha sido desenvolvida em dezembro de 2006.[8] O desenvolvimento da ferramenta espiã atingiu a maturidade provavelmente no começo de 2007. As datas mais antigas conhecidas do Duqu eram agosto de 2007, quando um dos *droppers* do Duqu foi compilado, e novembro de 2008, quando a ferramenta de roubo de dados do Duqu (*infostealer*) apresentou os primeiros sinais de que estava solta.

Raiu acreditava que quando chegou a época de construir o Stuxnet, os atacantes utilizaram o Flame para dar início à arma digital e depois mudaram para a plataforma Duqu nas versões subsequentes do ataque. Raiu se baseava, em parte, no fato de que o "Resource 207" encontrado na versão de 2009 do Stuxnet - que continha o código *Autorun* e o *exploit* do papel de parede - se parecia bastante com uma versão inicial do módulo principal do Flame. O Flame já deveria existir como uma ferramenta de espionagem básica em 2007 e, quando chegou a época de escrever a parcela míssil do Stuxnet, em 2009, parecia que a equipe por trás do Flame tinha compartilhado o código-fonte para o "Resource 207" com a equipe do Stuxnet, dando essencialmente um pontapé inicial na criação do código míssil. A carga útil já estava criada na época e os atacantes só precisavam de algo para entregá-la. "Provavelmente havia alguma urgência em lançar [o Stuxnet], sendo esse o motivo de eles tomarem este *plug-in* já amadurecido do Flame e usá-lo no Stuxnet", diz Raiu.

Depois disso, no entanto, o Stuxnet e o Flame divergiam. Os programadores por trás do Flame continuaram a construir sua plataforma como uma ferramenta massiva de espionagem, e em 2010, quando os atacantes por trás do Stuxnet preparavam a versão seguinte de seus ataques para uma ofensiva subsequente, eles mudaram para a plataforma Tilde-d - a qual já tinha sido usada para criar o Duqu - para recriar a porção míssil, para lançar seu ataque. A mudança para

[8] O código do servidor na verdade tinha uma nota que os programadores inseriram para identificar os autores e a data de criação. A nota dizia: "@author OCTOPUS em 12/3/2006; @author DeMO (modificações)". Os nomes eram provavelmente codinomes dos indivíduos ou equipes que configuraram os servidores.

a plataforma Duqu provavelmente ocorreu porque a porção míssil da versão de 2010 do Stuxnet, com todos os seus *exploits zero-day* e mecanismos adicionais de difusão, era muito mais complicada e requeria mais código. E a plataforma Tilde-d era uma ferramenta muito mais simples e compacta de usar.

A sequência dos eventos determinada por Raiu e sua equipe parecia coincidir com o cenário descrito pelo repórter David Sanger, do "New York Times", que relatou em seu livro "Confront and Conceal", citando autoridades do governo antigas e atuais, que a primeira versão do Stuxnet foi desenvolvida pelos EUA, enquanto as versões posteriores foram desenvolvidas pelos EUA e por Israel. Raiu acreditava que o Flame e a plataforma Flame foram criados pelos EUA, enquanto Israel criou o Duqu e a plataforma Tilde-d. Ambos usaram suas respectivas plataformas para construir suas parcelas do Stuxnet.

Seja qual for o papel do Flame no Stuxnet, toda a operação de espionagem em torno dele desmoronou em 28 de maio de 2012, quando a Kaspersky e a Symantec foram a público com a notícia de sua descoberta em anúncios quase simultâneos.[9] Uma vez divulgada a notícia da ferramenta de espionagem, a resposta dos operadores do Flame foi rápida. Em menos de uma hora após as primeiras notícias serem publicadas, os servidores de comando usados pela ferramenta de espionagem apagaram à medida que os atacantes desligavam a sua operação, terminando assim, em questão de minutos, uma campanha de espionagem de cinco anos muito bem-sucedida. Foi quase como se eles estivessem esperando a notícia estourar.

O reinado do Flame estava agora encerrado, mas seus efeitos sobreviveriam. Dias após os servidores apagarem, a Microsoft anunciou uma descoberta ainda mais preocupante sobre o ataque do Flame que os pesquisadores da Kaspersky e da Symantec não tinham percebido.

---

[9] Enquanto a Kaspersky examinava os arquivos do Flame que obteve, a Symantec examinava o arquivo recebido de Bencsáth, bem como outros módulos que obtiveram das máquinas de clientes infectados, após adicionar a detecção às suas ferramentas de antivírus. Nenhuma das equipes se comunicava com a outra sobre o seu trabalho, embora cada uma soubesse secretamente que a outra estava pesquisando o código. Quando os pesquisadores da Symantec descobriram que os pesquisadores da Kaspersky planejavam publicar seus resultados no Memorial Day (NT: feriado norte-americano que acontece anualmente na última segunda-feira de maio), eles correram para completar sua análise a fim de publicar no mesmo dia. A autora foi contatada por ambas as companhias separadamente – primeiramente pela Kaspersky e depois pela Symantec – antes dos anúncios. Ver ZETTER, Kim. Meet Flame, the Massive Spy Malware Infiltrating Iranian Computers. **Wired.com**, May 28, 2012, disponível em <wired.com/threatlevel/2012/05/flame>.

ERA O FERIADO do Memorial Day nos EUA quando a notícia do Flame estourou, e poucas pessoas trabalhavam na sede da Microsoft em Redmond, Washington. Mas quando os engenheiros do Centro de Resposta de Segurança da empresa souberam que havia sido descoberta uma nova campanha de ataque creditada à mesma equipe que estava por trás do Stuxnet e do Duqu, eles pegaram imediatamente amostras dos arquivos do Flame disponibilizadas pelos pesquisadores. Eles queriam ver se o novo ataque usava alguma vulnerabilidade *zero day* do Windows, tal como o Stuxnet e o Duqu fizeram. Porém, ao examinar um dos arquivos que receberam, eles perceberam que estavam olhando para algo muito pior do que um *zero day* – o Flame realizava um ataque sofisticado contra parte do sistema do Windows Update da Microsoft para se espalhar entre máquinas em uma rede local.

O Windows Update é o sistema automatizado que a Microsoft usa para distribuir atualizações de software e correções de segurança para milhões de clientes. Para obter as atualizações, uma ferramenta cliente se aloja na máquina do usuário e contata os servidores da Microsoft para baixar as atualizações sempre que estiverem disponíveis.

Por anos, a comunidade de segurança vem alertando sobre o pesadelo de segurança que poderia ocorrer se hackers algum dia sequestrassem o sistema do Windows Update para distribuir códigos maliciosos, ameaçando a segurança de milhões de clientes de Windows. Esse ataque não chegava exatamente a tal nível, mas era tão perigoso quanto. Em vez de corromper os servidores da Microsoft que distribuíam o software do Windows Update para milhões de clientes, eles corrompiam a ferramenta do Windows Update que ficava nas máquinas dos clientes. A diferença era sutil, mas importante. Se os atacantes tivessem corrompido os servidores da Microsoft, eles poderiam ter comprometido máquinas em uma escala global. Mas a maneira como eles realizaram o ataque significava que eles poderiam comprometer máquinas somente em redes específicas que eles tinham como alvo, deixando de afetar qualquer outra pessoa.

Como o software Windows, a própria ferramenta de atualização é periodicamente atualizada pela Microsoft. Toda vez que a ferramenta é executada na máquina do cliente, ela envia uma espécie de sinal para os servidores da Microsoft para ver se uma nova versão de si mesma está disponível. A Microsoft distribui as atualizações por meio de uma série de arquivos chamados .CAB, assinados com um certificado da Microsoft para verificar a sua legitimidade.

Os atacantes comprometeram esse processo primeiramente infectando com o Flame uma máquina da rede da vítima. Depois, quando o cliente de atualização de alguma máquina da rede da vítima enviava o sinal para os servidores da Microsoft para verificar atualizações para a ferramenta de atualização do Windows, a máquina infectada interceptava a mensagem e enviava a ela um arquivo malicioso do Flame, mascarado como um legítimo arquivo .CAB da Microsoft, infectando-a, assim, com a ferramenta espiã. Essa não era a parte mais sofisticada do ataque, contudo. Para fazer o sequestro, os atacantes assinaram seu arquivo malicioso .CAB com um legítimo certificado da Microsoft – só que, nesse caso, o certificado indicava que a empresa à qual pertencia era "MS", e não Microsoft Corporation, como deveria dizer. Quando a equipe de pesquisadores da Microsoft viu isso, eles imediatamente suspeitaram que algo estava errado. O certificado parecia ter sido emitido e assinado pela *Terminal Services Licensing Certificate Authority* da Microsoft em fevereiro de 2010, mas era claramente um certificado fraudado, que a CA não poderia ter gerado e assinado. O servidor da Microsoft teria sido corrompido ou a chave de seu certificado de assinatura foi roubada? Os engenheiros tinham que descobrir rapidamente como os atacantes obtiveram o certificado antes que qualquer outra pessoa pudesse repetir o feito. Eles fizeram um chamado por qualquer colega disponível para trabalhar no feriado e rapidamente montaram uma equipe.

Descobriu-se que os atacantes tinham feito isso usando algo chamado de colisão de *hash* MD5. Um *hash* MD5 é uma representação criptográfica de dados – nesse caso, o dado do certificado – gerados por um algoritmo criptográfico chamado MD5. *Hashes* devem funcionar como uma impressão digital: cada conjunto de dados que passa pelo algoritmo produz um *hash* exclusivo. Se o dado mudasse, o algoritmo produziria um *hash* diferente. O algoritmo MD5, no entanto, possuía um ponto fraco (descoberto anos antes) que permitiria que alguém criasse o mesmo *hash* a partir de diferentes conjuntos de dados.[10] Isso foi chamado de colisão de *hash*. Muitas empresas pararam de usar o algoritmo MD5 por essa razão. Mas a Microsoft não mudava o algoritmo usado em seu serviço *Terminal Services (TS) Licensing* desde 1999, quando o sistema foi projetado.

[10] Essa fraqueza é conhecida pelo menos desde 2004.

TS Licensing é um sistema usado por clientes corporativos da Microsoft quando instalam um servidor rodando um software Microsoft, de forma que múltiplos empregados ou máquinas possam usar o software. O cliente contrata licenças da Microsoft - digamos, 100 licenças para 100 empregados ou máquinas - e depois submete uma solicitação de certificado para a *Terminal Services Licensing Certificate Authority* da Microsoft. A CA da Microsoft gera um certificado contendo o nome do cliente, bem como um registro de tempo indicando quando o certificado foi emitido e um número de série para o documento digital.

Quando a Microsoft emite o certificado, ela passa todos os dados do certificado pelo MD5, incluindo o registro de tempo e o número de série, para criar um *hash*, depois assina o *hash* e envia o certificado ao cliente. O cliente então usa o certificado assinado para garantir que apenas máquinas autorizadas ou pessoas que receberam o certificado usem o software licenciado pela Microsoft. Mas, nesse caso, os atacantes usaram o *hash* da Microsoft para assinar seu certificado falso e depois assinar seus arquivos .CAB maliciosos.

Antes de os atacantes submeterem seu pedido de certificado para a Microsoft, eles criaram um certificado falso que continha informações que eles previam que um certificado real da Microsoft teria, bem como algumas pequenas alterações - alterações que eles precisavam ter certeza que produziriam um *hash* idêntico ao que a Microsoft emitiria. Isso não era uma tarefa fácil. Dentre outros desafios, isso requeria passar milhares e milhares de diferentes variações de dados de seu certificado falso pelo algoritmo MD5 para obter algum que produzisse um *hash* idêntico, *bit* a *bit*, a um certificado legítimo da Microsoft que contivesse dados diferentes, um feito que demandava enorme poder computacional. Isso também requeria antecipar o número de série que a Microsoft daria ao certificado no exato momento em que o servidor de licenças da Microsoft assinasse o certificado legítimo, uma vez que o registro de tempo e o número de série eram parte do *hash* que a Microsoft criava e assinava.[11] Se eles estimassem o tempo errado mesmo que por

---

[11] Em geral, um certificado é gerado e assinado em segundos após a requisição ser submetida aos servidores da Microsoft. Os atacantes podem ter sido capazes de medir quanto tempo levava para a Microsoft emitir o certificado assinado submetendo uma série de solicitações de certificados para a empresa, a fim de identificar um padrão. Mas um ex-funcionário da Microsoft sugeriu para mim que os atacantes também poderiam estar situados na rede interna da Microsoft olhando as solicitações chegarem para ver exatamente quanto tempo levava para as solicitações chegarem e serem processadas. Não há evidência de que este seja o caso, no entanto.

um milissegundo, o *hash* assinado não seria transferível para o seu certificado falso, uma vez que os dois *hashes* não seriam mais iguais.[12] Os atacantes precisariam pesquisar exaustivamente o sistema da Microsoft e testar múltiplos certificados - possivelmente milhares - antes de obter o tempo e o número de série corretos.[13]

Os atacantes usaram então o *hash* assinado com o seu certificado falso para assinar seus arquivos .CAB maliciosos. Parecia ser um certificado legítimo, uma vez que possuía o *hash* assinado gerado pela Microsoft.

O sequestro do Windows Update era um feito brilhante que extrapolava os limites da matemática e só poderia ter sido alcançado pelos melhores criptógrafos do mundo.[14] Quando os pesquisadores da Kaspersky souberam disso, eles o apelidaram de "*exploit* modo-Deus", uma vez que ele era tecnicamente muito astuto e bem mais potente do que espalhar um *malware* por meio de um

---

[12] Além de todo esse trabalho, eles também tiveram que modificar o certificado para usá-lo na instalação de seu *malware* em máquinas com Windows Vista, uma vez que em sua forma original ele não teria sido aceito por nenhum sistema usando o Vista ou versão posterior do sistema operacional Windows. A modificação envolvia livrar-se de uma extensão no certificado. Eles não removeram a extensão, o que poderia causar a falha na verificação de assinatura de código do computador; em vez disso, eles "comentaram" uma parte do certificado - cercaram-na com marcadores para fazer a máquina simplesmente ignorar a extensão. Isso permitiu que funcionasse em máquinas com o Vista. No entanto, apenas 5% das máquinas que a Kaspersky viu infectadas com o Flame tinham o Windows Vista instalado. A maioria das máquinas usava o Windows 7 ou Windows XP.

[13] De acordo com fontes, a Microsoft tentou investigar quem havia submetido as solicitações, e quantas solicitações de certificado chegaram dessa entidade, mas havia passado muito tempo entre a época em que o certificado foi emitido - em fevereiro de 2010 - e quando o Flame foi descoberto em 2012. Os registros da Microsoft eram reescritos ao longo do tempo, e os registros daquele período não estavam mais disponíveis.

[14] O criptógrafo e acadêmico holandês Marc Stevens, o qual, junto com o colega Benne de Weger, desenvolveu os primeiros ataques práticos de colisão de *hash* MD5 com propósitos de pesquisa em 2007, descreveu o ataque do Flame como "uma das melhores criptoanálises do mundo" que abriu novos caminhos e foi além do trabalho que eles e outros haviam feito com colisões. Stevens e Weger faziam parte de um grupo de pesquisadores, incluindo Alexander Sotirov, que demonstrou um ataque de colisão semelhante, embora tecnicamente diferente, em 2008, no Chaos Computer Club Congress - um congresso de hackers realizado anualmente na Alemanha. Eles usaram um conjunto de duzentos PlayStations 3 para realizar o trabalho computacional e gerar um *hash* idêntico para um certificado. Seu certificado era mascarado como uma empresa diferente, não como a Microsoft. Quando eles fizeram seu experimento, no entanto, eles não conseguiam acertar o registro de tempo e tiveram que gerar o *hash* quatro vezes para ter o correto. Quando o ataque do Flame foi descoberto em 2012, Sotirov estimou que ele tinha sido de dez a cem vezes mais difícil de ser produzido do que o ataque que ele e seus colegas haviam feito. Os *slides* da apresentação de Sotirov e seus colegas podem ser encontrados em <events.ccc.de/congress/2008/Fahrplan/attachments/1251_md5-collisions-1.0.pdf>.

exploit zero-day.[15] A única coisa que o teria tornado mais poderoso e perigoso seria se os atacantes tivessem realmente corrompido os próprios servidores de atualização do Windows Update.

Os engenheiros da Microsoft estimaram inicialmente que seriam necessários apenas 12 dias para outros atacantes com bons recursos aprenderem tudo que precisavam saber sobre os certificados e o sistema de atualização da Microsoft para produzir uma cópia do ataque e espalhar seu próprio *malware*. Mas quando eles fizeram um teste de execução, passando por todos os passos que alguém precisaria passar para imitar o sequestro do Windows Update, e cronometraram a si mesmos enquanto o faziam, eles concluíram que alguém poderia, na realidade, produzir uma versão menos sofisticada do ataque - uma que não precisasse da colisão de *hash* MD5 - em apenas três dias.[16]

Trabalhando contra o relógio, a Microsoft se apressou para lançar uma correção de emergência *out-of-band* (fora do calendário previsto de atualizações) para corrigir as vulnerabilidades que permitiam que o ataque ocorresse. A empresa havia lançado apenas uma correção *out-of-band* no ano inteiro de 2011, o ano anterior, e reservava esse tipo de atualização apenas para as vulnerabilidades mais significantes. Tomar tal atitude era uma indicação de como a Microsoft estava levando a sério o *exploit* Flame.

Os atacantes por trás do Duqu e do Stuxnet já haviam atacado os fundamentos do sistema de validação que tornava a internet possível - primeiro roubando os certificados de segurança individuais de empresas em Taiwan para assinar os *drivers* do Stuxnet, depois ao enviar o Duqu para roubar dados da própria autoridade certificadora. Mas esse *exploit* foi ainda mais além, ao minar a confiança entre o maior fabricante de software do mundo e seus clientes. Supondo que os autores por trás disso eram americanos, eles provavelmente justificaram a operação e até mesmo obtiveram aprovação legal para tal com o argumento de que eles não estavam corrompendo os próprios servidores do Microsoft Windows - colocando, assim, todos os clientes da Microsoft em risco –, mas apenas corrompendo

---

[15] Deve ser observado que, após passar por todo esse trabalho para obter seu certificado falso, os atacantes não deveriam ser capazes de assinar seu código malicioso. Mas eles foram capazes de fazê-lo porque a Microsoft falhara na implementação de algumas restrições para que os certificados emitidos para *TS Licensing* fossem designados apenas para fins de "licença de software".

[16] Esse certificado mais simples permitiria que o *malware* passasse ao menos em máquinas com o Windows XP, porém não em máquinas com o Windows Vista, as quais tinham uma segurança mais forte.

um cliente Windows em uma máquina individual de um usuário. Dessa forma, eles podiam focar o ataque em vítimas e máquinas que não estavam nos EUA.[17]

Mas, afinal, pouco importava que não tinham corrompido servidores da Microsoft. Corromper a ferramenta de atualização do cliente era suficiente para criar a desconfiança do cliente na integridade do próprio serviço de atualização - o que poderia levar usuários a desabilitar a ferramenta e impedi-los de receber atualizações de segurança críticas para a segurança de seus sistemas.

Quem **era** responsável por ameaçar a confiança entre a Microsoft e seus clientes? Aproximadamente três semanas após as notícias do Flame estourarem, ex-funcionários do governo dos EUA reivindicaram a autoria, dizendo ao "Washington Post" que o Flame tinha sido uma operação conjunta entre a NSA, a CIA e militares de Israel.[18]

Fontes anônimas disseram que o Flame foi desenvolvido em algum momento em torno de 2007 - confirmando a linha do tempo que Raiu e sua equipe estabeleceram - para coletar informações sobre autoridades iranianas e mapear sistemas computacionais que faziam parte do programa nuclear do Irã. Mas as autoridades também sugeriram que o Flame era uma ferramenta de primeira geração que já foi superada por outras.

"Trata-se de preparar o campo de batalha para um outro tipo de ação furtiva", disse um ex-oficial de inteligência dos EUA ao jornal, acrescentando que o acervo cibernético contra o programa iraniano ia "muito mais além do que isso". Ele devia estar se referindo a coisas como os implantes que a NSA usa, os quais podem transmitir dados roubados via ondas de rádio a partir de máquinas infectadas (consulte o Capítulo 16).

As fontes do "Post" também esclareceram um mistério sobre o ataque do Wiper que tinha atingido o Irã no início do ano. Eles disseram ao jornal que o

---

[17] Alguns, no entanto, dizem que este ataque foi pior do que corromper os servidores do Windows Update da Microsoft para distribuir softwares maliciosos, pois, ao corromper tais servidores, embora os atacantes pudessem enviar softwares maliciosos para os clientes a partir dos servidores da Microsoft, as máquinas dos clientes rejeitariam o código se este não fosse também assinado pela Microsoft. Mas ao minar o processo de certificação da Microsoft para assinar o seu código malicioso, os atacantes não precisavam dos servidores de atualização da Microsoft. Eles poderiam entregar seu *malware* para máquinas a partir de qualquer servidor e passá-lo como um código legítimo da Microsoft.

[18] NAKASHIMA, Ellen. U.S., Israel Developed Flame Computer Virus to Slow Iranian Nuclear Efforts, Officials Say. **Washington Post**, June 19, 2012.

ataque, que apagou discos rígidos em máquinas no Ministério do Petróleo do Irã e levou à descoberta do Flame, também foi uma obra de estado-nação. Mas, ao contrário do Flame e do Stuxnet, que foram operações conjuntas de Israel com os Estados Unidos, o Wiper, disse uma fonte, foi lançado somente por Israel contra o Irã. Um funcionário disse ao "Post" que, na verdade, os EUA foram pegos de surpresa pelo ataque destrutivo.

AS REVELAÇÕES SOBRE ataques de estados-nação agora chegavam em um ritmo acelerado, com uma operação sendo exposta após a outra, após anos permanecendo escondidas. E as revelações ainda não estavam concluídas. Os pesquisadores da Kaspersky logo encontrariam evidências de que ainda **mais** ferramentas maliciosas, criadas pelas mesmas equipes, estavam à espreita e soltas.

O pulo do gato aconteceu quando eles obtiveram acesso a alguns dos servidores de comando usados pelo Flame. Eles descobriram que, dez dias antes da notícia do Flame estourar, os atacantes lançaram uma campanha massiva de limpeza para cobrir seus rastros e apagar qualquer vestígio de sua atividade nos servidores, sugerindo ainda que, na verdade, os atacantes receberam um aviso prévio de que a sua operação estava prestes a ser exposta.[19] Mas eles cometeram

---

[19] Com o Duqu, os atacantes lançaram sua operação de limpeza **após** as noticias sobre o *malware* serem divulgadas, mas o fato de a equipe por trás do Flame lançar sua limpeza dias antes das notícias do Flame serem divulgadas dá a entender que eles sabiam de antemão que suas máscaras estavam por cair. Os pesquisadores da Kaspersky provavelmente os alertaram inadvertidamente quando conectaram uma máquina de teste infectada com o Flame à internet. Tão logo a máquina ficou *on-line*, o *malware* alcançou um dos servidores de comando do Flame. Os atacantes devem ter percebido que a máquina não estava na sua lista de alvos e até podem tê-la identificado como uma máquina da Kaspersky, concluindo que os dias do Flame estavam contados. Em pânico, eles limparam os servidores de comando e enviaram um módulo destruidor, chamado Browse32, aos computadores infectados para apagar qualquer vestígio do *malware*, de forma que as vítimas nunca soubessem que foram infectadas.
A campanha de limpeza foi bem-sucedida em sua maior parte. Mas o Browse32 tinha uma falha fatal; ele deixava para trás um arquivo revelador, ~DEB93D.tmp, que denunciava sua presença. Tratava-se de um arquivo temporário criado sempre que o Flame realizava um conjunto de operações diferentes na máquina infectada. Feita a operação, o Flame deveria apagar o arquivo temporário automaticamente. Por causa disso, os atacantes não o colocaram na lista de arquivos que o Browse32 deveria apagar, já que não esperavam que ele estivesse nas máquinas. Se por obra do destino, no entanto, o módulo Browse32 chegasse na máquina enquanto o Flame ainda estava realizando uma das operações que criava o arquivo temporário, o módulo apagava o Flame antes que ele pudesse apagar o arquivo temporário. A Kaspersky encontrou o arquivo temporário órfão abandonado em centenas de sistemas infectados com o Flame. Na verdade, foi este arquivo, deixado para trás em uma máquina no Irã, que levou os pesquisadores da Kaspersky a tropeçar no Flame pela primeira vez.

um grande erro que deixou um servidor na Malásia com grande parte dos dados intactos. Muitas semanas antes da operação de limpeza, os atacantes tinham, de forma descuidada, modificado as configurações no servidor e inadvertidamente perderam o acesso a ele. Como resultado, os atacantes não conseguiram voltar para limpá-lo, deixando uma fartura de dados forenses para a Kaspersky encontrar.[20]

O painel de controle que os atacantes usavam para entregar os módulos do Flame nas máquinas infectadas e para processar dados roubados delas foi deixado intacto. O painel de controle foi projetado para parecer com uma plataforma de publicação de um negócio chamado NewsforYou. Se algum estranho tivesse acesso ao servidor, ele pensaria que este pertencia a um jornal ou empresa de mídia. Os módulos maliciosos que os atacantes planejavam instalar na máquina das vítimas eram armazenados em diretórios que os atacantes chamaram de "Notícias" ("News") e "Publicidades" ("Ads"), enquanto um diretório chamado "Entradas" ("Entries") armazenava os dados e os arquivos roubados das máquinas das vítimas.

Os pesquisadores da Kaspersky também encontraram registros listando o endereço IP de toda máquina infectada que tinha se conectado ao servidor. O servidor só havia sido criado recentemente, em 25 de março, mas durante um período de dez dias de operação ao menos 5.377 máquinas infectadas em dúzias de países o contataram. Em torno de 3.702 destas estavam no Irã e outras 1.280 no Sudão. Outros países possuíam menos que 100 infecções.

---

[20] Este não foi o único erro que cometeram. Eles também estragaram a operação de limpeza nos servidores que conseguiam acessar. Eles tinham criado um *script* chamado LogWiper.sh para apagar registros de atividade nos servidores, a fim de impedir que alguém visse as ações que tinham tomado nos sistemas. Uma vez que o *script* terminasse o seu trabalho, ele também deveria se apagar, como uma serpente Ouroboros consumindo sua própria cauda. Mas os atacantes estragaram o comando de exclusão dentro do *script* ao identificar o arquivo de *script* pelo nome errado. Em vez de mandar o *script* excluir LogWiper.sh, eles ordenaram que excluísse o logging.sh. Como resultado, o *script* LogWiper não conseguia se achar e ficou para trás em servidores para a Kaspersky encontrar. Também deixados para trás pelos atacantes foram os nomes e apelidos dos programadores que escreveram os *scripts* e desenvolveram os algoritmos de criptografia e outras infraestruturas utilizadas pelo Flame. Os nomes apareciam no código-fonte de algumas das ferramentas que eles desenvolveram. Esse era o tipo de erro que hackers inexperientes cometeriam, então os pesquisadores ficaram surpresos de ver aquilo em uma operação de um estado-nação. Um deles, chamado Hikaru, parecia ser o líder da equipe que criou um monte de códigos do servidor, incluindo sofisticada criptografia. Raiu se referia a ele como um mestre da criptografia. E alguém chamado Ryan trabalhou em alguns dos *scripts*.

Raiu e sua equipe perceberam que se apenas um servidor de comando, dentre os mais de oitenta que os atacantes registraram, se comunicou com cinco mil máquinas infectadas em apenas dez dias, e o *malware* estava solto desde 2007 ou 2008, o número total de vítimas seria de dezenas de milhares a mais do que eles calcularam originalmente. Eles também encontraram um arquivo no servidor malaio que estava recheado com 5,7 GB de dados roubados das máquinas das vítimas durante o mesmo período de dez dias. Se os atacantes roubaram essa quantidade de dados em apenas dez dias, Raiu suspeitava que seu montante total tivesse atingido terabytes de dados ao longo dos mais de cinco anos em que o Flame operou.[21]

Mas essas revelações empalidecem em comparação com outro pedaço de evidência que os engenheiros do Flame deixaram para trás, o qual mostrava que o servidor malaio foi configurado para se comunicar não com um tipo de *malware* apenas, mas **quatro**. Eles eram identificados como SP, SPE, FL e IP, e foram criados nessa ordem, com o SP sendo o mais antigo. Cada um foi projetado para se comunicar com o servidor de comando usando um protocolo diferente e customizado que os atacantes tinham escrito.[22]

---

[21] Os atacantes pareciam ter gerenciado seu projeto como uma operação militar estreitamente gerida, com múltiplas equipes lidando com tarefas cuidadosamente compartimentadas. Havia uma equipe de gerenciamento que supervisionava a operação e escolhia as vítimas; havia programadores que criavam os módulos do Flame e uma equipe de comando e controle que preparava e gerenciava os servidores, entregava os módulos do Flame para as máquinas infectadas e recuperava os dados roubados das máquinas; e, finalmente, havia uma equipe de inteligência responsável por analisar as informações roubadas e submeter solicitações de mais arquivos a serem roubados a partir de máquinas que provaram ter dados valiosos. Era exatamente o tipo de configuração que os documentos de Snowden sugeriam que a NSA tinha.

A equipe que operava os servidores de comando possuía visibilidade limitada sobre toda a operação e poderia nem sequer saber a verdadeira natureza das missões que seu trabalho facilitava. O processo para enviar novos módulos para as máquinas infectadas era rigidamente controlado, de forma que nem eles, nem qualquer pessoa de fora que ganhasse acesso aos servidores, pudessem alterar os módulos ou criar novos para enviar às máquinas infectadas. Os módulos de comando, por exemplo, eram entregues aos servidores previamente escritos, onde eles eram automaticamente analisados pelo sistema e colocados em um diretório para serem entregues às vítimas pela equipe do servidor, que só precisava pressionar um botão para enviá-los ao seu caminho. Os dados roubados das vítimas também eram criptografados com um algoritmo sofisticado e chave pública. A chave privada para decifrá-los não estava em lugar nenhum do servidor, sugerindo que os dados provavelmente eram enviados para uma equipe separada, os únicos capazes de decifrar e examinar os dados.

[22] Os protocolos eram identificados como *Old Protocol*, *Old E Protocol*, *SignUp Protocol* e *Red Protocol*.

FL se referia ao Flame, mas os outros três códigos de ataque eram um mistério. Os pesquisadores da Kaspersky sabiam com certeza que o SPE existia, pois eles tinham visto evidências dele. Quando eles criaram seu sorvedouro para interceptar os dados endereçados aos servidores do Flame, aproximadamente noventa máquinas no Líbano, no Irã e na França infectadas com o código SPE conectaram em seu sorvedouro milhares de vezes tentando se comunicar com ele usando o protocolo específico do código. Os outros dois programas maliciosos ainda estavam por aparecer, contudo. Eles não conseguiram obter uma cópia do SPE, então eles ainda não sabiam o que ele fazia.

Mas tudo isso confirmava que, por mais chocantes que fossem as revelações sobre o Stuxnet, Duqu e Flame, eles provavelmente eram apenas a ponta rasa de um arsenal de ferramentas e armas que os Estados Unidos e Israel haviam construído.

De fato, algumas semanas após a notícia do Flame surgir, a Kaspersky tropeçou em mais uma ferramenta de espionagem de estado-nação que escapara da detecção por anos.

Toda vez que a equipe de Raiu descobria novos arquivos ou mais alguma informação sobre o Stuxnet, o Flame ou o Duqu, eles refinavam as assinaturas de seus produtos de antivírus e ajustavam os termos de busca usados para vasculhar seu arquivo, para ver se conseguiam encontrar outras variantes. Durante uma busca, eles encontraram um arquivo suspeito que chegou através do seu sistema de relatórios automáticos, a partir da máquina de um cliente no Oriente Médio. O arquivo fora sinalizado pelo sistema como um módulo do Flame e se comunicava com os mesmos servidores de comando e controle que o Flame. Mas ele claramente não era o Flame ou qualquer um dos outros três misteriosos programas – SP, SPE ou IP.

Eles adicionaram assinaturas para o arquivo em seu antivírus e encontraram em torno de 2.500 vítimas infectadas em 25 países. Mais de 1.600 vítimas estavam no Líbano. O segundo maior número, 482, era Israel, e outras 261 vítimas estavam nos territórios palestinos. Aproximadamente 40 vítimas estavam nos EUA, e apenas uma no Irã.

Conforme eles faziam a engenharia reversa do código e começavam a analisá-lo, eles viram que ele continha algumas das mesmas bibliotecas, algoritmos e código-base que o Flame, o que explicava por que seu sistema o tinha marcado como tal. Os programadores tinham ainda deixado caminhos e dados do projeto em alguns dos arquivos, que mostravam que os arquivos foram guardados nas máquinas dos atacantes em um diretório que eles chamaram de Flamer.[23]

Os pesquisadores da Kaspersky apelidaram este novo ataque de "Gauss", devido ao nome que os atacantes deram a um dos seus módulos principais. O nome parecia um tributo ao notório matemático Johann Carl Friedrich Gauss – já que outros módulos se chamavam Lagrange e Gödel, aparentemente em tributo ao matemático Joseph-Louis Lagrange e ao criptógrafo Kurt Gödel. A reverência por matemática e criptografia ficou clara quando os pesquisadores descobriram que o ataque tinha uma carga útil que usava um esquema de criptografia altamente complexo e sofisticado, digno de um criptógrafo mestre.

Como o Flame, esse novo misterioso *malware* era uma ferramenta de espionagem, mas muito menor que o Flame e era claramente parte de uma operação de espionagem separada. O *malware* continha um punhado de módulos para roubo de senhas de sistemas, gravação de dados de configuração e roubo das credenciais de *login* em contas de redes sociais, e-mail e mensagens instantâneas. Havia também um módulo para infectar *pen drive* com o mesmo *exploit* .LNK que o Stuxnet usava.

Mas havia mais uma coisa no novo ataque que os pesquisadores nunca tinham visto em uma ferramenta de estado-nação antes – um programa Trojan para roubar credenciais de *login* de contas de banco. No entanto, este não era um Trojan de banco comum. Era focado em clientes de bancos no Líbano – Bank of Beirut, EBLF, BlomBank, ByblosBank, FransaBank e Credit Libanais. Não havia sinais de que o Trojan era usado para roubar dinheiro das contas, mas alguns dos bancos do Líbano eram suspeitos de serem usados para a lavagem dos recursos para o programa nuclear do Irã e para o Hezbollah, apoiado pelo Irã. Portanto, os atacantes podiam estar monitorando os saldos e as transações para mapear relações entre as contas e rastrear o movimento do dinheiro.

Existiam dois mistérios com o código que os pesquisadores não conseguiram resolver – um envolvia um arquivo de fonte customizado chamado Palida Narrow que Gauss instalava nas máquinas infectadas. Como o Dexter Regular do

---

[23] Dois nomes – Flame e Flamer – apareciam em diferentes partes do código. A Kaspersky decidiu chamar o *malware* de Flame, mas a Symantec optou por chamá-lo de Flamer em seu relatório.

Duqu, Palida Narrow era um nome fabricado de fonte. Mas, diferentemente do Duqu, o arquivo Palida Narrow não continha nenhum *exploit* ou código malicioso. De fato, ele parecia não ter nenhuma funcionalidade, então os pesquisadores não faziam ideia de por que os atacantes o instalavam. [24]

Mas um mistério maior repousava em uma carga útil cifrada que o Gauss depositava em algumas máquinas, a qual ficava trancada em uma carcaça impenetrável.

Diferentemente do Stuxnet, que entregava sua carga útil a toda máquina que infectava, mas só a executava em máquinas com uma configuração específica, o Gauss só entregava sua carga útil a máquinas que tinham uma configuração específica. Parecia que os atacantes tinham aprendido com os erros cometidos com o Stuxnet. Ao limitar o número de máquinas para as quais eles espalhariam a carga útil do Gauss, eles reduziram significativamente a chance de ele ser descoberto.

O Gauss entregava sua carga útil de guerra de uma forma muito restrita via *pen drive*. Ele infectava apenas um *pen drive* inserido em uma máquina infectada e não mais. Quando aquele *pen drive* era então inserido em outra máquina, ele passava a carga útil para a máquina só se ela tivesse a configuração específica que Gauss procurava. Ele também coletava os dados de configuração de toda máquina em que ele entrava e guardava os dados no *pen drive*, em um arquivo escondido. Se o *pen drive* fosse inserido em qualquer outra máquina que estivesse infectada com o Gauss e que também estivesse conectada à internet, o Gauss transmitia o arquivo escondido para o servidor de comando dos atacantes. Dessa forma, os atacantes saberiam quando o Gauss tivesse atingido o seu alvo.

O Gauss também tomava outra precaução com a sua carga útil. Diferente do Stuxnet, as chaves para desbloquear a misteriosa carga útil não estavam guardadas no *malware*. Em vez disso, ela só podia ser decifrada com uma chave gerada dinamicamente a partir dos dados de configuração da máquina que tinha como alvo.

Mas, para gerar a chave, o *malware* passava por uma série de contorções elaboradas, para garantir que ele não descarregasse na máquina errada e que ninguém fosse capaz de abri-lo usando força bruta. Primeiro ele coletava dados

---

[24] Era possível que em algum ponto o Gauss tenha tido o mesmo *exploit* de fonte do Windows que o Duqu usou para se instalar em máquinas, embora não houvesse sinais disso. Se isso foi usado, os atacantes o removeram após a Microsoft corrigir a vulnerabilidade que ele explorava, em 2011.

de configuração muito específicos da máquina visada – informações sobre diretórios, arquivos de programas e outros dados residentes – depois combinava o nome de cada arquivo, um a um, com o nome do primeiro diretório da pasta Arquivos de Programas do Windows da máquina. A essa sequência de dados ele adicionava um valor especial, depois passava a sequência pelo algoritmo *hash* MD5 dez mil vezes, refazendo a operação com o *hash* resultante para produzir um novo *hash* a cada vez.[25] Se, ao fim, ele gerasse o *hash* correto que estava procurando, o *malware* prosseguia para o próximo passo.

Mesmo quando o Gauss chegava ao *hash* que procurava, ele não liberava imediatamente a carga útil. Em vez disso, ele recalculava o 10.000º *hash* usando um valor somado diferente. O *hash* resultante **dessa** operação então se tornava a chave que liberava a carga útil. Uma vez que a carga útil era liberada, o Gauss usava o mesmo caminho e dados de programa que produziram o primeiro *hash*, adicionava ainda um novo valor a ele e depois decifrava a segunda parte do código de ataque antes de repetir os mesmos passos para decifrar uma terceira seção.

Se você estivesse tentando executar uma operação excepcionalmente cuidadosa e controlada, essa era a forma de fazer. A carga útil do Stuxnet mal era protegida, em comparação, o que permitiu aos pesquisadores desbloqueá-la facilmente e determinar o que ela estava fazendo. Mas o esquema de criptografia complexo usado para a carga útil do Gauss garantia que ela permaneceria bloqueada em um cofre impenetrável que ninguém conseguiria quebrar.

De fato, apesar de os pesquisadores da Kaspersky tentarem milhões de pares de dados para descobrir a configuração que liberava a carga útil do Gauss, eles não foram capazes de produzir uma chave que pudesse decifrá-la. Eles se perguntavam o que havia de tão especial na carga útil do Gauss para que os atacantes passassem por tanto trabalho para protegê-la. Eles não descartavam a possibilidade de que fosse algo destrutivo como o Stuxnet ou o Wiper, ou que fosse extrassensível, pois teria algo a ver com o Trojan bancário do Gauss e redes financeiras.

A carga útil protegida do Gauss impediu que os pesquisadores decifrassem completamente o ataque, mas durante o curso da análise dessa ameaça eles depa-

[25] Os atacantes estavam checando para ver se um programa muito específico estava instalado na máquina, um programa que provavelmente era único da região na qual estava localizado. O programa-alvo era desconhecido, mas os pesquisadores da Kaspersky dizem que começava com um caractere estranho, e eles acreditavam, portanto, que o programa podia ter um nome em árabe ou hebraico.

raram com outra descoberta que fugia deles até então: uma amostra do misterioso *malware* SPE.

O SPE era um dos quatro programas que se comunicavam com os servidores de comando do Flame e que tinha contatado o sorvedouro do Flame meses antes. Eles descobriram que na verdade o SPE era um módulo autônomo, em vez de outro ataque completo, que podia ser usado sozinho ou em conjunto com o Flame ou o Gauss para expandir os poderes de espionagem de qualquer uma dessas ferramentas.[26] O módulo, que a Kaspersky apelidou de "mini-Flame", era a primeira ligação direta que eles encontraram entre o Gauss e o Flame. Antes eles acreditavam que os dois ataques eram operações inteiramente separadas executadas pelos mesmos atacantes, mas o mini-Flame provou o contrário. A Kaspersky até encontrou uma máquina no Líbano que estava infectada com os três programas – Flame, Gauss e o mini-Flame.[27]

Este Flame júnior abria um *backdoor* nos computadores infectados e também funcionava como um ladrão de informações, permitindo aos atacantes examinar remotamente as configurações das máquinas e mapear qualquer outro sistema conectado a elas. Os atacantes provavelmente infectavam primeiro um sistema com o Flame ou o Gauss para colher informações básicas sobre o alvo e determinar se este era de alto valor, depois instalavam o mini-Flame apenas em máquinas-chave pertencentes a vítimas importantes quando eles precisavam controlar diretamente a máquina, furtar dados específicos dela ou explorar ainda mais a rede local da vítima. Uma vez instalado o mini-Flame, os atacantes provavelmente enviavam um módulo, a partir de seus servidores de comando, para apagar da máquina o maior *kit* de espionagem do Flame e, assim, reduzir suas pegadas.

A Kaspersky encontrou apenas umas cinquenta vítimas infectadas com o mini-Flame, localizadas principalmente no Irã e em outras partes do Oriente Médio, mas também na Lituânia e nos EUA. Dentre as vítimas, eles encontraram seis versões diferentes do módulo, todas criadas entre outubro de 2010 e

[26] A descoberta do SPE deixou desconhecidos dois dos quatro exemplares de *malware* usados com os servidores do Flame – o SP e o IP. Raiu supôs que o SP fosse provavelmente uma antiga versão do SPE não encriptada.

[27] Os arquivos do Gauss receberam nomes de matemáticos e criptógrafos de elite, mas o SPE adotava uma abordagem mais populista, usando nomes como Fiona, Sonia, Tiffany, Elvis e Sam.

setembro de 2011. Mas o desenvolvimento do primeiro módulo do mini-Flame provavelmente ocorreu em 2007, quando o Stuxnet, o Duqu e o Flame maior foram criados, pois foi quando o protocolo que o mini-Flame usava para se comunicar com os servidores de comando foi criado. Estranhamente, embora o mini-Flame tenha se comunicado com o sorvedouro da Kaspersky umas 14.000 vezes ao longo de um período de quatro meses no verão de 2012, ele interrompeu completamente sua comunicação entre 4 e 7 de julho daquele ano - uma lacuna que a Kaspersky nunca conseguiu explicar.

COM A DESCOBERTA desse último módulo, o trabalho da Kaspersky no código criado pela equipe do Stuxnet começou a desacelerar - em parte porque o trabalho detalhado que Raiu e sua equipe fizeram para expor todas essas ferramentas secretas de estado-nação estavam começando a trazer atenção indesejada aos pesquisadores.

Conforme eles divulgavam uma descoberta após outra, houve alguns na comunidade de segurança que começaram a questionar seus motivos. Assim como a Symantec foi criticada por deslealdade para com os EUA ao expor o Stuxnet e prejudicar os interesses de segurança nacional, alguns se perguntavam se a Kaspersky Lab, de Moscou, cumpria ordens da inteligência russa, expondo e sabotando operações de espionagem ocidentais.

Raiu diz, no entanto, que eles nunca foram influenciados ou guiados em seu trabalho por qualquer governo ou agência de inteligência. Ele e sua equipe consideravam seu trabalho acima e além da política, e seu único objetivo, assim como o dos pesquisadores da Symantec, era exercer as suas competências de engenharia reversa na função de defender clientes e contribuir para a segurança da comunidade de computação. Na verdade, seu trabalho de expor as equipes do Stuxnet e do Flame entrava em **conflito** com os interesses de negócios da própria empresa. A Kaspersky Lab estava no meio de um grande impulso para se expandir para o mercado dos EUA, e o seu fundador Eugene Kaspersky se esforçava para cultivar amigos em Washington e em Israel com esse fim. Não ajudava, então, que, enquanto ele cortejava os dois governos, seus pesquisadores se ocupavam expondo as suas operações secretas.

Mas não eram apenas os interesses da empresa que corriam risco de serem afetados pelo seu trabalho. Os pesquisadores da Symantec receavam que, durante a análise do Stuxnet, seu trabalho estivesse sendo secretamente monitorado por Israel e pelos EUA, ou mesmo pelo Irã, embora eles nunca tenham visto nenhum sinal concreto de que isso realmente ocorreu. Raiu, no entanto, teve a certeza de que estava sendo seguido enquanto esteve em Munique para uma conferência na primavera de 2012. Isso foi logo depois de eles terem descoberto o Flame, mas antes de irem a público com a notícia. Raiu percebeu alguém à espreita na recepção de seu hotel em Munique, quando ele fez o *check-in*, como se estivesse tentando descobrir o número de seu quarto. Mais tarde ele percebeu outros o seguindo quando ia ao banheiro ou ao seu quarto do hotel. Quando ele mencionou sua preocupação aos seus colegas, eles também perceberam. Ele suspeitou que as pessoas que o seguiam eram de alguma agência de inteligência estrangeira, mas não pôde ter certeza. Depois ele foi abordado por três israelenses que queriam conversar com ele sobre o seu trabalho no Duqu e por uma mulher que queria saber se a Kaspersky tinha a habilidade de recuperar arquivos excluídos de um disco rígido. Esta última pergunta foi um pouco perturbadora, pois a Kaspersky estava no meio da tentativa de recuperar arquivos de sistemas no Irã, os quais tinham sido detonados pelo *malware* Wiper.

Essa foi ainda outra constatação dura da realidade, de que o mundo da caça aos vírus mudara dramaticamente com o Stuxnet. Antes, o único risco que os pesquisadores enfrentavam ao expor ameaças digitais era a ira de criminosos cibernéticos, que poderiam ter problemas com eles por interferir no seu meio de sobrevivência. Mas o desmantelamento de ameaças de estados-nação apresentou um completo mundo novo de preocupações, e Raiu decidiu, para o bem de sua jovem família, que ele deveria chamar menos a atenção. Após os incidentes ocorridos na conferência de Munique, ele deixou de falar publicamente sobre o trabalho do Kaspersky Lab com estados-nação e deixou que colegas tratassem das tarefas com a imprensa dali em diante.

Não foi por acaso, então, quando, não muito tempo depois disso, os pesquisadores da Kaspersky tiraram a sua atenção da família de ameaças Stuxnet-Duqu-Flame para focar em outros projetos – em especial, um que se acreditava ser trabalho de russos. A operação, apelidada de "Outubro Vermelho", visava diplomatas, governos e institutos de pesquisa, principalmente na Europa Oriental e Ásia Central, com o principal objetivo de coletar documentos confidenciais e informações geopolíticas. Raiu e seus colegas suspeitavam que este não era um trabalho de um estado-nação, mas de criminosos cibernéticos russos ou espiões autônomos que caçavam dados de inteligência para vender.

Com a operação Outubro Vermelho, a equipe da Kaspersky parecia ter deixado a gangue do Stuxnet para trás de vez. Mas isso não significava que todos já teriam ouvido tudo sobre o Stuxnet. Parecia que a arma digital ainda tinha mais uma surpresa à espera de ser revelada.

ERA NOVEMBRO DE 2012, mais de dois anos após o Stuxnet ter sido descoberto, quando até mesmo o Duqu e o Flame se tornavam uma memória distante, quando os pesquisadores da Symantec tropeçaram em um elo perdido que há muito tempo não tinham a esperança de encontrar - uma antiga versão do Stuxnet que precedeu todas as outras versões.

Eles o descobriram enquanto vasculhavam seu arquivo por códigos maliciosos com impressões digitais que coincidiam com as do Stuxnet - algo que eles faziam periodicamente com as assinaturas de *malware*, para ter certeza de que não tinham perdido algo importante. Ao fazer isso, surgiu um componente que eles não tinham visto antes. Ele estava nos seus arquivos desde 15 de novembro de 2007, quando alguém o submeteu para a VirusTotal, o que significa que o primeiro ataque do Stuxnet foi desencadeado muito antes do que se pensava.[28] Como observado anteriormente, eles sempre suspeitaram que outras versões do Stuxnet existiam, devido aos intervalos nos números de versão das variantes de 2009 e 2010 - 1.001, 1.100 e 1.101. Eles tinham ainda a suspeita de que poderia

[28] Quando arquivos maliciosos são submetidos à VirusTotal, o website envia uma cópia do arquivo para todas as empresas de antivírus cujo *scanner* falhou em detectar o arquivo, embora ele às vezes também envie arquivos que foram detectados. O registro da VirusTotal para a submissão desse antigo arquivo do Stuxnet mostra que este foi submetido ao menos duas vezes ao site, em 15 e em 24 de novembro. Nas duas vezes, só 1 de 36 antivírus do site marcaram o arquivo como suspeito, o que teria sido uma boa notícia para os atacantes. Estranhamente, há informações ausentes no registro de submissão, que geralmente aparecem nos registros de outros arquivos submetidos ao site. A categoria indicando o número total de vezes que o arquivo foi submetido ao site está em branco, assim como a categoria indicando o país de origem de onde o arquivo foi submetido, o que poderia fornecer informações valiosas sobre a localização dos atacantes, se foram eles que submeteram o arquivo, ou sobre a primeira vítima, se o arquivo tivesse sido submetido por alguém que tivesse sido infectado com o arquivo. Não está claro se a informação foi intencionalmente apagada do registro. A VirusTotal foi fundada por uma equipe de engenheiros na Espanha, mas o Google a comprou em setembro de 2012, apenas alguns meses antes de a Symantec tropeçar nessa primeira versão do Stuxnet. O Google não respondeu a perguntas sobre por que os dados estavam faltando no registro.

haver uma primeira versão do Stuxnet, que precedesse todas as outras conhecidas. Agora eles a encontraram – o Stuxnet versão 0.5.

Contudo, à medida que eles descobriam mais arquivos associados ao componente, eles constatavam que esta não era apenas uma versão qualquer do Stuxnet. Esta continha o código de ataque 417 completo, inteiramente intacto e habilitado.

Sua tentativa anterior de desvendar o ataque do Stuxnet contra o PLC S7-417 da Siemens tinha falhado porque o código estava incompleto e desativado nas versões posteriores do Stuxnet. Nicolas Falliere, da Symantec, pensava que talvez os atacantes o tivessem desabilitado porque aguardavam algumas informações críticas para completar seu ataque. Mas agora estava claro que eles o desabilitaram porque decidiram mudar de tática. Embora as versões posteriores tivessem ambos os códigos de ataque, o 315 e o 417 (desabilitado), esta primeira versão não tinha sinal do código de ataque 315, somente o código que atacava o PLC Siemens 417. Ficou claro a partir disso que os atacantes focaram primeiro no ataque aos PLCs 417 em Natanz e depois, por alguma razão – ou o ataque não tinha atingido seu objetivo ou estava demorando muito para fazê-lo –, recalibraram e voltaram seus olhos para os PLCs 315.

Agora que a equipe da Symantec – menos Falliere, que deixara a Symantec para trabalhar no Google – tinha posto as mãos nessa primeira versão, eles seriam finalmente capazes de determinar o que os PLCs 417 controlavam e o que o Stuxnet estava fazendo com eles. Foi descoberto que essa versão tinha como alvo as válvulas que gerenciavam o fluxo de gás hexafluoreto de urânio que entrava e saía das centrífugas e cascatas em Natanz.[29] O Stuxnet abria e fechava as válvulas para aumentar a pressão interna das centrífugas até um nível cinco vezes maior que o normal. Nessa pressão, o gás provavelmente começaria a se solidificar, arruinando o processo de enriquecimento e fazendo com que as centrífugas, que giravam a uma alta velocidade, se inclinassem perigosamente, fora de equilíbrio, e colidissem com outras centrífugas em seu entorno. Ou, ao menos, esse era provavelmente o plano. Isso pode não ter funcionado tão bem ou tão rápido quanto

[29] Era ainda mais fácil ver nos dados de configuração dessa versão do Stuxnet do que nas versões posteriores que este buscava a configuração precisa de Natanz. O código indicava buscar instalações onde os sistemas eram nomeados de A21 a A28. Natanz tinha dois salões de cascata, salão A e salão B. Só o salão A tinha centrífugas dentro quando o Stuxnet atacou. O salão era dividido em salas de cascatas ou módulos. Cada uma era nomeada como Unidade A21, A22, e assim por diante, até A28.

os atacantes esperavam, então em 2009 eles mudaram a tática e, em vez disso, focaram em atacar os conversores de frequência - um método mais direto de danificar as centrífugas.

Embora o Stuxnet 0.5 não possuísse uma data limite de destruição e ainda pudesse estar ativo quando as versões posteriores do Stuxnet foram lançadas, os pesquisadores não encontraram essa versão em nenhuma máquina quando o Stuxnet foi descoberto em 2010.[30] Isso pode ter acontecido porque ele foi apagado. Uma das primeiras coisas que as versões posteriores do Stuxnet faziam quando chegavam em uma máquina era buscar versões anteriores do Stuxnet na máquina e substituí-las. Então, era bem provável que o Stuxnet 0.5 tenha sido automaticamente substituído nas máquinas infectadas quando a versão de junho de 2009 foi lançada.[31]

Também é possível que as amostras do Stuxnet 0.5 nunca tivessem sido encontradas porque essa versão era muito mais rigorosamente controlada que as versões posteriores e infectou apenas um número limitado de máquinas. Em vez de usar *exploits zero-day* para se espalhar, ele se espalhava de uma só forma - infectando arquivos de projeto do Siemens Step 7. Estes eram arquivos que os programadores compartilhavam entre si e que eram usados para programar a linha de PLCs Siemens S7, tornando-os ideais para levar o Stuxnet aos PLCs que eram alvos. O fato de esta versão só se espalhar por meio dos arquivos do Step 7 sugere que os atacantes tinham um caminho interno para chegar aos sistemas centrais de Natanz. O Stuxnet 0.5, portanto, provavelmente nunca foi pego porque o paciente zero - a primeira máquina que infectou - pode ter sido uma das principais máquinas de programação que os atacantes tinham como alvo. Nas versões posteriores do *malware*, eles podem ter perdido esse acesso, o que os forçou a incrementar o Stuxnet com poderes extras de difusão a fim de aumentar as chances de

---

[30] O Stuxnet 0.5 possuía uma data limite de infecção de 04 de julho de 2009. Uma vez que essa data chegasse, ele não mais infectava novas máquinas, embora ele permanecesse ativo nas máquinas que ele já tinha infectado, a menos que fosse substituído por outra versão do Stuxnet. A versão seguinte do Stuxnet foi lançada em 22 de junho de 2009, apenas duas semanas antes da data limite de infecção do Stuxnet 0.5.

[31] Como as versões posteriores do Stuxnet, esta tinha a habilidade de se atualizar em máquinas infectadas que não estivessem conectadas à internet. Ele fazia isso por meio de comunicação ponto-a-ponto. Tudo que os atacantes tinham que fazer era entregar uma atualização por um dos servidores de comando a uma máquina que estivesse conectada à internet, ou entregá-la via *pen drive*, e as outras máquinas da rede local receberiam a atualização a partir daquela máquina.

alcançar o seu alvo.[32] Infelizmente, esse poder de difusão nas versões posteriores, e a localização do paciente zero em um escritório fora de Natanz, foram os fatores que fizeram o Stuxnet ser pego.[33]

O Stuxnet 0.5 era completamente autônomo quando lançado, então os atacantes não tinham a necessidade de controlá-lo. Mas se ele se encontrasse em uma máquina conectada à internet, ele ainda contatava um dos quatro servidores de comando, de onde os atacantes podiam enviar novos códigos para atualizar a arma digital, se necessário.[34] O Stuxnet foi programado para parar de se comunicar com os servidores em 11 de janeiro de 2009, mas até lá os atacantes já estavam preparando a próxima versão de seu ataque – um *driver* que eles compilaram em 1º de janeiro de 2009, para uso com a próxima versão do Stuxnet, a qual eles lançaram cinco meses depois.

A submissão do Stuxnet 0.5 à VirusTotal em 2007, juntamente com outras datas associadas com o código, forçou os pesquisadores a revisar sua estimativa de quando o trabalho no Stuxnet começou.[35] Parecia que o trabalho preliminar no ataque tinha começado pelo menos em novembro de 2005. Foi quando alguns

---

[32] Outra nota sobre essa versão é que ela tinha um arquivo de *driver* que causava uma reinicialização forçada das máquinas Windows infectadas vinte dias após a infecção. É interessante observar que o Stuxnet foi descoberto em 2010 após as máquinas do Irã ficarem travando e reiniciando. Embora a versão do Stuxnet encontrada naquelas máquinas não fosse a 0.5, isso aumenta a possibilidade de que essa versão do Stuxnet ou seu *driver* tenha se escondido naquelas máquinas e feito elas reiniciarem repetidamente. Apesar de a VirusBlokAda nunca ter encontrado o Stuxnet 0.5 nas máquinas, eles podem simplesmente não ter percebido.

[33] Após descobrir o Stuxnet 0.5 em seu arquivo, os pesquisadores da Symantec fizeram uma busca por ele e encontraram uma série de infecções errantes e latentes no Irã, mas também nos EUA, na Europa e no Brasil.

[34] Os servidores foram estabelecidos nos EUA, no Canadá, na França e na Tailândia. Os servidores de comando foram projetados para se mascarar como uma empresa de publicidade na internet chamada Media Suffix para esconder sua verdadeira intenção se alguém tivesse acesso a eles. Os domínios para os servidores – smartclick.org, best-advertising.net, internetadvertising4u.com e ad-marketing.net – tinham a mesma home page para a empresa falsa de publicidade, a qual tinha um slogan que dizia "Entregar o que a mente pode sonhar". A home page dizia: "a internet está amplamente se tornando o meio de publicidade e marketing mais quente do mundo. A MediaSuffix foca extremamente no segmento de publicidade da internet. A MediaSuffix está pronta para mostrar para sua empresa como capitalizar nesse inacreditável e crescente mercado. Não fique para trás... oferecemos aos clientes uma gama incomparável de respostas criativas às necessidades variadas de nossos clientes".

[35] O Stuxnet 0.5 pode ter sido lançado antes de novembro de 2007, mas este é o primeiro registro de sua aparição. De acordo com a data de compilação encontrada no componente do Stuxnet submetido à VirusTotal, ele foi compilado em 2001, embora Chien e O'Murchu acreditem que a data seja incorreta.

dos domínios dos servidores de comando e controle usados pelo Stuxnet 0.5 foram registrados. O código para outros servidores de comando usados posteriormente nos ataques do Stuxnet de 2009 e 2010 – os domínios todaysfutbol.com e mypremierfutbol.com – foi compilado em maio de 2006. Embora o próprio Stuxnet não tenha sido lançado em 2006 – assessores de Bush propuseram isso a ele somente naquele ano –, a infraestrutura de comando para controlá-lo já estava sendo montada naquela época. É possível que os servidores de comando tenham sido preparados inicialmente para se comunicar com Flame, Duqu ou outra ferramenta de espionagem que os atacantes usassem para colher dados de inteligência para a operação, e depois usados novamente para o Stuxnet. Essas primeiras datas certamente coincidiram com quando os pesquisadores da Kaspersky acreditavam que o trabalho no Flame começou.

As datas também coincidem com o período no qual a situação política sobre o programa nuclear do Irã alcançava um ponto crítico: em agosto de 2005, dois meses após Ahmadinejad ser eleito presidente, as conversações internacionais sobre o programa nuclear do Irã entraram em colapso, e o Irã anunciou que estava se retirando do acordo de suspensão. Três meses depois os atacantes registraram os servidores de comando e controle para o Stuxnet 0.5.

O Irã possuía centrífugas instaladas em Natanz nessa época, mas apenas na usina piloto. Em fevereiro de 2006, três meses depois de os servidores de comando serem registrados, o Irã tentou enriquecer o seu primeiro lote de urânio em uma pequena cascata na usina piloto. Mas a operação não correu bem, já que cinquenta das centrífugas explodiram. É possível que uma primeira versão do Stuxnet tivesse sido responsável por isso; autoridades iranianas atribuíram a sabotagem aos UPSs da Turquia, os quais eles dizem ter sido manipulados para causar um surto repentino de energia.

O Irã se recuperou rapidamente a partir desse revés e em maio anunciou que os técnicos tinham alcançado 3,5% de enriquecimento em uma cascata de tamanho completa na usina piloto. Começaram os planos para instalar a primeira das três mil centrífugas em uma das salas subterrâneas de cascata. Demorou até o início de 2007, contudo, para as primeiras centrífugas serem instaladas no salão. Em novembro daquele ano, em torno de 3.000 centrífugas já estavam no lugar. Naquele mesmo mês, o Stuxnet surgiu pela primeira vez quando alguém submeteu o Stuxnet 0.5 à VirusTotal.

COM A DESCOBERTA dessa primeira versão do Stuxnet, os pesquisadores agora tinham o que provavelmente seria o quadro mais completo que eles poderiam ter sobre o que ocorreu com esse inovador ataque contra o Irã.

Foi um percurso longo e improvável só possível por conta de uma série de eventos infelizes e mancadas que nunca deveriam ter ocorrido – dos *exploits zero-day* que lançaram o Stuxnet em sua odisseia através de milhares de máquinas ao redor do mundo até as máquinas que travavam no Irã, as quais o revelaram pela primeira vez; desde os pesquisadores da Bielorrússia que não possuíam habilidade e experiência para enfrentar uma ameaça como o Stuxnet até os pesquisadores da Symantec com dificuldade em seus caminhos pelo código do PLC; desde a ferramenta Wiper no Irã que levou a equipe da Kaspersky a descobrir o Flame até um servidor na Malásia deixado de lado pelos atacantes e contendo uma série de evidências forenses para os pesquisadores encontrarem. Havia tantas coisas que tinham que dar errado para o Stuxnet e seu arsenal de ferramentas serem descobertos que era um milagre isso tudo ter ocorrido.

Quando estava tudo terminado, os pesquisadores da Kaspersky e da Symantec olharam para os dois anos de trabalho que eles tinham posto na engenharia reversa e na análise das ferramentas maliciosas da equipe do Stuxnet e ficaram maravilhados com o nível de habilidade e perícia usado na sua construção. Mas eles também ficaram intrigados com a velocidade chocante com que as operações, camufladas durante tantos anos, foram desvendadas por eles – como o fio errante de um suéter que, quando arrancado, faz com que todo o traje se desintegre.

Os atacantes assumidamente não tinham dúvidas de que os iranianos não possuíam habilidades para descobrir ou decifrar os ataques maliciosos por conta própria. Mas eles claramente não tinham previsto que a sabedoria coletiva – cortesia da comunidade global de segurança cibernética – cuidaria da detecção e da análise para eles.

Com o Stuxnet, nasceu uma nova ordem mundial na qual os pesquisadores de segurança e os praticantes de engenharia reversa tornavam-se os recrutas involuntários de uma nova espécie de milícia – alistados para desmantelar e se defender contra as armas digitais que nações atiravam umas nas outras. Essa nova ordem criou uma série de novos dilemas éticos e de segurança nacional para pesquisadores divididos entre a necessidade dos usuários de computador e os interesses das agências de inteligência e dos governos. Se o Stuxnet sinalizou o início da militarização do ciberespaço, ele também marcou o início da politização das pesquisas de vírus.

"Existe uma nova pergunta aqui do tipo bom menino/mau menino que nos coloca potencialmente em uma posição bem difícil", disse Eric Chien em 2012 após sua análise sobre o Stuxnet estar pronta. Seu trabalho no Stuxnet foi imaculado e desimpedido de influências políticas, e ele desejava nunca estar em uma posição onde ele fosse forçado a escolher entre os clientes e os interesses da segurança nacional. Mas ele não era ingênuo de pensar que nunca chegaria a esse ponto.

"Soa um pouco brega, mas nós estamos apenas tentando ajudar as pessoas e fazer o que é certo", disse ele. "Se chegarmos ao ponto em que teremos que fazer tal pergunta, será uma pergunta muito difícil [de responder]. Eu acho que estaremos em um mau lugar se chegarmos a esse ponto".[36]

[36] Entrevista da autora conduzida com Chien, abril de 2011.

Capítulo 16

Jogos Olímpicos

Em 2012, Chien podia estar contemplando o futuro sombrio e complicado forjado pelo Stuxnet, mas, quatro anos antes, os arquitetos do código contemplavam um futuro sombrio diferente caso o Irã tivesse êxito na construção de uma bomba nuclear.

Em abril de 2008, o presidente Ahmadinejad fez uma visita bastante divulgada às instalações de enriquecimento de Natanz, para marcar o segundo aniversário de operação da usina, e, no processo, proporcionou aos especialistas de controle de armas uma primeira visão significativa do interior da misteriosa fábrica. Vestindo um jaleco branco de laboratório e as botas azuis dos técnicos da usina, Ahmadinejad foi flagrado por fotógrafos enquanto olhava para um conjunto de monitores de computador dentro de uma sala de controle, lançou um irônico sinal de "paz" para as câmeras e conduziu uma comitiva de cientistas visitantes e burocratas por duas fileiras de centrífugas reluzentes, de 1,80 metro de altura, eretas em sentido como tropas militares em trajes completos para inspeção.

O escritório do presidente divulgou aproximadamente cinquenta imagens da visita, emocionando os analistas nucleares com sua primeira visão das avançadas centrífugas IR-2 de que eles tanto tinham ouvido falar. "Essas são informações que valeriam a vida", escreveu um analista de Londres sobre as imagens.[1]

---

[1] O comentário apareceu em uma postagem sobre a visita de Ahmadinejad, publicado no website "Arms Control Wonk". BROAD, William J. A Tantalizing Look at Iran's Nuclear Program. **New York Times**, Apr. 29, 2008.

Porém, na comitiva que acompanhava Ahmadinejad em sua visita a Natanz estava o Ministro da Defesa iraniano – uma inclusão estranha à festa, dada a insistência do Irã de que seu programa de enriquecimento de urânio seria de natureza pacífica.

Técnicos iranianos levaram todo o ano de 2007 para instalar três mil centrífugas em um dos salões subterrâneos de Natanz. Durante sua visita, Ahmadinejad anunciou planos para começar a acrescentar mais seis mil, colocando o Irã ao lado de apenas poucas nações capazes de enriquecer urânio em um nível industrial. Este era um doce triunfo sobre os muitos obstáculos que o Irã havia encarado na última década – incluindo dificuldades técnicas, barreiras para compra e sanções, e todas as maquinações políticas e sabotagens secretas destinadas a parar seu programa. O sucesso do programa de enriquecimento agora parecia garantido.

Mas Natanz não estava ainda fora de perigo. Produzir urânio enriquecido em escala industrial requeria milhares de centrífugas girando em velocidades supersônicas durante meses e com pouca ou nenhuma interrupção.[2] Enquanto Ahmadinejad dava sua volta olímpica entre os dispositivos, algo enterrado profundamente nos *bits* e *bytes* das máquinas que as controlavam estava se preparando para provocar mais problemas.

ERA O FINAL DE 2007 quando o presidente Bush supostamente requereu e recebeu do Congresso US$ 400 milhões para financiar a grande escalada das operações secretas destinadas a minar as ambições nucleares do Irã. O dinheiro era destinado a operações de inteligência, operações políticas para desestabilizar o governo e estimular a mudança de regime e os esforços de operações secretas para sabotar equipamentos e instalações utilizados no programa nuclear.[3] Neste último item estavam incluídos esforços experimentais para manipular os sistemas de controle computadorizados de Natanz.

Apesar de os assessores de Bush terem supostamente proposto a sabotagem digital em algum momento em 2006, as preparações para isso começaram bem antes, possivelmente até mesmo anos antes, se os registros de tempo contidos

---

[2] Levava apenas um ou dois dias para que um lote de gás passasse por uma cascata e concluísse o seu enriquecimento, de acordo com Albright, mas as centrífugas giravam sem parar por anos à medida que eram constantemente alimentadas com novos lotes de gás.

[3] WARRICK, Joby. U.S. Is Said to Expand Covert Operations in Iran. **Washington Post**, June 30, 2008.

nos arquivos do ataque forem confiáveis – os blocos de código malicioso que o Stuxnet injetava nos PLCs 315 e 417 indicavam que tinham sido compilados em 2000 e 2001, e a .DLL maliciosa do Step 7 que o Stuxnet usava para sequestrar a .DLL legítima do Siemens Step 7 tinha um registro de tempo de 2003. [4]

Era provável, entretanto, que o relógio dos computadores usados para compilar os arquivos estivesse com a data errada, ou que os programadores tivessem manipulado os registros de tempo para atrapalhar os investigadores forenses. Mas se os registros de tempo estiverem corretos, poderia significar que os atacantes mantiveram o código guardado por três a seis anos enquanto os EUA esperavam para ver como o jogo de diplomacia com o Irã seria jogado. Então, sacaram o código somente em 2006, quando ficou claro que as negociações e as sanções haviam falhado.

Alguns dos códigos de ataque eram genéricos, para um monte de sistemas Siemens, e não especificamente direcionados para os de Natanz. Então, **era** possível que partes do código de ataque tivessem sido criadas em um projeto de pesquisa genérico, visando vulnerabilidades descobertas em todos os PLCs Siemens, não somente os de Natanz. Os sistemas de controle da Siemens eram amplamente usados em várias indústrias, por todo o Irã – a indústria de óleo e gás, bem como as indústrias petroquímicas e de mineração – e não só em seu programa nuclear. Eles também eram extensivamente usados em outras regiões do Oriente Médio. Com a guerra cibernética já no horizonte no final da década de 90, fazia sentido para os EUA e Israel investirem em pesquisas iniciais para descobrir vulnerabilidades no sistema Step 7 e nos PLCs Siemens – que chegaram ao mercado em meados da década de 90 – na expectativa de que o conhecimento viesse a calhar mais tarde.

Contudo, nem todo o código era genericamente aplicável aos sistemas Siemens: os blocos que tinham como alvo conversores de frequência e válvulas eram específicos para as configurações de Natanz e exigiam conhecimento prévio dos componentes exatos que o Irã tinha planejado instalar na usina, bem como informações sobre

---

[4] O código que infectava os blocos OB1 e OB5 dos PLCs – blocos organizacionais que controlam a leitura de comandos nos PLCs e o sistema de alarme – possuía a data de compilação de 07 de fevereiro de 2001. O código que sabotava os conversores de frequência e manipulava as válvulas tinha registros de tempo similares. Por exemplo, havia trinta blocos de código no ataque ao 315 que sabotavam os conversores de frequência Vacon e Fararo Paya; dois destes pareciam ter sido compilados em maio de 2000, enquanto o registro de tempo dos blocos remanescentes era de 23 de setembro de 2001. Os blocos de código usados para manipular as válvulas no ataque ao 417 tinham registros de tempo da mesma data de setembro, porém três horas mais tarde, como se a pessoa que os compilava tivesse dado uma pausa para o jantar e depois tivesse retornado para concluir o trabalho.

suas precisas configurações e operação. Para os registros de tempo desses blocos de código serem confiáveis, os programadores teriam que saber, em 2001, quais equipamentos seriam instalados em uma usina que ainda não tinha nem sido construída.

Essa parte não é tão estranha quanto parece ser: o Irã já havia testado seu processo de enriquecimento de urânio em pequenas cascatas de centrífugas, na fábrica da Kalaye Electric, em algum momento de 1999. Além disso, em 2000 e 2002, a CIA recrutou fornecedores-chave da rede da Khan, os quais abasteceram a agência com informações sobre alguns dos componentes que a rede havia fornecido ao Irã e a outros clientes da Khan. Então, quando começaram as escavações em Natanz, em 2000, a agência de inteligência podia já estar ciente de quais equipamentos o Irã planejava instalar na usina, incluindo os sistemas de controle Siemens.

David Albright, do ISIS, concorda que muitas das informações sobre Natanz podiam ser conhecidas em 2001.

"Os detalhes da cascata, incluindo as 164 centrífugas por cascata, número de estágios [na cascata], a maioria das válvulas, transdutores de pressão e tubulações podiam ser conhecidos [já naquela época]", diz ele.[5] Mas informações sobre os conversores de frequência Vacon e Fararo Paya podiam ainda não estar disponíveis. "Os conversores de frequência seriam outra questão, já que naquela época o Irã os estava adquirindo no exterior por meio de uma série de empresas. Então, seria difícil de acreditar que os projetistas do Stuxnet, em 2001, pudessem considerar que eles fossem da Finlândia ou montados no país [pela Fararo Paya]. Além disso, o primeiro módulo [de cascatas instaladas em Natanz em 2007] foi construído com uma série de conversores de frequência importados"[6].

Em 2003, quando o registro de tempo do sósia do Step 7 indicava que ele fora compilado, havia mais informações disponíveis sobre Natanz.

Quando os inspetores da AIEA fizeram sua primeira visita a Natanz em fevereiro de 2003, o Irã já possuía uma pequena cascata instalada na usina piloto e

---

[5] Como informado anteriormente, as cascatas eram configuradas em uma série de estágios de enriquecimento, com cada estágio contendo um número diferente de centrífugas, dependendo de quantas fossem necessárias para aquele estágio do processo de enriquecimento.

[6] Entrevista de Albright com a autora, novembro de 2013. O primeiro módulo das cascatas, conhecido como A24, acredita-se ter sido atingido pela versão 0.5 do Stuxnet, a qual visava apenas válvulas das centrífugas, e não os conversores de frequência. Acredita-se que as versões posteriores, que visavam os conversores de frequência, focavam em um módulo diferente, A26, o qual o Irã começou a instalar no final de 2007 e no início de 2008.

estava se preparando para instalar até mil centrífugas até o final do ano. E, como parte da investigação da AIEA sobre o programa nuclear do Irã, o Irã tinha que fornecer listas dos equipamentos adquiridos para Natanz e outras instalações nucleares - listas que incluíam máquinas, válvulas e bombas a vácuo.[7] Agências de inteligência também monitoravam as atividades secretas de aquisição do Irã e sabiam que uma empresa chamada Neda Industrial Group - líder em automação industrial em Teerã - estava envolvida em contratações para o programa nuclear. A empresa trabalhou com a Kalaye Electric, uma antiga fábrica de relógios convertida em fábrica de centrífugas, para instalar equipamentos em Natanz.[8] Neda também era um parceiro local da Siemens no Irã e, em 2000 e 2001, de acordo com o website da empresa, ela havia instalado PLCs Siemens S7 em outras fábricas no país - os mesmos modelos de PLCs que o Stuxnet atacava. Não era um exagero pensar que, se a Neda havia instalado esses sistemas em outros lugares, ela os teria instalado em Natanz também.

A Siemens, de fato, fez bons negócios vendendo equipamentos de automação para várias indústrias não nucleares no Irã, mas suas máquinas também se encontram nas indústrias nucleares. Uma carta de 2003 de uma firma iraniana para outra, que fontes ocidentais obtiveram mais tarde, revelava que os controladores Siemens S7-300 e S7-400, junto com o software SIMATIC necessário para se comunicar com eles, tinham sido adquiridos por uma empresa chamada Kimia Maadan, que estava envolvida com o processamento de urânio no Irã.[9]

---

[7] O Irã acusou a AIEA de fornecer aos EUA e a Israel informações sobre seu programa nuclear. Mas, mesmo que a AIEA não estivesse fornecendo voluntariamente as informações, a invasão de computadores da AIEA para obter essas informações sobre Natanz era uma opção para as agências de inteligência ocidentais e israelenses. Recentes reportagens revelaram como as agências de inteligência dos EUA espionavam o Conselho de Segurança da ONU e invadiam seu sistema de videoconferências para coletar informações sobre as suas atividades.

[8] Ver adiante neste capítulo mais informações sobre Neda.

[9] O conteúdo do documento, datado de 04 de maio de 2003 e intitulado "Related to a PLC device Siemens TTE sold to Kimian Madaan [*sic*] for G'chin mine", foi compartilhado comigo por alguém que teve acesso a ele. A carta era da Tehran Tamman Engineering para Kimia Maadan e indicava que o Irã obtivera hardware e software para monitorar e controlar um PLC SIMATIC S7-300 em 2002. No ano seguinte, de acordo com o documento, o Irã obteve outro S7-300 e dois S7-400s, bem como o software SIMATIC WinCC da Siemens para monitorar os PLCs. O equipamento foi descrito na carta como um "sistema computadorizado para monitorar e controlar processos industriais por meio de informações recebidas de transmissores de medidas físicas, tais como pressão e temperatura, e controladores de válvulas e aquecedores/refrigeradores, usando um software especializado". A descrição se encaixa fielmente no que um sistema de controle de cascata faria.

Acreditava-se que os controladores foram comprados para a mina Gachin do Irã, onde o país planejava minerar urânio natural para processar nas centrífugas.[10] Toda essa informação poderia ser conhecida pelos EUA e por Israel.

Embora o plano inicial possa ter sido elaborado pelo Comando Estratégico dos EUA, sob a direção do General James Cartwright, a sua execução estava a cargo dos guerreiros cibernéticos da NSA e do Comando Cibernético dos EUA, que trabalhavam em conjunto com programadores de elite da Unidade 8200, de Israel.

Criar o ataque exigia muito mais inteligência do que meros conhecimentos acerca dos equipamentos de Natanz. Os atacantes precisavam saber, por exemplo, a frequência exata em que os conversores operavam e a exata configuração do equipamento. Eles não podiam se basear apenas em diagramas e planos que poderiam estar desatualizados. Eles também necessitavam de amplos conhecimentos sobre como o sistema Step 7 trabalhava e como os computadores de Natanz estavam interligados, a fim de reafirmar aos assessores jurídicos da Casa Branca que o código não causaria efeitos em cascata em outros sistemas. Se eles partissem do princípio de que não haveria conexão com computadores de fora e houvesse, o código poderia se soltar e se espalhar para outras máquinas, possivelmente danificando-as e expondo a operação. É aí que entram ferramentas como Flame e Duqu, úteis para colher dados dos computadores dos administradores do sistema, os quais ajudavam a instalar e a manter as redes, e de empresas contratadas e outras pessoas que programavam os PLCs. Se o Duqu foi usado, ele pode ter sido lançado via ataque do tipo *phishing* – como o usado para infectar a empresa húngara. Isso funcionava para máquinas conectadas à internet, tais como o laptop de um programador. Mas, enterrados nos PLCs que não estavam conectados à internet, também havia dados de configuração de outras coisas, como o número dos cartões Profibus a eles conectados e o modelo e o número de conversores de frequência.

---

[10] Quando o Stuxnet foi descoberto em 2010 e foi revelado que a arma digital atacava controladores Siemens, grande parte do público se perguntava se o Irã sequer tinha controladores Siemens instalados em Natanz. Mas, exatamente no ano anterior, a marinha britânica interceptou um carregamento contendo 111 caixas com controladores Siemens em um porto em Dubai, os quais aparentemente estavam ligados ao programa de enriquecimento de urânio do Irã. A Siemens os enviou por navio a um comprador na China, e dali eles foram encaminhados ao Irã através de Dubai. A descoberta do carregamento causou um pequeno incidente internacional – já que a venda de tecnologia para o programa nuclear do Irã é proibida por sanções da ONU – e, por fim, forçou a Siemens a anunciar, no começo de 2010, que não iria iniciar nenhum novo negócio no Irã após o verão de 2010.

Para chegar a esses dados, se estes não pudessem ser obtidos de outra forma, os atacantes precisavam de um *pen drive* para ultrapassar a barreira de ar e colocar sua ferramenta espiã nas máquinas conectadas aos PLCs. Esta poderia ser uma forma simples de alcançar o desejado, uma vez que, como anteriormente mencionado, os programadores de PLCs normalmente trabalham em um laptop não conectado às redes de controle e depois conectam fisicamente seu laptop em uma máquina da rede de PLCs ou copiam seus arquivos de programação para um *pen drive* e os carregam para uma máquina daquela rede. Os atacantes poderiam ter obtido os dados dos PLCs e da rede de controle em sentido inverso – usando um *malware* que gravasse dados desses sistemas em um *pen drive*, a qual os programadores trariam de volta para o seu laptop conectado à internet, de onde os dados poderiam ser extraídos. Também já se sabia que agências de inteligência usavam sistemas especiais implantados em máquinas desconectadas da rede no Irã, os quais transmitiam dados sobre os sistemas infectados através de ondas de rádio.[11]

É possível que os atacantes tenham levado meses para obter os dados de que precisavam. Mas alguns dos trabalhos de reconhecimento podem ter sido feitos logo em 2005, quando os domínios para os servidores de comando e controle usados com o Stuxnet 0.5 foram registrados. Embora o Stuxnet ainda não tivesse sido lançado, os domínios podem ter sido inicialmente usados para se comunicar com ferramentas espiãs. O reconhecimento também pode ter sido feito em torno de maio de 2006, quando os pesquisadores descobriram que foi criado o código para os servidores de comando e controle usados com versões posteriores do Stuxnet.

Com as informações sobre o sistema colhidas, o trabalho final no código de ataque poderia ter sido feito. A Symantec estimou que duas equipes separadas criaram os códigos de ataque do 315 e do 417, com base na forma distinta em que estes foram escritos. Se os EUA e Israel trabalharam juntos em ambos, ou se os israelenses só trabalharam na parcela míssil enquanto os americanos cuidaram da carga útil, não se sabia. Uma terceira equipe pode ter trabalhado no código que sequestrava o sistema Step 7, para trocar sua .DLL legítima pela .DLL falsa do Stuxnet e injetar comandos maliciosos nos PLCs. A Symantec estima que foram necessários em torno de seis meses para escrever essa porção de código do Step

[11] SANGER, David E.; SHANKER, Thom. N.S.A. Devises Radio Pathway into Computers. **New York Times**, Jan. 14, 2014.

7 e um pouco menos de tempo para escrever os blocos de código maliciosos do PLC. Os testes, contudo, também teriam tomado tempo.

Seja quem fosse o responsável pelo verdadeiro código, essa parte da operação tinha que ser precisa. Existiam muitas formas de o ataque dar errado, mas não havia espaço para erro e seria difícil medir os efeitos do código em campo, ou ajustá-lo, quando este fosse lançado. Isso significava que os atacantes tinham que fazer extensos testes – não apenas em um banco de testes da Siemens, para assegurar que seu código não quebraria o sistema Step 7 ou os PLCs, mas também, no caso das variantes lançadas em 2009 e 2010, em todas as versões de sistemas operacionais Windows para garantir que o *malware* se espalharia e se instalaria perfeitamente sem ser detectado.[12]

Acima de tudo, os atacantes necessitavam de um conhecimento preciso sobre como cada mudança no código afetaria as centrífugas, sobretudo porque o que eles almejavam não era um ataque de força bruta, mas sim sutil. Por menor que fosse o erro, poderiam destruir muito rapidamente as centrífugas, ou destruir muitas delas simultaneamente, e expor a sabotagem, acabando com a operação.

Para conseguir isso, seria necessário consultar uma equipe de cientistas de materiais e especialistas de centrífugas que entendessem da densidade e da força dos rotores de alumínio e das carcaças das centrífugas, e que entendessem como os rolamentos na parte inferior das centrífugas, que as mantinham girando de forma equilibrada, responderiam a um aumento de vibração. Eles também precisavam calcular a pressão normal das paredes dentro das centrífugas e determinar

---

[12] Em 2011, Ralph Langner sugeriu que os testes que o Idaho National Lab conduziu no verão de 2008 no sistema Siemens PCS7 – o qual incluía os softwares Step 7 e WinCC, e PLCs S7-400 – foram usados para descobrir vulnerabilidades para o Stuxnet atacar. Os testes foram realizados como parte do programa de avaliação de fornecedores do laboratório, onde os pesquisadores examinavam vários sistemas de controle industrial em busca de vulnerabilidades de segurança. Langner inicialmente sugeriu que os testes do INL tinham o papel de desenvolver o Stuxnet após descobrir uma apresentação em PowerPoint que o INL havia produzido sobre tais testes. Porém, os testes do INL foram conduzidos entre julho e setembro de 2008, e nós agora sabemos que a mais antiga versão descoberta do Stuxnet – Stuxnet 0.5 – havia sido desenvolvida antes desses testes ocorrerem e já estava solta em novembro de 2007, quando alguém fez um *upload* para o website da VirusTotal. E se o registro de tempo da .DLL falsa do Stuxnet para o Step 7 for confiável, ela foi compilada em 2006. Os líderes do INL insistiram com os repórteres durante uma visita ao laboratório em 2011, que a autora participou, que não foram fornecidas informações sobre as vulnerabilidades do sistema da Siemens para que alguém desenvolvesse o Stuxnet.

o quanto ela aumentaria à medida que a pressão de gás dentro das centrífugas aumentasse.[13]

Para fazer tudo isso, eles precisavam de centrífugas verdadeiras para testar o ataque. Felizmente, como mencionado anteriormente, o Oak Ridge National Laboratory, do Departamento de Energia, no Tennessee, possuía uma série de centrífugas P-1, nas quais as centrífugas IR-1 de Natanz eram baseadas.

A história por trás da aquisição das centrífugas de Oak Ridge começa em agosto de 2003, três anos após a CIA se infiltrar na rede ilícita de abastecimento nuclear de A. Q. Khan e seis meses após a AIEA fazer sua primeira visita a Natanz. A agência espiã interceptou um carregamento de componentes para enriquecimento de urânio no mercado negro – incluindo 25.000 carcaças de centrífugas, além de bombas, tubos e outros componentes – endereçados da Malásia para uma usina secreta de enriquecimento na Líbia. As caixas apreendidas foram usadas pelo Ocidente para confrontar o ditador da Líbia Muammar Gaddafi, como evidência de seu programa nuclear secreto, e para pressioná-lo a abandonar o programa. Em 19 de dezembro, o ministro das relações exteriores da Líbia anunciou na televisão que o país estava renunciando aos seus programas de armas nucleares e de armas químicas – programas que ele até então não admitia possuir.

A AIEA descobriu que havia mais equipamentos de enriquecimento já na Líbia do que as autoridades planejavam desmantelar e embarcar para o laboratório Oak Ridge. Então, durante o feriado de Natal, Olli Heinonen; seu chefe, Mohamed ElBaradei; e outros colegas da AIEA correram para Tripoli para fazer o inventário dos equipamentos antes que eles desaparecessem. Lá eles encontraram mais de uma tonelada de equipamentos valendo em torno de US$ 80 milhões – incluindo reguladores UPS da Turquia (similares aos que mais tarde seriam sabotados no Irã em 2006), duzentas centrífugas P-1 do Paquistão, que os líbios já tinham montado em uma pequena cascata, bem como componentes para construir outras quatro mil centrífugas.[14] Em março de 2004, o equipamento apreen-

[13] Foi sugerido que a Alemanha e a Grã Bratanha, dois países do consórcio Urenco, que produziu as centrífugas originais que serviram de projeto para as IR-1 do Irã, poderiam ter fornecido alguma assistência para a compreensão das centrífugas.

[14] Os números variam dependendo de quem conta. Os EUA disseram aos repórteres que a Líbia tinha sido pega com quatro mil centrífugas, mas, pela conta do ISIS, estava mais para 200. O resto eram componentes simples para as centrífugas – as carcaças estavam lá (o cilindro oco de alumínio), bem como outros componentes, mas estavam faltando os rotores que as fazem funcionar.

dido foi empacotado e enviado para o complexo de segurança nacional Y-12 em Oak Ridge, onde ficou protegido por guardas armados com fuzis enquanto era colocado em exposição para os jornalistas verem.

"De forma objetiva", disse o secretário de energia dos EUA, Spencer Abraham, aos repórteres reunidos naquela ocasião, "os EUA e as nações do mundo civilizado estão mais seguros com o resultado desses esforços para proteger e remover materiais nucleares da Líbia".[15] Podia ser isso mesmo, mas o real significado do material capturado era que agora os EUA tinham a chance de montar uma usina secreta para estudar as centrífugas e testar um ataque contra elas.[16]

O OAK RIDGE National Laboratory, criado em 1943 e localizado fora de Knoxville, é gerenciado pela UT-Battelle – uma empresa sem fins lucrativos fundada em 2000 pelo Battelle Memorial Institute e pela Universidade do Tennessee – e se vende como uma instalação científica com foco em pesquisas de materiais avançados, ciência nuclear, energia limpa e supercomputação. Mas é o lucrativo e sigiloso trabalho de segurança nacional que o laboratório faz para o Departamento de Defesa, para o Departamento de Energia e para as agências de inteligência – focado em não proliferação nuclear, mineração de dados de inteligência, quebras de criptografia, dentre outras áreas – que realmente o mantém funcionando.

A usina secreta de centrífugas, parte de um programa sigiloso, agora com uma década de idade, para pesquisar sobre a destruição de centrífugas, foi construída em algum momento após o ano de 2005 em uma área florestal na reserva de 14 mil hectares de Oak Ridge, invisível e inacessível para a maioria dos funcionários do laboratório que tinham credenciais de segurança. Apelidada de "a Colina" ou algumas vezes "a granja", segundo uma pessoa que a conhecia, a instalação secreta era acessada por meio de uma estrada não demarcada que se retorcia por 16 quilômetros, coberta em ambos os lados por uma densa floresta com árvores, antes de entregar os carros a um primeiro portão de segurança, e depois a outro.[17]

---

[15] WARRICK, Jody. U.S. Displays Nuclear Parts Given by Libya. **Washington Post**, Mar. 15, 2004.

[16] BROAD, William J.; MARKOFF, John; SANGER, David E. Israeli Test on Worm Called Crucial in Iran Nuclear Delay. **New York Times**, Jan. 15, 2011.

[17] Oak Ridge está situada em uma antiga terra agrícola, e "granja" se refere às verdadeiras granjas que existiam no local na década de 1940 antes de os fazendeiros serem deslocados quando o governo comprou as suas terras para o esforço de guerra.

A Colina efetivamente consistia em duas instalações – uma sobre a terra e a outra subterrânea. O salão subterrâneo, uma estrutura preexistente construída há muito tempo para outro propósito, foi requisitado para o primeiro estágio do programa das centrífugas, o qual, inicialmente, focava apenas em descobrir como funcionavam as centrífugas obtidas da Líbia. O laboratório obteve para estudo ambas as centrífugas P-1 e P-2 da Líbia, mas os dispositivos chegaram, em sua maior parte, como componentes desmontados e sem manual. Os pesquisadores tinham gavetas e gavetas cheias de partes, mas não possuíam nenhuma experiência prévia de trabalho com o projeto e, portanto, gastaram muito tempo no início apenas tentando descobrir como montar os componentes e fazê-los funcionar.

Os pesquisadores em Oak Ridge experimentaram alguns dos problemas que os iranianos tiveram ao operar os temperamentais e frágeis dispositivos. As pás e os rolamentos provaram ser particularmente problemáticos para eles e atrasaram um pouco seu progresso.

No início, o programa não era sobre a construção de um vírus para atacar as centrífugas; era apenas para aprender como as centrífugas e cascatas funcionavam, a fim de entender as suas capacidades e avaliar o quão avançados estavam os iranianos em seu programa de enriquecimento, além de determinar o quão perto eles poderiam estar de ter urânio enriquecido o bastante para produzir uma bomba nuclear. Quando os cientistas de Oak Ridge completaram a pesquisa e seus testes iniciais, eles estimaram que pudesse levar entre 12 e 18 meses para produzir material físsil suficiente para uma bomba.

O estudo de centrífugas não era estranho para Oak Ridge. O laboratório possuía uma longa história de pesquisa e desenvolvimento de centrífugas, tendo produzido algumas das primeiras centrífugas de rotor na década de 1960. Mas em 1985 seu programa de centrífugas foi encerrado após os lasers substituírem as centrífugas como o principal método para enriquecimento de urânio nos EUA. O fechamento demitiu milhares de trabalhadores e pesquisadores qualificados, cujo conhecimento especializado não era mais necessário.

Depois, em 2002, por volta da ocasião em que o mundo estava descobrindo as instalações secretas de enriquecimento do Irã, em Natanz, o enriquecimento por centrífugas retornou, e Oak Ridge ressuscitou seu programa para projetar uma nova geração de centrífugas para a *United States Enrichment Corporation*, agora uma produtora de urânio enriquecido para usinas nucleares comerciais dos

EUA. Para compor uma equipe para essa operação, o laboratório resgatou muitos de seus antigos especialistas de centrífugas de suas aposentadorias – alguns deles agora em seus setenta e oitenta anos – para trabalhar lado a lado com cientistas mais novos.

Após o conjunto de valiosas centrífugas ter sido apreendido da Líbia, muitos desses cientistas foram designados para estudar os dispositivos. Uma pessoa familiarizada com o programa acreditava que o trabalho era conduzido sob a égide da *National Nuclear Security Administration* (NNSA), uma divisão do Departamento de Energia que gerencia a segurança das armas nucleares do país, mas que também opera um programa de pesquisa e desenvolvimento de não proliferação nuclear conhecido como NA-22.[18] Este último coleta informações de inteligência sobre operações nucleares ilícitas e faz sensoriamento remoto e testes ambientais para obter evidências de atividades de enriquecimento e detonações nucleares secretas feitas por regimes mal intencionados.[19]

A NNSA vinha tentando colocar as mãos nas centrífugas do Irã há algum tempo. Assim, o carregamento de P-1s e P-2s obtido da Líbia em 2004, nas quais as centrífugas iranianas se baseavam, foi uma grande dádiva.

Eventualmente, eles também obtinham partes diretamente do programa iraniano, via fontes de inteligência. Essas partes eram altamente valiosas – acreditava-se que a Coreia do Norte estava usando centrífugas com o mesmo design, em geral – e os trabalhadores foram avisados para serem bastante cuidadosos e

---

[18] A NNSA está situada em Oak Ridge, na *Multi-Program Research Facility*, ou MRF, uma grande instalação de inteligência de comunicações, ou *Signal Intelligence* (SIGINT), que contém um supercomputador em sua base que é usado em parte para fazer mineração de dados para a NSA. Outros membros do MRF, muitos deles antigos empregados da CIA e da NSA, são tecnicamente astutos e trabalham em vários outros programas compartimentados, incluindo esforços para quebra de criptografia e fusão de dados – que os trabalhadores algumas vezes chamam de "diarreia de dados" –, o que envolve a fusão de dados a partir de vários ramos de inteligência ao redor do mundo.

[19] Muitos métodos são usados para fazer isso, tais como examinar as fumaças de gases de fábricas suspeitas para rastrear partículas ou medir a temperatura da água perto dos lugares suspeitos. Muitas instalações nucleares são construídas perto de rios e outras fontes de água e a temperatura da água pode ser um indicativo de atividade nuclear. Outro método envolve a medição da cintilação das luzes nas janelas das fábricas, a longas distâncias. Como as centrífugas trabalham em uma frequência específica, o padrão de cintilação das luzes pode algumas vezes fornecer dicas sobre a presença e o tipo de centrífugas usadas na instalação.

diligentes no uso dos componentes, pois, em alguns casos, fontes de inteligência tinham dado suas vidas para obtê-los. Em outras palavras, não havia uma forma simples de substituí-los e, portanto, todo teste no equipamento tinha que contar.

Pesquisas nos dispositivos já estavam em andamento em 2006, quando o Irã anunciou que iria começar a enriquecer urânio em Natanz, mas a pesquisa estava indo devagar, de acordo com alguém familiarizado com o programa. Mas em 2007 a operação foi levada com seriedade, uma vez que o Irã começou a instalar suas primeiras centrífugas no salão subterrâneo de Natanz.

Ao mesmo tempo, um corredor acima do solo foi construído com o único propósito de testar – e destruir – centrífugas. Acredita-se que algumas dessas pesquisas inicialmente focaram em determinar os possíveis efeitos destrutivos de um ataque cinético, tal como o bombardeamento aéreo de centrífugas profundamente enterradas no subsolo, e que um ciberataque se tornou parte da equação só mais tarde. Então, quando uma operação digital foi proposta, o objetivo inicial não era a destruição das centrífugas em Natanz com um vírus, mas a simples implantação de um código de vigilância em um equipamento da usina para coletar dados que pudessem ajudar os cientistas a determinar onde o Irã estava no processo de enriquecimento. Mas, em algum momento, o programa de destruição das centrífugas e a operação de reconhecimento se mesclaram para produzir um plano para um ataque físico-cibernético. Provavelmente, a maioria dos cientistas que testavam as centrífugas nunca soube do plano para esse tipo de ataque. Eles estariam simplesmente focados em avaliar os efeitos em várias condições das centrífugas – tais como o aumento ou a redução da velocidade, ou o aumento da pressão nas paredes, dentro das centrífugas –, de maneira que estavam alheios às causas dessas condições.

Dentro do grande salão de testes, gabinetes altos com sistemas de controle da Siemens e outros fabricantes estavam dispostos como estantes em uma biblioteca na parte da frente daquele espaço cavernoso, enquanto mais de uma dúzia de centrífugas do tamanho de um homem estavam distribuídas ao longo do salão. Cabos improvisados foram conectados a sensores enroscados em uma das centrífugas, para gravar diagnósticos e medir coisas como o aquecimento do invólucro ou a oscilação e a vibração dos rolamentos que mantinham as centrífugas balanceadas.

Algumas das centrífugas giravam por meses, enquanto seus dados eram coletados. Contudo, estes eram os exemplares de pesquisa. Havia outras cujo destino era mais triste. Bem na entrada do salão havia uma grande gaiola reforçada feita de acrílico e malha de metal – como se fosse um berçário de hospital projetado pela equipe do programa de TV "Caçadores de Mitos" – onde centrífugas condenadas iam para morrer. Os trabalhadores da usina sempre sabiam quando uma centrífuga estava sendo destruída na gaiola protetora, pois ela fazia um som explosivo terrível, acompanhado por um estrondo no chão.

A operação estava em pleno andamento em 2008, com centrífugas sendo por vezes destruídas diariamente. "Você poderia dizer que o orçamento havia saltado significativamente", diz a fonte. O presidente Bush, talvez não por coincidência, tinha acabado de obter US$ 400 milhões do Congresso para operações secretas contra o programa nuclear do Irã.

Enquanto os testes estavam sendo conduzidos em Oak Ridge, outros testes teriam sido feitos em centrífugas nas instalações nucleares de Israel, em Dimona. Não está claro quanto tempo esses testes demoraram ou quando as autoridades decidiram que já tinham dados conclusivos suficientes para conduzir um ataque bem-sucedido.

Durante os testes de 2006, o desenvolvimento do código de ataque já estava em andamento. A cronologia exata daquele desenvolvimento não é clara, mas os pesquisadores da Symantec descobriram que uma função-chave usada no código de ataque parecia ter sido modificada em maio de 2006. Este era o código que o Stuxnet usava para iniciar a comunicação com os conversores de frequência no ataque aos PLCs 315. E, conforme relatado, o código usado nos dois servidores de comando que eram usados com aquela versão do Stuxnet – mypremierfutbol.com e todaysfutbol.com – também foi compilado em maio de 2006. Outras funções-chave no código de ataque foram modificadas em setembro de 2007. Apenas dois meses depois, em novembro de 2007, a versão 0.5 do Stuxnet surgiu no website da VirusTotal, após ter sido submetido por uma vítima infectada ou por uma pessoa que a testava.

Em algum momento, algumas das centrífugas em Oak Ridge ou outro laboratório foram removidas para outro tipo de teste – para medir diretamente a eficácia da arma digital contra as centrífugas. Quando os testes da prova de conceito foram concluídos, as autoridades teriam apresentado a Bush o resultado de seu trabalho – os detritos de uma centrífuga destruída que provava que o plano ultrajante poderia realmente ter sucesso.[20] Como o *Aurora Generator Test*, conduzido por uma instalação irmã do laboratório de Oak Ridge em Idaho, no início de 2007, o teste mostrou que máquinas pesadas não eram páreo para um pedaço de código bem elaborado.

COMO OU QUANDO o Stuxnet 0.5 foi apresentado aos computadores de Natanz ainda é um mistério.[21] Como os sistemas de controle industrial de Natanz não eram diretamente conectados à internet e essa versão do Stuxnet tinha poucos mecanismos de difusão, os atacantes tiveram que ultrapassar a barreira de ar caminhando pelas instalações ou o enviando por e-mail. Essa versão do Stuxnet tinha apenas uma forma de se espalhar - por meio de arquivos de projeto do Step 7 infectados. Isso significava que ele tinha que ser introduzido diretamente na máquina de um programador ou operador, quer fosse por um *pen drive* - talvez por meio de um contratado involuntário que não soubesse que era um portador do *worm* ou por um espião pago - ou enviando por e-mail o arquivo de projeto infectado a alguém em Natanz.[22] Da máquina de um programador ou operador, seriam apenas um ou dois passos para chegar ao PLC visado. Diferentemente das versões subsequentes, que mantinham um arquivo de registro com todos os sistemas que tinham infectado, bem como um registro de tempo indicando quando cada infecção ocorreu, os pesquisadores não encontraram nenhuma migalha digital para rastrear o caminho que o Stuxnet 0.5 tomou.

Esta versão não visava o PLC 315 e os conversores de frequência, mas, em vez disso, atacava os PLCs 417 e válvulas, abrindo e fechando estas últimas para manipular o fluxo de gás de urânio.

---

[20] SANGER, David E. **Confront and Conceal.** New York: Crown, 2012, p. 197.

[21] Considerando que a primeira versão do Stuxnet apareceu em novembro de 2007, isso sugere que a sabotagem deve ter começado naquele ano. David Sanger escreveu que múltiplas versões do *worm* foram lançadas enquanto Bush ainda estava no cargo; apenas uma versão daquele período foi encontrada pelos pesquisadores. As outras aconteceram já com Obama no cargo.

[22] Em 2008, o Irã enforcou um fornecedor de produtos eletrônicos iraniano, chamado Ali Ashtari, o qual reportagens do noticiário iraniano diziam ter confessado tentar introduzir vírus e equipamentos de GPS produzidos pela Mossad em equipamentos usados por membros da Guarda Revolucionária. Após o Stuxnet ser descoberto, houve reportagens que diziam que ele ajudou a levar o Stuxnet a Natanz. Entretanto, notícias do Irã normalmente não são confiáveis, uma vez que elas, em geral, vêm de publicações de afiliadas estatais com um propósito. Ao longo dos anos o Irã acusou muitas pessoas de serem espiões para a Mossad, em geral com poucas evidências para sustentar a alegação.

As cascatas em Natanz eram configuradas em 15 estágios, com um número diferente de centrífugas instaladas em cada estágio; à medida que o gás se movia de um estágio para o próximo, e a quantidade de gás que estava sendo enriquecido diminuía ao progredir pelos estágios, o número de centrífugas necessárias para enriquecer o gás também diminuía.

O estágio dez, por exemplo, que era o "estágio de alimentação", onde novas bateladas de gás eram bombeadas para a cascata, possuía 24 centrífugas. À medida que os rotores das centrífugas giravam em alta velocidade e separavam os isótopos, o gás contendo o U-235 concentrado era recolhido e enviado para o estágio nove, o qual possuía vinte centrífugas, onde era ainda mais enriquecido, e depois para o estágio oito, que possuía 16 centrífugas. Enquanto isso, o gás empobrecido contendo a concentração de isótopos U-238 era desviado para o estágio onze, onde era ainda mais separado. A concentração de U-235 desse estágio era depois passada ao estágio oito quando estivesse pronta para se juntar ao outro gás enriquecido. Isso continuava até o gás enriquecido alcançar o estágio final da cascata e o gás empobrecido final ser descartado. O último estágio da cascata, para onde o urânio enriquecido era enviado, normalmente consistia de apenas uma centrífuga e outra de reserva para o caso de falha.

Cada cascata possuía válvulas auxiliares que controlavam o gás de entrada e de saída da cascata, e de entrada e saída de cada estágio de enriquecimento. Adicionalmente, cada centrífuga IR-1 tinha três tubos estreitos no seu topo, com válvulas em cada tubo que controlavam o fluxo do gás que entrava e saía da centrífuga. A válvula de alimentação abria para injetar gás na centrífuga, após isso urânio enriquecido era escoado pela válvula do produto, enquanto o gás empobrecido era extraído pela válvula e pelo tubo traseiro.

O Stuxnet não atacava todas as válvulas de Natanz, ele era seletivo em seu ataque. O salão subterrâneo onde as centrífugas foram instaladas era dividido em módulos, ou salas de cascatas. Cada módulo podia conter 18 cascatas contendo 164 centrífugas cada, com um total em torno de três mil cascatas por sala. Na época em que o Stuxnet foi lançado, apenas uma sala no salão subterrâneo estava completa – preenchida com 18 cascatas. Mas o Stuxnet tinha como alvo apenas seis cascatas. Nem todas as centrífugas em cada cascata eram afetadas, tampouco. O Stuxnet tinha como alvo as válvulas de apenas 110 das 164 centrífugas dessas cascatas, deixando as válvulas das 54 remanescentes intocadas.

Tão logo essa versão do Stuxnet se encontrasse em um sistema em Natanz, ela permanecia adormecida por aproximadamente trinta dias antes de lançar seu ataque, conduzindo verificações no sistema para ter certeza de que as várias válvulas, transdutores de pressão – para medir a pressão do gás – e outros componentes estavam presentes e monitorando suas atividades.[23]

Enquanto mapeava o sistema, o Stuxnet também gravava vários dados pertencentes a uma operação normal da cascata, para reproduzi-los para os operadores tão logo a sabotagem começasse, tal como o código de ataque do 315 fazia. Por exemplo, ele abria brevemente as válvulas do último estágio da cascata para fazer uma leitura da pressão, depois reproduzia essa leitura normal de pressão para os operadores durante o ataque, para esconder o fato de que a pressão havia aumentado.

Com todos os dados necessários coletados, ele aguardava que certas condições na cascata fossem atendidas para proceder. Uma única cascata, por exemplo, tinha que ter operada por mais de 35 dias antes de o ataque começar, ou todas as seis cascatas tidas como alvo – se estivessem todas funcionando – tinham que estar operando há 298 dias ou mais.

Uma vez que começava, o Stuxnet fechava várias válvulas, exceto aquelas do estágio de alimentação por onde o gás entrava na cascata. No estágio nove, por exemplo, ele fechava as válvulas de saída em apenas 14 das vinte centrífugas, e no estágio oito ele fechava as válvulas de saída de 13 das 16 centrífugas. As válvulas que ele fechava em cada estágio eram escolhidas aleatoriamente por meio de um processo complexo.

Com todas essas válvulas fechadas, o Stuxnet ficava quieto e esperava a pressão no interior das centrífugas aumentar, à medida que o gás continuava a ser despejado dentro delas, mas sem conseguir sair. Ele esperava por duas horas ou até a pressão das centrífugas aumentar cinco vezes, o que ocorresse primeiro. Quando qualquer um desses efeitos era alcançado, o Stuxnet prosseguia para o próximo passo, abrindo todas as válvulas auxiliares, exceto três válvulas que se acreditava estar perto do estágio de alimentação. Depois ele esperava por aproximadamente três minutos e alimentava mais dados falsos para o operador, evitando que quaisquer alterações fossem feitas no sistema por mais sete minutos. Perto do fim do

[23] O Stuxnet 0.5 esperava que seu alvo, por exemplo, tivesse entre duas e 25 válvulas, e entre três e trinta transdutores de pressão para medir a pressão do gás em cada estágio da cascata.

ataque, ele abria um conjunto de aproximadamente 25 válvulas. Albright e seus colegas do ISIS suspeitavam que essas válvulas estivessem na "linha de despejo". Cada estágio da cascata possuía um tubo que se conectava à linha de despejo, de forma que, se algo desse errado com as centrífugas ou com o processo de enriquecimento, o gás pudesse ser descarregado da cascata para um tanque resfriado. Se o Stuxnet abrisse as válvulas para a linha de despejo, então o gás de dentro da cascata sairia para o tanque, fazendo com que este fosse desperdiçado.

Uma vez que tudo isso fosse feito, o ataque terminava e se reiniciava.

O fato de apenas algumas das válvulas das centrífugas serem afetadas, e de o ataque durar apenas duas horas, durante as quais os operadores eram alimentados com leituras falsas, criava uma grande confusão entre os técnicos de Natanz. Eles viam os problemas ocorrerem nas centrífugas ao longo do tempo, bem como a diminuição da quantidade de urânio que era enriquecido, sem serem capazes de detectar um padrão ou apontar uma causa.

Os pesquisadores ainda não sabem precisamente quais válvulas eram abertas e fechadas pelo Stuxnet, então é impossível dizer definitivamente quais eram os efeitos. Mas, com base em certas premissas, Albright e seus colegas estipularam dois cenários. Em um, o produto final e as válvulas traseiras no fim da cascata eram fechadas, de modo que o gás continuasse sendo bombeado para dentro da cascata, mas não conseguisse sair. Neste cenário, a pressão aumentaria rapidamente e, uma vez que atingisse cinco vezes o nível normal, o gás de urânio dentro das centrífugas começaria a condensar e se solidificar. À medida que o sólido resultante ficasse preso no rotor da centrífuga girando, ele danificaria o rotor ou faria com que este ficasse desbalanceado e colidisse com a parede da centrífuga. Essa oscilação também desestabilizaria os rolamentos na parte de baixo da centrífuga, fazendo-a oscilar de forma desequilibrada. Uma centrífuga girando e se desacoplando de sua fixação em alta velocidade é algo destrutivo e poderia atingir outras centrífugas ao seu redor.

Neste cenário, a pressão teria um aumento mais rápido nos últimos estágios da cascata do que nos primeiros estágios, fazendo com que essas centrífugas falhassem primeiro. Albright e sua equipe estimam que esse tipo de ataque poderia ter destruído em torno de 30 centrífugas por cascata. Acredita-se que, concentrando os esforços nos últimos estágios das cascatas, onde o urânio enriquecido estava mais concentrado, a sabotagem teria mais impacto. Se uma centrífuga fosse destruída perto do estágio de alimentação, onde a concentração de U-235 é menor, menos tempo e trabalho seria perdido do que se o gás tivesse passado por toda a cascata e enriquecido até quase o ponto de conclusão antes que as últimas centrífugas fossem destruídas e o gás perdido.

Também é possível, entretanto, que o Stuxnet não fechasse o produto e as válvulas traseiras no final da cascata. Se este fosse o caso, o efeito primário do Stuxnet teria sido mais modesto – ele teria simplesmente reduzido a quantidade de gás que estava sendo enriquecido. O gás teria sido injetado na cascata, mas, com as válvulas fechadas em 110 das 164 centrífugas, ele seria apenas capaz de passar pelas 54 centrífugas de cada cascata que não foram afetadas pelo Stuxnet, o que resultaria em uma menor quantidade de gás sendo enriquecido e um menor enriquecimento.

Enquanto o Stuxnet conduzia sua sabotagem e alimentava os operadores com dados falsos, ele também desabilitava o sistema de segurança da cascata, projetado para isolar as centrífugas antes que elas pudessem causar avarias. O sistema de segurança era bastante elaborado e incluía um acelerômetro em cada centrífuga – para monitorar a sua vibração – e dúzias de transdutores de pressão por cascata para monitorar a pressão. Se uma centrífuga estivesse em risco de quebrar, o sistema de resposta às emergências agia rapidamente –milissegundos após detectar um problema – fechando as válvulas da centrífuga para isolar o gás em seu interior.[24] A energia cinética de uma centrífuga com problema criaria um pulso de gás quente que, se não fosse contido, poderia irradiar pela cascata e avariar outras centrífugas. O sistema de resposta às emergências deveria agir rapidamente para interromper o fluxo de gás daquela centrífuga, mas o Stuxnet desabilitava esse sistema de forma que não houvesse nada para isolar a avaria.

As capacidades de ataque do Stuxnet 0.5 eram então em várias frentes – ele aumentava a pressão de gás para avariar as centrífugas e estragar o gás, descarregava parte do gás da cascata de forma que este não pudesse ser enriquecido e, finalmente, reduzia o número de centrífugas operantes para que a quantidade de urânio enriquecido que saísse no final da cascata fosse reduzido. Não está claro o quão bem-sucedida foi essa versão do Stuxnet. Mas, a julgar pelos relatórios da AIEA, ele parecia ter tido algum efeito sobre o programa.

---

[24] Juntos, vários sistemas monitoram constantemente o fluxo de eletricidade nas centrífugas, sua velocidade e vibração, bem como a pressão e a temperatura do gás, e a temperatura da água usada para aquecê-las ou resfriá-las.

A INSTALAÇÃO DAS cascatas em Natanz ocorreu em três estágios, cada qual monitorado pelos inspetores da AIEA durante suas visitas.[25] Primeiro, a infraestrutura da cascata – tubos, bombas e válvulas – foi colocada no lugar. Depois as centrífugas foram instaladas e seus motores ligados para fazê-las começar a girar. Nesse ponto, as bombas de vácuo removiam o ar que pudesse causar atrito excessivo e aquecimento. Quando as centrífugas alcançavam a velocidade ótima, o gás era canalizado para iniciar o enriquecimento.

O Irã começou a instalar centrífugas no salão A, um dos dois cavernosos salões subterrâneos de Natanz, no começo de 2007. Como dito anteriormente, o salão foi projetado para ter oito salas grandes ou unidades – A21 até A28 – com 18 cascatas em cada. Cada cascata foi projetada para ter 164 centrífugas, totalizando 2.952 centrífugas em cada unidade.[26]

Técnicos começaram a instalar as primeiras centrífugas na Unidade A24 em fevereiro daquele ano e planejavam ter 18 cascatas na unidade até maio. Mas isso não aconteceu.[27] Em meados de agosto, apenas 12 estavam instaladas e enriquecendo gás. Demorou até novembro para ter o resto delas no lugar. Mas, nesse ponto, já havia sinais de problemas. Os técnicos estavam injetando menos gás nas centrífugas do que elas tinham sido projetadas para conter e estavam retendo parte do gás em um "acumulador do processo", entre o ponto de alimentação e as cascatas. De fevereiro a novembro, eles alimentaram cerca de 1.670 kg de gás no invólucro de alimentação, mas retiveram 400 kg disso na zona do acumulador, de forma que apenas 1.240 kg realmente entraram nas cascatas. Além disso, o gás que entrou nas cascatas produziu muito menos urânio enriquecido que o esperado. Isso deveria ter produzido 124 kg de urânio pouco enriquecido – 10% da

[25] Os inspetores da AIEA visitavam Natanz 24 vezes por ano. A cada três meses, os inspetores publicavam um relatório listando o número de centrífugas que, durante sua visita mais recente, estavam girando e sob vácuo – mas que ainda não tinham gás no seu interior – e o número de centrífugas que estavam de fato enriquecendo gás. Os relatórios também rastreavam o quanto de gás os técnicos injetavam nas cascatas e quanto urânio enriquecido era produzido a partir disso.

[26] Ver capítulo anterior, nota 29, a discussão prévia da configuração da Sala A e o conhecimento preciso que o Stuxnet tinha disso. O Irã teria depois aumentado o número de centrífugas por cascata em novembro de 2010, mas, até então, o número de centrífugas por cascata permanecia constante em 164.

[27] Relatório da AIEA para o Conselho de Governantes, "Implementation of the NPT Standards Agreement and Relevant Provisions of Security Council Resolution 1737 (2006) in the Islamic Republic of Iran", 22 de fevereiro de 2007, disponível em <iaea.org/newscenter/news/report-iran-safeguards-sent-iaea-board-security-council-0>.

quantidade injetada nas cascatas. Mas, em vez disso, os iranianos obtiveram apenas 75 kg.[28] Essa era uma tendência que se manteve constante por todo o ano de 2007, com mais insumo entrando na centrífuga do que produto saindo. O nível de enriquecimento também era baixo. Os técnicos alegavam que estavam enriquecendo a 4,8%, mas os testes da AIEA indicavam que estava sendo enriquecido a um valor entre 3,7% e 4%.

Seria o Stuxnet 0.5 em ação, perturbando as válvulas e os níveis de enriquecimento? É difícil saber com certeza, mas os problemas não passaram despercebidos pelas pessoas de fora. A Estimativa da Inteligência Nacional de 2007, liberada pelos EUA em dezembro daquele ano, assinalou que o Irã estava tendo "problemas técnicos significativos ao operar" suas centrífugas. As centrífugas estavam quebrando a uma taxa 20% maior do que o esperado. Uma autoridade do alto escalão da AIEA disse a David Albright que as quebras fizeram com que o gás parcialmente enriquecido fosse despejado em recipientes para resíduos, o que provavelmente seria a causa dos baixos números da produção.[29]

Na época, Albright e seus colegas atribuíram a alta taxa de avarias ao mau projeto das centrífugas e ao fato de o Irã ainda estar "aprendendo as dificuldades de operar centrífugas em larga escala". Mas os problemas eram consistentes com o que poderia ter ocorrido se as válvulas estivessem sendo manipuladas pelo Stuxnet 0.5.

Qualquer que fosse a causa, o Irã não podia se dar ao luxo de desperdiçar gás de urânio. O país possuía um suprimento limitado de urânio importado do exterior e sua mina de Gachin não produzia urânio suficiente para sustentar seu programa nuclear.[30]

---

[28] Relatório da AIEA para o Conselho de Governantes, "Implementation of the NPT Safeguards Agreement and Relevant Provisions of Security Council Resolutions 1737 (2006) and 1747 (2007) in the Islamic Republic of Iran", 15 de novembro de 2007, disponível em <iaea.org/newscenter/news/report-iran-safeguards-sent-iaea-board>.

[29] Uma autoridade da AIEA falou ao ISIS em particular sobre a quebra das centrífugas e a perda de gás.

[30] ALBRIGHT, David; SHIRE, Jacqueline; BRANNAN, Paul. **Is Iran Running Out of Yellowcake?** Institute for Science and International Security, Feb. 11, 2009, disponível em <http://isis-online.org/publications/iran/Iran_Yellowcake.pdf>; RAVID, Barak. Israel Slams Clinton Statement on Nuclear Iran. **Ha'aretz**, July 22, 2009; FITZPATRICK, Mark. Declaração diante da Comissão de Relações Exteriores do Senado, 03 de março de 2009, disponível em <iranwatch.org/sites/default/files/us-sfrc-fitzpatrick-iranrealities-030309.pdf>.

Entre novembro de 2007 e fevereiro de 2008 os técnicos não instalaram nenhuma nova cascata no salão. Em vez disso, focaram em tentar resolver o que quer que estivesse criando os problemas. No entanto, as coisas pareciam ter mudado após fevereiro. Na ocasião em que Ahmadinejad fez sua visita triunfante à usina naquela primavera, as cascatas estavam operando de forma mais estável, com menos quebras. Os níveis de enriquecimento estavam constantemente a 4% e, onde antes os técnicos injetavam nas centrífugas apenas metade da quantidade de gás com que elas podiam lidar, agora eles injetavam 85% de sua capacidade. Até mesmo o desempenho individual das centrífugas tinha aumentado.

Em todos os aspectos, o Irã parecia ter dominado os seus problemas com as cascatas. Técnicos começaram a instalar as cascatas em um ritmo vertiginoso - um ritmo que era muito mais rápido do que a razão ou a precaução aconselhavam. Assim que uma cascata estava pronta, eles começavam a alimentá-la com o gás e depois seguiam para a próxima cascata. Em maio de 2008, o Irã possuía 3.280 centrífugas enriquecendo gás, mas em agosto o número tinha aumentado para 3.772. Um aumento de quinhentas centrífugas em três meses.[31]

Havia muita pressão política dentro do Irã para andar rapidamente com o programa nuclear. As sanções das Nações Unidas e a falta de progresso nas negociações com o Ocidente irritavam os líderes iranianos, e eles estavam cansados de atrasos. Mas a súbita aceleração foi mal aconselhada e provavelmente não era apoiada por cientistas e engenheiros iranianos. Mesmo em condições normais, instalar centrífugas e fazê-las funcionar apropriadamente era um negócio complicado. Somando a isso a fragilidade inerente das IR-1, não fazia sentido andar tão rápido.

"Do ponto de vista da engenharia, esse é um tipo de procedimento imprudente, pois, se você mal operava uma cascata de centrífugas com 164 máquinas, por que você iria querer acelerar e tentar operar 18 ou trinta cascatas de uma só vez?", diz Albright. "Um engenheiro diria para fazer isso bem devagar e se certi-

---

[31] Além das 18 cascatas do A24, cinco outras cascatas no A26 estavam sendo alimentadas com gás, outra cascata estava sob vácuo e a construção das 12 cascatas restantes daquele módulo continuava. Ver o relatório da AIEA para o Conselho de Governantes, "Implementation of the NPT Safeguards Agreement and Relevant Provisions of Security Council Resolutions 1737 (2006), 1747 (2007) and 1803 (2008) in the Islamic Republic of Iran", 15 de setembro de 2008, disponível em <iaea.org/newscenter/news/latest-iran-safeguards-report-circulated-iaea-board-0>.

ficar de que você tinha entendido como operar todas aquelas coisas como uma unidade, antes de começar a escalar daquela forma"[32].

Mas poucos problemas ocorreram durante esse período e, ao final do verão, os técnicos de Natanz começaram a ganhar confiança e estavam certos de que tinham superado os problemas antigos. Daí, as condições começaram a cair novamente.

Os relatórios da AIEA contavam a história em uma sequência puramente numérica.

Durante sua visita em abril de 2008, Ahmadinejad anunciara de forma otimista que os técnicos em breve somariam seis mil centrífugas às três mil já instaladas no salão subterrâneo. Mas após alcançar apenas 3.772 centrífugas naquele agosto, os técnicos pararam, e nenhuma nova centrífuga foi instalada nos três meses seguintes. Os níveis de produção também estavam bem baixos. Desde o início do enriquecimento, no começo de 2007, os técnicos injetaram 7.600 kg de gás nas cascatas, mas em agosto de 2008 as centrífugas tinham produzido apenas 480 kg de urânio enriquecido, em vez dos 760 que deviam ter produzido. Os baixos números de produção continuaram pelo resto de 2008. Entre agosto e novembro, os técnicos alimentaram 2.150 kg de gás nas cascatas, mas produziram apenas 150 kg de urânio enriquecido durante aquele tempo. Como em 2007, eles pareciam estar perdendo uma quantidade incomum de gás.

Apesar de todos esses problemas, 2008 como um todo foi um ano melhor para o Irã do que 2007.[33] Enquanto Natanz tinha produzido apenas 75 kg de urânio enriquecido em todo o ano de 2007, ao final de 2008 a produção saltou para 630 kg. Albright e seus colegas do ISIS estimaram que, com um enriquecimento adicional, sob condições ótimas, o Irã poderia transformar 700 a 800 kg de urânio pouco enriquecido em 20 a 25 kg de urânio para armas, o suficiente para uma arma nuclear rudimentar. Não obstante, não havia como contornar o fato de que o programa nuclear do Irã não estava no nível que deveria estar naquele ponto.

---

[32] Entrevista da autora com Albright, janeiro de 2012.

[33] ALBRIGHT, David; SHIRE, Jacqueline; BRANNAN, Paul. **IAEA Report on Iran:** centrifuge operation significantly improving; gridlock on alleged weaponization issues. Institute for Science and International Security, Sep. 15, 2008, disponível em <isis-online.org/publications/iran/ISIS_Report_Iran_15September2008.pdf>.

A cronologia dos problemas no final de 2008 parecia coincidir com a forma como o Stuxnet 0.5 foi projetado para trabalhar. Uma vez que o Stuxnet infectava um PLC 417, a sabotagem levava um tempo para se revelar. O estágio de reconhecimento levava ao menos um mês enquanto o Stuxnet gravava os dados para reproduzir para os operadores, e as cascatas tinham que estar ativas por um período de tempo antes da sabotagem começar - ao menos 35 dias no caso de uma cascata única, ou mais de 297 dias para todas as seis cascatas combinadas. Com o ataque concluído, outros 35 dias passavam antes que ele começasse novamente. Os problemas ao final de 2008 pareciam estar concentrados na unidade A26, onde os técnicos começaram a instalar as centrífugas na primavera. Se o Stuxnet foi introduzido nos controladores daquela unidade no final de 2007 ou começo de 2008, poderia levar meses para que os efeitos negativos do ataque - a partir do aumento da pressão dentro das centrífugas - começassem a aparecer.

Notadamente, em torno dessa época, um homem canadense-iraniano tentou comprar um lote de transdutores de pressão de dois fabricantes ocidentais para despachar para o Irã. Os dispositivos eram usados para, dentre outras coisas, medir a pressão de gás dentro de uma centrífuga. Entre dezembro de 2008 e março de 2009, Mahmoud Yadegari comprou dez transdutores a um preço de US$ 11.000,00 e embarcou dois deles para o Irã via Dubai. Ele fez um pedido de mais vinte para uma segunda empresa, mas a companhia rejeitou o pedido após ele fracassar ao fornecer a identidade do destinatário final. Ele foi preso naquele abril, após autoridades serem avisadas sobre o pedido suspeito.[34] Estaria o Irã tentando comprar transdutores para substituir os que aparentavam estar falhando em Natanz, ou não havia conexão entre os esforços de Yadegari e os problemas ocorridos em Natanz?

Quando o Irã entrou em 2009, os técnicos começaram rapidamente a adicionar novas centrífugas e cascatas à unidade A26. Nove cascatas estavam sob vácuo nesta unidade em fevereiro. Porém, em vez de serem alimentadas com gás, as centrífugas permaneceram vazias em suas cascatas. No passado, os técnicos começavam a injetar gás nas novas cascatas assim que elas eram instaladas, mas por alguma razão agora eles não fizeram isso. Ao mesmo tempo, o número de

[34] Yadegari foi condenado, e a explicação do Tribunal de Justiça de Ontario detalhando as razões para a sua condenação podem ser encontradas no website do ISIS: <isis-online.org/uploads/isis-reports/documents/Yadegari_Reasons.pdf>.

trabalho de separação – uma medida de quanto trabalho cada centrífuga gastava no processo de enriquecimento – caiu dramaticamente de 0,80 para 0,55 nas centrífugas que estavam enriquecendo na A24 e na A26. O nível de enriquecimento também caiu de 4%, onde havia pairado durante a maior parte de 2008, para 3,49%. Se os efeitos foram causados pelo Stuxnet, parece que a arma digital estava fazendo exatamente o que havia sido projetada para realizar.

Mas, em seguida, os atacantes decidiram mudar as coisas.

ASSIM QUE 2009 COMEÇOU, o presidente eleito Barack Obama foi convidado à Casa Branca para se encontrar com o presidente Bush em uma reunião padrão que ocorre entre o presidente que entra e o seu predecessor enquanto os dois se preparavam para passar o bastão. Durante a conversa, Bush apresentou os detalhes do ataque digital e da mágica sutil que vinha sendo trabalhada durante o último ano para minar as centrífugas em Natanz.[35] Houve progresso em fazer o programa iraniano retroceder um pouco, mas a operação precisava de mais tempo para ter sucesso. Se fosse continuar, entretanto, precisava ser autorizada pelo presidente em exercício, o que significava que Obama tinha que renovar a decisão presidencial que fora aprovada. Considerando que outras opções haviam falhado até então, e um ataque aéreo era a única alternativa possível, Obama, por fim, precisou de pouca persuasão.[36]

No verão de 2008, enquanto ainda estava no meio de sua campanha presidencial, Obama fez uma breve visita a Israel, onde ele disse aos israelenses que sentia as suas dores. Um Irã com armas nucleares, disse ele, seria "uma grave ameaça" à paz não só no Oriente Médio, mas ao redor do mundo.[37] Ele prometeu que sob sua liderança todas as opções estariam na mesa para evitar que o Irã obtivesse armas nucleares. Embora em essência isso também significasse uma opção militar, Obama, assim como Bush, queria evitar um combate militar a todo custo. Portanto, uma operação secreta que usasse *bytes* no lugar de bombas era uma opção mais bem-vinda.

---

[35] BROAD; MARKOFF; SANGER. Israeli Test on Worm Called Crucial in Iran Nuclear Delay.

[36] SHUSTER, Mike. Inside the United States' Secret Sabotage of Iran. **NPR.org**, May 9, 2011, disponível em <npr.org/2011/05/09/135854490/inside-the-united-states-secret-sabotage-of-iran>. O encontro entre o presidente Bush e Barack Obama é descrito em SANGER. **Confront and Conceal**, p. 200–3.

[37] HARRISON, Rebecca. Obama Says Nuclear Iran Poses 'Grave Threat'. **Reuters**, July 23, 2008, disponível em <reuters.com/article/2008/07/23/us-Iran-usa-Obama-idUSL23104041320080723>.

Ao assumir suas funções, Obama já enfrentava muitas pressões de múltiplas fontes. Pouco progresso havia sido feito com o Irã através dos canais diplomáticos, e as sanções também não estavam tendo o efeito desejado. E havia a preocupação de que os israelenses resolvessem tratar da questão sozinhos caso os EUA não mostrassem logo resultados. Por essa e outras razões, Obama decidiu não só autorizar novamente o programa de sabotagem digital, como também acelerá-lo. Foi nesse ambiente que ele deu sinal verde para o lançamento de uma nova, e mais agressiva, versão do Stuxnet - aquela que tinha como alvo os conversores de frequência em Natanz.

Por que disparar um novo ataque quando o primeiro parecia estar tendo êxito? A operação contra as válvulas era efetiva, porém lenta. Os criadores do Stuxnet corriam contra o tempo e precisavam de um ataque mais rápido, que mirasse nas centrífugas de forma mais direta, para fazer o programa do Irã retroceder definitivamente. Eles também queriam confundir os técnicos com um conjunto diferente de problemas.

A ironia era que, enquanto Obama autorizava esse novo ataque contra os sistemas de computador do Irã, ele também anunciava novas iniciativas federais para a segurança do ciberespaço e infraestruturas críticas dos EUA - para protegê-los, portanto, de mesmo tipo de destruição que o Stuxnet produzia.[38] A infraestrutura digital do país era um ativo estratégico do país, disse ele durante um discurso semanas após sua posse, e protegê-las era uma prioridade de segurança nacional. "Nós vamos garantir que essas redes sejam seguras, confiáveis e resilientes", disse ele. "Nós vamos deter, prevenir, detectar e nos defender contra ataques e nos recuperar rapidamente de quaisquer interrupções ou danos".[39]

Enquanto Obama autorizava a operação secreta, seus detalhes já corriam o risco de serem expostos. Não era segredo que os EUA e seus aliados estavam comprometidos em esforços para sabotar o programa nuclear do Irã. Em fevereiro de 2009, o jornal "Telegraph", de Londres, relatou que Israel havia lançado uma extensa guerra secreta contra o programa nuclear do Irã que incluía assassinos,

---

[38] Em maio daquele ano, ele anunciou a criação de uma nova posição de 'czar' em segurança cibernética para ajudar a proteger as infraestruturas críticas dos EUA contra ataques cibernéticos.

[39] ZETTER, Kim. Obama Says New Cyberczar Won't Spy on the Net. **Wired**, May 29, 2009, disponível em <wired.com/threatlevel/2009/05/netprivacy>.

empresas de fachada, agentes duplos e sabotagem.[40] No artigo, um ex-agente da CIA parecia indicar a existência do Stuxnet ao revelar que a sabotagem fora projetada para frear o progresso do programa de tal forma que os iranianos nunca descobrissem a causa. O objetivo, disse ele, era "atrasar, atrasar, atrasar até que você pudesse vir com alguma outra solução ou abordagem (...). Essa é uma boa política, fora retirá-los militarmente, o que provavelmente traria riscos inaceitáveis".

Por volta da mesma época, o "New York Times" revelou também que uma nova campanha secreta contra o Irã havia sido lançada, mas não entrou em detalhes.[41]

Não estava claro se os iranianos viram essas notícias ou, caso afirmativo, se as ligaram aos problemas que estavam tendo em Natanz. Eles certamente estavam muito cientes dos riscos de sabotagem, já tendo experimentado isso em 2006 com os reguladores de potência da Turquia. Mas suspeitar que algo estava sendo sabotado era uma coisa. Chegar até a parte ou componente que estava causando aquilo era outra.

Enquanto os atacantes se preparavam para lançar a versão seguinte do Stuxnet, Obama cumpria outra promessa de campanha que fez em relação ao Irã. Durante a campanha, ele prometeu se empenhar em uma diplomacia mais robusta com a República Islâmica. Como parte dessa promessa, ele fez um movimento sem precedentes ao se dirigir diretamente ao mundo muçulmano durante seu discurso inaugural na televisão. "Nós buscamos um novo caminho adiante, baseado nos interesses mútuos e no respeito mútuo", disse ele. "Aos líderes ao redor do mundo que buscam semear o conflito, ou pôr a culpa dos males de sua sociedade no Ocidente – saibam que seu povo os julgará com base no que vocês podem construir, e não no que destroem".[42]

Ele se dirigiu diretamente aos iranianos mais uma vez em 20 de março, quando apelou aos líderes da República Islâmica e a seu povo em um discurso difundido pela "Voice of America" no Nowruz, o ano novo persa.

"Neste tempo de novos começos, eu gostaria de falar claramente aos líderes iranianos", disse ele. Os EUA estavam interessados em estabelecer laços constru-

---

[40] SHERWELL, Philip. Israel Launches Covert War Against Iran. **Telegraph**, Feb. 16, 2009.

[41] SANGER, David. U.S. Rejected Aid for Israeli Raid on Iranian Nuclear Site. **New York Times**, Jan. 10, 2009.

[42] Ver <whitehouse.gov/blog/inaugural-address>.

tivos com o Irã que fossem "honestos e baseados no respeito mútuo", disse ele, e estavam buscando um futuro em que o povo iraniano, seus vizinhos e a mais ampla comunidade internacional pudessem viver "em maior segurança e maior paz". Ele encerrou seu discurso com uma citação do poeta persa Saadi: "as crianças de Adão são membros uns dos outros, tendo sido criadas de uma única essência". Os EUA, disse ele, estavam preparados para estender a mão em amizade e paz, "se vocês estiverem dispostos a estender a mão".

Mas enquanto Obama estendia metaforicamente a mão em sinal de paz para o povo iraniano, outras mãos preparavam uma nova rodada de ataques digitais em Natanz.

Capítulo 17

O Mistério das Centrífugas

As duas semanas que antecederam o lançamento do ataque seguinte foram turbulentos no Irã. Em 12 de junho de 2009, as eleições presidenciais entre Mahmoud Ahmadinejad e seu desafiante Mir-Hossein Mousavi não saíram da maneira como a maioria esperava. Era para ser uma disputa apertada, mas quando os resultados foram anunciados – duas horas após o fechamento das votações – Ahmadinejad havia vencido com 63% dos votos contra 34% de Mousavi. O eleitorado protestou, e nos dias que se seguiram multidões de manifestantes saíram às ruas de Teerã para manifestar a sua indignação e descrença. De acordo com relatos da mídia, foi o maior protesto civil que o país já tinha visto desde a revolução de 1979 que derrubou o Xá, e não demorou muito para que se tornasse violento. Os manifestantes depredavam lojas e incendiavam latas de lixo, enquanto a polícia e os Basijis, milícias à paisana leais ao governo, tentavam dispersá-los com cassetetes, choques elétricos e balas.

Naquele domingo, Ahmadinejad fez um desafiante discurso de vitória, declarando uma nova era para o Irã e repudiando os manifestantes, classificando-os como nada mais do que *hooligans* chateados pela derrota de seu time. No entanto, os protestos continuaram durante toda a semana, e em 19 de junho, em uma tentativa de acalmar as multidões, o aiatolá Ali Khamenei sancionou os resultados das eleições, insistindo que a margem de vitória – 11 milhões de votos – era demasiadamente grande para ter sido alcançada através de fraude. As multidões, no entanto, não se acalmaram. No dia seguinte, uma mulher de 26 anos chamada Neda Agha-Soltan estava em um engarrafamento causado por manifestantes e foi baleada no peito por uma bala de um franco-atirador depois que ela e seu professor de música saíram do carro para observar.

Dois dias depois, em 22 de junho, uma segunda-feira, o Conselho de Guardiões, que supervisiona as eleições no Irã, declarou oficialmente Ahmadinejad como vencedor e, após quase duas semanas de protestos, Teerã se tornou estranhamente silenciosa. A polícia usou gás lacrimogêneo e munição real para dispersar os manifestantes, e a maioria deles desaparecera das ruas. Naquela tarde, por volta das 16:30hs, hora local, quando os iranianos superavam o choque e a tristeza dos acontecimentos dos dias anteriores, uma nova versão do Stuxnet era compilada e liberada.[1]

ENQUANTO AS RUAS de Teerã estavam em tumulto, os técnicos de Natanz experimentavam um período de relativa calma. Por volta do primeiro dia do ano, eles começaram, novamente, a instalação de novas centrífugas, e até o final de fevereiro eles tinham cerca de 5.400 delas no lugar, perto das seis mil que Ahmadinejad prometera no ano anterior. Nem todas as centrífugas estavam enriquecendo urânio ainda, mas pelo menos havia novamente um movimento em andamento, e em junho o número saltou para 7.052, com 4.092 dessas enriquecendo gás.[2] Além das 18 cascatas de enriquecimento de gás na unidade A24, havia agora 12 cascatas de enriquecimento de gás na A26. Sete cascatas adicionais ainda tinham sido instaladas na A28 e já estavam sob vácuo, sendo preparadas para receber gás.

O desempenho das centrífugas também estava melhorando. A produção diária de urânio de baixo enriquecimento do Irã subiu 20% e permaneceu con-

---

[1] A data e a hora na versão do Stuxnet que foi lançada em junho de 2009 indicavam que os atacantes compilaram o *malware* em 22 de junho às 16:31hs (hora local do computador que compilou o código) e que ele atacou a sua primeira vítima no dia seguinte às 4:40 da manhã (hora local da vítima), uma diferença aparente de 12 horas, dependendo do fuso horário onde estava o computador usado na compilação.

A hora da infecção veio de um arquivo de *log* que estava enterrado em toda amostra do Stuxnet que foi encontrada.

Cada vez que o Stuxnet infectava um computador, ele registrava o instante (baseado no relógio interno do computador) em seu *log*. Não se sabe se os atacantes lançaram o ataque logo após a compilação - e então o *malware* levou 12 horas para chegar à vítima - ou se eles aguardaram para lançá-lo no dia seguinte.

[2] ALBRIGHT, David. **Peddling Peril:** how the secret nuclear trade arms America's enemies. New York: Free Press, 2010, p. 202-3.

sistente durante todo o verão de 2009.[3] Apesar dos problemas anteriores, o Irã tinha atravessado um marco técnico e tinha conseguido produzir 839 kg de urânio pouco enriquecido – o suficiente para alcançar a capacidade de produção de armas nucleares.[4] Se continuasse nesse ritmo, o Irã teria urânio enriquecido suficiente para fazer duas armas nucleares dentro de um ano.[5] Essa estimativa, no entanto, era baseada na capacidade das centrífugas IR-1 instaladas atualmente em Natanz. Mas o Irã já havia instalado centrífugas IR-2 em uma pequena cascata na usina piloto. Uma vez que os testes dessas centrífugas estivessem completos e os técnicos começassem a instalá-las no corredor subterrâneo, a estimativa teria de ser revista. Foram necessários três mil IR-1s para produzir urânio suficiente para uma arma nuclear em um ano, mas seriam necessárias apenas 1.200 centrífugas IR-2 para fazer o mesmo.

Momento de entrada do Stuxnet 1.001, que apareceu no final de junho.

Para colocar a sua arma na usina, os atacantes lançaram uma ofensiva contra os computadores de quatro empresas. Todas as empresas estavam envolvidas em sistemas de controle industrial, seja fabricando produtos, montando componentes ou fazendo instalações. Todas elas provavelmente foram escolhidas porque possuíam alguma ligação com Natanz, como contratantes, e forneciam uma porta através da qual se podia passar o Stuxnet para Natanz através de empregados infectados.

Para garantir um sucesso maior em levar o código para onde ele precisava ir, essa versão do Stuxnet tinha duas maneiras a mais de se espalhar além da anterior. O Stuxnet 0.5 podia se espalhar apenas através da infecção de arquivos de projeto do Step 7 – usados para programar os PLCs da Siemens. Essa versão, no entanto, podia se espalhar através de *pen drives* usando o recurso de execução automática do Windows ou através da rede local da vítima usando o *exploit zero-day* do *spooler* de impressão que a Kaspersky e a Symantec encontraram mais tarde no código.

---

[3] ALBRIGHT, David; SHIRE, Jacqueline. **IAEA Report on Iran:** centrifuge and LEU increases; access to Arak reactor denied; no progress on outstanding issues. Institute for Science and International Security, June 5, 2009, disponível em <isisnucleariran.org/assets/pdf/Iran_IAEA_Report_Analysis_5June2009.pdf>.

[4] ALBRIGHT. **Peddling Peril**, p. 202-3.

[5] ALBRIGHT; SHIRE. **IAEA Report on Iran**, June 5, 2009.

Com base nos arquivos de *log* do Stuxnet, uma empresa chamada Foolad Technique foi a primeira vítima. Eles foram infectados às 04:40hs da manhã de 23 de junho, uma terça-feira.[6] Isso era quase uma semana antes que a próxima empresa fosse atingida.

Na segunda-feira seguinte, cerca de cinco mil manifestantes caminharam em silêncio pelas ruas de Teerã até a Mesquita Qoba para honrar as vítimas mortas durante os recentes protestos da eleição. Mais tarde naquela noite, por volta de 23:20hs, o Stuxnet atingiu as máquinas pertencentes à sua segunda vítima - uma empresa chamada Behpajooh.

Era fácil ver por que Behpajooh era um alvo. Era uma empresa de engenharia com sede em Esfahan - o local da nova usina de conversão de urânio do Irã, construída para transformar minério de urânio moído em gás para ser enriquecido em Natanz, e era também a localização do Centro de Tecnologia Nuclear do Irã, que se acreditava ser a base para o programa de desenvolvimento de armas nucleares do Irã. Behpajooh também tinha sido citada em documentos judiciais federais dos EUA em conexão com atividades de compras ilegais do Irã.[7]

Behpajooh estava no negócio de instalação e programação de sistemas de controle e de automação industrial, incluindo os sistemas da Siemens. O site da empresa não fazia qualquer menção a Natanz, mas dizia que a empresa tinha instalado os PLCs S7-400 da Siemens, assim como os softwares Step 7 e WinCC e módulos de comunicação Profibus em uma siderúrgica em Esfahan. Estes todos eram, naturalmente, os mesmos equipamentos em que o Stuxnet mirou em Natanz.

Às cinco da manhã em 07 de julho, nove dias depois que Behpajooh tinha sido atingida, o Stuxnet atingiu computadores no Grupo Industrial Neda, bem como uma empresa identificada nos registros unicamente como CGJ, que acreditava-se ser Control Gostar Jahed. Ambas as empresas projetavam ou instalavam sistemas de controle industrial.

---

[6] A Foolad Technique parecia operar sob o nome de domíno ISIE. Pode ser que a ISIE tenha sido adquirida pela Foolad ou então fosse uma divisão daquela companhia.

[7] Em 2006 um iraniano-americano foi indiciado por tentar contrabandear tecnologia de armas banidas para o Irã. O réu havia comprado sensores de pressão de uma companhia em Minneapolis e os enviara a um intermediário em Dubai que deveria encaminhá-los a Behpajooh. Ver KHALEEJ TIMES. **Dubai Firm Implicated in Iran 'Bomb Component's Investigation in US.** May 12, 2006.

Neda projetava e instalava sistemas de controle, instrumentação de precisão e sistemas elétricos para a indústria de petróleo e gás no Irã, bem como para centrais elétricas e instalações de mineração e de processamento. Em 2000 e 2001, a empresa instalou PLCs S7 da Siemens em várias operações de gasodutos no Irã e também instalou sistemas Siemens S7 no complexo Esfahan Steel.[8] Assim como Behpajooh, Neda tinha sido identificada em uma lista de observação de proliferação por seu suposto envolvimento em atividades de aquisição ilícita e foi citada em uma acusação dos Estados Unidos por receber microcontroladores contrabandeados e outros componentes.[9]

Cerca de duas semanas depois que atingiu Neda, um engenheiro de controle que trabalhava para a empresa apareceu em um fórum de usuários da Siemens em 22 de julho reclamando sobre um problema que os trabalhadores em sua companhia estavam tendo com suas máquinas. O engenheiro, que postou sob o nome de usuário Behrooz, indicou que todos os PCs em sua companhia estavam tendo um problema idêntico com um arquivo .DLL do Siemens Step 7, que produzia continuamente uma mensagem de erro. Ele suspeitava que o problema era um vírus que se espalhava através de dispositivos *flash* USB.[10]

Quando ele usava um DVD ou CD para transferir arquivos de um sistema infectado para um limpo, tudo ficava bem, ele escreveu. Mas quando usava um *pen drive* para transferir arquivos, o novo PC começava a ter os mesmos problemas que a outra máquina tinha. Um *pen drive*, é claro, era o método primário para o Stuxnet se espalhar. Embora Behrooz e seus colegas tivessem verificados

---

[8] Um dos outros clientes da Neda era uma estação de pressurização de gás na ilha Kharg, no Irã, local de uma das explosões que chamou a atenção de Eric Chien em 2010, após o Stuxnet ter sido descoberto. Segundo o site da Neda, entre 2008 e 2010 a empresa renovou os sistemas de controle nas unidades de Turbo Compressor da planta. Não havia nenhuma evidência de que a explosão na usina teria sido causada por sabotagem digital, mas o fato de que o Stuxnet tinha infectado computadores da Neda mostrava como poderia ser simples a realização de ataques digitais contra outros tipos de instalações no Irã.

[9] Em 2004, uma empresa comercial em Dubai solicitou 7.500 microcontroladores de uma empresa do Arizona e desviou o embarque para Neda, evidentemente para uso por militares do Irã. O caso se chama *US District Court, Mayrow General Trading et al., Indictment*, de 11 de setembro de 2008, disponível em <www.dodig.mil/iginformation/Mayrow%20Superseding%20Indictment.pdf>.

[10] Embora tenha publicado seus comentários sob o nome Behrooz, ele assinava suas mensagens na parte inferior como "M. R. Tajalli". Uma pesquisa sobre Behrooz e o outro nome levou a um perfil no LinkedIn e outros identificando-o como Mohammad Reza Tajalli, um engenheiro de controle que trabalhava para a Neda desde 2006. Tajalli era especializado em sistemas de controle para a indústria do petróleo, de acordo ao seu perfil do LinkedIn. Ele não respondeu a consultas da autora.

suas máquinas atrás de vírus, eles não encontraram *malwares*. Não havia nenhum sinal no tópico de discussão de que, àquela altura, eles tivessem resolvido o problema.

Não se sabe quanto tempo demorou para o Stuxnet chegar ao seu destino após infectar máquinas em Neda e nas outras empresas, mas entre junho e agosto o número de centrífugas enriquecendo urânio em Natanz começou a cair. Se este era o resultado apenas da nova versão do Stuxnet ou os efeitos prolongados da versão anterior, também não se sabe. Mas, em agosto daquele ano, apenas 4.592 centrífugas estavam enriquecendo na fábrica, um decréscimo de 328 centrífugas desde junho. O problema, mais uma vez, estava na unidade A26, onde os incidentes anteriores ocorreram. Em junho, havia 12 cascatas enriquecendo gás nessa unidade. Em novembro, o gás já tinha sido removido de metade delas e apenas seis das cascatas A26 estavam enriquecendo. O número total de centrífugas enriquecendo urânio em Natanz caiu para 3.936, uma redução de 984 em cinco meses. Além do mais, apesar das novas máquinas ainda estarem sendo instaladas, nenhuma delas estava sendo alimentada com gás. Na A28, 17 novas cascatas estavam em instalação, mas nenhuma destas três mil centrífugas estava enriquecendo gás.

Claramente havia problemas com as cascatas, e os técnicos não faziam ideia do que era. No entanto, as alterações poderiam ser mapeadas precisamente para o tipo de coisa que o Stuxnet tinha sido projetado para fazer.

Essa versão do Stuxnet, como mencionado anteriormente, aumentava a frequência dos rotores das centrifugas para 1.410 Hz por 15 minutos - uma velocidade de quase 1.600 quilômetros por hora - e então após três semanas diminuía para 2 Hz durante cinquenta minutos.[11] As alterações, após um número de ciclos, teriam começado a danificar as centrífugas e a afetar o nível de enriquecimento de gás.

Mas Albright e seus colegas determinaram que teria levado mais de 15 minutos para os motores das centrífugas chegarem a 1.410 Hz - a frequência que teria sido mais prejudicial às centrífugas. Elas provavelmente só teriam atingido de 1.324 Hz a 1.381 Hz naquele tempo. No entanto, a velocidade variável e as constantes acelerações e desacelerações ao longo do tempo teriam criado um estresse incremental e danificado os rotores das centrífugas. O aumento da velo-

---

[11] Ver Capítulo 13.

cidade também teria causado expansão no alumínio das centrífugas, deixando-as desequilibradas.

As IR-1 já eram frágeis por natureza, e a menor imperfeição poderia colocá-las fora de operação – poeira na câmara, por exemplo, poderia fazer com que se autodestruíssem. O chefe da Organização de Energia Atômica do Irã, Gholam Reza Aghazadeh, revelou durante uma entrevista em 2006 que, nos primeiros dias do programa de enriquecimento, as IR-1s se desintegravam com frequência devido a **germes** na máquina. Inicialmente eles não sabiam por que as centrífugas explodiam, mas ele disse que, em última instância, atribuiu-se o problema a técnicos que montavam as centrífugas sem luvas. Micróbios deixados para trás nas máquinas literalmente as pulverizavam quando estas começavam a girar. "Quando dizemos que uma máquina é destruída", ele disse ao entrevistador, "queremos dizer que ela se transforma em pó".[12]

As centrífugas possuíam rolamentos em seu topo e na base que ajudavam a mantê-las estáveis, como um pião.[13] Uma centrífuga tinha que ser levada até a velocidade de operação lentamente. Em funcionamento, era bonita e elegante de se ver. Mas num piscar de olhos tudo poderia dar errado. Se uma centrífuga começasse a balançar, rapidamente sairia de controle. O próprio invólucro da centrífuga era pesado e não quebraria, mas podia se dividir longitudinalmente, como um cachorro-quente em um forno de micro-ondas, ou dobrar e fazer com que as tampas em cada uma das extremidades estourassem. No interior do invólucro, o rotor e outros componentes poderiam se separar.

O aumento da velocidade causado pelo Stuxnet poderia ter induzido vibrações que teriam, eventualmente, desgastado os rolamentos após vários ciclos de ataque, fazendo com que as centrífugas ficassem desequilibradas e tombassem. Mas com os dados falsos sendo alimentados de volta para os operadores, eles não tinham como ver a destruição que viria pela frente e nem teriam, posteriormente, condições de descobrir o que tinha dado errado.

---

[12] BROAD, William. A Tantalizing Look at Iran's Nuclear Program. **New York Times**, Apr. 29, 2008.

[13] As centrífugas possuem uma tampa em cada extremidade e se equilibram precariamente em um rolamento de esferas ligado a um alfinete ou agulha. A parte superior da agulha está ligada ao tampão que está localizado na parte inferior da centrífuga, enquanto a metade inferior da agulha, com o rolamento, está inserida em um copo que está ligado a uma mola. Toda essa engenhoca permite que a centrífuga balance ligeiramente enquanto gira, ao mesmo tempo em que se mantém estabilizada. O excesso de movimento, no entanto, pode desestabilizar a centrífuga e desgastar essas partes.

A segunda sequência do ataque, que reduzia a frequência das centrífugas para 2 Hz durante cinquenta minutos, fazia parecer que os atacantes estavam também tentando degradar o urânio enriquecido, não apenas danificar as centrífugas. Uma centrífuga rodando a 1.064 Hz levaria tempo para reduzir a 2 Hz. Em cinquenta minutos, ela provavelmente só iria diminuir para cerca de 864 Hz antes que a sabotagem terminasse e ela retornasse à velocidade normal, determinaram Albright e a sua equipe. Porém, ao reduzir a velocidade de uma centrífuga entre 50 e 100 Hz, o Stuxnet conseguiria diminuir o enriquecimento pela metade. No enriquecimento de urânio, as centrífugas precisam girar de forma consistente em alta velocidade para separar os isótopos de U-235 e U-238 no gás. Se a velocidade varia, especialmente se ela diminui por cinquenta minutos, isso perturba o processo de separação. Os técnicos de Natanz esperavam obter um certo grau de urânio proveniente da cascata, mas estariam recebendo outra coisa em seu lugar. Esse efeito era muito mais sutil do que pura e simplesmente destruir as centrífugas, e não teria sido suficiente, por si só, para retardar o programa iraniano. Mas, combinado com os outros efeitos, ele funcionou para sabotar o programa a partir de um ângulo diferente. Nessa sequência do ataque, não só a percentagem de enriquecimento era afetada; o volume do urânio enriquecido que era produzido também se tornou errático. Em fevereiro de 2009, as centrífugas produziam cerca de 0,62 unidade de trabalho de separação, mas em maio caiu para 0,49. E em junho e agosto variou entre 0,51 e 0,55.

Nos Estados Unidos, Albright e seus colegas do ISIS liam os relatórios da AIEA, notando as mudanças em Natanz, e não ficaram surpresos ao ver que o Irã estava tendo problemas, dada a rapidez com que os técnicos instalavam as cascatas na unidade A26. Ele soube a partir de fontes que os técnicos de Natanz tinham reduzido a velocidade das centrífugas, em um esforço para resolver os problemas, mas Albright suspeitava que estava acontecendo algo mais que dificuldades técnicas e quebras rotineiras. Ele contatou fontes no governo e na AIEA para obter um panorama sobre o que estava acontecendo, mas não obteve respostas definitivas.

Com a chegada de 2010, os números de Natanz continuavam a cair. O número de centrífugas instaladas estava em 8.692, mas o número de centrífugas que enriqueciam urânio ativamente agora tinha caído para 3.772, uma queda de 1.148 desde junho. Até então, os problemas estavam restritos à A26, mas agora eles pareciam estar se espalhando para a A24 e a A28 também. O gás fora removido de uma cascata na A24, por exemplo.[14]

Mais revelador, no entanto, era o fato de os técnicos terem começado a desligar e a remover centrífugas de algumas das cascatas. Em agosto, a AIEA havia instalado mais câmeras no corredor subterrâneo para acompanhar o ritmo do crescimento da instalação, conforme os técnicos instalavam mais cascatas. Agora eles estavam capturando imagens de trabalhadores apressados em remover as centrífugas das unidades. Em janeiro, a AIEA informou que os técnicos removeram um número indeterminado de centrífugas de 11 das cascatas na A26 e também removeram todas as 164 centrífugas de uma cascata na A28. Nenhuma das 16 cascatas restantes na A28 estavam enriquecendo.[15] O jornal "Washington Post", mais tarde, informaria que 984 centrífugas foram substituídas durante esse período, o equivalente a seis cascatas inteiras.

Mas o trabalho do Stuxnet ainda não tinha acabado.

O FINAL DE 2009 estava chegando e crescia a pressão sobre os Estados Unidos para que detivesse o programa nuclear do Irã.

No final de setembro, enquanto os números de Natanz caíam, o presidente Obama anunciava no Encontro do Conselho de Segurança da ONU sobre Não Proliferação e Desarmamento Nuclear que uma nova instalação secreta de enriquecimento de urânio havia sido descoberta no Irã. Estava localizada em uma base militar, enterrada a mais de 45 metros debaixo de uma montanha em Fordow, a cerca de 30 quilômetros da cidade sagrada de Qom.

A usina era muito menor do que a de Natanz e tinha sido projetada para manter apenas três mil centrífugas, em comparação com as 47.000 de Natanz. Mas era grande o suficiente para enriquecer urânio para uma ou duas bombas

[14] Em entrevistas com a autora, várias fontes sugeriram que as centrífugas na A24 poderiam ter sido configuradas de forma diferente daquelas na A26 – que os conversores de frequência utilizados para controlá-las era de um modelo diferente. Se for verdade, é possível que o Stuxnet 0.5, que visava as válvulas de centrífugas e cascatas, tenha sido usado contra a A24, e que versões posteriores do Stuxnet, direcionadas aos conversores de frequência, tenham sido usadas contra as cascatas na A26. Isso pode explicar por que as cascatas na A24 tiveram problemas em 2008, quando o Stuxnet 0.5 foi lançado, mas teve menos problemas em 2009, quando a versão posterior do Stuxnet começou a sua sabotagem.

[15] IAEA. Implementation of the NPT Safeguards Agreement and Relevant Provisions of Security Council Resolution 1737 (2006), 1747 (2007), 1803 (2008) and 1835 (2008) in the Islamic Republic of Iran. Feb. 18, 2010, disponível em <www.iaea.org/sites/default/files/gov2010-10.pdf>.

por ano, se o Irã decidisse usá-la para essa finalidade. "O Irã tem o direito de produzir energia nuclear pacífica que atenda às necessidades energéticas de seu povo. Mas o tamanho e a configuração dessa instalação são incompatíveis com um programa pacífico", disse Obama durante seu anúncio sobre Fordow.[16]

Os iranianos disseram à AIEA de Mohamed ElBaradei que a usina era apenas uma cópia de segurança de Natanz, que a ameaça de um ataque militar contra Natanz tinha exigido que a construíssem como uma contingência. A nova usina ainda estava em construção e não tinha previsão de ser concluída até 2011, mas, de acordo com a inteligência dos EUA, os trabalhos nela provavelmente iniciaram em algum momento entre 2002 e 2004, o que significava que os inspetores da AIEA já tinham passado pelo local secreto inúmeras vezes em direção de Natanz, ao longo dos anos, sem saber da sua existência. Obama soube da usina no início do ano, durante seu *briefing* de pré-inauguração na Casa Branca, mas as agências de inteligência sabiam disso pelo menos desde 2007, quando o chefe da Guarda Revolucionária do Irã desertou para o Ocidente e disse à CIA que o Irã estava construindo uma segunda usina secreta de enriquecimento em algum lugar dentro de suas fronteiras. Desde então, o satélite de reconhecimento já a localizou em Fordow.[17]

A usina de Fordow, embora menor, na verdade apresentava um perigo muito mais grave do que Natanz. Com os inspetores da AIEA acompanhando de perto Natanz, era improvável que o Irã pudesse secretamente desviar materiais nucleares a partir dessa usina para enriquecê-los até o nível de material bélico. Usinas secretas como a de Fordow, no entanto, onde o enriquecimento para armas poderia ser feito sem o conhecimento da AIEA, eram muito mais preocupantes.

---

[16] WHITE HOUSE. **Statements by President Obama, French President Sarkozy, and British Prime Minister Brown on Iranian Nuclear Facility.** Sep. 25, 2009, no Pittsburgh Convention Center em Pittsburgh, Pensilvânia, disponível em <www.whitehouse.gov/the-press-office/2009/09/25/statements-president-obama-french-president-sarkozy-and-british-prime-mi>.

[17] As imagens de satélite inicialmente capturaram o que parecia ser túneis e construção subterrânea ocorrendo em Fordow; em seguida, em 2008, capturaram trabalhadores empilhando grandes blocos de cimento fora da entrada de um túnel. Os blocos se assemelhavam às plataformas de cimento que são utilizadas em instalações de enriquecimento para segurar as cascatas. Os Estados Unidos brincaram com a ideia de preparar uma equipe de operações especiais e enviá-la ao Irã para sabotar os blocos para que eles pudessem destruir as centrífugas em uma data posterior, mas o empreendimento arriscado não avançou além disso. Ver SANGER, David E. **Confront and Conceal:** Obama's secret wars and surprising use of American power. New York: Crown, 2012, p. 152, 155.

Fordow também era uma preocupação especial porque estava sendo construída debaixo de mais de trinta metros de rocha sólida, colocando-a fora do alcance da safra atual de bombas arrasa-*bunkers* e possivelmente até mesmo fora do alcance de uma nova geração de bombas em desenvolvimento pelos Estados Unidos.[18]

O primeiro-ministro do Reino Unido, Gordon Brown, respondeu à notícia de Fordow chamando o programa nuclear iraniano de "o desafio da proliferação mais urgente que o mundo enfrenta atualmente". Ele disse que a comunidade internacional não tinha escolha a não ser "estabelecer um limite para as decepções em série de muitos anos do Irã".[19]

As autoridades iranianas, no entanto, pareciam imperturbáveis pelas revelações sobre Fordow, afirmando desafiadoramente que eles previam a construção de mais dez usinas de enriquecimento de urânio nas próximas décadas para abastecer uma frota de usinas nucleares, também com construção planejada.[20] As usinas de enriquecimento seriam todas enterradas sob montanhas para protegê-las de ataques, disse o chefe da AEOI.[21]

Na esteira das notícias de Fordow, Israel insistia que algo precisava ser feito sobre o programa nuclear iraniano. Em uma reunião em novembro, em Tel Aviv, um líder militar de Israel disse a autoridades dos EUA que 2010 seria um "ano crítico" no confronto com o Irã. Se não agissem logo, o Irã iria reforçar suas instalações nucleares, e seria mais e mais difícil desativá-las.[22] Os Estados Unidos já

---

[18] O *Defense Science Board* (Comitê de Ciência de Defesa), que aconselhou o Pentágono a construir a arma em 2004, escreveu que uma instalação em túnel enterrada profundamente dentro da rocha poderia representar "um desafio significativo", mesmo com as novas bombas. "Vários milhares de quilos de explosivos de alta potência acoplados ao túnel seriam necessários para derrubar portas de segurança e propagar uma explosão letal de ar", eles escreveram. BROAD, William. Iran Shielding Its Nuclear Efforts in Maze of Tunnels. **New York Times**, Jan. 5, 2010.

[19] WHITE HOUSE. **Statements by President Obama, French President Sarkozy, and British Prime Minister Brown on Iranian Nuclear Facility.**

[20] Um ano depois, em setembro de 2010, enquanto os pesquisadores da Symantec e Ralph Langner ainda estavam decifrando a carga do Stuxnet, o grupo dissidente iraniano que havia exposto Natanz afirmou que tinha informações sobre mais uma usina de enriquecimento de urânio secreta sendo construída perto de Abyek, cerca de 120 quilômetros a oeste da Teerã. Ver SANGER, David E. Dissidents Claim Iran Is Building a New Enrichment Site. **New York Times**, Sep. 9, 2010.

[21] BROAD. Iran Shielding Its Nuclear Efforts.

[22] Telegrama do Deparamento de Estado dos Estados Unidos, "40th Joint Political-Military Group: Executive Session (Part 1 of 4)", 18 de novembro de 2009, publicado pelo WikiLeaks em <wikileaks.org/cable/2009/11/09TELAVIV2500.html>.

haviam prometido secretamente a Israel um carregamento de uma nova geração de bombas arrasa-*bunkers* que estavam produzindo, mas ainda estavam a seis meses da entrega.

Em janeiro de 2010, a pressão aumentou quando um documento vazado para a mídia divulgava um ramo militar secreto do programa de pesquisa nuclear do Irã conhecido como FEDAT. O ramo, foi dito, seria chefiado por Mohsen Fakhrizadeh, professor da Universidade Imam Hossein, em Teerã.[23] No mês seguinte, a AIEA indicou que havia recebido informação "amplamente consistente e crível" de que o Irã teria desenvolvido armas nucleares. "Isso levanta preocupações sobre a possível existência no Irã de atividades não reveladas, passadas ou atuais, relacionadas ao desenvolvimento de uma carga nuclear para um míssil".[24]

Além de tudo isso, as negociações destinadas a aliviar as preocupações sobre o crescente estoque de urânio pouco enriquecido do Irã entraram em colapso. Durante anos, o Irã disse que precisava de urânio para produzir barras de combustível para seu reator de pesquisa em Teerã para realizar pesquisas sobre câncer e tratamentos oncológicos, mas os Estados Unidos e outros sempre tiveram a preocupação sobre o urânio em algum momento ser enriquecido ainda mais para armas. Assim, em meados de 2009, um conselheiro da Casa Branca elaborou um acordo inteligente para resolver as preocupações do Ocidente acerca do urânio. Segundo o plano da Casa Branca, o Irã enviaria a maior parte desse urânio de baixo enriquecimento para a Rússia e para a França, para que esses dois países pudessem transformá-lo em barras de combustível para o reator iraniano. A proposta era engenhosa porque forneceria ao Irã todo o combustível necessário para seu reator e tiraria dos oficiais iranianos a oportunidade de enriquecer ainda mais suas reservas para material de nível bélico.

Autoridades iranianas disseram em 2009 que precisavam de tempo para avaliar a proposta. Mas em 19 de janeiro eles anunciaram que a estavam recusando. Isso não era tudo. Eles também anunciaram que já tinham tomado parte do urânio pouco enriquecido produzido no salão subterrâneo em Natanz e começado

---

[23] BEDNARZ, Dieter; FOLLATH, Erich; STARK, Holger. Intelligence from Tehran Elevates Concern in the West. **Der Spiegel**, Jan. 25, 2010.

[24] FOLLATH, Erich; STARK, Holger. The Birth of a Bomb: A History of Iran's Nuclear Ambitions. **Der Spiegel**, June 17, 2010.

a enriquecê-lo ainda mais para quase 20% na usina piloto – um nível que eles disseram ser necessário para pesquisa médica.[25]

Seis dias depois, a equipe por trás do Stuxnet começava os preparativos para uma nova rodada de ataques.

Ao longo de seu primeiro ano no cargo, o presidente Obama acompanhou de perto o progresso da arma digital. Já havia muito caminho trilhado rumo ao sucesso, e até agora as notícias eram boas. Na verdade, era melhor do que o esperado. Apesar de o Stuxnet ter como alvo um número limitado de centrífugas, os iranianos ampliaram os seus efeitos ao incapacitarem cascatas inteiras de centrífugas em seu esforço para descobrir a fonte dos problemas, contribuindo assim para promover mais atrasos em seu programa. Eles ainda pareciam não ter ideia de que os problemas estavam nos computadores que controlavam as suas cascatas, então não havia nenhuma razão para interromper a sabotagem nesse ponto. Ainda mais em um momento no qual crescia a pressão para tomar uma ação militar contra o Irã.

Então, em 25 de janeiro, os atacantes assinaram dois arquivos de *driver* do Stuxnet com o certificado digital roubado da RealTek em Taiwan. Em 1º de março, eles compilaram o seu código. Em seguida, eles pareceram esperar.

Em 20 de março Nowruz chegou, e Obama novamente entregou uma mensagem severa sobre a cooperação pacífica para o povo iraniano, como tinha feito durante a celebração anterior do Ano Novo Persa. Mas, dessa vez, ele falou diretamente sobre o programa nuclear iraniano. "Junto com a comunidade internacional, os Estados Unidos reconhecem o seu direito à energia nuclear pacífica – nós insistimos apenas que vocês se comprometam com as mesmas responsabilidades que se aplicam a outras nações", disse ele. "Estamos familiarizados com suas queixas do passado – nós também temos nossas próprias queixas, mas estamos preparados para avançar. Nós sabemos as coisas pelas quais vocês são contra; agora nos digam as coisas pelas quais vocês são a favor".

Seu tom de voz ficou mais sombrio enquanto ele fazia uma referência velada à recente rejeição da proposta de compromisso para o combustível nuclear do Irã.

---

[25] HEINONEN, Olli J. Iran Ramping Up Uranium Enrichment. **Power and Policy blog**, July 20, 2011, publicado pelo Belfer Center, da Harvard Kennedy School, disponível em <https://powerandpolicy.wordpress.com/2011/07/20/iran-ramping-up-uranium-enrichment/?utm_source=powerandpolicy&utm_medium=Power+%26+Policy&utm_campaign=feed>.

"Confrontados com uma mão estendida", disse Obama, "os líderes iranianos têm mostrado apenas o punho fechado".[26]

Nas semanas antes de seu discurso, técnicos iranianos trabalhavam duro para se recuperar dos problemas criados pelo Stuxnet, levando o número de cascatas na unidade A24 de volta à capacidade, com todas as 18 cascatas de enriquecimento, e restaurando centrífugas que eles tinham removido de várias cascatas na A26. Eles também aumentaram a quantidade de gás que alimentava as centrífugas ainda em operação para compensar o tempo perdido e aumentar a produção de gás enriquecido. Mas não tinham ideia de que estavam prestes a ser atingidos novamente.

As celebrações do Ano Novo Persa no Irã ocorrem durante 13 dias, embora apenas os primeiros quatro dias fossem feriados oficiais. Foi em 23 de março, o quarto dia do feriado, quando a maioria dos trabalhadores ainda estava em casa com suas famílias e amigos, que veio a próxima onda do Stuxnet. A carga útil era idêntica àquela liberada em junho, mas essa versão incluía uma coleção maior de *exploits zero-day* e outros mecanismos de propagação, incluindo o *exploit* .LNK que levou à sua descoberta.

Apesar de todos esses recursos adicionais, no entanto, parecia que os atacantes visavam apenas uma única empresa dessa vez – Behpajooh. Não se sabe ao certo quando o código foi liberado, mas ele atingiu as primeiras máquinas de Behpajooh por volta das seis da manhã do dia 23 de março. Behpajooh também havia sido atingida no ataque de 2009 e seria atingida em um ataque posterior no mês seguinte, em abril de 2010. Era, de fato, a única empresa conhecida por ter sido atingida em todos os três *rounds*, sugerindo que poderia ter um maior valor que as outras como canal para alcançar os computadores de destino em Natanz. Foi também, infelizmente, a vítima que lançou milhares de outras infecções dentro e fora do Irã.

Durante os dias subsequentes, com os trabalhadores voltando do feriado para os seus escritórios, o *worm* começou a se replicar descontroladamente, espalhando-se primeiro através de escritórios da Behpajooh no Irã, no Reino Unido e na Ásia, antes de se expandir abertamente e infectar outras empresas nesses países e além

[26] WHITE HOUSE. **Remarks of President Obama Marking Nowruz.** Mar. 20, 2010, disponível em <www.whitehouse.gov/the-press-office/remarks-president-obama-marking-nowruz>.

deles.[27] Mais tarde, quando os pesquisadores da Symantec analisaram várias amostras do Stuxnet recolhidas dos computadores infectados, eles foram capazes de rastrear milhares de infecções originadas dessas infecções iniciais em Behpajooh.[28]

A razão para os atacantes aumentarem seu poder de fogo para atingir o objetivo ainda era incerto àquela altura. Talvez tivessem ficado imprudentes, com excesso de confiança, por terem passado dois anos dentro dos computadores de Natanz. Mas a explicação mais provável é que as versões anteriores do Stuxnet tinham sido entregues através de um *insider* ou alguém com acesso próximo às máquinas de destino. Se os criadores do Stuxnet perderam, posteriormente, esse acesso, eles talvez tivessem sentido a necessidade de ampliar o poder de dispersão para melhorar as chances de alcançar seu alvo. Um pedaço de evidência circunstancial apoiando essa explicação foram os diferentes intervalos de tempo entre os instantes em que os ataques foram compilados e quando infectaram suas primeiras vítimas. No ataque de junho de 2009, apenas cerca de 12 horas se passaram entre o momento em que o *worm* foi compilado e quando atingiu a sua primeira vítima.[29] Mas a versão de março de 2010 foi compilada na manhã do dia 1º de março, e então só infectou sua primeira máquina em 23 de março (a última versão conhecida, lançada em abril, também teve uma longa demora de 12 dias entre a data da compilação e a data da infecção). O curto tempo de infecção em 2009 sugeria que os atacantes poderiam ter usado um cúmplice dentro da empresa ou uma vítima involuntária que tivesse sido pré-selecionada para a operação. Quan-

---

[27] Ele passou quase um mês trilhando seu caminho através dos computadores na Behpajooh e, em 24 de abril, ele encontrou ouro quando atingiu um computador identificado pelo nome "Manager 115". O Stuxnet registrou que este computador continha uma pasta zipada com arquivos de projeto do Step 7. Durante o próximo par de meses, o *malware* escapou da rede da Behpajooh e se espalhou para outras empresas. As empresas estão identificadas no arquivo de *log* apenas por seus nomes de domínio, que podem ou não ser também o nome da empresa. Por exemplo, eles incluem MSCCO, Melal e S-Adari.

[28] Foram infectados dez "pacientes zero" em cinco empresas. Ou seja, dez máquinas nessas cinco empresas eram alvo dos atacantes. E dessas dez máquinas, os pesquisadores da Symantec conseguiram traçar uma constelação de cerca de 12.000 outras infecções. Dessas cinco empresas, Behpajooh foi a responsável por 69% das 12.000 infecções.

[29] Os momentos de compilação e de infecção nem sempre são precisos. Os relógios do sistema na máquina de compilação ou na máquina da vítima, nesse caso, poderiam estar desconfigurados ou o código poderia ter sido compilado em um fuso horário diferente do fuso horário da vítima. Ao comparar a quantidade de tempo decorrido entre o momento em que as três versões do Stuxnet foram compiladas e quando infectaram suas primeiras máquinas, os investigadores assumiram que a máquina de compilação e as máquinas da vítima estavam no mesmo fuso horário.

do chegou a hora de liberar versões posteriores do Stuxnet, os atacantes podem ter precisado esperar mais tempo até que surgisse uma oportunidade de lançá-las.

À medida que se espalhava, o Stuxnet contatava seus controladores através dos servidores de comando-e-controle – e, por isso, não tardou para que as autoridades em Washington soubessem que seu *worm* tinha saído do controle. Nesse ponto, ficou claro que uma operação que vinha sendo um dos segredos mais bem guardados em Washington por mais de três anos de repente estava em risco de ser exposta.

Como uma arma digital cuidadosamente elaborada e controlada por tanto tempo se desfazia agora? Os dedos apontaram para Israel, inicialmente. Na primavera de 2010, a Casa Branca, a NSA e os israelenses tinham supostamente "decidido balançar as cercas", mirando um grupo específico de mil centrífugas que eles queriam atacar.[30] Era provavelmente um grupo de seis cascatas na unidade A26. A rodada anterior do Stuxnet tinha reduzido a A26 de 12 para apenas seis cascatas de enriquecimento de urânio. É possível que essas últimas seis fossem as cascatas que os atacantes agora queriam desabilitar. Seis cascatas de 164 centrífugas somavam 984 centrífugas. Aparentemente, os israelenses acrescentaram os toques finais – os *zero days* extras e outros mecanismos de dispersão – a fim de superdimensioná-lo. Sanger relata que fontes lhe disseram que o *worm* foi lançado dentro de Natanz e escapou quando um cientista iraniano conectou seu computador portátil a um computador de controle infectado na fábrica e, em seguida, levou a infecção de seu laptop para a internet. Mas isso não corresponde às evidências forenses que os pesquisadores encontraram no código. Como observado anteriormente, cada amostra do Stuxnet continha um arquivo de *log* com uma lista de cada máquina que ele havia infectado. Esses arquivos mostraram que as primeiras infecções ocorreram em computadores pertencentes a Behpajooh e outras empresas, computadores que pareciam ser sistemas genéricos, não computadores de programação dentro de Natanz que continham arquivos do Step 7 ou o software da Siemens. Era possível que estes fossem laptops pertencentes a empreiteiros que trabalhavam dentro de Natanz. Mas Sanger também escreve que o *worm* deveria ter reconhecido quando o seu ambiente mudava e ele desembarcava em máquinas fora do seu ambiente-alvo. No entanto, não havia nada em qualquer uma das versões do Stuxnet que os investigadores examinaram que

[30] SANGER. **Confront and Conceal**, p. 204.

servisse como um mecanismo para reconhecer isso e prevenir que o Stuxnet se espalhasse para fora de Natanz. As únicas limitações que o Stuxnet tinha eram de onde e quando ele disparava sua carga útil, e não por onde se espalhava.

É importante notar, no entanto, que os operadores que gerenciavam os servidores de comando que se comunicavam com o Stuxnet **tinham** a capacidade de travar a propagação da arma, uma vez que o vissem ficando fora de controle. O Stuxnet possuía uma função de desinfecção que permitia que os atacantes o removessem de uma máquina infectada. Assim que o Stuxnet começou a se espalhar descontroladamente e os atacantes começaram a ver máquinas infectadas da Indonésia, Austrália e outros lugares se reportando para o seu servidor, eles poderiam ter enviado um comando de desinfecção para eliminar o código dessas máquinas. Havia um número limitado de possíveis razões pelas quais eles não fizeram isso. "Ou eles não se importavam que ele se espalhasse ou ele estava se espalhando mais rápido do que o esperado e não seria possível contê-lo", diz O'Murchu. O'Murchu não acha que era incompetência. "Eles tinham total controle sobre as máquinas infectadas, e eu acho que foi uma decisão consciente [a de fazer nada]". Mesmo após as notícias de propagação do Stuxnet chegarem de volta a Washington, uma decisão notável foi tomada no sentido de permitir a continuidade da operação, sem qualquer tentativa aparente de tentar travar a sua propagação. Embora, mais uma vez, os detalhes fossem obscuros, de acordo com fontes de Sanger, pelo menos mais duas versões do Stuxnet foram libertadas após março, mas foram ajustadas para remover o "bug" que fez a anterior se espalhar.

Em 14 de abril, os atacantes compilaram uma outra versão do Stuxnet, mas a carga útil dessa vez era exatamente a mesma que a de março. Embora os mesmos mecanismos de dispersão estivessem presentes nessa versão, ela não se espalhou para tão longe como a versão de março.[31] Não foram encontradas outras versões soltas do Stuxnet com data posterior a essa.

[31] Embora o ataque tenha atingido algumas empresas várias vezes, não era sempre pela mesma máquina. Os atacantes poderiam estar à procura de máquinas cada vez mais bem posicionadas ou que lhes dessem diferentes vias de acesso ao destino. Não está claro por que a versão de abril não se espalhou tão amplamente quanto a de março, uma vez que tinham todos os mesmos mecanismos de *zero days* para se espalhar e também atingiu Behpajooh, a empresa afetada pelo ataque de março a partir do qual o Stuxnet se espalhou amplamente ao redor do mundo. É possível que as máquinas alcançadas pelo ataque de abril não estivessem tão amplamente conectadas como as atingidas em março, reduzindo a sua propagação.

É possível que versões posteriores do Stuxnet tenham sido liberadas, mas, se existiram, elas foram muito mais rigidamente controladas e nunca foram encontradas. Houve uma insinuação a esse respeito quando os investigadores encontraram um arquivo de um *driver* aleatório em julho de 2010, que eles acreditavam estar associado ao Stuxnet. Era o *driver* descoberto pela ESET que tinha sido assinado com o certificado da J-Micron. Como se observou, o *driver* foi encontrado sozinho, sem qualquer arquivo principal do Stuxnet que o acompanhasse, mas acredita-se que possa ter sido parte de outro ataque do Stuxnet.

No ataque de abril, a Foolad Technique foi a primeira vítima atingida, assim como tinha sido no ataque de junho de 2009. O *worm* atingiu a empresa em 26 de abril e pareceu infectar o mesmo computador que tinha infectado no ano anterior. Semanas mais tarde, em 11 de maio, a arma digital foi liberada em três computadores pertencentes a uma empresa que utilizava o nome de domínio Kala, que se acredita ser Kala Electric ou Kala Electronics, a empresa de fachada que o Irã usava para gerenciar Natanz e secretamente adquirir componentes de seu programa nuclear – a mesma empresa que Alireza Jafarzadeh mencionou na sua coletiva de imprensa de 2002, quando expôs Natanz.[32] A Behpajooh foi atingida com essa mesma versão do Stuxnet em 13 de maio.

Curiosamente, embora o Neda Industrial Group não aparecesse nos *logs* das amostras de infecção de 2010 que os investigadores examinaram, Behrooz, o engenheiro de controle que havia publicado no fórum de usuários da Siemens no ano anterior, apareceu novamente reclamando da continuação dos problemas. Em 02 de junho, ele escreveu que todos os computadores Windows em sua empresa ainda estavam enfrentando o mesmo problema do ano anterior.

Trabalhadores de outras empresas entraram na conversa para dizer que eles também estavam tendo o mesmo problema. Um usuário, que também escreveu que todos os PCs em sua empresa tinham sido infectados, disse que o problema parecia estar confinado ao Irã. "Porque você pode ver muitas pessoas no Irã [no fórum] tendo o mesmo problema desde há pelo menos 1 [mês] atrás", escreveu ele. A discussão continuou ao longo de julho, com Behrooz por vezes tão frustrado que ele terminava algumas de suas mensagens com um emoticon de rosto vermelho, com raiva. Então, de repente, em 24 de julho, ele publicou uma mensagem

[32] O nome de domínio de um computador, por vezes, pode identificar o nome da empresa que o possui, mas nem sempre.

dizendo que finalmente o mistério tinha sido resolvido. Ele incluiu um link para um artigo sobre o Stuxnet, que recentemente tinha sido exposto publicamente, e terminou a sua mensagem com três emoticons sorrindo. Claro que levaria mais alguns meses antes que ele e o resto do mundo entendesse qual era o alvo.

AO CONTRÁRIO DOS ataques de 2009, não se sabe o que ocorreu em Natanz após os ataques de 2010. Sanger escreve que, após os atacantes liberarem uma terceira versão do Stuxnet em 2010, esta fez com que 984 centrífugas "emitissem guinchos e então parassem".[33] Como observado anteriormente, havia nesse momento exatamente 984 centrífugas enriquecendo em seis cascatas na unidade A26, mas não havia nenhuma indicação nos relatórios da AIEA de que elas tivessem parado de enriquecer. Em setembro, ainda havia seis cascatas na unidade A26 enriquecendo gás e outras seis rodando sob vácuo. É possível que as centrífugas em questão tivessem parado e, em seguida, tivessem sido recuperadas ou substituídas em algum momento entre os relatórios de maio e setembro da AIEA. É também possível que as fontes de Sanger tivessem confundido as datas e estavam se referindo às mil centrífugas que os técnicos removeram no final de 2009 e início de 2010 e que a AIEA capturou com suas câmeras.

É difícil saber exatamente o que ocorreu com as centrífugas em 2010 porque em junho daquele ano as autoridades no Irã começaram a acusar a AIEA de vazar para a imprensa informações a respeito de suas operações. Em uma carta de 03 de junho, o Irã advertiu a agência. Se informações confidenciais sobre o programa nuclear "vazassem, de qualquer forma, e/ou [fossem] transmitidas à mídia", haveria consequências, sendo a primeira o Irã retirar a sua aprovação a alguns dos inspetores da AIEA autorizados a visitar as suas instalações nucleares.[34] Naquele mesmo mês, o Irã fez valer a ameaça e retirou dois nomes da sua lista de cerca de 150 inspetores aprovados da AIEA, citando "declarações falsas e equivocadas" que a AIEA tinha feito no seu relatório de maio. O relatório alegava que alguns equipamentos nucleares tinham desaparecido no Irã. Então, em setembro, mais dois inspetores foram banidos com a justificativa de que tinham vazado infor-

---

[33] SANGER. **Confront and Conceal**, p. 206. Sanger escreveu que a NSA interceptou inteligência indicando que as centrífugas tinham parado.

[34] O Irã acusou a AIEA de vazar informações para a Reuters em uma matéria de 14 de maio e para a Associated Press em uma reportagem de 30 de maio.

mações para a mídia antes que a AIEA as tivesse lançado publicamente no seu relatório.[35]

A repreensão parece ter tido um efeito negativo na quantidade de informações públicas que a AIEA posteriormente publicou sobre Natanz. Em novembro, a AIEA parou de relacionar detalhes sobre as centrífugas em seus relatórios trimestrais. Em vez de listar o número de centrífugas instaladas e enriquecendo em cada unidade, os números de todas as três unidades - A24, A26 e A28 - eram agregados em uma única contagem. Isso eliminou o meio principal que o público tinha para determinar os efeitos do Stuxnet na usina.[36]

O que sabemos é que em julho de 2010 as centrífugas ainda estavam apenas produzindo algo em torno de 45% a 66% de capacidade. O ISIS registrou pela

---

[35] Fereydoon Abbasi, que foi nomeado chefe da Organização de Energia Atômica Iraniana após o atentado contra a sua vida em 2010, acusou o Ocidente, em uma entrevista de 2014, de usar os relatórios da AIEA sobre as atividades nucleares do Irã para "calibrar" a sua sabotagem contra o programa nuclear para "dimensionar o nível de destruição que exerceriam" nas máquinas nucleares do Irã em cada rodada de ataque. "Ao acessar os dados que vazaram de nossos relatórios eles conseguem saber quantas centrífugas estariam operando nas instalações nucleares iranianas e quantas estariam prestes a ser instaladas e com que peças", disse ele. Quando o Irã apresentava os relatórios à AIEA sobre o projeto de suas instalações nucleares e os equipamentos que pretendia obter para o programa, as agências de inteligência utilizavam a lista para "sabotar os dispositivos" e "criar vírus em seus sistemas de controle", ele adicionou. Os iranianos ficaram mais cuidadosos ao longo do tempo sobre mostrar aos inspetores da AIEA o equipamento exato que eles instalaram nos salões de cascatas - a um certo ponto eles até colocaram adesivos sobre as marcas dos equipamentos para impedir os inspetores de identificá-los. Eles também seguiam os inspetores com uma câmera para observar tudo que eles faziam. Abassi também disse que o Stuxnet não foi o primeiro ou o último ataque dos EUA e de Israel ao programa nuclear, e que eles tinham repetidamente se infiltrado na cadeia de fornecimento para o programa nuclear iraniano para sabotar válvulas de vácuo, bombas de válvulas e outros equipamentos. "As agências de espionagem ajustam seus ataques com base em nossas necessidades; eles obstruem canais convencionais para a nossa compra e deixam apenas aqueles sobre os quais eles podem exercer controle total para transferir o seu material modificado para nossas instalações", disse ele, acusando a Siemens de ser cúmplice no programa. "É assim que eles penetraram as nossas infraestruturas eletrônicas, nos grampeando e instalando *malwares* como o Stuxnet. Eles montaram o vírus nos calibradores que tínhamos comprado da Siemens e também [colocaram] explosivos nos dispositivos". Ver IRAN'S VIEW. **How West Infiltrated Iran's Nuclear Program, Ex-Top Nuclear Official Explains.** Mar. 28, 2014, disponível em <www.iransview.com/west-infiltrated-irans-nuclear-program-ex-top-nuclear-official-explains/1451/>.

[36] Um ex-funcionário da AIEA me disse que a razão pela qual os relatórios mudaram no final de 2010 não tinha nada a ver com as acusações do Irã, mas foi devido à incerteza sobre a precisão dos dados recolhidos. Após os iranianos removerem o gás de algumas das centrífugas em 2009 e 2010 e desativarem outras centrífugas, eles continuaram a operar algumas cascatas com menos de 164 centrífugas funcionando. Isso fez com que funcionários da AIEA percebessem que eles não tinham como saber quantas centrífugas em cada cascata estavam realmente funcionais e enriquecendo gás em um dado momento, disse ele. No passado, eles tinham simplesmente partido do princípio de que, se uma cascata estava enriquecendo urânio, então todas as 164 centrífugas na cascata estariam envolvidas no enriquecimento de urânio.

primeira vez, em seu relatório publicado em julho, que "sabotagem" poderia ser a causa de alguns dos problemas de Natanz.[37] Na época o Stuxnet já tinha sido descoberto e publicamente exposto, mas ainda se estava a vários meses de distância da descoberta de sua ligação com o programa nuclear do Irã e Natanz.

Também estava claro que o número de centrífugas instaladas e enriquecendo oscilou radicalmente em 2010. Em novembro de 2009, no pico operacional da usina, o Irã possuía 8.692 centrífugas instaladas. Esse número caiu para 8.528 em maio de 2010 (com 3.936 enriquecendo), mas aumentou para 8.856 em setembro (com 3.772 enriquecendo) antes de cair para 8.426 em novembro (com 4.816 enriquecendo). É possível que as centrífugas continuassem quebrando durante o ano, mesmo após o Stuxnet ter sido descoberto, e que este fosse o motivo para a flutuação. Embora o grande salto de mil centrífugas enriquecendo de setembro a novembro pudesse sugerir que a usina se recuperara dos efeitos nefastos do Stuxnet, o Irã ainda possuía 3.600 centrífugas instaladas que estavam apenas montadas nas cascatas e não enriquecendo.[38] Isso sugere que pelo menos alguns problemas persistiam. Não muito depois, em 16 de novembro, os funcionários de Natanz fecharam a fábrica completamente durante seis dias, após a revelação da Symantec de que o Stuxnet tinha sido projetado para sabotar conversores de frequência.[39] Em algum momento naquele mesmo mês, eles também acrescentaram mais centrífugas em seis das cascatas, sugerindo que eles poderiam ter tentado alterar a configuração das cascatas para inutilizar a carga útil do Stuxnet. [40]

---

[37] ALBRIGHT, David; BRANNAN, Paul; STRICKER, Andrea. What Is Iran's Competence in Operating Centrifuges? **ISIS**, July 26, 2010, disponível em <isis-online.org/isis-reports/detail/what-is-irans-competence-in-operating-centrifuges/8>.

[38] Ivan Oelrich, da Federação de Cientistas Americanos, observa que, na verdade, nesse ponto, havia mais centrífugas enriquecendo, mas elas só estavam operando com 20% de sua capacidade.

[39] ALBRIGHT, David et al. Natanz Enrichment Site: Boondoggle or Part of an Atomic Bomb Production Complex? **ISIS**, Sep. 21, 2011, disponível em <isis-online.org/isis-reports/detail/natanz-enrichment-site-boondoggle-or-part-of-an-atomic-bomb-production-comp/8>.

[40] Em algum momento de novembro de 2010, os técnicos aumentaram o número de centrífugas em seis cascatas, de 164 para 174. Ver IAEA BOARD OF GOVERNORS. "Implementation of the NPT Safeguards Agreement and the Relevant Provisions of Security Council Resolutions in the Islamic Republic of Iran" (relatório, 23 de novembro de 2010), disponível em <www.iaea.org/sites/default/files/gov2010-62.pdf>. Embora alguns observadores acreditassem que o Irã tivesse aumentado o número de centrífugas a fim de aumentar a quantidade de gás que poderiam enriquecer nas cascatas – talvez para compensar o tempo perdido para o Stuxnet –, uma fonte da AIEA me disse que as centrífugas foram adicionadas na última fase das cascatas, o que não iria ajudar a aumentar a quantidade de gás que poderia ser enriquecido na cascata. Ele sugeriu que as centrífugas adicionais eram simplesmente destinadas a alterar a configuração das cascatas, para evitar que quaisquer cópias remanescentes do Stuxnet atuassem nelas.

DE VOLTA A WASHINGTON, conversas sobre o Stuxnet continuaram ao longo de 2010. Em algum momento durante o início do verão o diretor da CIA, Leon Panetta, e o General James Cartwright soltaram a notícia da dispersão descontrolada do *worm* para o presidente. A revelação provocou uma série de perguntas por parte de Obama. Havia algum sinal de que os iranianos já o tivessem descoberto? Se sim, eles poderiam determinar o que ele estava fazendo ou rastreá-lo de volta à sua fonte? Ele também estava preocupado com os danos colaterais nas máquinas infectadas fora de Natanz. E, levando tudo isso em conta, eles deveriam agora cancelar a operação? Seus conselheiros lembraram que o *worm* era uma arma de alvo específico de altíssima precisão, que lançava a sua carga útil apenas nas máquinas que atendiam a critérios específicos; embora pudesse afetar outras máquinas até certo grau, apenas por naturalmente as infectarem, ele não iria prejudicá-las.

Satisfeito de a operação ainda estar na maior parte sob controle, Obama ordenou que continuassem.[41]

Dadas a complexidade do Stuxnet e a baixíssima probabilidade de que ele fosse descoberto ou decifrado, a decisão deve ter parecido completamente razoável no momento. De fato, mesmo a reação inicial da Symantec e de outras empresas de segurança após o Stuxnet ter sido exposto parecia confirmar que a sua operação secreta estava segura – todos os sinais indicavam que a comunidade de segurança, frustrada pela complexidade e pela falta de familiaridade do *malware*, tinha abandonado o trabalho no código após liberar as assinaturas para detectá-lo e partia para outra.

Mas Washington não contava com a obstinada determinação dos pesquisadores da Symantec para chegar ao fundo do código misterioso ou com a dura e direta franqueza de Ralph Langner sobre o alvo dos ataques. Com o passar dos meses e mais informações vindas de Langner e da Symantec, tudo o que qualquer um em Washington e Tel Aviv podia fazer era sentar-se e ver como cada peça do quebra-cabeça se encaixava, até que finalmente o quadro ficava completo.

---

[41] Sanger observa que a reunião entre Panetta e Obama ocorreu no meio do verão, o que seria em algum momento de julho, bem na época em que o Stuxnet foi exposto. Mas ele também diz que, algumas semanas após essa reunião, os atacantes liberaram duas outras versões do *worm*. Isso sugeria que novas versões do Stuxnet teriam sido liberadas depois que as empresas de antivírus já haviam lançado assinaturas para detectá-lo. Como observado antes, nenhuma versão posterior do Stuxnet foi encontrada.

Capítulo 18

Sucesso Qualificado

Um ano depois de oficiais da AIEA notarem a retirada de um número não usual de centrífugas do salão subterrâneo de Natanz por especialistas, o mistério dos dispositivos desaparecidos foi finalmente resolvido. Quando o Stuxnet foi identificado como causa, e a extensão de seus recursos foi revelado, um par de outras questões começaram a aparecer: os objetivos do Stuxnet foram bem--sucedidos? As consequências, custos e riscos valeram a pena?

"Se o objetivo do Stuxnex era a destruição de todas as centrífugas (de Natanz)", então o objetivo certamente fracassou, reportou David Albright, da ISIS, em 2010. Mas se o objetivo era destruir um número limitado de centrífugas a fim de retardar o programa de enriquecimento de urânio do Irã, então "pode ter sido bem-sucedido", ele escreveu, "pelo menos por um tempo"[1].

Não havia nenhuma dúvida de que o programa nuclear do Irã não estava onde deveria estar em 2010, quando o Stuxnet foi descoberto. Os dois grandes salões subterrâneos de Natanz eram capazes de suportar 47.000 centrífugas, porém, uma década depois de sua construção, somente um dos salões continha centrífugas, e mesmo assim somente ocupando um terço de sua capacidade. "Olhando sob essa perspectiva - o que o Irã planejou originalmente e como estava o programa agora, a situação piorou...", Albright escreveu.

---

[1] ALBRIGHT, David; BRANNAN, Paul; WALROND, Christina. Did Stuxnet Take Out 1,000 Centrifuges at the Natanz Enrichment Plant? Preliminary Assessment. **Institute for Science and International Security**, Dec. 22, 2010, disponível em <isis-online.org/isis-reports/detail/did-stuxnet-take-out-1000-centrifuges-at-the-natanz-enrichment-plant>.

Mas o quanto isso estava relacionado ao Stuxnet e a outras causas – sanções, pressão diplomática e efeitos de outros esforços secretos de sabotagem – permanece obscuro. Ralph Langner acreditava que o ataque a Natanz foi um grande sucesso e tinha sido "quase tão eficaz quanto um ataque militar" sem todos os riscos e custos que um ataque militar implicava. O "New York Times" disse que o Stuxnet parecia ser o "principal elemento no acréscimo de tempo no relógio nuclear"[2].

Mas existem opiniões divergentes sobre quantas centrífugas foram afetadas e em quanto tempo o programa foi postergado.

Em 2003, oficiais de Israel avisaram que o Irã teria urânio enriquecido suficiente para uma bomba em 2007 caso o programa nuclear não fosse interrompido. Porém, após duas suspensões voluntárias e uma porção de outros fatores atrasarem o cronograma, os israelenses postergaram essa linha do tempo, mudando primeiramente para 2008 e depois para 2010. Agora, após Stuxnet, a linha do tempo foi adiada novamente.

Quando o chefe substituto da Mossad, Meir Dagan, deixou seu emprego no começo de 2011, ele disse ao Knesset, o parlamento israelense, que o Irã não seria capaz de produzir um arsenal nuclear antes de 2015[3]. Contudo, oficiais dos Estados Unidos foram menos generosos em suas estimativas, dizendo que o programa foi adiado de 18 a 24 meses, em vez de quatro anos. De acordo com a Secretária de Estado dos EUA, Hillary Clinton, o programa nuclear foi "atrasado" por problemas tecnológicos e sanções, mas não a ponto de alguém conseguir relaxar. "Nós temos tempo", ela disse, "mas não muito".[4] Ivanka Barzashka, pesquisadora associada do Centro de Ciências e Estudos de Segurança do King's College de Londres, acreditava que o programa nuclear não fora sequer postergado. Ela examinou as correlações entre o número de centrífugas dos relatórios da AIEA e as datas em que o Stuxnet estava ativo em 2009 e notou que as evidências do impacto do ataque eram superficiais e inconclusivas. Se o Stuxnet teve algum impacto no programa de enriquecimento de urânio, este desapareceu rapidamente.

---

[2] BROAD, William J.; MARKOFF, John; SANGER, David E. Israeli Test on Worm Called Crucial in Iran Nuclear Delay. **New York Times**, Jan. 15, 2011.

[3] MELMAN, Yossi. Outgoing Mossad Chief: Iran Won't Have Nuclear Capability Before 2015. **Ha'aretz**, Jan. 7, 2011.

[4] LANDLER, Mark. U.S. Says Sanctions Hurt Iran Nuclear Program. **New York Times**, Jan. 10, 2011.

"Se ocorreu sabotagem, foi durante um pequeno período de tempo, entre maio e novembro de 2009", ela concluiu. "O *malware* não postergou o programa de enriquecimento, talvez tenha diminuído temporariamente sua taxa de expansão"[5].

De fato, os iranianos mostraram uma habilidade notável para se recuperar de quaisquer desastres e atrasos que o Stuxnet ou outros fatores pudessem acarretar.

No começo de 2010, por exemplo, logo após especialistas de Natanz substituírem as centrífugas que estavam causando problemas, eles intensificaram a atividade de enriquecimento, alimentando com mais gás as centrífugas para aumentar a saída produzida. Como resultado, a produção iraniana de urânio de baixo enriquecimento, na verdade, **aumentou** em 2010 e permaneceu praticamente fixo depois. No outono de 2008, por exemplo, durante o período em que o Stuxnet 0.5 manipulava as válvulas nas cascatas, as centrífugas estavam produzindo somente 90 kg de urânio de baixo enriquecimento por mês. No final de 2009, quando ocorreu a rodada seguinte do Stuxnet, o número abaixou ligeiramente para 85 kg por mês. Porém, em 2010, apesar de outras duas rodadas do Stuxnet terem sido lançadas, o nível de produção saltou para 120-150 kg por mês, e, em 2011, o Irã estava produzindo uma taxa fixa de 150 kg de urânio de baixo enriquecimento por mês.

Nota-se, contudo, que os números de produção das centrífugas estão ainda bem abaixo do que elas poderiam ter produzido em relação ao projeto original. Em 2010, foram necessárias 4.820 centrífugas para produzir esse volume de gás enriquecido, mas em 2011 o Irã estava usando 5.860 centrífugas para produzir a mesma quantia, o que sugere que as centrífugas estavam funcionando de forma menos eficiente do que antes, possivelmente por conta de efeitos colaterais do Stuxnet[6].

---

[5] BARZASHKA, Ivanka. **Are Cyber-Weapons Effective?** Royal United Services Institute for Defense and Security Studies, July 23, 2013, disponível em <tandfonline.com/doi/pdf/10.1080/03071847.2013.787735>. Devemos notar que Barzashka só examinou os relatórios da AIEA de 2009 e não considerou outras rodadas de ataque do Stuxnet realizadas em 2008 e 2010.

[6] ALBRIGHT, David; WALROND, Christina. Performance of the IR-1 Centrifuge at Natanz. **Institute for Science and International Security**, Oct. 18, 2011, disponível em <isis-online.org/isis-reports/detail/test1>.

No fim das contas, o Irã ainda fazia progresso e ainda produzia urânio enriquecido. Em meados de 2011, as centrífugas produziram um total de 4.400 kg de urânio de baixo enriquecimento[7]. E mais: o Irã transferiu pelo menos 1.950 kg desse montante para sua usina piloto a fim de enriquecê-lo a 19,75%. No início de 2011, o Irã possuía 33 kg de urânio enriquecido a esse nível e anunciava planos de triplicar essa quantidade.

O urânio começou a ser enriquecido nesse percentual após a destruição de centrífugas pelo Stuxnet. Oficiais iranianos diziam que precisavam de urânio de alto enriquecimento para pesquisa no tratamento contra o câncer. O urânio altamente enriquecido criou um problema maior para os que se opunham ao programa, já que com 20% de enriquecimento o Irã estava perto de obter 90% do material necessário para fabricação de uma bomba. "Começar com esse nível de enriquecimento significa a redução de mais da metade do tempo para produção de armas nucleares, enriquecidas a 90%", comentou Barzashka. A esse respeito, se "a proposta do Stuxnet era diminuir o potencial de armas nucleares, certamente ele fracassou"[8].

Enquanto isso, especialistas também começaram a instalar centrífugas avançadas na usina piloto de enriquecimento em Natanz – centrífugas IR-2m e IR-4. Essas centrígugas eram muito mais eficientes do que as IR-1s. Enquanto as IR-1s conseguiam produzir até 1.0 de unidade de trabalho por dia (embora elas raramente atingissem esse nível), as centrífugas mais avançadas produziam de três a cinco vezes mais. Elas também eram mais resilientes do que as IR-1s, o que significava que elas eram menos sujeitas a quebrar sob o tipo de estresse produzido pelo Stuxnet.

Não obstante o Irã aparentemente ter se recuperado do ataque do Stuxnex, a arma digital teve dois efeitos duradouros no programa de enriquecimento. Primeiro, ele reduziu o suprimento de gás urânio do Irã. Várias toneladas de urânio enriquecido acabaram em tanques de descarga durante o período em que o Stuxnet sabotava o sistema. Os resíduos não eram todos por causa do Stuxnet, uma vez que os especialistas experimentaram uma série de problemas distintos

---

[7] HEINONEN, Olli J. Iran Ramping Up Uranium Enrichment. **Power and Policy blog**, July 20, 2011, publicado pelo Belfer Center, da Harvard Kennedy School, disponível em <https://powerandpolicy.wordpress.com/2011/07/20/iran-ramping-up-uranium-enrichment/?utm_source=powerandpolicy&utm_medium=Power+%26+Policy&utm_campaign=feed>.

[8] BARZASHKA. **Are Cyber-Weapons Effective?**

com as centrífugas, mas o Stuxnet sem dúvida contribuiu com a perda. Como observado anteriormente, o Irã possuía uma oferta limitada de urânio em mãos (importado do exterior ou extraído de sua própria terra), e qualquer gás desperdiçado era cortado dessas reservas.

O Irã também possuía um limitado estoque de centrífugas e de materiais para a sua construção. Com sanções mais severas do que antes, a substituição de centrífugas tornava-se um desafio a mais. Em 2008, a AIEA estimou que o Irã possuía componentes e materiais suficientes em mãos para construir dez mil centrífugas.[9] Se o Stuxnet destruiu mil dessas, isso cortou o estoque de centrífugas em 10%. Além disso tudo, o Irã perdia cerca de 10% de centrífugas a cada ano por desgaste normal. Com essa taxa de desgaste, "após cinco anos esses caras estão ferrados", Olli Heinonen, da AIEA, disse.[10]

Heinonen na verdade acreditava que mais de mil centrífugas foram danificadas pelo Stuxnet. Ele acreditava que o número era próximo a 2.000. Ele baseou sua avaliação no fato de os relatórios da AIEA proverem apenas um retrato momentâneo das condições em Natanz durante um período de três meses e no fato de existirem problemas com os selos de segurança invioláveis em Natanz, o que levantava a possibilidade de as centrífugas terem sido secretamente substituídas sem o conhecimento da AIEA.[11]

Embora inspetores da AIEA visitassem a usina 24 vezes por ano, em média, os relatórios só eram disponibilizados publicamente uma vez por trimestre, e os números em cada relatório eram baseados somente no número de centrífugas observadas pelos inspetores na usina durante a última visita antes de cada relatório. Portanto, existiam inúmeras oportunidades entre as visitas para os especialistas trocarem as centrífugas longe dos olhares curiosos dos inspetores - desde que estivessem fora do alcance das câmeras da AIEA, que supostamente deveriam coibir essas trocas escondidas.

---

[9] ALBRIGHT, David; SHIRE, Jacqueline; BRANNAN, Paul. Enriched Uranium Output Steady: Centrifuge Numbers Expected to Increase Dramatically; Arak Reactor Verification Blocked. **Institute for Science and International Security**, Nov. 19, 2008, disponível em <isis-online.org/publications/iran/ISIS_analysis_Nov-IAEA-Report.pdf>.

[10] Entrevista da autora com Heinonen, junho de 2011.

[11] Heinonen deixou a AIEA em outubro de 2010, antes das centrífugas serem removidas, portanto ele não teve acesso aos relatórios de inspeção para verificar os números exatos, mas estava certo de que o número de centrífugas danificadas passava de mil.

Toda vez que um novo módulo de cascatas era construído na usina, especialistas colocavam paredes móveis em seu entorno, e o acesso ao ambiente era restrito a uma única porta – monitorada por uma câmera da AIEA. Lacres invioláveis também foram colocados nas articulações das paredes a fim de garantir que a porta fosse de fato o único meio de entrada, e que os técnicos não conseguissem simplesmente mudar as paredes de lugar para a retirada de centrífugas fora do alcance das câmeras. Porém, ocorreram problemas em Natanz envolvendo lacres de segurança misteriosamente quebrando.[12] Oficiais iranianos disseram que as quebras foram acidentais e que pediram aos operadores que tivessem "mais cuidado". Mas Heinonen disse que um "padrão não usual" de lacres violados aconteceram no Irã, aumentando a desconfiança de que as paredes podem ter sido movimentadas para remover ou substituir furtivamente as centrífugas danificadas.[13]

Mas mesmo se o número de centrífugas excedesse mil, o Stuxnet não era a bala mágica construída para uma destruição imediata e vasta – acabar com milhares de centrífugas em um único golpe. Ele foi concebido para obter efeitos mais brandos e incrementais.

Algumas pessoas se perguntavam por que o Stuxnet **não** foi projetado para um dano mais severo e rápido. Mas o risco das repercussões para um ataque agressivo seria maior. Se o Stuxnet tivesse destruído de três a quatro mil máquinas de uma vez só, haveria pouca dúvida sobre a causa ser sabotagem, e o Irã certamente teria reconhecido isso como um ataque militar, a ser respondido na mesma moeda. Então o ataque furtivo e lento do Stuxnet tornava difícil alcançar resultados mais amplos, mas também tornava mais difícil o Irã atacar de volta.

---

[12] Uma carta de julho de 2010 da AIEA para o Irã mencionava "vários incidentes" envolvendo a quebra de lacres da usina. Ver AIEA BOARD OF GOVERNORS. "Implementation of the NPT Safeguards Agreement and Relevant Provisions of Security Council Resolutions in the Islamic Republic of Iran" (relatório, 06 de setembro de 2010), p. 3; disponível em <iranwatch.org/sites/default/files/iaea-iransafeguardreport-090610.pdf>. O relatório não especifica se são os lacres colocados nas paredes ou os lacres colocados nos botijões de gás e outros equipamentos, mas uma fonte da AIEA me disse que se refere aos lacres colocados nas paredes.

[13] Uma fonte da AIEA me disse que foi o Irã que alertou os inspetores quanto a quebra de lacres, e não o contrário. A AIEA investigou a quebra e não encontrou nenhuma irregularidade por parte do Irã. Mas a investigação, disse ele, era apenas sobre se o Irã poderia ter quebrado os lacres para remover material nuclear das salas fora da vista de câmeras, e não se centrífugas foram secretamente removidas das salas. Quando os inspetores descobriram que todo o urânio estava contabilizado, eles concluíram que os lacres não foram intencionalmente quebrados para fins ilícitos, mas eles não exploraram a possibilidade de que eles foram intencionalmente quebrados para remover centrífugas quebradas.

Questões ainda permaneciam, contudo, sobre o quanto a arma digital poderia ter alcançado se não tivesse sido descoberta em 2010. O programa de enriquecimento do Irã estava apenas começando quando o Stuxnet o atingiu, e o código ainda estava nos estágios iniciais do caos quando foi exposto. Não havia como dizer o que poderia ter sido alcançado ao longo do tempo, à medida que o Irã instalasse mais centrífugas e cascatas. Por essa razão, Barzashka acreditava que os atacantes cometeram um erro ao liberar o Stuxnet cedo demais. Se fosse liberado tardiamente, mais centrífugas estariam instaladas e mais gás de urânio estaria em jogo, e seus efeitos no programa poderiam ter sido mais prejudiciais.

Uma coisa era certa: agora seria mais difícil os atacantes repetirem o feito. O Stuxnet, como Langner tinha observado, era efetivamente uma arma de um único disparo: o ataque, uma vez descoberto, deixou os iranianos mais cautelosos, dificultando a realização de ataques similares no futuro. Depois disso, sempre que um equipamento apresentava avaria, os iranianos suspeitavam imediatamente de sabotagem e respondiam mais rapidamente. No primeiro sinal de problema, especialistas desligavam os sistemas e os examinavam mais de perto em busca de *malware* ou manipulação.

Apesar de todos os fatores que limitaram os efeitos do Stuxnet e diminuíram seu curto período de vida, o ataque furtivo fez pelo menos um grupo muito feliz.

"Na comunidade de não proliferação, o Stuxnet é uma inovação bem-vinda", David Albright disse. "Isso significa que não precisaremos entrar em guerra com o Irã".[14]

MAS MESMO SE a operação do Stuxnet tivesse dado aos negociadores diplomáticos um pouco mais de tempo, a arma claramente não pôs fim à crise política nem eliminou inteiramente a possibilidade de guerra. Em 2011, uma quinta rodada de sanções da ONU estava sendo cobrada do Irã, e os Estados Unidos estavam colocando mísseis Patriot por todo o Oriente Médio, para proteger seus aliados em caso de guerra. E os adversários do Irã continuavam a empregar medidas drásticas contra cientistas iranianos, na tentativa de paralisar o programa nuclear. Em julho de 2011, um físico de 35 anos de idade chamado Arioush Rezaeinejad foi baleado na garganta enquanto pegava sua filha no jardim de infância, em Teerã. Os dois pistoleiros supostamente escaparam em motocicletas. A

[14] Entrevista da autora com Albright, fevereiro de 2011.

AIEA disse que Rezaeinejad estava envolvido no desenvolvimento de interruptores de alta tensão para provocar explosões necessárias para desencadear uma ogiva nuclear.[15]

Em janeiro de 2012, um dia após o chefe militar de Israel dizer que 2013 seria um ano crucial para o programa nuclear do Irã, assassinos em motocicletas atacaram novamente no Irã, dessa vez matando Mostafa Ahmadi Roshan com um explosivo implantado em seu carro. Roshan foi inicialmente identificado como um químico de 32 anos que trabalhava em Natanz, mas mais tarde um oficial iraniano revelou que ele na verdade gerenciava a usina de Natanz e também trabalhava na aquisição de equipamento especializado para o programa nuclear do Irã. O cargo de Roshan era de representante para assuntos comerciais da Kala Electronics Company, que fornecia peças para Natanz. Kala, é claro, era uma das companhias que acredita-se ter sido atingida pelo Stuxnet.[16]

Uma cadeia de explosões misteriosas também começou a assolar o Irã. Em novembro de 2011, uma enorme explosão em um local de teste de míssil de longo alcance matou mais de trinta membros da Guarda Revolucionária do Irã, incluindo o general que seria o arquiteto do programa nuclear.[17] O Irã negou que a explosão fosse resultado de sabotagem, insistindo que foi um acidente. Mas uma fonte de inteligência do Ocidente disse ao "New York Times" que a causa real pouco importava. "Qualquer coisa que nos faz ganhar tempo e atrasa o dia em que os iranianos forem capazes de colocar uma arma nuclear em um míssil preciso é uma pequena vitória", ele disse. "Nesse momento, aceitamos o que vier, da forma que vier".

---

[15] PUTZ, Ulrike. Mossad Behind Tehran Assassinations, Says Source. **Spiegel Online**, Aug. 2, 2011, disponível em <spiegel.de/international/world/sabotaging-iran-s-nuclear-program-mossad-behind-tehran-assassinations-says-source-a-777899.html>. Ver também GLOBAL SECURITY NEWSWIRE. **Israel Responsible for Iran Killing:** Report. Aug. 2, 2011, disponível em <nti.org/gsn/article/israel-responsible-for-iran-killing-report>.

[16] Roshan recebeu o título de "mártir nuclear jovem" depois de sua morte, e ruas e praças foram batizadas com seu nome. DEHGHAN, Saeed Kamali; BORGER, Julian. Iranian Nuclear Chemist Killed by Motorbike Assassins. **Guardian**, Jan. 11 2012. Ver também BAR'EL, Zvi. Iran Domestic Tensions Boil as West Battles Its Nuclear Program. **Ha'aretz**, Apr. 8, 2014. David Albright mencionou para mim que quando um cientista de um programa nuclear é morto, a intenção é eliminar experiência e paralisar o programa. Mas matar alguém envolvido em contratos de aquisições para o programa destina-se a enviar uma mensagem e assustar outros que façam serviços similares.

[17] SANGER, David E.; BROAD, William J. Blast That Leveled Base Seen as Big Setback to Iran Missiles. **New York Times**, Dec. 4, 2011.

Nesse mesmo mês, ocorreu uma explosão na usina de conversão de urânio de Esfahan, danificando a instalação onde eram armazenados materiais crus do programa de enriquecimento de urânio.[18] Então, em agosto de 2012, explosões desligaram as linhas de energia que forneciam eletricidade desde a cidade de Qom até a usina de enriquecimento subterrâneo de Fordow. Noticiários indicaram que uma das explosões ocorreu quando forças de segurança encontraram um dispositivo de monitoramento eletrônico disfarçado como uma pedra e tentaram retirá-lo. O dispositivo-armadilha tinha sido projetado para interceptar dados de computador e linhas telefônicas da instalação de enriquecimento.[19] Discutindo o incidente, um oficial iraniano revelou que as linhas de energia que forneciam eletricidade para a instalação de Natanz também foram desligadas em um incidente à parte, mas ele não disse quando nem forneceu detalhes.[20] Quaisquer ganhos que o Stuxnet tenha conseguido, eles não foram suficientes para o Ocidente relaxar.

---

[18] FRENKEL, Sheera. Second Blast 'Aimed at Stopping Tehran's Nuclear Arms Plans'. **Times** (de Londres), Nov. 30, 2011. Jornais iranianos inicialmente noticiaram a explosão, mas as matérias foram removidas mais tarde dos websites, e os oficiais retiraram as colocações feitas a respeito da explosão. Em fevereiro de 2012, uma propaganda israelense fez uma piada sobre a explosão. O anúncio, feito para a empresa de TV a cabo HOT, de Israel, foi posteriormente retirada do ar. Ele apresentava membros de uma série de comédia israelense, "Asfur", se esgueirando pelo Irã vestidos de mulheres muçulmanas - provavelmente em referência ao ex-líder palestino Yasser Arafat, que escapou de ser capturado ao se vestir como uma mulher muçulmana. Os três chegam em Esfahan, o local da usina de conversão de urânio no Irã onde a misteriosa explosão ocorreu. Enquanto os comediantes andam pela cidade, com a instalação nuclear visível atrás deles, um deles coloca protetor solar no rosto. Quando um de seus companheiros olham assustados para ele, ele responde: "o quê? Você não sabe que tem bastante radiação aqui?" Os viajantes em seguida encontram um agente da Mossad entediado, sentado em um café ao ar livre, que diz que ele estava na cidade há dois meses fazendo vigilância e que passa seu tempo assistindo episódios sob demanda de "Asfur" em seu tablet Samsung Galaxy, um presente que ele e sua esposa receberam ao assinar a HOT. "Reator nuclear ou não, não vou perder 'Asfur'", ele diz. Um dos viajantes alcança o tablet e pergunta: "o que é essse aplicativo aqui?" Quando ele pressiona algo na tela, uma explosão ocorre na instalação nuclear. Seus companheiros olham para ele em estado de choque e ele responde: "o quê? Apenas outra explosão misteriosa no Irã".

[19] YNET. **Sources:** Iran Exposed Spying Device at Fordo Nuke Plant. Sep. 23, 2012, disponível em <ynetnews.com/ articles/0,7340,L-4284793,00.html>. Ynet é o site de notícias do jornal israelense "Yediot Ahronot".

[20] DAHL, Fredrik. Terrorists Embedded in UN Nuclear Watchdog May Be Behind Power Line Explosion. **Reuters**, Sep. 17, 2012, disponível em <news.nationalpost.com/news/terrorists-embedded-in-un-nuclear-watchdog-may-be-behind-power-line-explosion-iran>. Um oficial iraniano revelou ambos os incidentes na conferência geral da AIEA, em Viena, acusando-a de conluio. Ele observou que, no dia seguinte à explosão que tirou linhas elétricas que forneciam eletricidade para Fordow, um inspetor da AIEA pediu para realizar uma inspeção não anunciada lá. "Quem além de inspetores da AIEA pode ter acesso ao complexo em tão pouco tempo para registrar e relatar falhas?", o oficial perguntou.

Nada disso deveria ser novidade, de acordo com Henry Sokolski, diretor executivo do *Nonproliferation Policy Education Center* (Centro de Educação para Política de Não Proliferação). Todos os presidentes desde Bill Clinton tentaram operações secretas para interromper o programa nuclear do Irã, como ele mencionou para o "New Republic", e ninguém foi bem-sucedido. "Bush fez, Obama está fazendo", ele disse. Mas ações secretas não podem substituir uma boa política externa. Elas poderiam ser apenas "uma ação preventiva", não uma solução, ele disse.[21]

Questões sobre a verdadeira natureza das atividades nucleares do Irã ainda permaneciam. No fim de 2011, um relatório da AIEA, descrito como "o relatório mais contundente já publicado" pela agência sobre o Irã, declarou que a República Islâmica estava trabalhando na construção de uma arma nuclear desde 2003, apesar das afirmações anteriores da inteligência dos Estados Unidos de que eles haviam abandonado o programa de armas no mesmo ano.[22] O relatório da AIEA não era baseado em novas informações, e sim em documentos prévios que a agência recebera, incluindo alguns do espião iraniano conhecido como "Dolphin" (golfinho). Embora a informação não fosse nova, era novidade a disposição da AIEA de afirmar que os documentos eram provas de um programa de armas nucleares.[23] O primeiro-ministro de Israel, Benjamin Netanyahu, renovou mais uma vez seu apelo para um ataque militar contra o Irã. Dessa vez, no entanto, os iranianos gostaram. O ministro das Relações Exteriores do Irã, Ali Akbar Salehi, disse de forma desafiadora que o Irã estava "pronto para uma guerra" com Israel.[24]

SE TEM ALGO que pode ser dito a favor do Stuxnet é que o ataque digital com suas operações furtivas teve sucesso em postergar um ataque militar mal aconselhado contra o Irã. E apesar da tensão contínua e dos métodos utilizados, depois do Stuxnet ninguém esteve disposto a atacar militarmente - um fato que abriu a porta para negociações históricas com o Irã acerca do seu programa nuclear, iniciadas em 2013. As discussões iniciais resultaram no Irã concordando

---

[21] LAKE, Eli. Operation Sabotage. **New Republic**, July14, 2010.

[22] JAHN, George. UN Reports Iran Work 'Specific' to Nuke Arms. **Associated Press**, Nov. 8, 2011, disponível em <news.yahoo.com/un-reports-iran-specific-nuke-arms-184224261.html>.

[23] VAEZ, Ali. It's Not Too Late to Peacefully Keep Iran from a Bomb. **The Atlantic**, Nov. 11, 2011.

[24] HA'ARETZ. **Iran Says United and 'Ready for War' with Israel.** Nov. 3, 2011.

em suspender partes centrais de seu programa nuclear – incluindo interromper a instalação de novas centrífugas e limitar a quantidade de urânio enriquecido que o Irã produz – em troca de algum afrouxamento das sanções.[25]

Mas qualquer ganho do Stuxnet deve ser ponderado também em relação aos seus efeitos residuais negativos. Em um período em que os Estados Unidos lutavam contra uma epidemia de ataques cibernéticos de espionagem da China, o ataque ao Irã tornou mais difícil a condenação de atos de outras nações por transgressões cibernéticas contra os Estados Unidos. Como precursor da primeira arma digital conhecida, os Estados Unidos já não estão mais em condições de pregar a abstinência para outros países.

Uma consequência final e mais duradoura do Stuxnet também deve ser considerada em relação aos seus benefícios limitados e incertos: o lançamento de códigos maliciosos gerou uma corrida armamentista digital entre pequenos e grandes países que irá alterar o panorama dos ataques cibernéticos para sempre. Os autores do Stuxnet traçaram uma nova fronteira que outros hackers e atacantes de estado-nação inevitavelmente seguirão; quando isso acontecer, o alvo de sabotagem acabará sendo nos Estados Unidos.

[25] GEARAN, Anne; WARRICK, Joby. Iran, World Powers Reach Nuclear Deal with Iran to Freeze Its Nuclear Program. **Washington Post**, Nov. 23, 2013, disponível em <washingtonpost.com/world/national-securit/kerry-in-geneva-raising-hopes-for-historic-nuclear-deal-with-iran/2013/11/23/53e7bfe6-5430-11e3-9fe0-fd2ca728e67c_story.html>.

Capítulo 19

Pandora Digital

Em 30 de maio de 2009, apenas alguns dias antes da nova versão do Stuxnet ser lançada sobre os computadores do Irã, o presidente Barack Obama estava diante de equipes de imprensa na Casa Branca, no Salão Leste, para abordar o grave estado de segurança cibernética nos EUA. "Hoje nos encontramos em um momento de transformação", disse ele, "um momento na história em que o nosso mundo interconectado nos apresenta, ao mesmo tempo, grandes promessas, mas também grandes perigos".

"Assim como nós falhamos no passado ao não investir na infraestrutura física de nossas rodovias, pontes e estradas de ferro, nós falhamos ao não investir na segurança de nossa infraestrutura digital", disse Obama. Invasores cibernéticos, alertou ele, já sondaram nossa rede elétrica, e em outros países já mergulharam cidades inteiras na escuridão. "Esse *status quo* não é mais aceitável", disse ele, "não quando há tanta coisa em jogo".[1]

---

[1] WHITE HOUSE. **Remarks by the President on Securing Our Nation's Cyber Infrastructure.** May 29, 2009, disponível em <whitehouse.gov/the-press-office/remarks-president-securing-our-nations-cyber-infrastructure>. A afirmação de que invasores digitais mergulharam cidades estrangeiras na escuridão era frequentemente repetida por muitas autoridades, mas era contestada – embora isso não impedisse que as autoridades continuassem a repeti-la. A afirmação foi feita pela primeira vez pelo analista sênior da CIA, Tom Donahue, enquanto falava em uma conferência para profissionais de segurança cibernética em 2008: "nós temos a informação de que ataques cibernéticos foram usados para interromper equipamentos de energia em várias regiões fora dos EUA", disse ele. "Em pelo menos um caso a interrupção causou falta de energia em múltiplas cidades". Ele também disse que as invasões foram "seguidas de exigências de extorsão" (ver CLABURN, Thomas. CIA Admits Cyberattacks Blacked Out Cities. **InformationWeek**, Mar. 18, 2008, disponível em <informationweek.com/cia-admits-cyberattacks-blacked-

Que irônico se tornou seu discurso um ano depois, quando o Stuxnet foi descoberto se espalhando pela internet. O público descobriu que os EUA não só tinham violado o espaço soberano de outra nação em um agressivo ataque cibernético, como também, ao fazê-lo, haviam convidado ataques similares aos sistemas vulneráveis dos EUA em retaliação.

Enquanto Obama e outras autoridades soavam o alarme contra adversários espreitando os sistemas dos EUA e estabelecendo bases para futuros ataques contra a rede de energia, agências militares e de inteligência dos EUA penetravam em sistemas estrangeiros no Irã e em outros lugares, produzindo um arsenal de armas digitais e dando início a uma nova era de guerras, tudo sem discussão pú-

---

out-cities/d/d-id/1063513>). Donahue nunca deu o nome do país onde o ataque ocorreu, mas em 2009 o noticiário "60 Minutes" identificou-o como o Brasil, afirmando que um apagão em 2007 no Espírito Santo, o qual deixou três milhões de pessoas sem energia, foi causado por hackers (ver 60 MINUTES. **Cyber War:** Sabotaging the System. Nov. 6, 2009, disponível em <cbsnews.com/news/cyber-war-sabotaging-the-system-06-11-2009>). Outros afirmam que Donahue se referia a uma queda de energia no Brasil em 2005, não 2007. De acordo com duas fontes com quem eu falei em 2009, as quais foram entrevistadas pelo "60 Minutes", o programa de notícias enviou um produtor ao Brasil para tentar verificar a alegação de hacker/extorsão, mas nunca foi capaz de fazê-lo, embora isso não tenha sido dito aos telespectadores. O governo brasileiro contestou a afirmação após transmissão do "60 Minutes", apontando para um extenso relatório sobre o blecaute de 2007, atribuído a fuligem e a falhas de equipamento. Furnas, a empresa brasileira de energia que sofreu os apagões, é cliente de Marcelo Branquinho, que operava a única empresa de segurança de ICS no Brasil na época. Branquinho me disse que não havia evidência de que a falta de energia tivesse sido causada por algo que não fosse falha de equipamento. "Nós temos acesso completo à documentação e [aos relatórios do governo investigando] o que aconteceu nessas duas faltas de energia", me disse ele em outubro de 2011, referindo-se a ambos os incidentes de 2005 e 2007. "Não há nenhuma evidência de que alguma atividade hacker ocorreu aqui. Ambos os eventos ocorreram devido a problemas de hardware, e não de software". Além disso, ele disse que a subestação afetada no apagão de 2007 nem sequer era um sistema automatizado SCADA que pudesse ser controlado por hackers. "Era apenas hardware, então não poderia de forma alguma sofrer um ataque hacker", disse ele. "Eu não estou dizendo que nós não podemos ser atacados por um hacker. Nós podemos; isso é bem fácil. Eu acredito que a maior parte das instalações elétricas – não só aqui, mas ao redor do mundo – tem uma segurança muito fraca quando comparada a de um banco, por exemplo, que possui um bom nível de infraestrutura de segurança. Mas... nesse caso, as evidências nos dizem que nós não sofremos um ataque de hacker". É possível que as histórias sobre apagões causados por hackers tenham sido confundidas com um incidente real de extorsão cibernética ocorrido em 2005 ou 2006, mas que não tinha nada a ver com falta de energia. O Diretor de Segurança da Informação e das Comunicações no Brasil disse ao "Wired.com" que, nesse caso, os atacantes violaram uma máquina administrativa em uma agência do governo usando uma senha padrão e apagaram os arquivos da máquina. Eles também deixaram uma nota de resgate para a devolução dos dados. Mas o incidente não envolveu falta de energia. Ver Soares, MARCELO. WikiLeaked Cable Says 2009 Brazilian Blackout Wasn't Hackers, Either. **Wired.com**, Dec. 6, 2010, disponível em <wired.com/2010/12/brazil-blackout>.

blica sobre as regras de combate para a condução de tais ataques, ou sobre as suas consequências. Talvez tenha sido o conhecimento acerca do que os EUA estavam fazendo no Irã, e em outros lugares, que provocou alertas urgentes do presidente sobre os riscos aos sistemas dos EUA.

Michael V. Hayden, que era diretor da CIA durante a época em que o Stuxnet foi desenvolvido e lançado, disse a um repórter após a arma digital ser exposta que "alguém havia cruzado o Rubicão" ao lançá-la.[2] Esse alguém, conforme revelado, foi os EUA. E, como se sabe, aonde os EUA vão, outros seguem.

Hoje há uma onda entre nações ao redor do mundo para expandir suas capacidades cibernéticas existentes ou construir novas. Mais de uma dúzia de países – incluindo China, Rússia, Reino Unido, Israel, França, Alemanha e Coreia do Norte – possuem programas de guerra digital ou anunciaram planos para construir um. A China começou a desenvolver suas operações ofensivas no final dos anos 90, ao mesmo tempo em que os EUA fizeram suas primeiras incursões nesse novo domínio de combate. Até mesmo o Irã está desenvolvendo um programa de guerra cibernética. Em 2012, o aiatolá Ali Khamenei anunciou a criação de um programa cibernético de defesa e ataque e disse a um grupo de estudantes universitários que eles deveriam se preparar para a nova era de guerra cibernética com os inimigos do Irã.[3]

Quanto aos EUA, o Comando Cibernético do Departamento de Defesa atualmente possui um orçamento anual de mais de US$ 3 bilhões e planos de aumentar cinco vezes a sua força de trabalho, de novecentas pessoas para 4.900 – cobrindo tanto operações defensivas como ofensivas.[4] A DARPA (*Defense Advanced Research Projects Agency*) também lançou um projeto de pesquisa de US$ 110 milhões, chamado *Plan X*, para desenvolver tecnologias de guerra cibernética para ajudar o Pentágono a dominar o campo de batalha digital. A lista de desejos de tecnologias inclui um sistema de mapeamento continuamente atualizado para rastrear todo sistema e nó do ciberespaço a fim de traçar o fluxo de dados, identificar alvos para ataque e detectar ataques recebidos. O Pentágono também quer

[2] SANGER, David E. Obama Order Sped Up Wave of Cyberattacks Against Iran. **New York Times**, June 1, 2012.

[3] RUSSIA TODAY. **Iran's Supreme Leader Tells Students to Prepare for Cyber War.** Feb. 13, 2014, disponível em <rt.com/news/iran-israel-cyber-war-899>.

[4] NAKASHIMA, Ellen. Pentagon to Boost Cybersecurity Force. **Washington Post**, Jan. 27, 2013.

um sistema capaz de lançar ataques e contra-ataques na velocidade da luz usando cenários programados, de forma que a intervenção humana não seja necessária. [5]

De todas as nações que possuem um programa de guerra cibernética, contudo, EUA e Israel são os únicos conhecidos por ter lançado uma arma cibernética destrutiva contra outra nação soberana – uma nação com a qual não estavam em guerra. Agora não poderão mais criticar outras nações que fizerem a mesma coisa. Foi aberto um perigoso precedente que legitimaria o uso de ataques digitais para promover objetivos políticos e de segurança nacional.

"Essa foi uma boa ideia", Hayden disse ao "60 Minutes" sobre o Stuxnet. "Mas eu também admito que essa foi uma 'grande' ideia. O resto do mundo está olhando para isso e dizendo, 'claramente, alguém justificou esse tipo de atividade como aceitável'".[6]

Ataques digitais agora poderiam ser considerados, por outros países, uma opção viável para resolver disputas.

O General da Guerra Civil Robert E. Lee, em famosa frase, disse que era bom que a guerra fosse tão terrível, "caso contrário, nós ficaríamos muito afeiçoados a ela".[7] Os horrores e os custos da guerra encorajam os países a escolher a diplomacia em vez da batalha, mas quando os ataques cibernéticos eliminam muitos desses custos e consequências, e os autores podem permanecer anônimos, torna-se muito mais tentador lançar um ataque digital do que se envolver em ciclos de diplomacia que podem nunca produzir resultados.

Mas a arma digital não apenas lançou uma nova era de guerras; ela alterou o panorama de todos os ataques cibernéticos, abrindo as portas para uma nova geração de ataques a partir de agentes de estado, ou não, com o potencial de causar dano físico ou mesmo perda de vidas de formas nunca antes demonstradas. "Minha previsão é que nós estamos todos a caminho de ficarmos com saudade dos e-mails de caçadores de fama e dos *worms* de rede", escreveu Kevin Haley, da

---

[5] NAKASHIMA, Ellen. With Plan X, Pentagon Seeks to Spread U.S. Military Might to Cyberspace. **Washington Post**, May 30, 2012.

[6] Entrevista com Michael V. Hayden, em "Stuxnet: Computer Worm Opens New Era of Warfare", programa "60 Minutes", da CBS, originalmente exibido em 04 de junho de 2012, disponível em <cbsnews.com/8301-18560_162-57390124/stuxnet-computer-worm-opens-new-era-of-warfare/?tag=pop;stories>.

[7] Dito em 1862, depois da Batalha de Fredericksburg.

Symantec, sobre o futuro pós-Stuxnet.[8] LoveLetter, o *worm* Conficker, e mesmo o cavalo de Troia de banco Zeus, se tornarão lembranças pitorescas dos dias em que os ataques eram mais simples e, por comparação, mais inocentes.

O Stuxnet foi um feito notável, por conta da sua sofisticação e de seu foco único. Mas também foi extremamente imprudente. Pois, como as bombas atômicas detonadas sobre Hiroshima e Nagasaki, ele introduziu o uso de uma poderosa tecnologia que terá consequências nos próximos anos. Kennette Benedict, diretora-executiva do "Bulletin of the Atomic Scientists", identificou uma série de paralelos entre o Stuxnet e as primeiras bombas atômicas em um artigo que escreveu para a publicação sobre a falta de antevisão que ocorreu no desenvolvimento e no lançamento de ambas as tecnologias. Em ambos os casos, os líderes científicos e do governo correram para desenvolver tais armas para os EUA por medo de que os adversários criassem e lançassem as armas primeiro. As consequências a longo prazo de lançar bombas atômicas eram tão mal compreendidas na década de 40 quanto o lançamento de armas digitais é hoje – não só no que se refere aos danos que podem causar, mas à corrida armamentista que podem criar pelo mundo. "Nós passamos a conhecer como as armas nucleares podem destruir as sociedades e a civilização humana", escreveu Benedict. "Nós ainda não começamos a entender como a guerra cibernética pode destruir nossa forma de viver".

E, em outro paralelo com as bombas atômicas, apesar dos alarmes que soaram em torno do seu uso, os EUA continuaram a desenvolver as primeiras armas nucleares e, agora, as armas digitais sem uma discussão pública sobre como elas poderiam ser usadas ou seu impacto na segurança e na paz mundial.[9] Que ironia, então, observou Benedict, "que o primeiro uso militar conhecido da guerra cibernética tenha sido ostensivamente para prevenir a proliferação de armas nucleares. Uma nova era de destruição em massa terá início em um esforço para encerrar um capítulo da primeira era de destruição em massa".

Apesar das semelhanças, há pelo menos uma diferença crucial entre as bombas atômicas dos anos 1940 e o Stuxnet. As dificuldades eram grandes para

[8] HALEY, Kevin. Internet Security Predictions for 2011: The Shape of Things to Come. **Symantec blog**, Nov. 17, 2010, disponível em <symantec.com/connect/blogs/internet-security-predictions-2011-shape-things-come>.

[9] BENEDICT, Kennette. Stuxnet and the Bomb. **Bulletin of the Atomic Scientists**, June 15, 2012, disponível em <thebulletin.org/stuxnet-and-bomb>.

alguém construir ou obter uma arma nuclear - ou qualquer míssil ou bomba convencional, para esse efeito. Mas armas cibernéticas podem ser facilmente obtidas em mercados negros ou, dependendo da complexidade do sistema que se tem como alvo, podem ser construídas de forma customizada e improvisada por um habilidoso programador adolescente. A tarefa acaba ficando simples, já que cada arma cibernética carrega os esquemas de sua concepção embutidos em si. Quando você lança uma arma cibernética, você não envia somente a arma aos seus inimigos, você envia a propriedade intelectual que a criou, bem como a habilidade de lançar a arma de volta contra você.[10] Seria comparável a um cenário onde, se em 1945 não fossem apenas precipitações radioativas que caíssem das bombas lançadas sobre Hiroshima e Nagasaki, mas todas as equações e esquemas científicos necessários para construí-las também.

Obviamente, as nações que estão sob um maior risco de ataque digital são aquelas com maior conectividade. Marcus Ranum, um dos primeiros inovadores do *firewall* de computadores, chamou o Stuxnet de "uma pedra jogada por pessoas que vivem em uma casa de vidro". [11]

O Stuxnet foi a prova de que um ataque digital, consistindo em nada mais do que comandos binários, poderia alcançar os mesmos resultados destrutivos que uma bomba convencional. Mas ele também mostrou que até mesmo uma nação poderosa como os EUA, com inigualáveis defesas aéreas e marítimas, pode ser vulnerável a um ataque similar partindo de adversários que nunca se aventu-

---

[10] Existem maneiras de reduzir o risco por meio de cuidadosa criptografia das armas digitais, para prevenir que outra pessoa que se aposse do código faça uma engenharia reversa nele. Uma arma digital deve se descriptografar a fim de ativar sua carga útil, tão logo encontre o sistema que tem como alvo. Entretanto, as chaves não precisam estar dentro da própria arma, tal como estavam no Stuxnet. Em vez disso, o melhor projeto é aquele que Gauss usou, o qual empregava um complexo esquema de criptografia que usava a configuração real do sistema visado para gerar a chave de descriptação. Gauss somente descriptografava e entregava sua carga útil quando encontrava uma configuração específica. Isso não funcionaria, é claro, se a configuração do sistema visado mudasse, neutralizando assim a arma digital, mas funcionaria nos casos onde a configuração do sistema não é suscetível a mudanças. Ver discussão sobre Gauss no Capítulo 15. Da mesma forma, para limitar a exposição de uma arma digital, uma vez descriptografada no sistema-alvo, esta pode ser projetada para se autodestruir quando completar sua missão, de forma que não fique no sistema mais tempo que o necessário. Entretanto, isso não funciona para todas as armas. O Stuxnet, por exemplo, precisava permanecer no sistema por muito tempo para atingir seu objetivo. Mas funcionaria para outras armas que façam seu trabalho rapidamente.

[11] RANUM, Marcus. Parsing Cyberwar - Part 4: The Best Defense Is a Good Defense, **Fabius Maximus blog**, Aug. 20, 2012, disponível em <fabiusmaximus.com/2012/08/20/41929>.

raram além de suas fronteiras para lançar um ataque. Como Mike McConnell, ex-diretor de inteligência nacional, disse a uma comissão do Senado dos EUA em 2011, "se o país entrar em guerra hoje, em uma guerra cibernética, nós perderíamos. Nós somos os mais vulneráveis. Nós somos os mais conectados. Nós temos mais a perder". [12]

Os alvos mais vulneráveis a um ataque digital nos EUA não são apenas sistemas militares, mas os civis – transportes, comunicação e redes financeiras; produção de alimentos e usinas químicas; dutos de gás, água e companhias de eletricidade; até mesmo as usinas de enriquecimento de urânio.[13] "Nós agora vivemos em um mundo onde os sistemas de controle industrial podem ser atacados em um momento de crise", disse Stewart Baker, ex-secretário adjunto do Departamento de Segurança Nacional. "Nós não temos um plano sério para defender nossos sistemas de controle industrial, embora toda a nossa sociedade civil dependa disso".[14]

Infraestruturas críticas sempre foram um alvo potencial em tempos de guerra. Mas as infraestruturas civis dos EUA há tempos desfrutam de uma proteção especial devido à distância geográfica do país em relação aos seus adversários e aos campos de batalha. Essa vantagem é perdida, no entanto, quando o campo de batalha é o ciberespaço. Em um mundo com computadores interconectados, todo sistema é potencialmente uma linha de frente. Não há "'zonas protegidas' ou 'retaguardas'; tudo é igualmente vulnerável", Gen. Kevin Chilton, chefe do Comando Estratégico dos EUA, disse ao Congresso.[15]

---

[12] GROSS, Grant. Security Expert: US Would Lose Cyberwar. **IDG News Service**, Feb. 23, 2010, disponível em <computerworld.com/s/article/9161278/Security_expert_U.S._would_lose_cyberwar>.

[13] Embora os sistemas de controles Siemens não serem tão amplamente usados nos EUA como são em outras partes do mundo, os sistemas de controle que dominam as instalações norte-americanas operam sob os mesmos princípios de projeto, com alguns dos mesmos defeitos. Um atacante precisaria apenas estudar os sistemas para encontrar formas de atacá-lo, o que vários pesquisadores de segurança já vinham fazendo ao longo dos anos, desde que o Stuxnet foi lançado.

[14] SMITH, Gerry. Stuxnet: U.S. Can Launch Cyberattacks but Not Defend Against Them, Experts Say. **Huffington Post**, June 1, 2012, disponível em <huffingtonpost/com/2012/06/01/stuxnet-us-cyberattack-_n_1562983.html>.

[15] Declaração preparada para o Subcomitê de Forças Estratégicas do Comitê da Câmara para Serviços Armados, para uma audiência em 17 de março de 2009, disponível em <gpo.gov/fdsys/pkg/CHRG-111hhrg51759/html/CHRG-111hhrg51759.htm>.

As leis de guerra proíbem ataques diretos a hospitais e outras infraestruturas civis, a não ser que seja considerada uma necessidade de guerra, com os líderes militares sujeitos a acusações de crimes de guerra se as violarem. Mas as proteções previstas em lei desmoronam quando a imputação é turva. Dado que um ataque de um exército cibernético em Teerã ou Pequim pode ser facilmente projetado para parecer com um ataque vindo de Ohio, fica difícil distinguir entre um ataque de um estado-nação lançado pelo Irã e um ataque lançado por um grupo de hackers simplesmente inclinados aleatoriamente ao caos ou a protestos civis. O Stuxnet era sofisticado e vinha com todas as características de um ataque de estado-nação, mas nem todo ataque seria tão distinguível.[16]

Alguns argumentaram que os ataques de estados-nação seriam fáceis de identificar, pois ocorreriam no meio de uma tensão existente entre as nações, tornando clara a identidade do agressor – tal como a rajada de ataques de negação de serviço que desabilitaram websites do governo da Geórgia em 2008, que precedeu a invasão russa na Ossétia do Sul. Mas, mesmo assim, seria fácil para um terceiro explorar a tensão entre duas nações e lançar um ataque anônimo contra uma que aparentasse vir da outra, a fim de provocar uma situação inflamável.[17]

---

[16] Em agosto de 2012, um vírus destrutivo chamado Shamoon atingiu máquinas da Saudi Aramco, uma empresa nacional de óleo e gás natural da Arábia Saudita, e limpou os dados de mais de trinta mil máquinas – um ataque que proporcionou uma dura lembrança de como qualquer máquina na internet pode se tornar o marco zero de destruição em uma disputa política, e o quão difícil pode ser determinar depois o autor. O vírus não só limpou os dados das máquinas, como substituiu todos os arquivos existentes por um arquivo contendo a imagem de uma bandeira dos EUA queimando – embora um erro no código tenha impedido que a imagem da bandeira abrisse completamente nas máquinas infectadas. Em vez disso, apenas um trecho da imagem aparecia quando os arquivos eram abertos; o resto da imagem ficava em branco. Autoridades dos EUA acusaram o Irã de ser o mentor do ataque, embora não tenha oferecido nenhuma prova para sustentar a afirmação. O ataque pode ter sido lançado pelo Irã como retaliação pelo ataque do Wiper, que apagou os dados das máquinas do Ministério do Petróleo iraniano e da Empresa Nacional de Petróleo iraniana quatro meses antes, ou pode ter sido uma retaliação pelo Stuxnet, tendo como alvo um aliado dos EUA menos capaz de atacar de volta. Ou pode simplesmente ter sido o trabalho de hackers ativistas contrários à política externa dos EUA no Oriente Médio (um grupo de hackers que se intitulava "Cutting Sword of Justice" reivindicou o crédito pelo ataque). Poderia ainda ser uma operação com "bandeira falsa" lançada por outro país para fazer parecer que o agressor era o Irã (documentos da NSA divulgados por Edward Snowden revelaram que o Reino Unido por vezes utiliza operações com "bandeiras falsas" para fixar a culpa em terceiros).

[17] Em agosto de 2008, exércitos de computadores com endereços de IP russos lançaram um ataque distribuído de negação de serviço que desconectou os websites da mídia e do governo da Geórgia, comprometendo a capacidade do governo de se comunicar com o público. A cronologia dos ataques, imediatamente antes da invasão russa à Ossétia do Sul, foi para muitos prova suficiente de que a campanha digital era parte de uma ofensiva militar.

Em novembro de 2013, Israel realizou um exercício simulado na Universidade de Tel Aviv que ilustrou as dificuldades de identificar um atacante, particularmente quando terceiros entram no conflito com a intenção de escalar as hostilidades entre os outros. Usando o que foram descritos como cenários extremos, porém realistas, o jogo de guerra confrontava Israel com o Irã e o Hezbollah, apoiado pelo Irã, no Líbano e na Síria, e começou com uma série de confrontos físicos contra Israel. Tais confrontos escalaram para ataques cibernéticos que ameaçavam puxar os EUA e a Rússia para o conflito em defesa de seus aliados.

A simulação começou com uma explosão em uma plataforma de perfuração *offshore*, com foguetes lançados ao longo da fronteira do Líbano, no norte de Israel, e explosões em Tel Aviv, sendo seguidas por interrupções na rede que paralisaram um hospital em Israel. Os ataques cibernéticos foram rastreados até um servidor iraniano, mas o Irã negou a responsabilidade, insistindo que os israelenses estavam tentando colocar a culpa neles com o objetivo de obter apoio do Ocidente para um ataque contra Teerã. Em seguida, os ataques de rede se espalharam para os EUA, forçando a parada dos negócios em Wall Street e desligando o controle do tráfego aéreo no aeroporto JFK. A Casa Branca declarou estado de emergência após dois aviões caírem e matarem setecentas pessoas. Dessa vez os ataques foram rastreados primeiramente até um servidor na Califórnia, e depois, de forma intrigante, até Israel.

Quando o jogo terminou, Israel se preparava para lançar ataques contra o Hezbollah na Síria e no Líbano – devido aos ataques cibernéticos atribuídos a eles e ao Irã – e as tensões entre os EUA e Israel esquentaram perigosamente, devido à dúvida sobre quem era o responsável pelos ataques cibernéticos contra os EUA.[18] "Se não tivéssemos parado naquele momento, a região inteira poderia ter sido envolvida em chamas", disse Haim Assa, o expert em teoria dos jogos que projetou o exercício.

---

[18] Os autores da simulação revelaram ao final que a confusa trama de atribuições por trás dos ataques cibernéticos era uma parte importante de sua estratégia. Em seus planos, foi a al-Qaeda quem realmente lançou os primeiros ataques contra Israel, na esperança de escalar as tensões entre Israel e o Hezbollah, apoiado pelo Irã, no Líbano. Mas foi o Irã quem lançou os ataques aos EUA. Este último foi feito de forma a parecer ter sido lançado por Israel com a intenção de culpar o Irã. Os EUA deveriam pensar que Israel jogara um último truque sujo – lançando um ataque contra os EUA com o objetivo de atribuir a culpa ao Irã e angariar apoio dos EUA para um ataque aéreo israelense contra Teerã.

A simulação foi instrutiva em diferentes níveis para seus participantes. Os EUA "descobriram o quão difícil, senão impossível, é determinar a origem de um ataque", disse o General da reserva do Exército dos EUA Wesley Clark, o qual participou do exercício. E um oficial israelense observou "o quão rapidamente eventos cibernéticos localizados podem se tornar perigosamente físicos quando os líderes estão mal preparados para lidar com o domínio cibernético". Nesse sentido, eles aprenderam que a melhor defesa no mundo digital não é um bom ataque, mas uma boa defesa, pois, sem uma infraestrutura crítica apropriadamente protegida, os líderes foram deixados com pouco espaço para manobrar em sua tomada de decisão quando o ataque ocorreu. Quando os sistemas civis foram atingidos e cidadãos foram mortos, os líderes ficaram sob pressão para tomar decisões rápidas, muitas vezes baseadas em conclusões falhas e incompletas.[19]

É FÁCIL VER por que militares e governantes estão adotando armas cibernéticas. Além de oferecer anonimato e uma perceptível redução de danos colaterais, as armas cibernéticas são mais rápidas que mísseis, com a habilidade de chegar ao seu destino em segundos, e podem ser ajustadas em tempo real para combater as linhas de defesa. Se uma vulnerabilidade do tipo *zero-day* for corrigida, os atacantes podem fazer uso de uma reserva de *exploits* alternativos - tal como fizeram os desenvolvedores do Stuxnet - ou mudar e recompilar o código para alterar suas assinaturas e impedir a detecção.

"A guerra cibernética, em minha modesta opinião, em breve será revelada como a maior revolução nas guerras, mais do que foi a pólvora e o uso do poder aéreo no último século", disse o Maj. Gen. Aviv Kochavi.[20]

Mas as armas cibernéticas têm uso limitado. Se estritamente configurada para evitar danos colaterais, da forma como o Stuxnet foi, cada arma pode ser lançada apenas contra um pequeno conjunto de alvos sem ser refeita. E, diferentemente das bombas de destruição de *bunkers* ou mísseis furtivos, uma arma cibernética pode se tornar instantaneamente obsoleta se a configuração do alvo ou da rede mudar. "Eu não conheço nenhuma outra arma ou sistema na história das guerras que pode

---

[19] OPALL-ROME, Barbara. Israeli Cyber Game Drags US, Russia to Brink of Mideast War. **Defense News**, Nov. 14, 2013.

[20] UPI. **Israel Combats Cyberattacks, 'Biggest Revolution in Warfare'.** Jan. 31, 2014, disponível em <upi.com/Israel-combats-cyberattacks-biggest-revolution-in-warfare/24501391198261/>.

ser desabilitada por seus alvos com um clique no botão do mouse", observou Marcus Ranum.[21] E, sempre que uma arma cibernética é exposta, não é apenas aquela arma que se queima, mas todas as outras armas que usam as mesmas técnicas e os métodos inovadores que ela empregava. "Neste ponto, podemos ter certeza de que qualquer um que construa uma cascata de centrífugas de gás será um pouco mais cuidadoso com o seu software do que de costume", disse Thomas Rid, um estudioso de assuntos de guerra do King's College, de Londres.[22]

Outro problema com as armas digitais é que elas podem ser difíceis de controlar. Uma boa arma cibernética deve operar de maneira previsível, de forma que tenha um impacto controlado e produza os resultados esperados a cada vez que é lançada, causando pouco ou nenhum efeito colateral. Ela precisa de um projeto preciso, para que seja executada somente sob comandos, ou automaticamente uma vez que encontre seu alvo; e deve ser revogável ou ter um mecanismo de autodestruição no caso de as condições mudarem e a missão precisar ser abortada. Andy Pennington, um ex-oficial de sistemas de armas da Força Aérea citado em um capítulo anterior, compara uma arma cibernética incontrolável a um agente biológico fora de controle. "Se você não tiver um controle positivo sobre a arma... você não tem uma arma, você tem uma metralhadora giratória. Nós criamos convenções e dissemos que não usaremos armas químicas e biológicas, porque não temos uma mira precisa, nós não temos controle de acesso, elas não são revogáveis e não são capazes de se autodestruir". [23]

O Stuxnet possuía alguns controles integrados, mas não possuía outros. Era uma arma direcionada, de precisão, que liberava sua carga útil no sistema específico que tinha sido projetado para atacar. E possuía um mecanismo de liberação por tempo de forma a iniciar sua sabotagem apenas quando certas condições nas máquinas visadas fossem atendidas. Mas, uma vez lançado, o Stuxnet não podia ser revogado, e não possuía nenhum mecanismo de autodestruição – ele apenas tinha uma data-limite de infecção que o prevenia de se espalhar além de certa data, três anos à frente. E, embora as primeiras versões do Stuxnet tivessem capacidades de difusão limitadas, a versão de março de 2010 era claramente uma

---

[21] RANUM, Marcus. Parsing Cyberwar—Part 3: Synergies and Interference. **Fabius Maximus blog**, Aug. 13, 2012, disponível em <fabiusmaximus.com/2012/08/13/41567>.

[22] RID, Thomas. Think Again: Cyberwar. **Foreign Policy**, Mar./Apr. 2012.

[23] Entrevista da autora com Andy Pennington, novembro de 2011.

"metralhadora giratória", embora desarmada, uma vez que, apesar de ter se espalhado incontrolavelmente para milhares de máquinas que não eram o alvo, ele não as sabotou.

Todavia, será que outras armas digitais seriam tão bem projetadas ou sortudas? Os danos colaterais no ciberespaço têm um maior alcance do que no domínio físico. Uma bomba lançada sobre um alvo pode causar danos colaterais, mas estes seriam locais. Redes de computadores, no entanto, são labirintos complexos de interconectividade, e o caminho e o impacto de uma arma cibernética lançada nem sempre são previsíveis. "Nós não temos ainda a habilidade de avaliar os danos colaterais de todos os ataques cibernéticos", observou Jim Lewis, do Centro para Estudos Estratégicos e Internacionais. "Em ataques que incapacitam redes, deve haver um dano imprevisível não só ao alvo, mas também aos não combatentes, a indivíduos neutros ou mesmo ao atacante, dependendo das interconexões da rede ou da máquina que se tem como alvo. Isso torna imprevisível o risco político associado às consequências não intencionais (um ataque em uma rede sérvia, por exemplo, prejudica as atividades comerciais de aliados da OTAN) e traz consigo o risco de escalada de um conflito (um ataque na Coreia do Norte causa danos aos serviços na China)".[24]

APESAR DA APARENTE marcha em direção à guerra digital iniciada pelo Stuxnet, é justo perguntar qual a probabilidade de um evento digital catastrófico ocorrer. O Secretário de Defesa Leon Panetta disse que os EUA estão em um "momento pré-11 de setembro", com os adversários conspirando e se preparando para a oportunidade certa de lançar ataques cibernéticos destrutivos sobre seus sistemas. Entretanto, Thomas Rid chamou a guerra cibernética de "mais propagandeada do que perigosa" – a "novidade brilhante" que chamou a atenção dos militares como um novo trenzinho reluzente aberto na manhã de Natal. Na realidade, ele acha que isso terá muito menos impacto do que as pessoas imaginam.[25] Qualquer uso futuro de armas digitais será provavelmente um reforço para batalhas convencionais, e não um substituto destas. As críticas dos pessimistas digitais também apontam o fato de que nenhum ataque catastrófico ocorreu até o momento, sendo uma evidência de que os alarmes são exagerados.

---

[24] LEWIS, James A. Cyberwar Thresholds and Effects. **IEEE Security and Privacy,** Sep. 2011, p. 23-29.

[25] RID, Think Again: Cyberwar.

Entretanto, outros argumentam que também nenhum avião de passageiros havia voado na direção de arranha-céus antes de 11 de setembro. "Eu penso que dizer que não é possível, que não é provável, realmente ainda é muito cedo. Todo tipo de coisa pode acontecer ao longo dos próximos anos", diz Jason Healey, chefe do *Cyber Statecraft Initiative* do Conselho do Atlântico em Washington, DC, que foi um dos membros da primeira força-tarefa cibernética militar. "À medida que mais sistemas são conectados à internet, e os ataques cibernéticos progridem de uma simples quebra de zeros e uns para a destruição de coisas feitas de concreto e aço, as coisas mudarão, e os dias em que ninguém morria de um ataque cibernético, ou de seus efeitos, estarão acabados".[26]

Alguns acham que a ameaça é exagerada porque a maioria dos atores capazes de lançar um ataque seria dissuadida pelo risco de um contra-ataque. Após o Stuxnet ter sido descoberto, alguns cogitaram que ele teria sido lançado intencionalmente por Israel ou pelos EUA para enviar uma mensagem ao Irã e a outros países sobre as capacidades de ataque digital desses dois países. O fato de ele ter permanecido não detectado por tanto tempo e somente ter sido descoberto por uma obscura empresa de antivírus da Bielorrússia fez com que alguns acreditassem que o Stuxnet não fora descoberto, e sim divulgado. O Gen. James Cartwright, antigo vice-chefe do Estado Maior Conjunto dos EUA – o homem que desempenhou um grande papel na operação Jogos Olímpicos nos Estados Unidos – na verdade era a favor de fazer declarações sobre as capacidades cibernéticas dos EUA a serviço da dissuasão.

"Para a dissuasão cibernética funcionar", disse Cartwright em 2012, "você deve acreditar em algumas coisas: primeiro, que nós temos a intenção; segundo, que nós temos a capacidade; e terceiro, que nós praticamos – e as pessoas sabem que nós praticamos".[27] Cartwright está sendo investigado pelo Departamento de Justiça por suspeita de vazar informação sigilosa sobre o Stuxnet ao "New York Times". Até o momento da escrita deste livro, ele ainda não tinha sido acusado de qualquer delito e negava as acusações.

Porém, enquanto esse tipo de dissuasão pode funcionar para algumas nações – contanto que elas acreditem que um ataque possa ser atribuído a eles – atores irracionais, tais como estados tiranos e grupos terroristas, não são dissuadidos

---

[26] Esta e outras citações de Healey são de uma entrevista com a autora em outubro de 2013.

[27] BARNES, Julian. Pentagon Digs In on Cyberwar Front. **Wall Street Journal**, July 6, 2012.

pelas mesmas coisas que dissuadem os outros. "O dia que um grupo terrorista obtiver a capacidade de um ataque cibernético, eles o usarão", Jim Lewis disse ao Congresso em 2012.[28]

Lewis espera que, no futuro, conflitos digitais limitados que perturbem sistemas de comando e controle militar possam surgir entre os EUA e a Rússia ou a China, mas esses países provavelmente não atacarão infraestruturas críticas, "devido ao risco de agravamento". Mas, tão logo países como o Irã e a Coreia do Norte detenham a capacidade de realizar um ataque cibernético, será mais provável um ataque contra alvos civis nos EUA. Assim como os EUA atacam alvos em seus países, eles sentirão "pouco [ou nenhum] constrangimento em nos atacar", escreveu ele em um artigo de 2010.[29] E ameaças de retaliação feitas pelos EUA para impedir tais ataques teriam pouco efeito sobre esses grupos, uma vez que "seus cálculos para decidir sobre um ataque se baseiam em uma percepção diferente dos riscos e vantagens", observou ele. Da mesma forma, com países menores e rebeldes independentes adquirindo os meios digitais para atacar alvos distantes, "interrupções com fins políticos e até mesmo ataques cibernéticos destinados a causar danos, ou destruição, poderão se tornar rotina", diz ele. O Talibã no Afeganistão ou Al-Shabaab na Somália têm pouca chance de lançar um ataque convencional de retaliação contra o território dos EUA, mas quando eles eventualmente adquirirem, ou contratarem, a capacidade de lançar ataques cibernéticos efetivos, isso irá mudar. "Esses ataques serão atraentes para eles, pois criam a possibilidade de trazer a guerra para o território dos EUA", observa Lewis. Embora eles possam não adquirir a capacidade de lançar ataques maciços, "ataques intimidadores" direcionados a alvos específicos como Washington, DC, diz Lewis, estarão certamente entre os seus recursos, e, dependendo da severidade do ataque ou de seus efeitos em cascata, serviços e sistemas essenciais poderão ser perdidos por longos períodos de tempo.

Com armas cibernéticas nas mãos de outros, os EUA também podem ter que começar a calcular o risco de um contragolpe ao planejar ataques convencionais, observa Lewis. Em 2003, as forças dos EUA que invadiam o Iraque en-

---

[28] James A. Lewis em depoimento perante o Subcomitê de Segurança Cibernética, Proteção de Infraestrutura e Tecnologias de Segurança, 16 de março de 2012, disponível em <homeland.house.gov/files/Testimony%20Lewis.pdf>.

[29] LEWIS, James A. Thresholds for Cyberwar. **Center for Strategic and International Studies,** Oct. 1, 2010, disponível em <csis.org/analysis/thresholds-cyberwar>.

contraram pouca resistência, mas e se o Iraque possuísse armas cibernéticas e as lançasse em retaliação? "Isso não teria mudado o resultado da invasão, mas teria proporcionado certo grau de vingança [ao Iraque]", diz ele.[30]

Se há divergências sobre a probabilidade de ocorrerem ataques digitais a infraestruturas críticas, há também divergências sobre o nível de danos que tais ataques podem causar. Leon Panetta e outros têm alertado sobre Pearl Harbors digitais e "11 de setembros" cibernéticos que atirarão medo por todo o país. Entretanto, outros dizem que o tipo de destruição digital vislumbrada pelos pessimistas não é tão fácil de ocorrer quanto parece. A realização de um ataque perturbador que tenha efeitos duradouros "é um empreendimento muito mais complexo do que voar com um avião contra um prédio ou colocar um caminhão cheio de explosivos em uma rua movimentada", observa W. Earl Boebert, um ex-especialista em segurança cibernética do *Sandia National Laboratories*, cujo trabalho, em parte, era pesquisar tais cenários. Redes e sistemas podem ser desligados, mas eles também podem ser recuperados de forma relativamente rápida. "É necessário um planejamento considerável para elevar a probabilidade de sucesso a um nível onde uma decisão racional possa ser tomada", ele escreve.[31] Embora se possa argumentar que os ataques de 11 de setembro demandaram, no mínimo, tanto planejamento e coordenação quanto um ataque cibernético destrutivo exigiria, um ataque digital bem planejado – até mesmo um ataque fisicamente destrutivo – provavelmente nunca alcançaria o impacto visual ou o efeito emocional que aviões voando em direção às Torres Gêmeas obtiveram.

APESAR DOS RISCOS e das consequências de usar armas digitais, não houve quase nenhuma discussão pública sobre as questões levantadas pelas operações ofensivas do governo. Os críticos apontaram que a administração de Obama foi mais aberta ao discutir o assassinato de Osama Bin Laden do que ao discutir a estratégia e as operações cibernéticas ofensivas do país. Quando perguntas sobre as regras de engajamento para ataques digitais foram levantadas durante a audiência para confirmar o Gen. Keith Alexander como chefe do Comando Cibernético dos EUA em 2010, Alexander se recusou a tratá-las em público e disse que só as res-

[30] Ibid.

[31] BOEBERT, W. Earl. A Survey of Challenges in Attribution. **Proceedings of a workshop Deterring Cyber Attacks:** Informing Strategies and Developing Options for US Policy. Publicado pela National Academy of Sciences em <nap.edu/read/12997/chapter/5>.

ponderia em uma sessão fechada.[32] E, apesar de existirem inúmeros manuais de doutrina de domínio público que tratem da guerra convencional, o mesmo não é verdade para a guerra digital. Mesmo pessoas que construíram suas carreiras no sigilo notam o sigilo extremo em torno dessa questão. "Isso pode ser visto como surpresa, dada a minha experiência na NSA, na CIA e assim por diante, mas eu acho que essa informação é terrivelmente sigilosa em excesso", disse o antigo diretor da CIA e da NSA, Gen. Michael Hayden. "As raízes do poder cibernético dos EUA estão na nossa comunidade de inteligência, e nós estamos francamente acostumados a trabalhar em um mundo que é sigiloso. Receio que essa cultura tenha permeado a forma como nós tratamos todas as questões cibernéticas". [33]

Sem maior transparência, sem a vontade de se envolver em debates sobre as operações ofensivas, há pouca oportunidade para as partes que não tenham interesse direto em perpetuar as operações para medir seu sucesso, suas falhas e seus riscos.

"O Stuxnet tirou o gênio da lâmpada no que diz respeito a como esse tipo de ataque pode ser feito. Agora você pode ter como alvo todo tipo de dispositivo", diz um ex-funcionário do governo. "Onde isso termina? Não parece haver qualquer fiscalização desses programas. Infelizmente, os cientistas não estão puxando as rédeas para trás. Eles estão animados por alguém estar dando-lhes dinheiro para fazer essa pesquisa. Eu acho que nunca vi alguém questionar o que estava sendo feito. Eu não acho que havia muita consciência sobre isso".

---

[32] Regras de engajamento são ordens militares que levam em consideração as leis internacionais e as regras dos EUA para traçar um único documento que os militares usam para conduzir suas operações. Há regras de engajamento para diferentes operações, uma vez que as regras irão mudar se for uma missão de paz na Bósnia ou uma invasão agressiva ao Iraque. Separadamente, existe um abrangente conjunto de regras de engajamento que se aplica às operações do dia a dia dos militares. Estas regras, permanentes, que em geral são sigilosas, incluem a guerra cibernética. De acordo com Gary Brown, que foi assessor jurídico do Comando Cibernético dos EUA de 2009 a 2012, essas regras permanentes estavam sendo reescritas durante o seu tempo com o comando, e em 2014 ele disse que ainda não sabia se isso já estava concluído. Os militares usavam a segunda versão das regras, que tinha sido finalizada em 2005, a qual era conhecida como versão Bravo quando ele estava lá. A terceira versão, conhecida como Charlie, deveria estar pronta em 2010, mas ainda não estava completa quando Brown saiu em 2012. A versão Bravo tratava da guerra cibernética, mas apenas de forma geral. A versão Charlie supostamente trataria o assunto de forma mais específica.

[33] CARROLL, Chris. Cone of Silence Surrounds U.S. Cyberwarfare. **Stars and Stripes**, Oct. 18, 2011, disponível em <stripes.com/news/cone-of-silence-surrounds-u-s-cyberwarfare-1.158090>.

Não houve discussões públicas sobre as repercussões da corrida armamentista digital lançada pelo Stuxnet, ou sobre as consequências do lançamento de armas que podem ser imprevisíveis e que podem ser usadas de volta contra os EUA.

Em um relatório para o Congresso em 2011, a comunidade de inteligência anotou que os defensores das redes de computadores nos EUA são perpetuamente superados pelos atacantes e não conseguem acompanhar as táticas empregadas, em constante mudança. *Exploits* e métodos de exploração evoluem muito rápido para que os métodos de detecção e de contramedida os acompanhem, um problema que só irá aumentar conforme as nações desenvolvam e lancem métodos de ataque cada vez mais sofisticados. Até o momento, a evolução dos métodos de ataque de computadores tem sido impulsionada por inovações no submundo do crime, mas isso vai mudar à medida que os ataques de estados-nação, como o Stuxnet e o Flame, comecem a impulsionar os futuros avanços. Em vez de hackers do governo aprenderem as novas técnicas do submundo, o submundo é que irá aprender com os governos. E, conforme as contramedidas para as armas digitais forem desenvolvidas, a necessidade de produzir armas ainda mais avançadas aumentará, levando a mais inovações no armamento. Uma autoridade dos EUA se referiu ao Stuxnet como uma arma de primeira geração, em paridade com "primeiras lâmpadas de Edison, ou o Apple II", sugerindo que modelos mais sofisticados já o substituíram.[34]

O submundo do crime se beneficiará das riquezas da pesquisa e do desenvolvimento de armas digitais e de ferramentas de espionagem, financiados pelos governos, assim como já fizeram com o Stuxnet e o arsenal de ferramentas usadas conjuntamente com ele. Após o Duqu ser descoberto em 2011, por exemplo, *exploits* que atacavam a mesma vulnerabilidade de renderização de fonte que ele atacava surgiram em vários *kits* de ferramentas que eram vendidos prontos no submundo do crime. Um ano após o Duqu usá-la, aquela foi a vulnerabilidade mais comumente usada para instalar clandestinamente Trojans bancários e outros *malwares* em máquinas.[35] Mas, mesmo quando hackers não governamentais não

---

[34] SANGER, David E. America's Deadly Dynamics with Iran. **New York Times**, Nov. 5, 2011.

[35] Duqu foi exposto publicamente em setembro de 2011, e, apesar de a Microsoft ter corrigido a falha de renderização de fonte que ele explorava, ao fim de 2012 "ataques contra essa única vulnerabilidade cresceram vertiginosamente", escreveu a empresa de segurança finlandesa F-Secure em seu relatório anual em 2013. Essa vulnerabilidade sozinha "foi responsável por incríveis 69% de todas as detecções relacionadas a *exploits* que foram relatadas". Ver página 36 de F-SECURE. **Threat Report H1 2013**, disponível em <f-secure.com/documents/996508/1030743/Threat_Report_H1_2013.pdf>.

são incapazes de replicar, *bit* a *bit*, um sofisticado ataque do governo, eles ainda podem aprender e tirar proveito disso, como mostrou a descoberta da Microsoft de que teria levado apenas três dias para que hackers criminosos produzissem uma versão simplificada do sequestro do Windows Update que o Flame realizava.

Brad Arkin, diretor sênior de segurança e privacidade de produto da Adobe, disse que a principal preocupação de segurança de sua empresa nos dias atuais não são os hackers criminosos, mas, sim, os hackers de alto nível financiados pelos estados, que vêm abastecidos de recursos e uma mala cheia de *exploits zero-day* para atacar os softwares da Adobe. "Nos últimos 18 meses, as únicas [vulnerabilidades do tipo *zero-day*] achadas em nosso software foram encontradas por... adversários de grande porte", disse ele em uma conferência em 2011. "São grupos que têm dinheiro suficiente para construir um porta-aviões. Eles são os nossos adversários".[36] Os *exploits* usados contra os produtos Adobe são "muito, muito caros e difíceis de produzir", disse Arkin, e, uma vez projetados e usados por hackers de estados-nação, eles fluem para as ferramentas de crime digital.

O guerreiro cibernético chefe da nação, General Alexander, da NSA, reconheceu essa tendência a um comitê do Senado em 2013. "Acreditamos que é só uma questão de tempo para que esse tipo de ferramenta sofisticada, desenvolvida por atores estatais bem financiados, chegue até grupos, ou mesmo indivíduos, que, em seu fervor por fazer alguma afirmação política, não conheçam ou não se importem com os danos colaterais que venham a provocar em outras pessoas ou em infraestruturas críticas", disse ele.[37] Alexander se referia às ferramentas bem financiadas que países como a China criam para atacar os EUA, mas ninguém do comitê perguntou a ele sobre as contribuições que sua própria agência produzia para o conjunto de ferramentas e técnicas que hackers criminosos ou hackers ativistas poderiam adotar. Tampouco perguntaram sobre a ética e as consequências de armazenar *exploits zero-day* e sonegar informações de vulnerabilidades de segurança aos proprietários de sistemas dos EUA, para que o governo possa usá-las para atacar os sistemas dos adversários.

---

[36] FISHER, Dennis. Nation-State Attackers Are Adobe's Biggest Worry, **ThreatPost**, blog de segurança publicado pelo Kaspersky Lab, Sep. 20, 2011, disponível em <threatpost.com/nation-state-attackers-are--adobes-biggest-worry-092011/75673>.

[37] Falando ao Comitê de Verbas do Senado, "Cybersecurity: Preparing for and Responding to the Enduring Threat", 12 de junho de 2013, disponível em <hsdl.org/?view&did=739096>.

Michael Hayden observa que sempre houve equilíbrios estratégicos entre a construção de capacidades ofensivas e o reforço das defesas. Um dos principais conceitos que o governo tradicionalmente usa para estabelecer soluções no âmbito da guerra cinética - que também se aplica ao âmbito da guerra cibernética - é algo conhecido como NOBUS, ou *Nobody But Us* (ninguém além de nós).

"Ninguém além de nós conhece isso, ninguém além de nós pode explorar isso", me disse ele. "Quão único é o nosso conhecimento ou a nossa habilidade para explorar isso em comparação com os outros? (...) Sim, isso é uma fraqueza, mas se você tiver que ter seis mil metros quadrados de [supercomputadores] Cray para explorar isso...". Se fosse NOBUS, disse ele, as autoridades poderiam "deixar correr" e tirar vantagem da vulnerabilidade por um tempo, ao mesmo tempo tendo pleno conhecimento de "que quanto mais tempo levar, mais pessoas poderão de fato ser capazes de explorá-la".[38]

Mas, devido ao estado da segurança de computadores de hoje, e à quantidade de pancadas que os EUA estão tomando de ataques cibernéticos, Hayden disse que estava preparado para reconhecer que talvez fosse a hora de reavaliar esse processo.

"Se os hábitos de uma agência construída em uma era pré-digital, analógica (...), forem os hábitos de uma agência [que é] culturalmente inclinada, um pouco em excesso, a ofensivas, em um mundo onde agora todos estão vulneráveis", disse ele, então o governo pode querer reavaliar.

Em um relatório divulgado pelo conselho de reforma da vigilância convocado pela Casa Branca na esteira dos vazamentos de Edward Snowden, os membros do conselho abordaram especificamente essa questão e recomendaram que o Conselho Nacional de Segurança estabelecesse um processo para rever o uso de *zero days* pelo governo. "As políticas dos EUA devem em geral agir para garantir que os *zero days* sejam rapidamente bloqueados, de forma que as vulnerabilidades associadas sejam corrigidas no governo dos EUA e em outras redes", escreveu o conselho de revisão, observando que apenas "em raras situações as políticas dos EUA poderiam autorizar, de forma breve, o uso de *zero days* para a coleta de informações de alta prioridade, seguindo uma avaliação interinstitucional de

[38] Todas as citações de Hayden aqui e mais adiante são de entrevista com a autora em fevereiro de 2014.

alto escalão, envolvendo todos os departamentos competentes".[39] Em quase todos os casos, eles escreveram, é "do interesse nacional eliminar as vulnerabilidades de software, em vez de usá-las para a coleta de dados de inteligência". O grupo também recomendou que as operações cibernéticas conduzidas pelo Comando Cibernético dos EUA e pela NSA sejam revisadas pelo Congresso da mesma forma que as operações secretas da CIA são revisadas, a fim de proporcionar mais responsabilidade e supervisão.

Richard Clarke, ex-chefe de segurança cibernética durante a administração de Bush e membro do painel, explicou mais tarde a justificativa para destacar o uso de *zero days* no relatório. "Se o governo dos EUA encontrar uma vulnerabilidade do tipo *zero-day*, sua primeira obrigação é avisar ao povo americano de forma que eles possam consertá-la, e não correr [e usá-la] para invadir o sistema de telefonia de Pequim", disse ele em uma conferência de segurança. "A primeira obrigação do governo é defender". [40]

Em discurso que abordava o relatório de revisão do conselho, o presidente Obama ignorou as recomendações do grupo referentes ao uso de *zero days* e à supervisão. Mas durante uma audiência em março de 2014 para confirmar o Vice--Almirante Michael Rogers como substituto do General Alexander, que ia para a reserva, como chefe da NSA e do Comando Cibernético dos EUA, Rogers disse ao comitê do Senado que a agência de espionagem já tinha um processo de ações maduro para lidar com as vulnerabilidades *zero day* descobertas em produtos e sistemas comerciais e já começava a trabalhar com a Casa Branca para desenvolver um novo processo entre agências a fim de lidar com essas vulnerabilidades. Ele disse que era política da NSA documentar completamente cada vulnerabilidade, a fim de determinar opções para mitigá-la, e produzir uma proposta de como divulgá-la.[41] Ao lidar com *zero days*, disse ele, era importante que "a balança estivesse inclinada para mitigar quaisquer riscos graves às redes dos EUA e de seus aliados". Nos casos em que a NSA opte por explorar um *zero day* em vez

---

[39] "Liberty and Security in a Changing World" (relatório do Grupo de Revisão de Inteligência e Tecnologias de Comunicações do Presidente, 12 de dezembro de 2013), p. 37. O relatório está disponível em <whitehouse.gov/sites/default/files/docs/2013-12-12_rg_final_report.pdf>.

[40] Clarke falava na *RSA Security Conference*, em São Francisco, em fevereiro de 2014.

[41] "Advance Questions for Vice Admiral Michael S. Rogers, USN, Nominee for Commander, United States Cyber Command", disponível no site do Comitê de Serviços Armados do Senado, em <armed-services.senate.gov/imo/media/doc/Rogers_03-11-14.pdf>.

de divulgá-lo, ele disse que a agência tenta encontrar outras formas de mitigar os riscos aos sistemas dos EUA trabalhando com o Departamento de Segurança Nacional e outras agências.

Um mês depois, reportagens indicavam que o presidente Obama havia emitido discretamente uma nova política de governo sobre vulnerabilidades *zero day* na esteira das revelações de Snowden e do relatório de revisão do conselho.[42] Sob a nova política, sempre que a NSA descobrisse uma grande falha em um software, ela deveria divulgar a vulnerabilidade aos fabricantes e outros para que a falha pudesse ser corrigida. Mas a política está muito aquém do que o conselho de revisão recomendou e contém lacunas.[43] Isso se aplica apenas às falhas descobertas pela NSA, não mencionando aquelas descobertas pelas empresas contratadas pelo governo, e qualquer falha que tivesse "claro uso para a segurança nacional ou para a aplicação da lei" poderia ser mantida em segredo e explorada pelo governo. O conselho de revisão havia dito que os *exploits* poderiam ser usados apenas em caráter temporário e somente para "a coleta de informações de grande importância" antes de serem divulgados. A política de Obama, contudo, dá ao governo liberdade para permanecer em silêncio sobre inúmeras falhas críticas, desde que se justifique o seu uso. Também não há qualquer menção na política sobre o que o governo planeja fazer com as vulnerabilidades *zero day* e os *exploits* que já estão em seu arsenal de armas digitais.

UMA COISA QUE nem mesmo o conselho de revisão abordou, contudo, eram as implicações de subverter a confiança dos certificados digitais e do sistema Windows Update para promover objetivos ofensivos, como o Stuxnet e o Flame fizeram.

Christopher Soghoian, da ACLU, comparou o sequestro do Windows Update à CIA subverter um sistema de vacinação confiável para matar o Osama bin Laden. Nesse caso, a agência de espionagem supostamente recrutou um médico no Paquistão para distribuir vacinas de imunização para os residentes de um determinado bairro, para que o médico pudesse sorrateiramente colear amostras

---

[42] SANGER, David E. Obama Lets N.S.A. Exploit Some Internet Flaws, Officials Say. **New York Times**, Apr. 12, 2014.

[43] ZETTER, Kim. Obama: NSA Must Reveal Bugs Like Heartbleed, Unless They Help the NSA. **Wired.com**, Apr. 15, 2014.

de DNA de pessoas que viviam em um complexo cercado, onde se acreditava que bin Laden residia.

De forma similar, o sequestro do Windows Update e outros ataques similares prejudicam os sistemas confiáveis e têm o potencial de criar uma crise de confiança que poderia levar os usuários a rejeitar sistemas feitos para protegê-los.

"Atualizações automáticas de segurança são uma coisa boa. Elas nos mantêm seguros. Elas mantêm todos seguros", disse Soghoian aos participantes de uma conferência após a descoberta do Flame.[44] "Qualquer que seja a vantagem de curto prazo de sequestrar o processo do Windows Update, simplesmente não vale a pena".

Mas Hayden diz que às vezes **vale a pena** minar um sistema confiável. Ele diz que teria tomado a mesma decisão que o diretor da CIA Leon Panetta tomou para subverter o sistema de vacinação a fim de localizar bin Laden. "O que eu estou dizendo é que isso [esse tipo de tomada de decisão] ocorria o tempo todo", diz ele. Contudo, reconhece que "[às vezes] podemos errar".[45]

Se os EUA foram responsáveis pelo sequestro do Windows Update feito pelo Flame, como os relatórios indicam, existem questões sobre se o sequestro deveria demandar algum tipo de notificação e consentimento da Microsoft antes de ser feito. As agências de inteligência dos EUA não podem fazer coisas que possam colocar os negócios dos EUA em risco, a menos que tenham na operação a assinatura de autoridades legais de alto escalão e o consentimento da empresa. Eles não podem, por exemplo, tornar a IBM um cúmplice inconsciente da CIA ao ter um agente se fazendo de funcionário da IBM, sem informar a alguém da empresa que seja de confiança. "A CIA **pode** fazer isso", diz Catherine Lotrionte, professora de direito da Georgetown University e ex-advogada do Escritório do Conselho Geral da CIA, "mas [a agência deve] notificar o CEO, pois ele ou ela tem deveres fiduciários junto ao conselho [da empresa]". [46]

---

[44] Soghoian falava no *Personal Democracy Forum* em junho de 2012, em Nova York.

[45] Entrevista com a autora, 2014.

[46] Lotrionte esteve com a CIA até 2002, prosseguindo em posições como a de consultora do Conselho Consultivo de Inteligência Externa do Presidente, na Casa Branca, e como consultora jurídica para o Comitê Especial de Inteligência do Senado. Ela deixou o governo em 2006, aproximadamente na época que o Stuxnet estava sendo proposto e criado.

Se o uso do certificado de assinatura digital da Microsoft fosse considerado um "uso operacional" de uma empresa norte-americana - pois isso envolvia o uso de uma credencial legítima da Microsoft para fazer um arquivo malicioso se passar por um arquivo legítimo da Microsoft - então a Microsoft deveria estar ciente. "Depende do que é um uso operacional no mundo técnico", diz Lotrionte. "Nós sabemos com o que isso parece quando se trata de um humano - [mas] esse negócio técnico, isso é que é difícil".

Quando o *malware* foi exposto pela primeira vez, alguns pesquisadores se perguntavam se funcionários da Microsoft tinham conhecimento do ataque do Windows Update de antemão; mas outros observaram que, se a Microsoft tivesse aprovado a operação, os atacantes não teriam a necessidade de passar pela dificuldade de fazer uma colisão *hash* MD5 para obter o certificado - a menos que o *hash* MD5 desse à Microsoft uma oportunidade de negar qualquer cooperação.

"A questão é: a Microsoft permitiria isso?", questiona Lotrionte. "Isso me preocuparia. A comunidade de inteligência tentará de tudo, e frequentemente me pergunto por que as empresas se colocam em risco. Fico imaginando se esse foi um uso operacional e se eles foram previamente avisados. É interessante".

Fontes com conhecimento sobre a situação dizem que a Microsoft não foi notificada e não deu permissão para a operação. "Se isso acontecesse, seria o fim da empresa", disse uma fonte. "Essa é uma aposta que ninguém [na empresa] faria". Ele chamou a subversão do certificado da Microsoft pelo governo de "irresponsável" e "muito chocante".

"Entramos em águas bem complicadas agora", diz ele. "As pessoas que fazem esse tipo de coisa estão criando desafios para o setor privado, sobre os quais eu acho que eles não refletiram".

Mas o sequestro do sistema confiável da Microsoft não somente prejudicou o relacionamento que a Microsoft tinha com seus clientes, como também contradisse o compromisso assumido pelo governo de fortalecer a segurança dos computadores nos EUA.

Em 2011, a Casa Branca publicou sua estratégia internacional para o ciberespaço, um documento abrangente que define a visão do presidente em relação à internet, o qual enfatizava a responsabilidade do governo de ajudar a tornar redes e sistemas mais seguros e resilientes. O documento visava fazê-lo, em parte, através do estabelecimento de normas responsáveis de conduta e da criação de um sistema para o compartilhamento de informações de vulnerabilidade entre os setores público e privado, a fim de fortalecer os sistemas. Contudo, Jason Healey diz que as ações do governo colocam em dúvida sua sinceridade.

"Se você vem com uma política que corrompe os certificados da Microsoft, corrompe o Windows Update para espalhar um *malware*, é difícil que você alcance uma posição onde o ciberespaço é mais seguro, mais protegido e mais resiliente", diz ele. "De certa forma eu sinto como se a galera de Fort Meade fosse os colonizadores israelenses do ciberespaço – não importa qual é a política oficial, eles podem sair e tomar essas colinas, e eles mudam os fatos em campo (...). Se alguma vez formos ter uma defesa melhor do que o ataque, algumas coisas deveriam ser mais sagradas do que outras (...). [Mas] se nós temos uma norma que diz que não há problema em ir atrás dessas coisas, se estamos criando uma crise de confiança... isso simplesmente retornará para nós".

Healey diz que uma abordagem realista às operações ofensivas que corroem a segurança e a confiança em sistemas críticos cria um potencial para que as vias de informação se tornem densas de conflitos de rua e guerrilhas. "Nós podemos pensar nos ataques não apenas se tornando melhores, mas muito melhores. Onde o ciberespaço não é apenas um faroeste, é Somália".

Nem todos concordam com Healey e Soghoian que alguns sistemas deveriam estar em uma zona proibida. Há paralelos no mundo analógico, por exemplo, onde a CIA explora vulnerabilidades em fechaduras, cofres e sistemas de segurança física para obter acesso e coletar informações. Ninguém jamais sugeriu que a CIA divulgasse essas vulnerabilidades para fornecedores para que as falhas pudessem ser corrigidas.

Mas, sem legisladores ou um organismo independente fazendo as perguntas corretas para proteger os interesses de longo prazo sobre a segurança e a confiança na internet, discussões sobre operações ofensivas ocorrem apenas entre as pessoas envolvidas, cujos interesses residem em avançar com tais capacidades, não em contê-las, forçando constantemente os limites do que é possível. "São todas pessoas que possuem credenciais de segurança de alto nível [que estão tomando essas decisões], e há provavelmente poucas pessoas [entre elas] que algum dia tenham trabalhado no setor privado de verdade, onde realmente teriam que defender as infraestruturas críticas dos EUA", diz Healey. "Assim, para eles é muito fácil tomar essas decisões de continuar indo cada vez mais longe... pois o governo colhe todas as vantagens. Se nós usarmos um *zero day* no Flame, o governo obtém benefícios disso. É o setor privado que receberá os contra-ataques e que irá sofrer com as normas que os EUA estão criando agora, que dizem que não há problema em atacar".

Se a Casa Branca e o Congresso não estão preocupados com a forma como as ações do governo prejudicam a segurança dos sistemas de computadores, eles poderiam estar preocupados com outras consequências das ações ofensivas do governo. Como observou Stephen Cobb, pesquisador de segurança sênior da empresa de segurança ESET, "quando nosso próprio governo aumenta a ameaça de *malware*, ele aumenta a erosão da confiança que prejudica a economia digital".[47]

COMO AS OPERAÇÕES cibernéticas do governo são fortemente sigilosas, não se sabe que tipo de supervisão – pelos militares ou pelos legisladores – ocorre atualmente para evitar contratempos, ou que tipo de investigações, se houver, são conduzidas após a ocorrência de um incidente.

Hayden diz que a supervisão é extensa. "Quando eu estava no governo, as armas cibernéticas eram tão vigiadas que, do meu ponto de vista, seria um milagre se alguma vez usássemos uma (...). Era na verdade um entrave se manter no caminho do uso conveniente e apropriado de uma nova classe de armas, era muito difícil obter consenso".

Mas em 2009, bem depois de o Stuxnet ter sido lançado contra os sistemas do Irã, a Academia Nacional de Ciências escreveu que a "estrutura política e jurídica para guiar e regular as capacidades de ataque cibernético dos EUA era mal constituída, não desenvolvida e altamente incerta".[48] Apesar de uma década de atividade e planejamento de ofensivas cibernéticas, pouco foi resolvido sobre as regras de engajamento em uma guerra digital desde a criação da primeira força-tarefa, em 1998.

---

[47] COBB, Stephen. The Negative Impact on GDP of State-Sponsored Malware Like Stuxnet and Flame. **We Live Security blog**, June 13, 2012, disponível em <welivesecurity.com/2012/06/13/impact-on-gdp-of-state-sponsored-malware-like-stuxnet-and-flame/>.

[48] OWENS, William A.; DAM, Kenneth W.; LIN, Herbert S. (eds.) **Technology, Policy, Law, and Ethics Regarding US Acquisition and Use of Cyberattack Capabilities.** National Academies Press, 2009, disponível em <steptoe.com/assets/attachments/3785.pdf>.

O Pentágono e a Casa Branca finalmente tomaram medidas para resolver isso em 2011 – mais de três anos após o Stuxnet ser lançado pela primeira vez – quando o Departamento de Defesa supostamente compilou uma lista sigilosa com todas as armas cibernéticas e ferramentas à sua disposição e começou a estabelecer uma estrutura, há muito necessária, acerca de como e quando elas poderiam ser usadas.[49] Os militares compilam regularmente uma listagem de armas convencionais aprovadas, mas essa era a primeira vez em que armas cibernéticas eram incluídas na listagem, disse um alto funcionário militar ao "Washington Post", chamando isso de o desenvolvimento mais significativo na doutrina cibernética militar em anos.

Depois, em 2012, o presidente assinou uma diretiva secreta estabelecendo algumas políticas para ataques a redes de computadores, cujos detalhes só sabemos porque Edward Snowden vazou o documento sigiloso.[50] Sob a diretiva, o uso de armas cibernéticas fora de uma declaração de guerra requer a aprovação do presidente, mas, em tempos de guerra, os líderes militares têm aprovação prévia para tomar medidas rápidas a seu critério. Os ataques digitais devem ser proporcionais à ameaça, bem como limitar os danos colaterais e evitar vítimas civis – parâmetros que ainda deixam os militares com muito poder de decisão.[51] Qualquer operação digital que possa interromper, destruir ou manipular computadores, ou que seja "razoavelmente provável de resultar em consequências significativas", também requer a aprovação presidencial. Consequências significativas incluem a perda de vidas, danos a propriedades e sério impacto econômico, bem como possíveis retaliações contra os EUA ou efeitos adversos na política externa.

A autorização presidencial também é requerida para implantar uma bomba lógica em um sistema estrangeiro ou um sinalizador para posterior ataque. Mas não é necessária para operações de espionagem conduzidas por uma simples questão de coleta de dados ou mapeamento de rede, a menos que a operação envolva um *worm* ou um *malware* que possa se espalhar. Curiosamente, antes de agir, os militares devem pesar os possíveis efeitos que uma operação pode ter

---

[49] NAKASHIMA, Ellen. List of Cyber-Weapons Developed by Pentagon to Streamline Computer Warfare. **Washington Post**, May 31, 2011.

[50] BALDOR, Lolita. Pentagon Gets Cyberwar Guidelines. **Associated Press**, June 22, 2011, disponível em <usatoday30.usatoday.com/news/military/2011-06-22-pentagon-cyber-war_n.htm>.

[51] GREENWALD, Glenn; MACASKILL, Ewen. Obama Orders US to Draw Up Overseas Target List for Cyber-Attacks. **Guardian**, June 7, 2013. A Diretiva Política Presidencial 20 foi emitida em outubro de 2012, de acordo com o jornal.

na estabilidade e na segurança da internet, e se ela pode estabelecer padrões indesejáveis de comportamento internacional. Embora alguns possam argumentar que o Stuxnet e o Flame já tenham violado essa diretriz e estabelecido padrões de comportamento indesejáveis, Herbert Lin, especialista em segurança cibernética do Conselho Nacional de Pesquisa, aponta que tudo o que a diretiva diz é que os líderes militares devem fazer perguntas sobre se uma operação pode estabelecer padrões indesejáveis, e não que eles não podem prosseguir com ela de qualquer jeito. "Estabelecer um padrão indesejável pode de fato ter sido um preço que eles estavam dispostos a pagar para parar o programa nuclear iraniano", diz ele sobre o Stuxnet e o Flame. [52]

No entanto, a diretiva presidencial trata apenas do uso **militar** das operações digitais. Uma lista de exceções no documento exclui as agências de inteligência como a NSA e a CIA, bem como as agências de aplicação da lei como o FBI e o Serviço Secreto. Embora estabeleça regras gerais para a realização de operações cibernéticas e ofensivas militares, o documento não aborda questões que são levantadas quando os EUA precisam responder a um ataque digital. Em 2011, autoridades do Pentágono deram ao menos um passo nessa direção quanto anunciaram que qualquer ataque digital contra os EUA que tome partes da rede elétrica ou resulte em vítimas seria considerado um ato de guerra e receberia uma resposta apropriada – até mesmo uma resposta militar cinética, se a situação exigisse, usando "todos os meios necessários".[53] Em outras palavras, como uma autoridade militar colocou, "se você desligar nossa rede elétrica, talvez nós coloquemos um míssil abaixo de uma de suas chaminés".[54] Pelo menos não afirmaram, como o Estado-Maior Conjunto dos EUA fez em uma declaração da doutrina em 2004, que os EUA se reservavam ao direito de responder a alguns ataques cibernéticos com armas nucleares. Essa formulação desapareceu nas declarações posteriores da doutrina do Estado-Maior Conjunto, ressalta Lin, mas os membros do Conselho de Ciência de Defesa aparentemente esperavam ressuscitá-la quando afirmaram em 2013 que os EUA não deveriam descartar uma resposta nuclear. É

---

[52] Todas as citações de Lin neste capítulo vêm de uma entrevista com a autora em janeiro de 2014.

[53] THE WHITE HOUSE. **International Strategy for Cyberspace:** Prosperity, Security, and Openness in a Networked World. May 2011, disponível em <whitehouse.gov/sites/default/files/rss_viewer/international_strategy_for_cyberspace.pdf>.

[54] GORMAN, Siobhan; BARNES, Julian E. Cyber Combat: Act of War. **Wall Street Journal**, May 30, 2011.

provavelmente bom o fato de o Conselho de Ciência ser apenas um grupo consultivo e não ter qualquer influência em tal política.

Apesar de o vazamento de Snowden sobre a diretiva presidencial apontar para algumas perguntas que o governo fazia internamente sobre esses problemas, o público ainda tem pouco entendimento sobre quais questões foram respondidas e quais ainda estão sem solução. Lin diz que, por uma questão de transparência, há diálogos importantes que poderiam se tornar públicos sem comprometer as operações sigilosas. "Nós poderíamos de fato entrar em uma discussão sobre o que é possível, sem mencionar o que os EUA estão realmente fazendo", diz ele. Também seria possível para o Comando Cibernético dos EUA e a NSA fornecerem exemplos de circunstâncias nas quais eles poderiam usar armas cibernéticas, ou explicarem em quais circunstâncias eles escondem informações sobre as vulnerabilidades *zero day* ou quando eles permitem a divulgação da informação sobre uma brecha de segurança, a fim de que ela seja corrigida. E seria importante saber, no mínimo, onde o governo traça o limite para o comprometimento de sistemas confiáveis que são críticos para a integridade da internet – isso se existir tal limite.

"Senadores e congressistas precisam ser educados sobre isso", diz Lin, para não mencionar o público. "E deveria haver, em algum lugar, uma prestação de contas sobre todos os ataques cibernéticos que os EUA realizam para qualquer fim... isso mostraria o que foi atacado e sobre quais circunstâncias... isso pode ser sigiloso, mas ao menos daria o primeiro passo para entender melhor o que os EUA estão realmente fazendo". Legisladores como o deputado Michael Rogers (Partido Republicano, Michigan) insistem que o Congresso **manteve** discussões privadas sobre as atividades cibernéticas do governo. Mas, até agora, o Capitólio mostrou pouco interesse em manter discussões **públicas** básicas sobre as operações ofensivas do governo.

"Eu acredito, sem dúvida, que é preciso haver uma conversa sobre a doutrina e é preciso haver uma conversa sobre as regras de engajamento", disse em 2011 o Brigadeiro Robert Kehler, chefe do Comando Estratégico dos EUA, antes de a diretiva presidencial ser assinada. "Eu não posso dizer que tudo isso precisa estar em domínio público".[55]

---

[55] CARROLL, Cone of Silence.

ENQUANTO OS EUA e outros países soam os tambores da guerra cibernética, não são apenas as questões políticas que permanecem sem resposta, no entanto. Muitas das questões legais em torno das operações digitais ainda não estão resolvidas.

Alguns, como o fundador do Kaspersky Lab, Eugene Kaspersky, pediram um tratado de armas cibernéticas para controlar a proliferação de armas digitais e definir normas para o seu uso. Contudo, como dito anteriormente, há problemas óbvios com a tentativa de controlar o estoque de armas não físicas. Os governos podem assinar tratados para interromper a proliferação de armas nucleares e usar imagens de satélites e os inspetores da ONU para rastrear o movimento de materiais nucleares. Mas satélites não são capazes de rastrear o movimento de armas digitais ilícitas, tampouco inspeções customizadas conseguem pegar o contrabando de códigos maliciosos pelas fronteiras. Assim como também ninguém consegue monitorar todos os atores desonestos que possam emergir para explorar vulnerabilidades nos sistemas de infraestruturas críticas que o Stuxnet expôs.

Quanto ao desenvolvimento de novas leis para reger o uso de ataques cibernéticos por nações, o consenso entre os especialistas jurídicos parece ser de que as leis de guerra existentes irão funcionar muito bem – são só novas interpretações dessas leis que precisam ser desenvolvidas para tratar da guerra cibernética.

Em 2013, um grupo de vinte especialistas jurídicos internacionais convocado por um instituto ligado à OTAN tentou fazer exatamente isso. O resultado foi o manual *Tallinn*, de trezentas páginas, elaborado para ajudar os consultores jurídicos militares dos países membros da OTAN a desenvolver uma doutrina cibernética para seus exércitos.[56] Apesar da extensão do manual, ele deixou muitas questões sem resposta. Os especialistas descobriram que, enquanto alguns ataques no ciberespaço têm um claro paralelo com os ataques convencionais no espaço físico, outros são mais obscuros.

Nos termos da Lei de Conflitos Armados da Carta da ONU, por exemplo, eles decidiram que invadir o sistema de controle de uma represa para lançar água sobre um vale seria equivalente a romper a barragem com explosivos. E lançar um ataque a partir de um sistema *proxy* localizado em um país neutro seria proibido,

[56] SCHMITT, Michael N. (ed.) **Tallinn Manual on the International Law Applicable to Cyber Warfare.** NATO Cooperative Cyber Defence Centre of Excellence, disponível em <ccdcoe.org/tallinn-manual.html>.

da mesma forma que um exército não poderia marchar pelo território de um país neutro para invadir um inimigo. Eles também determinaram que um ataque teria que causar dano físico ou pessoal para que fosse qualificado como um ato de força - o simples apagar de discos rígidos, se não resultasse em dano físico ou injúrias, não seria qualificado. Mas e um ataque em Wall Street que causasse dano à economia do país, ou tivesse isso como objetivo? Aqui eles encontraram águas jurídicas menos claras. Alguns dos especialistas acreditavam que tal ataque se qualificava como um ato de força, enquanto outros não estavam convencidos disso.

Os especialistas também fizeram uma distinção entre um ato de força e um ataque armado. Embora o último seja considerado mais sério, ele não é claramente definido. É geralmente interpretado como uma referência apenas aos usos mais graves de força, os quais são julgados pelos efeitos que o ataque tem. Nos termos do Artigo 24 da Carta da ONU, as nações podem responder a um ato de força apenas com contramedidas não violentas - tais como aplicar sanções econômicas ou cortar laços diplomáticos com a nação ofensora.

Nos termos do Artigo 51, no entanto, todo estado tem o direito de se defender com forças letais - individualmente ou coletivamente, em nome de aliados - se ele ou um aliado sofrer um ataque armado, desde que a resposta seja necessária e ocorra enquanto a ameaça do ataque original esteja em curso ou haja uma ameaça de ataque futuro. Quanto ao **nível** de dano qualificado como um ataque armado e que, portanto, justifique uma resposta letal - cabe à vítima determinar o limiar e defender a sua decisão na ONU.[57] Mas o que dizer de um ataque que se

---

[57] Muitos na mídia e no governo chamaram de guerra cibernética o ataque de negação de serviço contra websites da Estônia, mas eles não se qualificam como tal. Os ataques, lançados por uma *botnet* de 85.000 máquinas em 2007, persistiu por três semanas e, no seu pico, bombardeou aproximadamente sessenta websites, deixando o maior banco da Estônia *off-line*, bem como os sites do governo. Mas quando a Estônia acusou a Rússia de ser a fonte dos ataques e pediu ajuda da OTAN, tentando invocar um acordo coletivo de autodefesa nos termos do Artigo 5 da Organização do Tratado do Atlântico Norte, foi recusada. A OTAN decidiu que o ataque não constituiu um ataque armado nos termos do tratado. O problema reside no fato de a União Europeia e a OTAN não terem definido previamente as obrigações dos seus países membros na ocasião de um ataque cibernético contra um deles. A OTAN também não definiu ataques cibernéticos como uma clara ação militar, assim o Artigo 5 não entra automaticamente em jogo. Nos termos do Artigo 5, "um ataque armado contra um ou mais [membros] da Europa ou da América do Norte será considerado um ataque contra todos". No caso de tal ataque, espera-se que cada membro "apoie a parte ou as partes atacadas tomando imediatamente, de forma individual ou em conjunto com as outras partes, as medidas que julgar necessárias, incluindo o uso de força armada, para restaurar e manter a segurança da área do Atlântico Norte".

destina a causar um grande dano, mas não consegue alcançá-lo? Um míssil lançado por um país contra outro, que seja afastado por um míssil Patriot, ainda é uma tentativa de ataque armado. A mesma coisa valeria para a esfera cibernética? Catherine Lotrionte diz que não, uma vez que o que importa são os efeitos do ataque, e não a intenção. Mas Gary Brown, consultor jurídico sênior do Comando Cibernético dos EUA de 2010 a 2012, diz que isso provavelmente **seria** considerado um ataque armado "se você puder argumentar [com provas] que isso teria um efeito cinético".[58]

E quanto à espionagem? Segundo a legislação internacional e a política dos EUA, a espionagem não é um ato de guerra. Mas, uma vez que espionagem pode ser o prelúdio de um ataque destrutivo, tal como foi com o Stuxnet e as ferramentas de espionagem que os atacantes usaram para coletar informações para a operação, a descoberta de ferramentas de espionagem no sistema poderia indicar a intenção de se conduzir um ataque armado? Sob a atual doutrina, um ataque armado precisa estar em curso ou ser iminente para merecer o uso letal de força como resposta, mas o que define iminência? Após o 11 de setembro, os EUA afirmaram que invadir o Afeganistão foi um ato de autodefesa, nos termos do Artigo 51, uma vez que o país abrigava os líderes da al-Qaeda, que se acreditava estarem planejando ataques adicionais contra os EUA.

Uma coisa na qual os especialistas do *Tallinn* concordaram de forma unânime foi que o Stuxnet foi um ato de força que provavelmente violou as leis internacionais. Eles ficaram divididos, no entanto, sobre se isso constituiu um ataque armado. Como um ataque armado, o Irã estaria no direito de se defender contra a investida digital com um contra-ataque – digital ou cinético – desde que fosse proporcional ao dano que o Stuxnet causou e ocorresse enquanto o ataque estivesse em curso. Com o ataque atenuado e sem ameaça iminente para as centrí-

O Primeiro Ministro da Estônia, Andrus Ansip, contestou a conclusão da OTAN perguntando: "qual é a diferença entre o bloqueio de portos e aeroportos de estados soberanos e o bloqueio de instituições governamentais e sites de jornais?" (ver RID, Thomas. Think Again: Cyberwar. **Foreign Policy**, Feb. 27, 2012, disponível em <foreignpolicy.com/articles/2012/02/27/cyberwar>). É uma questão válida que não foi adequadamente resolvida. Se bloquear carregamentos comerciais pode ser considerado um ato de guerra, frustrar o comércio eletrônico seria o equivalente no ciberespaço? E que tipo de resposta isso mereceria? Em 2010 a OTAN tentou resolver a questão concluindo que, se um aliado fosse atingido por um ataque cibernético, a OTAN ajudaria a defender as redes da vítima, mas a assistência ficava aquém de oferecer ajuda à vítima para conduzir um contra-ataque.

[58] Entrevista da autora com Brown, fevereiro de 2014.

fugas ou ameaça de outro ataque – ou seja, uma vez que a arma foi descoberta e neutralizada – a resposta apropriada era a diplomacia ou outro tipo de medida sem o uso da força.

Cabe ressaltar que a política oficial dos EUA, diferentemente da interpretação dos especialistas do *Tallinn*, não distingue entre um ato de força e um ataque armado – os dois são considerados a mesma coisa. Sob essa interpretação, portanto, o Stuxnet foi um ataque armado ilegal, e o Irã poderia ter criado um argumento para responder em defesa própria. Isso também significa, contudo, que se alguém fosse usar uma arma como o Stuxnet contra os EUA, o governo dos EUA consideraria isso um ataque armado, algo que procupa Lotrionte.[59]

Houve reações conflitantes a algumas das conclusões do Manual de *Tallinn*. Martin Libicki, especialista em guerra cibernética da corporação RAND, questiona a sensatez de permitir que os conflitos cibernéticos sejam resolvidos com ataques cinéticos. Ele indaga se não seria mais prudente aplicar as "regras de Las Vegas" à guerra cibernética, de forma que o que ocorra no ciberespaço fique no ciberespaço. "Seu potencial de escalada, se você for para o domínio cinético em vez de ficar no domínio cibernético, é muito maior", diz ele. "Então uma regra que diz que você só pode retaliar cibernético com cibernético coloca um limite no seu maior risco".[60]

Lotrionte, no entanto, diz que o método de contra-ataque não importa, uma vez que a escalada é controlada pelo fato de o contra-ataque ter que ser tanto necessário quanto proporcional. "Necessário significa que você deve determinar que não há outra forma para resolver a ameaça", diz ela. "Você não consegue conversar, você não consegue aplicar sanções ou apelar ao Conselho de Segurança. Se houver outra maneira de parar com os ataques, você tem que usá-la e não usar a força. É assim que você para a escalada". [61]

Outros apontam para a dificuldade de aplicar as leis convencionais de guerra ao domínio cibernético, onde atribuir responsabilidade é um problema. A Lei de

---

[59] Harold Koh, ex-consultor jurídico do Departamento de Estado, ao falar na *US CyberCom Inter-Agency Legal Conference*, em Fort Meade, em setembro de 2012, afirmou que a posição do governo era de que o uso da força era o mesmo que um ataque armado. "Em nossa visão, não há um limite para o uso de força letal ser qualificado como um 'ataque armado' que possa justificar uma resposta à força". Veja em <state.gov/s/l/releases/remarks/197924.htm>.

[60] Entrevista da autora com Libicki, outubro de 2012.

[61] Todas as citações de Lotrionte vêm de uma entrevista com a autora, fevereiro de 2014.

Conflitos Armados requer que um atacante seja identificado para se conduzir um contra-ataque. Embora a autoria de um ataque digital possa algumas vezes ser determinada - por meios de inteligência, se não por meios forenses -, a natureza anônima dos ataques cibernéticos torna a rápida resposta a um ataque, enquanto a ameaça ocorre, no mínimo complicada.

"Provas do crime são difíceis de serem encontradas em ambiente de contraterrorismo; provas digitais são ainda mais difíceis", Frank Cilluffo, diretor do *Homeland Security Policy Institute*, da Universidade George Washington, disse ao Congresso. O ciberespaço, disse ele, "foi feito para ser negação plausível".[62]

Se tudo isso não fosse suficiente para complicar a questão da guerra cibernética, há outros problemas relacionados à falta de um entendimento claro sobre o que constitui uma arma cibernética. No mundo cinético, uma arma é algo que causa danos, destrói, mata ou fere, o que é bem diferente de uma ferramenta de espionagem. Mas Gary Brown observa que muitas atividades no mundo cibernético são conduzidas por "um cara sentado em frente a um teclado digitando comandos" e fazendo de tudo, desde instalar um *malware* e destruir dados até destruir e danificar um sistema ou avariar um equipamento que o sistema controle. "Isso significa que o software ou a técnica que usamos para ter acesso ao sistema se tornou uma arma?", pergunta ele. "Isso significaria que tudo [é uma arma]. É uma questão muito complicada. Eu não sinto que temos um controle muito bom sobre isso".

Brown diz que a falta de clareza sobre o que constitui uma arma digital e o que constitui uma atividade de ataque, em vez de espionagem, aumenta o risco de uma escalada de respostas, uma vez que as mesmas técnicas e ferramentas usadas no domínio digital para espionagem e ataques danosos podem ser indistinguíveis para a vítima.[63]

"Espionagem tradicional é menos provável de sofrer uma escalada, pois é mais bem compreendida", diz ele. "Mesmo se você cortar os fios da cerca, entrar

---

[62] Cilluffo falava em uma audiência da Subcomissão Mista da Comissão de Segurança Interna, "Iranian Cyber Threat to the US Homeland", 26 de abril de 2012, disponível em <http://nsarchive.gwu.edu/NSAEBB/NSAEBB424/docs/Cyber-071d.pdf>.

[63] Brown escreveu um artigo sobre o assunto. Ver BROWN, Gary D.; METCALF, Andrew O. Easier Said Than Done: Legal Reviews of Cyber Weapons. **Journal of National Security Law and Policy**, publicado por Georgetown Law, Feb. 12 2014, disponível em <jnslp.com/wp-content/uploads/2014/02/Easier-Said-than-Done.pdf>.

na ponta dos pés em um escritório e roubar os arquivos... não parece que se está começando uma guerra (...). No domínio cibernético, se alguém obtém acesso a um sistema crítico, possivelmente um comando-e-controle nuclear... talvez estejam apenas dando uma olhada. Ou talvez estejam planejando desativá-lo e lançar um ataque nuclear (...). É esse tipo de escalada que me preocupa".

Claramente, o Stuxnet e a perspectiva de guerra digital levantaram uma série de questões que ainda precisam ser tratadas de forma adequada. E se aparentemente os EUA estão atrasados no sentido de se aproximar e olhar para essas questões, não são os únicos. "Há países [na Europa] que não estão nem perto de escrever normas", diz Lotrionte.

DURANTE OS ANOS após o Stuxnet ter sido exposto pela primeira vez, muita coisa mudou – não apenas para os militares, mas também para os caçadores de *malware*. Para os pesquisadores que gastaram tanto tempo desconstruindo e analisando o Stuxnet – e as ferramentas de espionagem que o acompanhavam –, decifrar o *malware* foi uma emoção incomparável que ia além das fronteiras da pesquisa de vírus. Mas isso também mudou irrevogavelmente os parâmetros de sua profissão, atribuindo a ela um grau de risco e politização que nunca antes fora conhecido.

Em uma das avaliações finais de sua equipe sobre o Stuxnet, Eric Chien, da Symantec, escreveu que eles não podiam afirmar se o Stuxnet daria início a uma nova geração de ataques no mundo real, que teria como alvos infraestruturas críticas, ou se era apenas um fenômeno que ocorreria uma vez por década. Mas ele foi claro quanto a sua preferência. Era o tipo de ameaça, disse ele, "que esperamos nunca mais ver de novo".

Felizmente, até a publicação deste livro nos EUA ainda não havia nenhum sinal de ataque contra os sistemas de controle industrial para os quais Ralph Langner alertou, tampouco havia sinais de quaisquer outros tipos de ataques digitais semelhantes lançados pelos EUA ou qualquer outro país. O Stuxnet ainda detém o título de único caso conhecido de guerra cibernética já registrado. Mas isso pode mudar a qualquer instante, agora que a caixa digital de Pandora foi aberta.

Agradecimentos

Quando comecei a escrever sobre o Stuxnet após a sua descoberta no verão de 2010, não havia nenhuma maneira de saber aonde isso chegaria. Não foi até meses mais tarde, depois que os pesquisadores da Symantec e da equipe de Ralph Langner estudá-lo ainda mais, que se tornou claro que havia uma história maior que precisava ser contada - não só sobre o ataque a centrífugas do Irã e sobre a descoberta da primeira arma do mundo digital, mas sobre a comunidade de segurança e a sua natureza mutável, na aurora da era da guerra cibernética. É um clichê dizer que algo é um divisor de águas, mas o Stuxnet realmente é. Tudo em *malware* que ocorreu antes de seu aparecimento poderia muito bem ser rotulado "AS" - Antes do Stuxnet - uma vez que os códigos que vieram antes dele representavam tempos mais simples e inocentes, quando os motivos e as ambições dos atacantes eram elementares e mais fáceis de discernir.

Se foi um desafio decifrar o Stuxnet, a escrita deste livro também foi. Combinar uma estrutura narrativa com detalhes técnicos complexos e um contexto político-histórico tão complicado como o código, oferecendo ainda uma leitura atraente, e fazendo jus ao intenso trabalho que os pesquisadores investiram em sua análise do código, não era uma tarefa fácil, especialmente quando o tema da narrativa acabou sendo um alvo em movimento.

Quando comecei o livro a sério, no início de 2012, tudo o que pensávamos que sabíamos sobre o Stuxnet teve de ser revisto, à medida que era feita uma nova descoberta após a outra - primeiro com Duqu, depois com o Flame e, em seguida, no início de 2013, com a descoberta do Stuxnet 0.5, a primeira versão conhecida da arma digital a ser encontrada. E o alvo ainda está se movendo hoje.

O Stuxnet e suas ferramentas auxiliares de espionagem eram o estado da arte no momento em que foram desenvolvidos e liberados, mas não há dúvida de que foram superados por outras ferramentas digitais desenvolvidas posteriormente que ainda estão para ser detectadas e que podem não ser descobertas por muitos anos.

Embora a escrita deste livro tenha sido difícil, foi facilitada pela enorme ajuda e apoio que recebi de muitas pessoas.

O livro não teria sido possível sem o encorajamento e o apoio do meu agente, David Fugate, que primeiro estendeu a mão para mim em 2007, após a publicação de uma série de três partes que escrevi para a "Wired" sobre o submundo digital dos fóruns de dados de cartões de crédito e a fascinante comunidade de ladrões de cartão de banco que os habitam. Embora eu tenha decidido não expandir essa série em um livro, David permaneceu em contato ao longo dos anos seguintes, chegando a dizer que ele ainda estava interessado em colaborar e perguntando se eu tinha algum projeto em mente.

Durante todo o processo de proposta e a escrita deste livro, ele permaneceu um defensor firme, fornecendo comentários valiosos e a perspectiva experiente de um veterano do ramo da publicação, enquanto emprestava a quantidade certa de incentivos quando estes eram mais necessários. Ele é o tipo de defensor que todo escritor deveria ter por perto.

Além de David, meu editor na Crown/Random House, Julian Pavia, desempenhou um grande papel em ajudar a moldar o livro e mantê-lo no caminho. Este foi um projeto difícil de defender, mas Julian fez isso com graça e paciência, mesmo que o conteúdo fosse alterado inesperadamente e os prazos fossem perdidos. Além disso, Julian fez um trabalho magistral de racionalizar os detalhes técnicos para equilibrar o fluxo narrativo e aperfeiçoar minha prosa, por vezes, irregular.

Eu também gostaria de agradecer a Kim Silverton, assistente editorial da Random House, por seus comentários oportunos e úteis sobre o manuscrito durante a fase de edição, bem como às equipes de publicidade e marketing – Sarah Breivogel, publicitária-executiva da Random House, Sarah Pekdemir, gerente--sênior de marketing, e Jay Sones, diretor de marketing da Crown – por seu apoio entusiástico ao livro.

O livro não existiria, no entanto, sem todos os pesquisadores talentosos que fizeram o trabalho duro de decifrar o Stuxnet e seu arsenal de ferramentas e que me forneceram assistência incansável para me ajudar a acertar os detalhes. Estes incluem Sergey Ulasen, da VirusBlokAda e agora Kaspersky Lab, e Oleg Kupreev, da VirusBlokAda, que soou o primeiro alarme e fez o resto do mundo olhar para o código estranho descoberto no Irã.

Eles também incluem, claro, a equipe brilhante e trabalhadora da Symantec – Eric Chien, Liam O'Murchu e Nicolas Falliere – cuja curiosidade, persistência e habilidade forneceram as peças mais importantes do quebra-cabeça Stuxnet e asseguraram que o código não passaria tranquilamente para a obscuridade. Os três foram extremamente generosos com seu tempo e suportaram muitas rodadas de perguntas no meio de agendas lotadas para compartilhar suas opiniões e conhecimentos.

Eu não posso expressar suficiente gratidão para com eles e para com a equipe de pesquisa e análise global igualmente brilhante e incansável na Kaspersky Lab – Costin Raiu, Aleks Gostev, Roel Schouwenberg, Kurt Baumgartner, Vitaly Kamluk e o resto do grupo global da empresa de pesquisadores – que me impressionaram repetidamente com a sua habilidade e devoção ao perseguir os mínimos detalhes de ataques muito complexos, apesar de ter trabalhado com eles muitas vezes por telefonemas às 6 da manhã no meu lado a fim de acomodar a diferença de tempo com a Europa Oriental. Sou particularmente grata a Costin por ir além do chamado do dever, por vezes à custa de tempo com a sua família, e por sua sabedoria notável, memória e atenção aos detalhes, o que me ajudou a manter o controle dos muitos fatos enlouquecedores que cresciam extensamente a cada nova descoberta.

Eu também sou muito grata a Greg Funaro e Ryan Naraine, da Kaspersky Lab, que tinham uma incrível capacidade de antecipar o que eu precisava antes de eu saber que precisava e que tinham um compromisso inabalável em não deixar nenhuma pergunta sem resposta. O antigo emprego de Ryan como jornalista especializado em segurança, combinado com a sua especialização técnica, fazia dele a ligação perfeita com a equipe de pesquisa.

Além das equipes de pesquisa da Symantec e Kaspersky, a história do Stuxnet não poderia ser contada sem o trabalho de Ralph Langner e seus colegas Ralf Rosen e Andreas Timm. A paixão de Ralph pelo Stuxnet o manteve vivo na imprensa e chamou a atenção da grande mídia, enquanto o seu amplo conhecimento dos sistemas de controle industrial ajudou o público a entender as implicações mais amplas do Stuxnet para a segurança da infraestrutura crítica. Sou grata pelas muitas horas que ele passou comigo ao telefone e pessoalmente para me ajudar a compreender o contexto mais amplo do Stuxnet. Sua maneira franca e direta atingiu o coração das questões e assegurou que o público não poderia dispensar ou ignorar a importância do Stuxnet. Também sou grata a Ralf Rosen pelo tempo empregado para me falar sobre seu trabalho no Stuxnet e por revisar partes já concluídas do texto para garantir a sua exatidão.

Da mesma forma, Boldizsár Bencsáth foi imensamente generoso com seu tempo e experiência, oferecendo gentil e inestimável assistência que me ajudou a desvendar alguns mistérios e compreender as maneiras pelas quais todos os ataques foram conectados.

Além desses pesquisadores, eu sou muito grata a David Albright, do Instituto de Ciência e Segurança Internacional, que não só me ajudou, como também ajudou Symantec e Ralph Langner a compreender os efeitos do Stuxnet em Natanz e o processo de enriquecimento. Tanto ele quanto Olli Heinonen, antigo membro da AIEA e agora membro sênior do Belfer Center para a Ciência e Assuntos Internacionais de Harvard, forneceram muitas informações sobre o programa nuclear iraniano em geral e sobre o processo de enriquecimento em Natanz, em particular.

Além disso, eu gostaria de agradecer a Corey Hinderstein, agora na Iniciativa de Ameaça Nuclear, por me fornecer em primeira mão as suas memórias da conferência de imprensa onde Natanz foi exposta pela primeira vez e seu trabalho revelando as infames imagens de satélite.

Eu também gostaria de agradecer Dale Peterson, Perry Pederson, Joe Weiss e Mike Assante por me ajudarem a entender os efeitos mais amplos do Stuxnet e de armas desse tipo na infraestrutura crítica. Dale e Perry foram especialmente prestativos ao lerem o capítulo sobre sistemas de controle industrial e fornecerem observações.

Da mesma forma, eu gostaria de agradecer a Jason Healey e Marcus Sachs por fornecerem informações básicas sobre os primeiros dias do programa de guerra digital do governo e a Jason por fornecer perspectiva sobre as implicações do Stuxnet e do Flame e para onde poderemos ir a partir desse ponto. Eu também gostaria de agradecer a Charlie Miller e Chaouki Bekrar por sua franqueza em discutir o mercado de *zero days* e me ajudar a entender as motivações que impulsionam esse mercado.

Além de todas essas pessoas, há outros que se sentaram para entrevistas ou para ler capítulos ou partes de capítulos para fornecer observações bem-vindas e úteis. Alguns deles eu citei aqui; muitos outros pediram para permanecer anônimos.

Uma leitora que eu gostaria particularmente de agradecer é Andrea Matwyshyn, uma boa e valiosa amiga que tem apoiado meu trabalho e minha carreira há muitos anos e que levou alguns desses capítulos com ela em conferências e feriados para fornecer as observações de que eu precisava em tempo hábil. Eu também gostaria especialmente de agradecer a Cem Paya, um outro bom amigo e apoiador do meu trabalho que levou capítulos em férias para a Turquia e até mesmo leu várias versões de capítulos, várias vezes, para garantir que os detalhes técnicos fossem precisos e consistentes.

Este livro sobre o Stuxnet é o ápice de mais de uma década de experiência em reportagens sobre segurança cibernética, hackers e sobre a comunidade de segurança, todos os quais ajudaram a aperfeiçoar o meu conhecimento e compreensão dessas questões complexas. Eu gostaria de agradecer aos muitos amigos, familiares e colegas que ofereceram muito apoio, inspiração, orientação, incentivo, boa edição e voz da razão ao longo dos anos, incluindo Richard Thieme, Dan Goodin, Elinor Mills e Rob Lemos, bem como os meus colegas e ex-colegas na "Wired" – Chuck Squatriglia, Jim Merithew, Kevin Poulsen, Ryan Singel e David Kravets. Eu também gostaria de agradecer a David Zetter e Mark Zetter por seu apoio permanente e muitas boas lembranças.

Índice Remissivo

1

11 de Setembro de 2001 138, 209

6

60 Minutes 161, 365, 367

A

Abbasi, Fereydoon 235, 236, 350
Abdullah, rei saudita 187
Abraham, Spencer 312
Abu Dhabi 187
Academia Nacional de Ciências 388
Acidentes ferroviários 151
Administração Nacional de Segurança Nuclear (NNSA) 314
Adobe 109, 381
Adobe Reader 101
AEOI (Atomic Energy Organization of Iran) 35, 36, 235, 236, 341
AEP (American Electric Power) 157, 158
Aeroporto de Worcester 133
AES 261
Agência Central de Inteligência
  Khan infiltração na rede de abastecimento nuclear 77, 79, 172, 195, 196, 306, 311
Agência Central de Inteligência (CIA)
  Ciber Operações 214
  Exercício Cyber Storm III 181
  Exceções das políticas de ataque à redes de computadores 391
  Explosão de gasoduto russo 124
  In-Q-Tel 106
  Intercepção da expedição de centrífugas 243
  interesse sobre ciberterrorismo na al-Qaeda 138
  Responsáveis pelo Flame 285
Agência de Segurança Nacional (NSA) 102, 105, 108, 148, 181, 183, 184, 198, 203, 204, 206, 207, 209, 210, 212, 213, 214, 215, 216, 220, 277, 285, 308, 346, 383, 384, 390, 391
  contratação de hackers pela 215
  contrato com a VUPEN 108
  desenvolvimento de exploit 105
  equipe de guerra eletrônica 209
  exceções das políticas de ataques à redes de computadores 391
  Exercício Cyber Storm III 181
  Exercício Eligible Receiver 203
  ferramentas de ataques cibernéticos 215
  operações cibernéticas 212
  operações do Stuxnet 346
  responsabilidade pelo Flame 285

técnicas de ataques à redes de computadores 206
vazamento de Snowden 212
Agência Internacional de Energia Atômica (AIEA) 1
acordo iraniano de salvaguardas com 74, 83
acusação iraniana de vazamento de informações 350
consiência do desenvolvimento de armas nucleares no Irã 76, 342
equipamentos de enriquecimento interceptados na Líbia 311
monitoramento de Natanz 83, 196, 322, 339, 357
regras e autorização da 70
relatórios de inspeção 76, 239, 350, 357
relatório sobre o estado do desenvolvimento de armas nucleares no Irã 362
Agências governamentais
compra de exploits zero-day 102
Agha-Soltan, Neda 331
Aghazadeh, Gholam Reza 69, 77, 176, 197, 337
Ahmadinejad, Mahmoud 66, 80, 124, 331
Albright, David 84, 239, 240, 241, 242, 244, 306, 320, 323, 324, 325, 336, 338, 353, 359
Alemanha
CERT-Bund 165
especulação de responsabilidade do Stuxnet 242
programa iraniano de inteligência de armas nucleares 86
Alexander, Keith 131, 148, 183, 210, 378
Ali Khamenei 331, 366
Alimohammadi, Massoud 236
Al-Qaeda 92, 138, 213, 394
American Civil Liberties Union 112
American Electric Power (AEP) 156
Análise dinâmica 119
Análise estática 119
Anonymous 105, 112, 130
Apagão 155, 156, 157, 365
Aplicação da lei 109
Apple iOS 101, 104
Aquisições do Irã
Centrífugas 86, 311, 335
Arábia Saudita 187
Arak, Irã 35, 76
Arkin, Brad 381
Arquilla, John 201, 211
Arquivo Crackme 117
Arquivos de log 262, 272, 334, 346
Arquivos DLL 24, 58, 60, 114, 115, 116, 119, 120, 231, 305, 309, 335
Arquivos temporários 61, 246, 272
Ashtari, Ali 317
Assange, Julian 175
Assante, Michael 128, 157, 158
ataque "Satars" 254
Ataque a redes de computadores (CNA) 106, 206, 216
Ataque de Estado-nação 205, 371
Ataque de negação de serviço 371
Ataque imitador 14, 178
Ataques militares 363
Atentado em Oklahoma City 133
Atomic Energy Organization of Iran (AEOI) 35, 36, 235, 236, 341
Atos de força 393, 394
Atualizações 6, 14, 144
Aurora Generator Test 139, 140, 161, 172, 220
Aurora Test Generator 127, 128, 134, 157
Austrália, sabotagem de bombas de tratamento de água 134, 347
AutoCAD, arquivos 262, 277
Autoridades certificadoras 16, 256
Autorização presidencial 389

B

backdoors 142, 207
Baker, Stewart 370
Barragem 138, 148, 392
Barzashka, Ivanka 354, 355
Behpajooh 97, 334, 335, 344, 345, 346, 347, 348
Behrooz (Neda Industrial Group Engineer) 335, 348
Bekrar, Chaouki 107
Bell Atlantic 133
Bencsáth, Boldizsár 244, 245
Benedict, Kennette 368
Benford, Gregory 131

Beresford, Dillon 142
Bin Laden, Osama 213, 378
Boden, Vitek 135
Boebert, W. Earl 378
Boldewin, Frank 17, 24
Bomba atômica 368
Bombas lógicas 53, 123, 168, 194, 207, 389
Booz Allen Hamilton 105, 215
Brennan, John 183
Brightmail 22
Brown, Gary 379, 394, 396
Bryan, James D. 209
Budapest University of Technology and Economics, CrySyS Lab 245, 246, 250, 255, 256, 258, 264
Bulletin of the Atomic Scientists 368
Bumgarner, John 67
bunker 1
Bureau, Pierre-Marc 17
Bushehr, Irã, reator nuclear 31, 34, 35, 76, 169, 171, 172, 173, 174, 175, 178
Bush, George W., Cyber estratégia de 139, 186, 187, 189, 190, 197, 199, 200, 201, 300, 304, 316, 317, 327, 362, 383
Buttyán, Levente 250

C

Caminhos de arquivo 65
Campbell, John H. 204, 205
Carregamento ilícito interceptado pela CIA Centrífugas 311
Cartões Profibus 224, 228, 229, 308, 334
Cartwright, James E. 198, 210, 308, 352, 376
Casey, William 193
Cavalo de Troia 6, 21, 64, 99, 188, 207
Centrífugas
  Conversores de frequência 229, 230, 233, 240, 298, 305, 328
  Efeitos da infecção do Stuxnet em Natanz 234, 324, 336, 337, 350, 355, 357, 358
  Mistério das substituições em Natanz 8, 338
  Número no Irã 324
  Produção em Natanz 239, 323, 333, 339, 351
  Teste de laboratório em Oak Ridge 312
Centrífugas IR-1 73, 191, 241, 243, 311, 318, 324, 333, 337, 355
Centrífugas IR-2 85, 303, 333
Centrífugas IR-2m 356
Centrífugas IR-4 356
Centrífugas P-1 77, 87, 243, 311, 313, 314
Centrífugas P-2 77, 85, 313, 314
Centro de Educação Política de Não Proliferação. 362
Centro de Estudos Estratégicos e Internacionais 375
CERT-Bund 165, 181
Certificados digitais 11, 16, 247, 386
Certs 12
CFIUS (Comitê de Investimentos Estrangeiros nos Estados Unidos) 221
Chaos Computer Club Congress 283
chaves de assinatura (certificado digital) 13
Cheney, Dick 187
Chien, Eric 22, 27, 28, 29, 30, 31, 32, 33, 51, 52, 53, 55, 56, 57, 58, 59, 64, 65, 66, 68, 88, 90, 91, 93, 94, 95, 96, 114, 116, 118, 124, 125, 126, 163, 174, 223, 225, 228, 229, 230, 233, 238, 240, 241, 250, 251, 252, 253, 264, 276, 302, 303, 397
Chilton, Kevin 370
China
  Ataque a Telvent Canadá 147
  Ciberataque contra os EUA 363
  Especulação da responsabilidade pelo Stuxnet 16, 26, 31
  Fornecimento de urânio para o Irã 74
  Programa de guerra cibernética 366
  Violação da Cal-ISO 139
Cibersegurança
  Ações do governo ameaçam 385
  Agenda do Obama 328
  impacto do Stuxnet na indústria 14
  Situação atual 380, 382
Cilluffo, Frank 396
Clarke, Richard 383
Clark, Wesley 373
C (linguagem de programação) 225, 227, 260
C++ (linguagem de programação) 225, 260
Clinton, Bill 211, 362

Clinton, Hillary 354
C-Media Electronics 247, 257
CNA (Ataque a redes de computadores) 106, 206, 216
CND (defesa de redes de computadores) 216
CNE (exploração de redes de computadores) 102
CNN 133, 254
Cobertura da mídia 175, 348
Cole, Juan 67
Colisão hash MD5 281, 282, 284, 292, 386
Comando Cibernético dos EUA 308, 366, 378, 383, 391, 394
Comando do Pacífico dos EUA 203
Comando Estratégico dos EUA 198, 210, 211, 308, 370, 391
Comissão de Energia Atômica de Israel 83
Comissão Federal de Regulamentação de Energia 132
Comissão Marsh 133
Comissão Reguladora de Energia Federal 157
Comissão Reguladora Nuclear 230
Comité Consultivo de Segurança Nacional de Telecomunicações da Casa Branca 133
Comitê de Investimentos Estrangeiros nos Estados Unidos (CFIUS) 221
Companhia Nacional de Petróleo Iraniana 271
Compartilhamento de arquivos ponto a ponto 92
Complexo Esfahan Steel 335
Congresso 370, 377, 380, 383, 388, 391, 396
Conselho de Ciência de Defesa 390
Conselho de Guardiões 332
Conselho de Segurança Nacional 193, 194
Conselho Nacional de Pesquisa 390
Conselho Supremo de Segurança Nacional do Irã 236
Contas bancárias 17, 18, 21, 123
Contra-ataques 388, 394, 395
Controladores Lógicos Programáveis (PLCs)
  definição de 17
  programação de 147
  tempo de vida de 145
  usos 129
  vulnerabilidade à ataque 142, 165, 168
Control Gostar Jahed (CGJ) 97
Conversor de frequência 229, 233
Conversor de frequência Vacon 229
Coreia do Norte 84, 100, 188, 189, 202, 203, 213, 314, 366, 375, 377
Coreia do Sul 266
Corporação Norte Americana de Confiabilidade Elétrica (NERC) 127, 155
Corporación Andina de Fomento 107
Corrida armamentista digital 363
Crowley, Philip J. 237
CrySyS Lab 245, 246, 250, 255, 256, 258, 264
C-SPAN 34
CSX Corporation 130
Cyber Statecraft Initiative do Conselho do Atlântico 376

D

Dagan, Meir 237, 354
DARPA (Defense Advanced Research Projects Agency) 366
data de desativação 253, 298, 374
Davis-Besse usina nuclear 131
Davis, Mike 152, 153, 154
DefCon 206, 216
Defense Advanced Research Projects Agency (DARPA) 366
Defesa
  colaboração com a Microsoft 219
  Departamento de Ciberoperações dos EUA 192, 198, 210, 366, 389
  operações de sabotagem digital contra a União Soviética 194
Defesa de redes de computadores (CND) 216
Departamento de Energia dos EUA 128, 140
Departamento de Estado dos EUA 25, 37, 237
Departamento Federal de Investigação (FBI) 157, 181, 192, 206, 213, 390
Depuração de código 118
Desastres industruais 148
Diplomacia 305
Dispositivo Flash USB 231, 291
Dissuasão 376
DNS (Sistema de Nomes de Domínios) 29

Donahue, Tom 364
Drones 213
Dubai, ataque Flame 277
Duqu
    análise da Symantec e anúncio ao público 251, 252, 253
    análise do laboratório da Kaspersky 258, 267, 268
    descoberta da CrySyS Lab 245, 248
    metas e fonte 256, 263, 269
    nomeação de 251
    operação de limpeza 286
    operação e propagação de 253, 260, 261, 262, 265, 267, 269
    operação Jogos Olímpicos 309
    relacionado com o ataque iraniano "Stars" 256
    versões do 253
    vida útil 267
Duro de Matar 4 122

E

eBay 98
Egito 187
Eiland, Giora 189
ElBaradei, Mohamed 69, 81, 84, 311, 340
Elghanian, Habib 65
Empreiteiros de defesa 104, 215
Encriptação 23, 24, 28, 58, 59, 60, 61, 62, 63, 138, 270, 276, 290, 369
Endereço IP
    Comunicação do Stuxnet 29
Enrichment Technology Company 172
Enriquecimento de urânio
    complexidade de 82
    números de produção iranianos 324
    Planta de Fordow 339, 340, 341
    programa iraniano 366, 367, 370
    requisitos reator nuclear vs. arma 75
    teste das instalações iranianas 75
Erros digitais 213, 217
Escritório de Responsabilidade Governamental (GAO) 209
ESET 15, 17, 269, 348, 388
Espionagem
    autorização presidencial 389
    Duqu como ferramenta de 253
    Flame como ferramenta de 275
    Gauss como ferramenta de 290
    questões legais 394
    Stuxnet como ferramenta de 17, 32
Estado-Maior Conjunto 390
Estados de Segurança das Nações
    Cúpula do Conselho sobre Não Proliferação e Desarmamento Nuclear 339
Estados Unidos
    Ciberataque chinês contra 363
    envolvimento na morte de cientistas nucleares 235, 237
    especulação de responsabilidade do Stuxnet 31, 62, 183
    exploit sales regulation 113
    infecção Gauss 290
    responsabilidade pelo Flame 279, 285
Esther (rainha judia) 66
Estimativa da Inteligência Nacional dos Estados Unidos 82, 85, 187
Estônia, ataque de negação de serviço 393
Estratégia Internacional para o Ciberespaço 386
EU3 76, 78
Exercício de simulação, Universidade de Tel Aviv 372
Exploit Dexter 265, 267
Exploit de zero-day
    em Duqu 265
    mercado comercial e governamental de 215
    raridade de 6
    regulamento de 383
    vida útil 219
Exploit do papel de parede 274, 278
Exploit .LNK 10, 13, 90, 93, 95, 99, 218, 264, 265, 274, 290
Exploit na função de spooler de impressão 89, 219
Exploits de Autorun 10
Exploits de navegadores 101
Exploração de redes de computadores (CNE) 102
Explosão da planta petroquímica Pardis 124
Explosões de gasoduto 124, 125, 147, 149, 194, 195

F

Fábrica de produção de água deuterada 35
Fakhrizadeh-Mahabadi, Mohsen 236, 342
Falliere, Nicolas 25, 27, 125, 297
Fararo Paya 229, 230, 240, 305, 306
Farewell Dossier 193
Fearwall 98, 99
FEDAT 342
Financiamento da operação cibernética Jogos Olímpicos 304
Financiamento da operação Jogos Olímpicos 304
  autorização de Obama 327
  contribuição do Oak Ridge National Laboratory 312
  Inteligência 303, 305
  planejamento 190, 305
  proposta de Bush 190, 305
Firmware 142, 143, 153, 154
FirstEnergy 156
Flame 271
  análise da Kaspersky Lab de servidor da Malásia 287, 288, 289, 291
  fim do 276, 286, 287
  ligação com o Wiper 274
  metas e fonte 275, 276, 285
  nomeação de 274
  operação de limpeza 286, 287
  operação e propagação do 275, 276, 277, 280, 281, 283, 284, 287, 288, 289
  operação Jogos Olímpicos 309
  sequestro do sistema Windows Update 381, 382, 385
Florida Power and Light 158
Fontes 264, 291
Foolad Technique 97, 334, 348
Forbes 104
Força Aérea dos Estados Unidos 202, 203, 204, 205, 208, 209, 217, 374
força armada 393
Força Tarefa Conjunta-Defesa de Redes de Computadores (JTF-CND) 208
Fornecedores do governo 105
Fort Meade 184, 210, 212, 387
França, o apoio a construção do reator nuclear iraniano 76
Frank, Gideon 83

G

Gamma Group 105
GAO (Escritório de Responsabilidade Governamental) 209
Gasoduto da Paz 31
Gates, Robert M. 86, 189
Gauss 290, 291, 292, 293, 369
GeCAD Software 259
GENIE 213
Georgia, ataque de negação de serviço 371
Ghul, Hassan 213
Golfinho 79, 362
Google 31, 65, 99, 101, 111, 213, 223, 228, 229, 248, 255, 256, 268, 296, 297
Gostev, Alexander 16, 29, 258, 260, 269, 270
Government Communications Headquarters (GCHQ)(UK) 214
GSMK 175
Guava 65, 67
Guerra cibernética
  comparação entre bombas atômicas 368
  danos colaterais 373
  Definição de arma cibernética 396
  desafios de atribuição 370, 371
  Efeitos da segurança cibernética 389
  exemplo de operação 211
  expansão de 217
  limitações de 373, 374
  participação das vulnerabilidade no processo 220
  peças de armas digitais 51
  programa chinês 366
  programa americano 220, 366
  questões legais 395
  resumo do Stuxnet 183
  supervisão 389, 390
  vulnerabilidades para atacar os Estados Unidos 369
Guerra da Informação 208
Guerra de Kosovo 211

Guerra do Golfo 70
Guerra do Iraque 85

H

Hacking
  concurso Pwn2Own 108, 111
  DefCon 206, 216
Hacking Team 105
Haley, Kevin 367
Haman 66, 67
Hamre, John 205
Harris 105
Hassanpour, Ardeshire 236
Hathaway, Melissa 178
Havaí
  exercício \ 204
Hayden, Michael 210, 379, 382
HBGary Federal 105
Healey, Jason 205, 376, 387
Heinonen, Olli 69, 311, 357
Hess, Markus 202
hexafluoreto de urânio 67
Hexafluoreto de urânio 67, 72, 74, 76, 78, 79, 81, 84, 199, 297
Hibbs, Mark 71
Hinderstein, Corey 34, 73
Holocausto, ataque de Ahmadinejad 81
HOPE 206
HP TippingPoint 99, 102
Hulsebos, Rob 228
Hunter Watertech 134, 135, 136
Hussein, Saddam 70, 71, 211

I

ICS-CERT (Time de Resposta a Emergências Cibernéticas dos Sistemas de Controle Industrial) 140, 143, 165, 180, 182, 257
Idaho Falls, Idaho, Aurora Test Generator 128, 140, 157, 158
Imagens de satélite 38, 239
Immunity 218
Implantes 214
Incidente de Den Helder 147
Incidente Maroochy Shire 134
Índia
  infecções pelo Stuxnet 30, 31
Indonésia
  infecções pelo Stuxnet 30
Indústria de automóveis 132
Infraestruturas críticas
  Ameaça de pulso eletromagnético 147
  Ataque Cal-ISO 139
  Incidente de Maroochy Shire como o primeiro ataque cibernético contra 134
  Segurança de 328
  Vulnerabilidade dos EUA 131, 133, 140, 141, 153, 155, 370, 377, 378, 379, 380
Início dos esfoços da sabotagem digital 192
In-Q-Tel 106
Instalação em Natanz
  Centrífugas 76, 84, 85, 87, 318, 322
Instalação nuclear de Natanz
  atenção internacional 31
  construção de 36
  detecção da ISIS usando imagens de satélite 38, 73
  edifícios subterrâmeos 70
  enriquecimento de urânio 83
  infecção do Stuxnet 82, 175, 233, 297, 324, 333, 346
  instalação de centrífugas 82, 84, 322, 332
  monitoramento da IAEA 196, 306, 322, 357
  números de produção 323, 333, 351
  plano americano de ataque cibernético 199
  visita de Ahmadinejad(2008) 303
Instituto para Ciência e Segurança Internacional (ISIS) 34, 35, 36, 38
Internet, Sistemas de Controle Industrial conectados a 146
IPhone 101, 102, 216
Irã 234, 360
  apoio militar do Sudão 266
  eixo do mal 189
  eleições presidenciais (2009) 331
  especulação da origem do Stuxnet 63, 169
  explosão de gás 124
  infecção do Duqu no 254, 261, 268
  infecção do Flame 276

infecção do Gauss 290
infecção do Stuxnet 30, 126, 179
infecção do Wiper 272
programa de guerra cibernética 366
programa nuclear 76, 300, 304, 324, 362
relacionamento Israel-Irã 363
sabotagem da CIA de peças nucleares em trânsito para 196
sanções da ONU contra 31, 82, 86, 360

Iraque
ataque ao reator Osirak 187
desenvolvimento de armas nucleares 71

ISIS (Instituto de Ciência e Segurança Internacional) 36, 38, 239
Isótipo U-235 67, 75, 318, 321, 338
Isótopo U-238 67, 318, 338

Israel
ataque cibernético a Al Kibar na Síria 188, 212
especulação da responsabilidade pelo Stuxnet 31, 64, 242, 279, 346
especulação sobre responsabilidade de assassinato de cientistas nucleares iranianos 235
infecção do Gauss 290
Mossad 197
relacionamento Irã-Israel 363
responsabilidade Duqu 263
responsabilidade Flame 285
tensão com EUA sobre o programa nuclear iraniano 85
teste de centrífugas 315

Iugoslávia, Bombardeamento da 208
Ivry, David 187

J

Jafari, Mahmoud 178, 179
Jafarzadeh, Alireza 34, 69, 76, 348
Jalali, Gholam-Reza 254
Jalili, Saeed 236
JMicron Technology 15, 16, 257, 267, 269
Johnson's Shut-Ins State Park 150
Joint Functional Component Command-Network Warfare 210
Joint Task Force-Computer Network Operations 208
Jumper, John 208

K

Kala (Kalaye) Electric 35, 74, 97, 348, 360
Kashan, Irã 35
Kaspersky, Eugene 260, 294, 392
Kaspersky, Lab 90, 258, 259, 294, 295, 392
Kehler, Robert 391
Keith Alexander 198
KGB 260
Khan, Abdul Qadeer 73, 77, 79, 172, 195, 196, 306, 311
Kharg Island, incêndio em 124
Khatami, Sayyid Mohammad 69
Kimia Maadan 307
Kingsley, Peter 135, 136, 137
Kochavi, Aviv 373
Krebs, Brian 14
Kupreev, Oleg 5, 7, 8, 9, 13
Kuwait 81

L

Laboratório Nacional de Idaho (INL) 139, 141, 157, 158
Laboratório Nacional de Los Alamos 196
Lago Hoz-e-Soltan 71
Langner, Ralph 162, 163, 164, 165, 166, 167, 168, 169, 170, 171, 172, 173, 174, 175, 176, 177, 178, 180, 181, 185, 223, 224, 226, 230, 233, 238, 240, 241, 243, 352, 354, 359, 397
Larsen, Jason 141
Lashkar Ab'ad 76
Lawrence Berkeley National Laboratory 202
Lawson, Nate 62
Lee, Robert E. 367
Leis internacionais 392
Levite, Ariel 82
Lewis, Jim 131, 375, 377
Líbano 189, 289

Líbia
ataque cibernético a usina 212

CIA sabota peças em rota para 196
interceptação de equipamento de enriquecimento 311, 314
Libicki, Martin 395
Linguagem de programação 227, 260
Lin, Herbert 390, 391
Lockheed Martin 105
Lógica ladder 164
Los Angeles Times 139
Lotrionte, Catherine 385, 386, 394, 395, 397
LulzSec 130

M

MacOS 101
Maiffret, Marc 146
Malásia, análise realizada pela Kaspersky de servidor infectado pelo Flame 301
Malware
Conficker 20, 93, 106
Gauss 290, 369
RATs (Trojan de acesso remoto) 253
Trojan de banco Zeus 368
trojan Zlob 93, 218
vírus Melissa 56
vírus Shamoon 371
vírus Sobig 130
Worm Code Red 58, 117
worm Morris 56
worms autorreplicáveis 57
worm Slammer 131
Malware SP 288, 289, 293
Malware SPE 288, 289, 293
Máquinas de proxy 262
Marcador mágico 121
MC7 225, 227
McAfee 259
McConnell, Mike 85, 370
McGurk, Sean 181, 182, 183, 184
Medidores inteligentes 152, 154, 155
MEK (Mujahedin-e Khalq) 37
Memória, inserção de código malicioso 25
Michael, Assante 157
Microsoft
aquisição do RAV 259
certificados digitais 11
notificação Flame 280, 385
notificação Stuxnet 14, 91, 257
pagamento de recompensa 99, 101
Stuxnet 14, 91
Microsoft Outlook 57
Microsoft Word 57, 276
Militar, EUA 388
Miller, Charlie 102, 103, 104, 105, 111, 216
Mina de Gachin 308, 323
Mini-Flame 293, 294
Ministério do Petróleo Iraniano 271
Mísseis Shahab-3 79
Missouri, dique do 150
Mocana 144
Mohammad bin Zayed 187
Montanha Proffit 150
Mossad 197, 236, 237, 354
Mousavi, Mir-Hossein 331
Mozilla Firefox 101, 102
Mubarak, Hosni 187
Myrtus 65, 66, 67

N

Nações Unidas
Agência Nacional de Energia Atômica (IAEA) 288
Lei de Conflito Armado de Charter 392, 394, 395
sansões contra o Irã 83, 86, 360
Napolitano, Janet 183
National Council of Resistance of Iran (NCRI) 34, 36, 37, 38, 97, 192
National Cybersecurity and Communications Integration Center (NCCIC) 181, 183, 184
NATO (North Atlantic Treaty Organization) 109, 392
NCCIC (National Cybersecurity and Communications Integration Center) 181, 183, 184
NCRI (National Council of Resistance of Iran) 34, 36, 37, 38, 97, 192
Neda Industrial Group 97, 307, 331, 334, 335, 336, 348

Negociantes de armas digitais 100
NERC (Corporação Norte Americana de Confiabilidade Elétrica) 127, 155
Netanyahu, Benjamin 237, 362
New Republic 362
New York Times 178, 242, 244, 279, 329, 360, 376
NNSA (Administração Nacional de Segurança Nuclear) 314
NOBUS (Ninguém Além de Nós) 382
Nomes de domínio 28
Northrop Grumman 105, 215
NPR 220
NSA (Agência de Segurança Nacional) 102, 105, 108, 148, 181, 183, 184, 198, 203, 204, 206, 207, 209, 210, 212, 213, 214, 215, 216, 220, 277, 285, 308, 346, 383, 384, 390, 391
Números de produção iranianos 355, 357

O

Oak Ridge National Laboratory 242, 311
OB1, blocos de código 305
OB35, blocos de código 121
Obama, Barack
- autorização de operação cibernética 327
- Ciberestratégia 378, 384
- Cúpula do Conselho de Segurança das Nações Unidas sobre Não Proliferação Nuclear e discurso Desarmamento Nuclear 339
- diplomacia com Irã 329
- discurso Nowruz 343
- lista de alvos de ataques cibernéticos 215
- política de exploração zero-day 383
- políticas de ataque a redes de computadores 215
- sobre a situação de segurança cibernética 364

Observação dos inspetores da IAEA
- Centrífugas 76

Ocultação do Irã
- Centrífugas 77

Olmert, Ehud 85
Olympic Pipe Line Company 149
O'Murchu, Liam 20, 21, 32, 51, 52, 53, 54, 55, 58, 59, 60, 61, 62, 63, 64, 223, 224, 228, 229, 230, 238, 299
Operação Solar Sunrise 204
Operador do Sistema Independente da California (Cal-ISO) 139, 155
Organização Iraniana de Defesa Passiva 179
Outubro Vermelho 295
Ovos de Páscoa 265

P

Pahlavi, Mohammad Reza Shah 65
Palestina 276, 289
Panetta, Leon 155, 352, 375, 378, 385
Paquistão, programa de armas nucleares 38
Pederson, Perry 160, 161
Pegadas 64
Pék, Gábor 250
Pennington, Andy 217, 219, 374
Pérsia 66, 329
Pesquisa de Gallup 187
Phishing 254, 266, 308
Physics Research Center 78
Planta de água 134, 135, 146
Planta de Fordow 339, 340, 341, 361
Plataforma Tilde-D 268, 277, 278, 279
PLCs Siemens
- infecção do Stuxnet 24, 29, 30, 52, 143, 299
- PLC Step 7-315 162, 171, 310
- PLC Step 7-417 59, 297
- uso da planta iraniana de Bushehr 171

Polônia, acidente de trem 151
pr0f (hackers) 146
primeiro teste do Irã em Kalaye Centrífugas 35, 307
programa clandestino 213
Programa de recompensas 99, 101
Programa NA-22 314
Protocolo Adicional (AIEA) 71
Pulsos eletromagnéticos 147, 197
Pwn2Own 102, 108, 111

Q

Qom, Irã 72, 339, 361
Quiosques de Internet 22

R

Raiu, Costin 16, 258, 259, 260, 265, 266, 268, 269, 270, 272, 276, 277, 278, 279, 285, 287, 288, 289, 293, 294, 295
RAND 201
Ranum, Marcus 369, 374
Rastros de vacinação 64
RAT (Trojan de acesso remoto) 253
RAV (Romanian Antivirus) 259
RAV (Romanian Anti-Virus) 259
Raytheon 105
RealTek Semicondutores 11, 12, 13, 15, 16, 95, 247, 257, 267, 270, 343
Rede de energia 133, 146, 152, 158, 159, 365
Redes elétricas 140
Rede Vermelha 54
Reed, Thomas C. 194, 195
Regras de engajamento 379
Reino Unido
  especulação de responsabilidade do Stuxnet 366
  Government Communications Headquarters 214
Relés de proteção 158, 160
Resource 207 (componente do Stuxnet) 273
ReVuln 105
Rezaeinejad, Arioush 359
Rice, Condoleezza 84
Rid, Thomas 374, 375
Rieger, Frank 175, 176
Rogers, Michael 383, 391
Rootkits 6, 7, 8, 60, 115, 116, 125
Rootkits de nível do kernel 9
Rosen, Ralf 165, 166, 167, 169, 170, 172, 173, 174, 181
Roshan, Mostafa Ahmadi 360
Roteiro para Operações de Informações 209
Rouland, Christopher 106
RTUs (remote terminal units) 67, 129, 135
Rússia
  ataque de negação de serviço contra governo da Geórgia 371
  computador infectado por malware na 107
  explosão de gasoduto na Sibéria 125
  instalação de equipamentos na planta de Bushehr 172

S

Saade, Tareq 250
Sachs, Marcus 206, 208
SAIC 105
Salehi, Ali Akbar 235, 362
Samore, Gary 243
San Bruno, Califórnia, explosão de gasoduto 129
Sanções 31, 83, 187, 191, 236, 266, 304, 305, 324, 328, 354, 357, 359, 363, 393, 395
Sandia National Laboratories 141, 161, 378
Sanger, David 279, 346, 347, 349
Saudi Aramco, ataque do vírus Shamoon 371
SCADA (Sistema de Controle de Supervisão e Aquisição de Dados) 129, 139, 146, 147, 149, 150, 157
Schaffer, Greg 220
Schmidt, Howard 218
SecurityFocus 117, 118
Segunda Guerra Mundial 221
Segurança Interna, EUA
  Departamento de 140, 160, 161, 220
Senhas
  codificada 91, 140
  padrão do fabricante 140, 146
  vulnerabilidade Siemens 142, 143, 146
Servidores de comando-e-controle
  Uso do Duqu 246, 263
  Uso do Stuxnet 309, 316, 317
Shahriari, Majid 234, 235, 236
Sharon, Ariel 237
Siemens
  relacionamento com Langner 166
  Stuxnet response 164, 226
Síria 187, 188, 212, 214, 276, 372
Sistema de defesa de Star Wars 202

Sistemas de Controles Industriais
Aurora Generator Test 157
incidente Moroochy Shire 134
segmentação de malware 17
segurança 168
vulnerabilidade a ataques 130, 137, 152
Sistemas de segurança 151, 158
Sistemas Endgame 106
Smith, David 56
Sniffers 272
Snowden, Edward 212, 213, 277, 371, 382, 384, 389, 391
Software Step 7 17, 59, 60, 62, 114, 116, 119, 142, 162, 163, 165, 182, 184, 223, 224, 225, 227, 231, 298, 305, 306, 308, 309, 310, 317, 333, 334, 335, 346
Software WinCC 17, 29, 30, 59, 60, 115, 119, 172, 307, 310, 334
Soghoian, Christopher 112, 384, 387
Sokolski, Henry 362
sorvedouro 276
Sotirov, Alexander 283
Stammberger, Kurt 144
Stevens, Marc 283
STL (linguagem de programação por Lista de Declarações) 225, 226, 227, 229
Stringfellow, Robert 135
Stuxnet
alegações falsas 251
análise da NCCIC 181
análise da Symantec 20, 22, 88, 238, 345
análise de Langner 162, 179, 311, 354, 359
ataque imitador 178
comparação Conficker 53
descoberta de 5
Duqu relacionamento com 268
especulação sobre alvo e fonte 16, 31, 62, 124, 169, 182
exploit de zero-day 88
impacto da guerra cibernética 364, 380
impacto na indústria de segurança 301
lançamento de 16
mecanismos de controle 374
motivações por trás 17
nomenclatura de 15
operação e propagação do 23, 305, 308
sofisticação do 381
sucesso do 353
tamanho do arquivo 21
versão de 179
Stuxnet 0.5 297, 298, 299, 306, 310, 319
Stuxnet 1.001 232, 296, 333
Stuxnet 1.100 232, 296
Stuxnet 1.101 232, 296
Subestações 156
Submundo do crime 380
Sudão 261, 266, 276, 287
Symantec
análise do Duqu e anúncio ao público 251
tempo de resposta a infecção 261
Threat Intelligence Lab in Culver City 52

T

Tabriz, Irã, explosão de gasoduto 124
Taghipour, Reza 178
Tallinn Manual 392
Task Force-Global Network Operations 210
Telegraph 328
Telvent Canadá 147
Tenenbaum, Ehud 205
Terminal Services (TS) Licensing 281
Terrorismo 138, 213, 237
Tetrafluoreto de urânio 79
The Grugq 105
Time de Resposta a Emergências Cibernéticas dos Sistemas de Controle Industrial (ICS-CERT) 140, 143, 165, 182, 257
Timm, Andreas 165, 166, 169, 170, 172, 173, 174
Transdutores 306
Tratado de Não Proliferação de Armas Nucleares 36
Tratados 36, 392
Trojan de banco Zeus 368
Trojan Zlob 93, 99, 218
Turquia
componentes de enriquecimento obtidos da 82, 197, 229, 312, 329
explosão de gasoduto 124

U

Ulasen, Sergey 5, 7
União Soviética 193, 202
United States Enrichment Corporation 313
Universidade de Dublin 21
Universidade de Tel Aviv, exercício simulado 372
Universidade do Tennessee 312
UPS (Fonte de Energia Ininterrupta) 300, 311
UPX (Ultimate packer for eXecutables) 23
Urânio pouco enriquecido 81, 322, 325, 333, 342
Urenco 73, 77, 172, 243, 311
US-CERT (United States Computer Emergency Readiness Team) 181
Usina de conversão de urânio Esfahan 75, 81, 361
Usina Hidrelétrica Sayano-Shushenskaya, acidente 148
Usinas hidroelétricas 129
UT-Battelle 312
Utilitários, ataques contra 134

V

Venezuela, computadores infectados por malware na 107
Vetrov, Vladimir Ippolitovich 193, 194
Viper (variação do Wiper) 274
VirusBlokAda 5, 7, 9, 11, 13, 15, 17, 52, 93, 233, 250, 299
Vírus Melissa 56, 57
Vírus Shamoon 371
Vírus Sobig 130
VirusTotal 246, 269, 296, 299, 300, 310, 316
Vulnerabilidade de estouro de buffer 264, 265, 273
VUPEN 105, 107, 108, 109, 110, 111, 112

W

Washington D.C., acidente de metrô 151
Washington Post 14, 81, 138, 151, 157, 158, 198, 205, 208, 211, 213, 285, 304, 312, 339, 363, 366, 389
Wassenaar Arrangement 112
Weger, Benne de 283
Weiss, Gus 193
Weiss, Joe 135, 137, 142, 145, 176
WikiLeaks 82, 84, 86, 109, 175, 187, 189, 341
Windows
  controles industriais 133, 145
  exploit de zero-day 101
  exploit .DLL 24, 335
  exploit .LNK 9, 218, 265
  Exploits de Autorun 10
  infecção do Stuxnet 9, 11
  sequestro do sistema de atualização 280, 283, 385
  suscetibilidade do vírus 57
Wiper, infecção 271, 272, 273, 274, 285, 286, 292, 295, 301, 371
Worm Code Red 58, 117
Worm Conficker 20, 52, 53, 106, 368
Worm Love Letter 58
Worm Morris 56
Worms autorreplicáveis 57
Worm Slammer 131
Wurldtech Security 143

Y

Yadegari, Mahmoud 326
Yenisei, rio 148, 149
Yosef, Rav Ovadia 67